Évaluation Financière des Projets

Collection Techniques de Gestion

dirigée par Yves Simon, Professeur à l'Université de Paris IX-Dauphine

Évaluation Financière des Projets

Ingénierie de projets et décision d'investissement

2e édition

Robert HOUDAYER

ECONOMICA
49, rue Héricart, 75015 Paris

Un grand merci à Dany, Hélène, Serge, Laurent, Marc et Alexandre
pour avoir accepté de relire ce travail
et à Catherine Hersent
pour avoir apporté la touche finale indispensable.

INTRODUCTION

L'évaluation financière de projets d'investissements peut apparaître comme un moyen terme ou une synthèse entre l'approche planificatrice de type micro ou macroéconomique et la gestion prévisionnelle dans l'entreprise. Elle correspond à un besoin particulier de prévision (que l'on retrouve par exemple dans l'introduction en France de la notion anglo-saxonne de *business plan*), centré sur le concept de produit et reposant sur une modélisation réalisée à partir des études techniques et commerciales. Le terme d'ingénierie de projets est également utilisé. Cinq idées confirment la spécificité de l'approche projet.

1) *La nécessité de bien marquer la différence entre le produit final (situation après projet) et le projet.*

La notion de projet tire son origine de la planification. Réaliser un projet, c'est vouloir une finalité (développer un produit ou un service) qui devra se construire à partir de ce qui existe déjà (la situation de référence). Le projet n'est donc pas la description de l'état final recherché mais ce qui permet d'atteindre cet état en supprimant l'écart entre la réalité existante et l'objectif recherché.

Si un projet est souvent lié à un produit, il s'en démarque par le fait qu'un projet est toujours le résultat d'une construction par rapport à une situation de référence, en relation avec une ou plusieurs finalités. Cette démarche permet de répondre à plusieurs erreurs constatées, le « paysagisme » qui se limite à la description de l'état final visé et le « productivisme » qui retrace une augmentation de production sans lui associer les différents facteurs qui lui sont liés [1].

1. Le cas souvent cité est celui du changement d'un équipement qui se limite aux seuls coûts de cet équipement et sous-estime les coûts de son changement.

L'évaluation d'un projet est donc toujours différentielle. Par ailleurs, elle n'est jamais universelle, c'est-à-dire qu'elle n'a de valeurs ou de significations que dans le domaine des finalités visées. Il sera donc important de présenter (ou de rechercher selon les situations) ces finalités ou objectifs préalables à l'évaluation. L'idée importante de l'évaluation est aussi de travailler avec des politiques, que ce soit au niveau de l'entreprise, de la région ou de l'État, tout dépendra des projets.

2) *La prise en considération de l'environnement, en tant que variable exogène*, qui influe sur le projet (par exemple les prix d'achat), *ou endogène* (par exemple le prix de vente), qui débouchera sur la mise en place de stratégies de réalisation. Ce qui représente un élargissement nécessaire des flux pris en compte par l'évaluation que l'on retrouve à deux niveaux.

– En premier lieu dans l'évaluation financière qui exprime le point de vue des agents ayant un pouvoir de décision sur la réalisation du projet. Quand nous mesurons dans une entreprise la productivité d'un facteur de production (celle du travail par exemple), nous savons très bien que les autres facteurs influent sur cette performance. De la même façon, la rentabilité d'un projet est liée à des éléments externes à son calcul. Un des objectifs de l'évaluation financière sera « d'internaliser » ces éléments externes.

Dans le même esprit, il peut être intéressant d'élargir les flux directement pris en considération par l'analyse, pour refléter correctement la situation des agents ou partenaires concernés. C'est par exemple le cas de la prise en considération de la rémunération du travail de l'exploitant dans le calcul de la rentabilité de l'entreprise individuelle [1].

– En second lieu dans l'évaluation économique (non traitée dans cet ouvrage) qui exprime le point de vue de la collectivité sur le projet. Sa vocation est essentiellement décisionnelle. Elle ne pourra donc intervenir que lorsque des finalités collectives auront été exprimées. Par opposition à l'évaluation financière, mais dans une démarche souvent proche, son ambition est de valoriser les « externalités », c'est-à-dire les effets du projet sur son environnement, afin de les intégrer aux différents critères de décision.

3) *L'introduction de la dimension temporelle.* L'évaluation d'un projet étudie les différents flux sur leur durée de vie. Cette perspective qui est présente dans, par exemple, la notion de coût global (cf. *supra*) change les recherches d'efficacité dans un projet. Elle permet notamment de procéder à des « arbitrages entre phases différentes » [2]. L'idée est que les dépenses initiales conditionnent celles qui vont suivre. C'est le cas, en par-

1. Citons l'exemple de l'analyse « avantages-coûts », lorsqu'elle prendra en considération les flux d'autoconsommation dans le calcul de la rentabilité des exploitations dans un projet de développement.

2. Voir P. Lorino, *Le contrôle de gestion stratégique*, Dunod, 1990, page 130.

ticulier, de toutes les dépenses de fonctionnement supportées par les utilisateurs du produit ou service mais aussi du coût de destruction de certains biens, aujourd'hui intégré au mécanisme du calcul privé.

4) *L'utilisation de la synergie qui existe entre l'élaboration et l'évaluation des projets.*

L'évaluation d'un projet est souvent conçue comme une sanction finale (le projet est intéressant à réaliser ou non). Mais elle peut aussi être constructive et servir à faire « un bon projet » en s'associant à un processus de modélisation. L'évaluation, si elle est intégrée dès l'élaboration, permet de mettre au point, de tester et de développer plus facilement des options nouvelles. Elle débouche ainsi sur une simulation active permettant la construction de stratégies.

5) *La notion de profil de projet*

Il existe une très grande diversité de projets et il devient intéressant de retracer la personnalité de chacun d'eux. C'est le contenu de la notion de profil de projet. Où se trouve cette personnalité ? Nous la rencontrons dans la composition des flux d'investissement, le niveau du besoin en fonds de roulement, celui de la rentabilité, du risque, du montage financier. Tous ces éléments relativement simples, combinés, donnent une personnalité au projet et le rendent unique. La mise en avant de cette personnalité permet d'accroître les chances de succès, avec une meilleure réalisation des objectifs. C'est le cas avec la recherche de solutions de financements adaptées à chaque projet et à sa capacité effective de remboursement, ainsi qu'à son niveau de risque atteint.

Un premier chapitre aborde le domaine des définitions et de la méthodologie de l'évaluation financière. Il permettra de situer la place de l'évaluation financière au niveau de la mesure des performances ainsi qu'à celui de l'élaboration et de l'évaluation d'un projet. Les chapitres suivants sont calqués sur la démarche générale de l'évaluation financière.

L'étude avant financement (chapitre 2) dont la finalité est le traditionnel calcul de rentabilité précise la construction des différents concepts et instruments nécessaires à son élaboration : flux d'investissement, capacité d'autofinancement (CAF), besoins en fonds de roulement (BFR). La rentabilité elle-même fait l'objet d'un développement particulier, en précisant les critères de mesure utilisés dans des environnements différents. Une place est faite aux problèmes de comparaison et à l'intégration à la décision des éléments tels que le risque ou l'inflation. L'étude des risques est réalisée à différents niveaux, celui du projet et de son environnement direct (risque de rentabilité, d'exploitation et de liquidité) et celui des relations avec le marché financier. Elle débouche sur la détermination pratique du taux d'actualisation.

Le troisième chapitre aborde le problème du financement des projets, la détermination des besoins, le recensement des solutions, et le choix en relation avec la rentabilité et le risque après financement. L'effet de levier est notamment développé sur la dimension temporelle des projets. Ce chapitre se termine sur la présentation finale des résultats, reprise des différents instruments après intégration des éléments de financement, puis calcul des principaux ratios de performance.

Une étude de cas tirée de l'évaluation réelle d'un projet termine chaque section principale de chapitre. Elle est examinée dans les différents aspects de la démarche adoptée dans cet ouvrage. L'étude de cas proposée a fait l'objet d'un traitement informatique à partir d'un progiciel fonctionnant sous Microsoft Excel (Evalpro [1]). Des exercices corrigés traitant de différents aspects de l'évaluation et de synthèse terminent cet ouvrage [2].

1. Cf. *supra* et en fin d'ouvrage.
2. Une disquette contenant les différents exercices corrigés peut également être obtenue, sous les conditions indiquées à la fin de cet ouvrage.

PREMIÈRE PARTIE

Méthode

Après une présentation des différents types de projets d'investissements et de la problématique, cette première partie suit la démarche générale de l'évaluation financière : étude avant financement axée sur la création de richesses, réalisation du montage financier, présentation et analyse des résultats.

Chapitre 1

DÉFINITION ET MÉTHODOLOGIE DE L'ÉVALUATION FINANCIÈRE

Ce chapitre a pour objet de définir l'approche projet, puis de préciser et de situer la démarche de l'évaluation financière dans l'ensemble du cycle du projet.

1. Définition, classification et mesure des performances des projets

L'étude des différentes catégories de projets permettra de compléter la définition générale. Malgré la diversité des projets, il sera important de rechercher à apprécier leurs performances.

1.1. Définition d'un projet d'investissement

1.1.1. Du projet d'investissement au système projet

Le terme « projet » fait l'objet d'une utilisation fréquente. Partons d'une définition étymologique. L'investissement est représenté par des immobilisations nouvelles corporelles ou incorporelles (éléments de dépenses dont la durée de vie est supérieure à un an). Un projet est un ensemble cohérent d'activités.

> Sous l'aspect financier, un projet d'investissement représente l'acquisition d'un ensemble d'immobilisations, permettant de réaliser ou de développer une activité (ou un objectif) donnée.
>
> Dans son aspect commun, il correspond à une dépense immédiate dont on attend des avantages futurs.

Les éléments caractéristiques d'un projet sont l'envergure et la finalité. L'envergure est ce qui permet de distinguer un projet d'investissement d'un ensemble de charges (avec les ambiguïtés liées à la distinction entre charges et immobilisations). Peut-on parler par exemple d'un projet d'organisation ou de formation [1] ? L'existence d'un investissement ne suffit pas ; un projet doit avoir un objectif cohérent.

La notion de projet est liée à celle de produit (activité), que l'on caractérise généralement par trois éléments : un bien ou un service, un marché, une technologie.

La finalité du projet (cohérence) peut concerner plus particulièrement l'un de ces trois éléments : la création d'un bien, la conquête d'un marché et le changement technologique (cf. typologie).

Il existe également la notion de SYSTÈME PROJET [2]. Celui-ci regroupe quatre pôles (ou acteurs) :

- le projet ;
- le porteur (initiateur de l'idée) ;
- les ressources nécessaires (financières, humaines...) ;
- l'environnement, par les influences qu'il exerce (problèmes d'impact).

Cette approche selon ces auteurs a l'avantage de mettre en avant les nombreux problèmes de cohérence et facilite l'étude des risques (cf. *supra*).

Il est important de bien distinguer l'investissement et le placement.

Le placement est une opération de financement (direct ou indirect) d'un investissement. Il sera indirect lorsqu'il concernera un organisme qui financera lui-même l'investissement. L'investissement est une création de richesse. L'opération de financement n'est pas en elle-même une création de richesse comme l'investissement. Par contre, elle influe sur la répartition des richesses générées par l'investissement. Mais ceci ne veut pas dire que les conditions de financement n'influent pas sur le niveau des investissements [3]. La distinction est fondamentale pour la méthodologie et justifie le découpage « avant et après » financement.

---

1. Il faut les considérer comme des sous-ensembles de projet mais la formation est aussi un investissement intellectuel (cf. *supra*).

2. Voir par exemple Marmuse et Baron qui sont à l'origine d'une méthodologie d'évaluation des projets (la méthode EPI). Cf. « Faisabilité et risque des projets d'activités nouvelles », *op. cit.*, *Revue Sciences de Gestion*.

3. Quelques autres définitions peuvent être signalées :

– Un projet est un ensemble cohérent d'activités influençant les flux monétaires de l'entreprise (Ardoin, *Le contrôle de gestion*, p. 175).

– Un projet est un ensemble d'investissements qui doit être achevé pour avoir une valeur réelle pour l'exploitation et ne contient pas de sous ensembles ayant cette propriété (Stengel, *Le choix des investissements dans une économie incertaine*, p. 20).

1.1.2. Structure et diversité des projets d'investissement

- *Diversité des genres : du projet d'entreprise au projet collectif*

Parmi la grande diversité que ce concept représente (les typologies sont nombreuses), il faut distinguer le projet d'entreprise du projet de nature collective, dont les complexités sont très différentes.

Le projet d'entreprise (ou projet individuel) est conçu au sein d'une entité limitée à un agent (au sens économique), qui existe ou qui sera créée. Le projet collectif, au contraire, même s'il possède une unité, de par sa finalité ou son pilotage, a un contenu complexe du fait des nombreux agents qu'il concerne. Le projet collectif contient généralement des ensembles de projets d'entreprises souvent accompagnés d'un projet d'infrastructure. Ceci conduira à des niveaux différents d'analyse et à des méthodes différentes d'évaluation. Les projets collectifs devront mêler les approches économiques et financières, à différents niveaux (agents, secteurs, organismes, État...). Selon l'étendue de leurs objectifs, nous aurons des projets locaux, régionaux...

- *Diversité de la structure des investissements*

Les investissements sont composés d'éléments corporels et incorporels. Signalons une évolution dans la composition des investissements des entreprises, qui comportent une part de plus en plus grande d'éléments incorporels [1].

Ces derniers contiennent les éléments suivants : recherche-développement, formation, conseil, organisation, brevets, licences, droit au bail, logiciels, marketing... Certains font l'objet d'une acquisition, d'autres comme la recherche proviennent de l'exploitation et sont appréhendés par la comptabilité analytique.

Cette évolution a plusieurs conséquences :

– les éléments incorporels sont plus difficiles à évaluer (*ex ante*) ; de plus, les durées d'amortissement sont souvent forfaitaires ;

– le plus souvent, il s'agit de « non-valeurs » qui ont un coût pour le projet mais ne devraient avoir aucune incidence sur la décision (cf. *supra*, dépenses non récupérables) ;

– dans les projets en cours de réalisation, certains éléments incorporels vont apparaître ou vont voir leur valeur effective se modifier (fonds de commerce, clientèle...) [2] ;

– ce type d'investissement pose aussi un problème pour le financement bancaire traditionnel, dans la mesure où ce dernier est surtout basé sur le principe de l'hypothèque.

---

1. A. Marion, « La place de l'investissement immatériel dans l'évaluation des entreprises », *Revue Française de Gestion*, janvier 1988. P. Epingard, *Investir face aux enjeux technologiques et informationnels*, Ellipses, 1991.

2. Voir financement et capital-risque. Le mécanisme de l'introduction en bourse repose sur l'existence d'un écart entre la valeur d'actif (ce que l'entreprise a coûté) et la valeur de rendement (ce que l'entreprise rapportera).

L'investissement intellectuel est primordial dans la création d'une entreprise, sa sous-estimation est cause d'échec. C'est cet investissement qui permet d'assurer à la fois le démarrage et la pérennité de l'entreprise. Face à cette diversité, il est intéressant de présenter une typologie des projets.

1.2. Typologie des projets

Les projets peuvent être classés par finalité et par activité.

1.2.1. Classification des projets par finalité

Nous allons étudier quelques grands types de projets : le lancement d'un produit nouveau, l'amélioration de la productivité, les aménagements sociaux, les projets collectifs et les projets de développement.

1.2.1.1. Projets de création de produits nouveaux

Leur originalité tient d'abord au fait que nous cherchons à mesurer la rentabilité d'un produit qui n'existe pas encore. Par ailleurs, il est possible dans le cas d'un développement dans une entreprise déjà créée que l'activité nouvelle absorbe une part de charges déjà existantes [1]. Ceci va entraîner quelques difficultés de mesure.

Une de leurs particularités essentielles tient au passage de l'idée au produit (génie industriel et techniques marketing) [2].

> Il faudra tenir compte de l'existence d'une très forte mortalité des idées nouvelles et des produits nouveaux.

Pour aboutir au produit, il sera nécessaire de définir les caractéristiques du bien (ou du service), de son marché et de son processus d'élaboration.

Le point le plus sensible est souvent représenté par le marché du produit (validité des prévisions commerciales). Ceci pose le problème de l'adaptation de la capacité de production et de son évolution par la montée en production.

> Il sera nécessaire de faire plusieurs hypothèses et de tester les possibilités d'adaptation à une modification du marché.

Une minoration systématique des frais d'installation et de démarrage, liée à l'importance des inconnues au moment de l'élaboration, a souvent été constatée.

---

1. Nous trouverons donc un problème de répartition de charges entre activité ancienne et nouvelle. Exemple : administration commune, réseau commercial identique, partie commune dans le processus de production.

2. La définition du produit passe généralement par les phases de test des idées et des concepts de produit (cf. Y. Chirouze, *op. cit.*).

> Il faudra majorer systématiquement les charges et avoir une attitude pessimiste dans les choix implicites.

1.2.1.2. Projets d'investissements de productivité

Leur finalité tient au fait que l'entreprise cherche à mesurer l'opportunité du changement d'un équipement, et non la rentabilité de l'équipement (problème de la catégorie précédente). De ce fait, la rentabilité du produit peut rester bonne et le changement d'équipement s'avérer mauvais (et inversement).

Le produit est connu, la demande déjà appréciée. Toute la difficulté réside dans le calcul des coûts et notamment l'intégration correcte des changements induits par le nouvel équipement [1] : le coût de la formation, de la nouvelle organisation, ainsi que la surcharge administrative.

Il faudra généralement tenir compte de la valeur de l'équipement ancien (cas de cession). Tout remplacement de matériel important peut s'assimiler à ce type de projet, dans la mesure où le remplacement ne se fait pas à l'identique. Le problème est alors de savoir quand remplacer l'équipement.

1.2.1.3. Projets d'investissements de capacité

Ce type de projet combine des éléments de figures antérieures : le changement de dimension du marché (type A) et le changement d'équipement (type B). La finalité de ce type de projet est le changement de taille de la production à partir d'une modification de la demande. Il s'agit donc de déterminer une nouvelle capacité optimale de l'investissement. Parmi leurs particularités, nous retrouverons les points sensibles précédents : l'incertitude du nouveau marché, l'intégration du coût du changement technologique. Le problème déjà soulevé de répartition des charges entre ancien et nouveau devient plus aigu.

1.2.1.4. Projets d'investissements collectifs ou sociaux

Le terme social a un double sens ; il peut signifier ce qui concerne le personnel d'une entreprise ou la nature collective du projet, dans le sens de national (ou encore public).

Dans le premier cas, nous trouvons les investissements relatifs aux conditions générales de vie dans une entreprise (équipements administratifs de toutes sortes). Ils sont nécessaires à toutes les catégories de projets. Et à ce titre, ils doivent être intégrés aux investissements directement productifs (en totalité ou par un mécanisme de répartition).

Néanmoins ils peuvent faire l'objet d'une étude spécifique. Ils sont destinés alors à obtenir une meilleure intégration du personnel (point de vue

---

1. Il existe des exemples de choix technologiques inversés par la prise en considération de ces facteurs que l'on pourrait considérer comme secondaires dans une optique « productiviste ».

interne [1]) ou même simplement une meilleure image de marque (point de vue externe). Dans ce cas, l'étude de leur rentabilité ne peut être menée qu'avec des indicateurs propres, par exemple la diminution du « turn over » ou l'amélioration du rendement du travail. Le terme de rentabilité sociale a également fait son apparition.

Dans le second cas, nous avons tous les projets d'aménagement (d'infrastructure) ou de façon générale tous les projets publics de substitution à l'initiative privée. L'étude de ces projets ne devrait être analysée que du point de vue de la collectivité (internationale, nationale ou régionale) par opposition à celui plus étroit d'un agent. Seule l'évaluation économique peut rendre compte de l'opportunité (ou du choix) de ces projets (cf. *supra*, critères économiques). Cette approche est par exemple celle d'EDF/GDF [2]. Les coûts sont également un point sensible, en raison de leur ampleur et souvent de leur caractère novateur. La rentabilité est calculée sur le très long terme (Taux Interne de Rentabilité calculé sur 60 ans pour le tunnel sous la Manche).

À côté de ces grands projets, nous trouvons de plus en plus une catégorie intermédiaire de projets, publics (réalisés par une collectivité locale) mais ayant les caractéristiques d'un projet d'entreprise (réalisation d'un service). Ce type de projets ne vise pas la rentabilité mais exige une autonomie de fonctionnement (parfois obligatoire dans le cadre européen). Il s'agit de projets de services locaux donc de dimension modeste. Citons le cas des projets de médiathèques, de service de proximité ou de services aux entreprises. Autrefois, ces projets étaient peu évalués en raison de leur caractère public et local (seule l'existence préalable de fonds décidait de leur réalisation). Or aujourd'hui avec la plus grande autonomie locale face à de plus larges possibilités de réalisation, une réflexion sur l'utilisation des fonds est devenue indispensable. La particularité de l'évaluation de ces projets locaux tient souvent au montage financier qui va intégrer plusieurs partenaires.

1.2.1.5. Projets de développement

Ces projets peuvent concerner toutes les catégories précédentes, mais avec une composante particulière dans la finalité, qui est celle du développement.

Étant donné l'ampleur des problèmes, seules quelques remarques seront formulées pour indiquer les points qui nous semblent essentiels :

– la transposition des techniques mises au point dans des pays n'ayant pas atteint le même niveau de développement (à l'Ouest comme à l'Est) ;

1. Voir toutes les études concernant les éclairages internes automatiques en fonction de la lumière du jour ou des travaux effectués.

2. Marc Chervel, « Premières applications de la méthode des effets en France, études pour le développement », *SEDES*, juin 1984 ou *La documentation française*, n° 1900 du 28/11/84.

– le problème de greffe du projet sur le lieu d'implantation avec des risques plus élevés de rejet (particulièrement en milieu rural) ;

– le développement comme facteur propre, c'est-à-dire ayant un coût spécifique lié à sa finalité et qu'il est important d'isoler, pour par exemple des questions de modalité de financement ou de contrôle des coûts.

> Coûts spécifiques des projets de développement :
> – adaptation des techniques ;
> – risques de rejets du milieu ;
> – lenteurs des démarrages.
>
> Le développement est un coût à part entière qui pourrait entrer dans la classification analytique des charges.

Souvent dans ce type de projet, il est prévu d'atteindre en quelques années un niveau de production maximal à partir d'inputs classiques (avec malheureusement souvent un faible taux de réussite). Il serait au contraire intéressant de faire apparaître le coût du développement à part, en plus des coûts classiques de production, comme c'est par exemple fait pour la formation. Ceci permettrait peut-être de mieux effectuer le suivi et l'évaluation *ex post* de ces projets.

1.2.2. Classification des projets selon l'activité

L'activité donne lieu à des spécificités que nous n'allons pas développer mais qui méritent quelques remarques destinées à montrer que la technique de l'évaluation ne peut être uniforme et par conséquent doit s'adapter à la nature du produit pris en considération.

- *Le cas des secteurs agricole et industriel*

L'opposition de ces secteurs est traditionnelle. Les particularités du secteur agricole tiennent souvent à la spécificité de la fonction de production (êtres vivants par rapport à des objets), qui obéit à des règles différentes (problèmes de croissance par exemple). Voici, à titre d'illustration, une fonction de croissance du Loup, utilisée à la détermination des prévisions de poids des poissons à partir des profils thermiques des stations d'élevage, et du poids de départ [1] :

$$tcj = 0{,}3 \times P^{-0{,}34} \times e^{0{,}1151 \times T},$$

avec tcj = taux de croissance journalier,
P = poids,
T = température de l'eau.

- *Le cas de la production d'un bien et de la réalisation d'un service*

Les caractéristiques majeures des services sont l'intangibilité (non matérialité), la simultanéité (absence de stock) et l'interactivité (présence

1. Étude IFREMER.

souvent active du client). Elles induisent des difficultés de définition et de standardisation du contenu des services offerts. L'élaboration et l'évaluation d'un service restent soumises à de plus fortes contraintes dues à l'existence d'un support et à la proximité du client. Le découpage des charges en variables et fixes est souvent plus délicat. Les charges des services présentent une certaine rigidité à court terme dont il faudra tenir compte dans l'évaluation. Nous avons aussi à signaler l'importance relative de certains éléments incorporels (investissements intellectuels issus de l'exploitation) et leur caractère stratégique dans une phase de démarrage.

Au niveau des moyens utilisés, l'image classique du service utilisateur de personnel avec peu de capital n'est pas générale. Mais l'existence d'un plus faible coefficient de capital entraîne une place relative plus importante du fonctionnement (exploitation) sur l'investissement corporel, qui se traduit par une plus forte rentabilité du capital technique. Les activités de service avec une faible intensité capitalistique pourront avoir, pour une même performance de rentabilité, une plus faible productivité et profitabilité. Ces deux derniers indicateurs joueront donc un rôle moindre dans une activité de service ayant ce profil.

• *Le cas de la saisonnalité des ventes*

Il correspond à une variation significative des ventes ou (et) de la production à l'intérieur de l'année, que l'on rencontre dans des projets agricoles (cultures pérennes/cultures saisonnières, projets arboricoles, aquacoles) ou des projets industriels (jouets, cadeaux...).

Les particularités concernent surtout le calcul du besoin en fonds de roulement et de la trésorerie.

• *Le cas d'une durée du cycle d'exploitation supérieure à l'année*

Cette situation est notamment rencontrée dans les projets forestiers ou d'infrastructure. La rentabilité est calculée sur de plus longues périodes. Le calcul du taux d'actualisation peut également présenter des difficultés.

1.3. La mesure des performances (ex ante)

L'appréciation ex ante d'un projet est essentielle. Il est possible de considérer plusieurs niveaux de réflexion :

– celui des critères, nombreux, complémentaires ou concurrents qui dépendent notamment de la nature des projets (cf. *infra*) avec la tentative, souvent délicate, de synthèse opérée par les méthodes multicritères ;

– celui des conditions d'utilisation de ces critères, qui concernent à la fois l'environnement du projet (localisation, informations disponibles) et le point de vue de l'analyste (les mêmes critères ne sont pas valables partout) ;

– celui de la finalité, c'est-à-dire de la nature de la décision qui doit être prise :

- choix entre plusieurs projets ou variantes,
- aide à la réalisation (modifications d'hypothèses de travail...).

C'est un niveau politique entièrement dépendant du réalisateur du projet (ou porteur). Le processus de décision lui-même a fait l'objet d'études récentes et le modèle monorationnel que nous enseignons est parfois contesté [1].

1.3.1. Les critères d'appréciation

La première opposition est relative aux critères financiers et économiques. Mais il est aussi fait appel, dans les décisions, à des critères « qualitatifs », qui regroupent souvent l'ensemble de tout ce qui n'a pu être quantifié dans l'analyse des performances. Avant de développer l'approche financière pour l'entreprise et pour l'exploitation familiale, faisons référence à quelques concepts généraux d'appréciation des projets.

1.3.1.1. De la pertinence à l'efficacité

Les performances (d'une façon générale) sont assez bien mesurées au niveau de l'entreprise. Des difficultés demeurent lorsqu'on se situe dans des projets collectifs. Il est souvent nécessaire de se situer à différents niveaux d'analyse, celui des agents concernés et du projet dans sa globalité bien sûr, mais aussi celui des différentes actions choisies, et dont on veut mesurer la pertinence, la cohérence, l'efficience et l'efficacité.

– La *pertinence* fait en général référence à une adéquation des objectifs du projet à son environnement. Pour un projet local, c'est « soutenir des objectifs et des actions locales qui présentent un intérêt suffisant au regard des enjeux locaux et départementaux, qu'ils soient objectifs ou subjectifs » [2].

– La *cohérence* vise l'adéquation des moyens du projet aux objectifs (et à son environnement) : « soutenir des procédures, des outils et des actions qui soient susceptibles de répondre aux objectifs et aux enjeux locaux et départementaux ». Parfois les deux notions sont confondues. « La pertinence d'un projet peut être définie comme sa capacité à réaliser les objectifs qui lui sont assignés… et revient à mesurer ses risques de défaillances » [3].

– L'*efficacité* s'apprécie par rapport aux objectifs de l'organisation [4]. Elle correspond donc à la capacité à réaliser ses objectifs.

– L'efficience est « la somme des outputs obtenus par unité d'input ». L'efficience est donc générale, elle est mesurée par les indicateurs classiques des entreprises. C'est essentiellement à ce niveau que se situe l'évaluation financière.

---

1. STRATEGOR, *Stratégie, structure, décision, identité*, InterEditions, 1990.
2. Cabinet Argos.
3. M. Garrabé, « Méthode d'évaluation de la pertinence d'un projet », *Revue Tiers Monde*, n° 129, janvier-mars 1992.
4. M. Gervais, *Contrôle de gestion*, Economica, 5e édition, 1996, page 11.

1.3.1.2. Les critères financiers

• *Les indicateurs financiers au niveau de l'entreprise*

Les critères financiers expriment le point de vue du projet en tant que centre de décision autonome, ou celui des propriétaires des capitaux, véritables décideurs dans le projet. Cette distinction permet de séparer la rentabilité financière (dans le second cas) de la rentabilité globale (dans le premier cas), souvent improprement appelée rentabilité économique par les financiers (cf. *supra*).

Le tableau 1 décompose la rentabilité financière (bénéfice net/capitaux propres) en ses principales composantes.

La rentabilité globale (bénéfice avant financement/capitaux permanents), modifiée par le niveau et le coût de l'endettement extérieur, exprime la rentabilité du projet, indépendamment de toute politique financière.

La relation entre la rentabilité globale et le coût de l'endettement détermine l'effet de levier, utile à la définition du niveau de l'endettement extérieur (cf. *supra*, le financement).

La rentabilité globale apparaît comme le produit de la profitabilité par la rotation des capitaux.

La profitabilité exprime le point de vue commercial (revenus tirés des ventes). La rotation des capitaux mesure l'utilisation des capitaux permanents par l'activité (ou la capacité pour une activité à générer un chiffre d'affaires).

La rotation des capitaux apparaît aussi comme le produit de la productivité du travail par l'inverse de l'intensité capitalistique.

La productivité représente le point de vue de la production dans le projet (ici le rendement du travail).

L'intensité capitalistique dépend des processus de production utilisés (plus ou moins grande utilisation de capital par rapport au travail).

La rentabilité financière apparaît ainsi comme le résultat de quatre éléments principaux (dont les trois premiers constituent la rentabilité globale) : la profitabilité, la productivité, l'intensité capitalistique et l'endettement.

Ceci nous indique que l'amélioration des performances peut être recherchée dans plusieurs directions. Il est important qu'il y ait une certaine additivité dans les différents critères (à des fins essentiellement de contrôle), c'est-à-dire que les différents sous-indicateurs soient liés à une performance plus globale considérée comme essentielle. Il est évident que ce schéma doit être complété et adapté à la spécificité des projets.

Sur le plan macro-économique, des études ont montré une baisse constante, pendant une vingtaine d'années, de la rentabilité globale et financière avec une remontée depuis 1983 [1].

---

1. Ministère de l'Économie, *Les notes bleues,* n° 401, septembre 1988.

Tableau 1. – *Présentation simplifiée de la rentabilité financière*

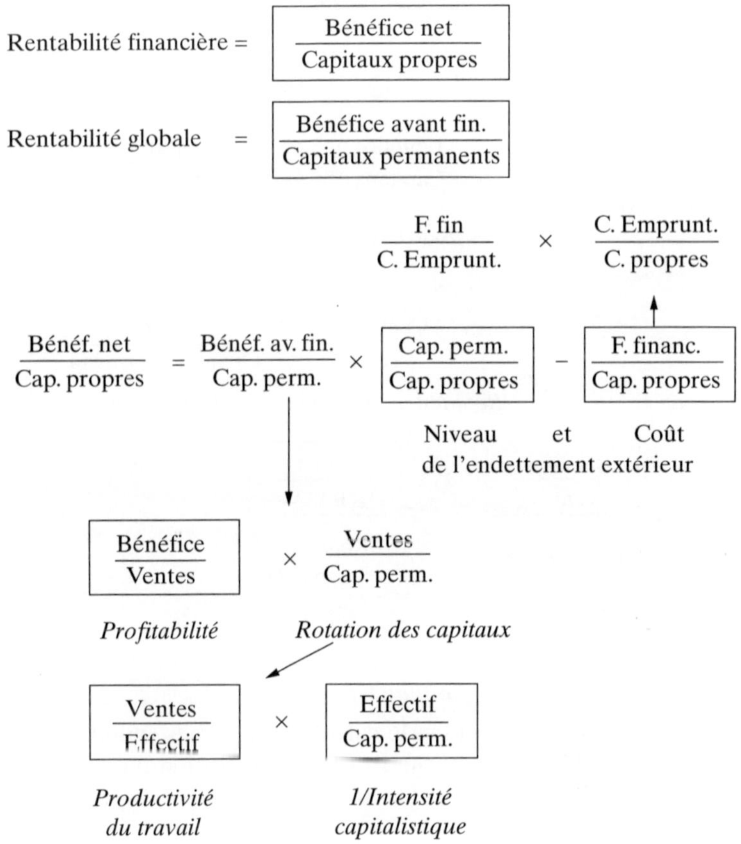

- *Les indicateurs financiers au niveau de l'exploitation familiale*

L'approche précédente, même si elle est très générale, concerne les agents dont les comportements sont attachés au concept d'entreprise. Or c'est loin d'être le cas de tous les agents, notamment des petites unités et du monde agricole qui considèrent la notion de rentabilité du capital comme plus secondaire, c'est pour eux la valorisation du travail qui prime. Par ailleurs, l'information disponible dans une petite exploitation familiale n'est pas la même que dans une entreprise classique. Ceci ne remet pas en cause la technique des ratios-chaîne mais la complète.

Selon cette présentation, le travail est « servi » par la rentabilité qui peut être encore masquée par la profitabilité et la rotation des capitaux. Le bénéfice est ici donné à titre général, il pourra aussi correspondre au résultat d'exploitation ou à l'excédent brut d'exploitation, selon les situations et les analyses.

Tableau 2. – *Représentation des ratios-chaîne à partir de la valorisation du travail*

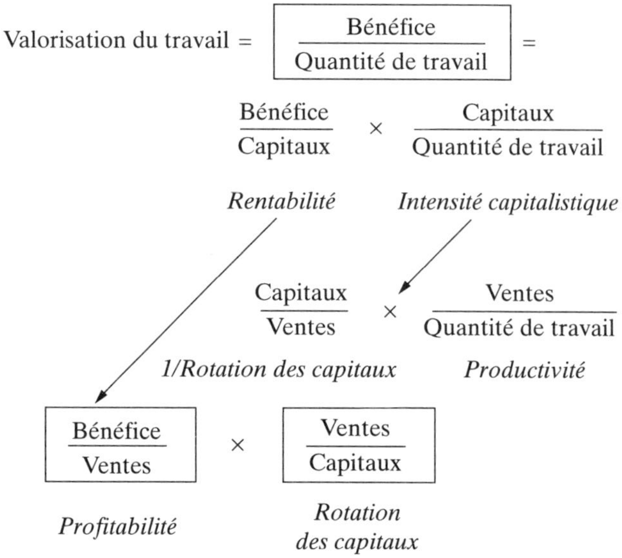

• *La valorisation du travail familial* [1]

L'aspect le plus important est le calcul des volumes (nombre de journées de travail familial) qui permettra une valorisation du travail. Intervient aussi l'intégration ou non et selon quelle modalité du coût de ce travail familial.

– La comptabilité classique ne valorise pas le travail familial. Si ce dernier est inclus dans les temps des ratios précédents (en journées par exemple), la valorisation indiquera le prix effectif de ce travail, c'est-à-dire la valorisation de la journée de travail dans cette exploitation.

– Le travail familial peut être estimé au prix de la main-d'œuvre salariée. Le résultat d'exploitation mesurera alors le résultat de la gestion de l'exploitation. La valorisation du travail représentera le sursalaire (ou plus-value) dégagé dans l'exploitation ou, au contraire, traduira l'insuffisante rémunération par rapport aux normes sociales.

– Le travail familial peut être aussi valorisé à son coût de reproduction (le minimum vital sur l'exploitation). Dans ce cas, le résultat d'exploitation correspond au surplus dégagé sur la période.

1. Ou valorisation du travail de l'exploitant dans une entreprise individuelle.

- *Le cas de l'autoconsommation*

Les calculs de performances ne se limitent pas aux flux comptables traditionnels. Il est toujours possible d'intégrer de nouveaux flux. C'est le cas de l'autoconsommation qui concerne des éléments produits ou achetés par l'exploitation mais consommés à des fins autres que l'exploitation [1]. C'est le cas des prélèvements pour les besoins familiaux. Elle pourra être intégrée aux produits [2]. La valorisation de l'autoconsommation peut se faire au coût d'opportunité, par le prix de marché, ou au coût de revient.

1.3.1.3. Les critères économiques

Financiers et économistes communiquent assez peu malgré leurs domaines communs. Ils préfèrent leur langage spécifique. Ainsi, pour l'économiste, « financier » est souvent synonyme de financement ou de marché financier. Pour le financier, « économique » est synonyme d'avant financement dans l'ignorance de la démarche collective.

Au sens des économistes, les critères économiques expriment le point de vue de la collectivité, généralement représenté par l'État ou une collectivité locale. Partant de l'évaluation financière, la démarche principale peut se résumer dans les opérations suivantes :

– introduire des corrections de prix dans la mesure où ceux-ci ne répondent plus à leur qualité essentielle d'indice de rareté ;

– tenir compte des effets induits par le projet, dans une optique plus large que celle du projet (collectivité nationale par exemple).

Plusieurs méthodes permettent d'exprimer ces points de vue, par exemple la méthode des prix de référence et la méthode des effets [3]. Il faut remarquer que l'existence de critères économiques n'enlève pas l'utilisation de critères financiers. Au contraire, il existe une dynamique entre ceux-ci (cf. *supra*).

Ce qui distingue actuellement l'économique du financier, c'est :

– un point de vue différent (collectivité contre simple agent), mais l'État est aussi un agent tandis que certains agents sont des groupes ;

– une méthode différente (neutralisation des transferts, unités de mesure différentes...), mais au sein de chaque grand critère n'y a-t-il pas déjà une très grande diversité et même des conflits ?

La diversité et la complexité des situations pourraient en rendre caduques ces distinctions entre financier et économique sans qu'il y ait pour autant domination d'un critère sur l'autre.

---

1. Si c'est pour les besoins de la production, il est possible de rajouter l'autoconsommation en charge et en produit, ce qui ne change pas le résultat.

2. Néanmoins, dans le mesure où l'autoconsommation ne donne pas lieu à une entrée de trésorerie, il ne faudra pas la prendre en considération (ou la déduire) pour le calcul de la CAF (cf. *supra*).

3. M. Chervel et P. Legal, *Manuel d'évaluation économique des projets*, MINCOP, 1989. M. Garrabé, *Ingénierie de l'évaluation économique*, Ellipses, 1994.

1.3.1.4. Les critères qualitatifs

L'argument avancé est que les critères qualitatifs, qui souvent ne sont pas pris en considération par les indicateurs traditionnels (économiques ou financiers), peuvent être décisifs [1]. Mais le terme « qualitatif » est assez ambigu. Il peut signifier :

– non quantifiable parce que l'information n'est pas disponible ;

– appel à un raisonnement différent faisant référence à l'intuition, à un certain volontarisme.

Dans le premier cas, c'est une question de coût de l'étude. Dans le second cas, c'est la méthode qui est en jeu. Généralement elle intervient à juste titre, en réaction contre certains automatismes entre critères et décision (cf. *supra*). Il est évident qu'un indicateur ne peut prendre en considération tous les critères possibles, il n'intègre que les événements que l'on a bien voulu réunir. Il est souvent préférable de réaliser une étude multicritères qui permet de mettre en parallèle ces différents points de vue dont il est possible de valoriser l'importance relative.

1.3.2. Conditions d'utilisation des critères

Les critères mis en valeur par l'analyse servent généralement à comparer des solutions différentes. Deux types de difficultés peuvent apparaître : les comparaisons peuvent ne pas être directement possibles, la situation de référence n'est pas clairement définie (ou connue).

En premier lieu, nous rencontrerons le problème général de la comparabilité des projets. Les projets en raison de leur nature ou de leur taille ne sont pas tous directement comparables. Nous verrons que l'on peut modifier les flux de manière à rendre les critères de performances plus comparables. Il faut donc retraiter l'information disponible.

En second lieu, il s'agit d'intégrer au maximum la spécificité de l'environnement du projet et de son réalisateur (donc la situation de référence). Très souvent deux types d'étude et de calcul des résultats sont possibles :

– l'étude globale classique dont la particularité est de ne pas intégrer la situation de référence (ou une situation de référence nulle) qui est la situation avant et sans le projet. L'étude est de fait réalisée dans l'absolu, attitude qui peut être celle d'une approche première du projet ; il s'agit alors de présenter les résultats selon la comptabilité de l'agent (ou du produit) concerné par le projet. C'est souvent la situation après projet ;

– l'étude différentielle réalisée au contraire à partir d'une situation de référence qui est la situation sans projet. Ceci permet de présenter et d'analyser le projet comme un certain nombre de changements introduits par rapport à cette situation de référence. Il s'agit alors d'une approche de

---

1. Voir F. Engel, D. Fixari et F. Pallez, *Logique des choix d'investissement dans les grands groupes industriels*, Recherches Économiques et Sociales, La Documentation Française, 1985.

décision (comparaisons des coûts et avantages résultant des flux induits par le projet sur l'agent (ou le produit) concerné).

Situation de référence (situation actuelle et évolution) APPROCHE GLOBABLE (AGENT)	Projet APPROCHE DIFFÉRENTIELLE	Situation après projet APPROCHE GLOBALE (AGENT)

Ceci correspond donc à trois situations : la situation de référence (sans projet), la situation après projet (finalité visée) et le projet qui établit le lien. La logique voudrait que le projet soit construit par différence, donc en troisième lieu. En pratique, il est parfois plus facile de construire le projet puis d'en déduire la situation après projet. Par ailleurs, on pourra faire varier la situation de référence pour étudier différentes stratégies dans le projet.

Par exemple, un projet de modernisation d'un équipement doit prendre en considération la situation de référence avec :
- le coût et la production de l'équipement ancien ;
- la possibilité de revente de l'équipement ;
- la situation financière de l'entreprise…

Toute étude devrait adopter ce point de vue au moins dans la perspective de la décision de réalisation du projet. Néanmoins l'étude de la performance globale (ou absolue) est souvent aussi nécessaire dans la mesure où elle exprime une situation concrète, celle de l'entreprise qui réalise le projet.

Signalons encore que la mesure d'une performance absolue correspond à une situation de référence égale à ne rien faire (ou plus exactement ne rien faire de différent) ; ce qui correspond à la continuation du passé.

1.3.3. La décision

Il y a souvent une confusion entre les critères et la décision. Or les critères ne servent qu'à préparer et à aider à la réalisation d'un choix. Les critères étudiés mettent en avant certaines rationalités ; décider c'est se situer parmi elles. La décision [1] relève d'un ordre politique, c'est-à-dire qu'elle implique la référence (parfois implicite) à un système de valeurs (objectifs supérieurs qui théoriquement nous gouvernent). Il est vrai qu'en pratique il est souvent fait confiance aux automatismes décisionnels.

Mais avant d'aboutir à la décision, il faut que l'évaluation mette en avant les points les plus ambigus, les plus sensibles du projet (cf. méthodologie). Ceci est souvent réalisé à l'aide de modèles permettant d'expérimenter ou de simuler la réalité. Herbert Simon [2] a proposé un modèle comportant quatre phases dans le processus de décision : le diagnostic d'un problème, la conception et la formulation des options possibles (stratégie), la sélection d'une

1. Le même mot désigne le résultat et le processus permettant de l'obtenir.
2. Encyclopædia Universalis, 1995.

option, l'évaluation de l'option choisie. L'évaluation peut déboucher sur l'acceptation de l'option choisie ou sur un retour à une phase antérieure.

Par conséquent, l'analyse stratégique [1] précède ou accompagne l'étude de rentabilité qui doit apparaître comme l'étude de la cohérence d'une volonté stratégique. L'évaluation associée à l'élaboration d'un projet avec l'aide de l'informatique devient un processus de modélisation qui sans cesse se nourrit de données nouvelles. Il importe que le calcul économique (sens large) soit remis à sa place. La complication provient notamment du fait que des cas de figures très différents peuvent se présenter dans la décision :

– la décision est prise *a priori*, l'étude de rentabilité va permettre de justifier ce choix ou de mettre en valeur la difficulté financière de sa réalisation ;
– la décision est à prendre, le calcul de rentabilité aura alors pleinement sa place en aidant à la décision.

De la même manière, il y a souvent une confusion entre la rentabilité en tant qu'instrument de calcul et la rentabilité comme finalité. La rentabilité peut ne pas être une finalité première (priorité) sans que pour autant on néglige son calcul. Au contraire dans le cadre d'autres finalités, elle reste un point de repère significatif de ce que sera le fonctionnement réel du projet. Il est donc très important de bien dissocier l'instrument utilisé du résultat de la mesure qu'il a permis d'effectuer, même si cette mesure dépend bien de l'instrument utilisé.

2. Définition et place de l'évaluation financière

Après avoir défini un projet, nous allons préciser en quoi consiste son évaluation du point de vue financier. Pour cela, il est intéressant de situer cette phase dans le « cycle du projet ».

2.1. Les phases de l'évaluation (élaboration) d'un projet

Traditionnellement [2], six grandes étapes sont distinguées :
– phase 1 : identification du produit ;
– phase 2 : études préalables ;
– phase 3 : faisabilité (ou aussi préfactibilité et factibilité) ;
– phase 4 : évaluation financière ;
– phase 5 : évaluation économique ;
– phase 6 : décision d'exécution.

Ce découpage est néanmoins un peu artificiel dans la mesure où certaines phases coexistent ; ainsi, les études préalables aident à mieux réaliser l'iden-

1. Voir « le poids grandissant de la réflexion stratégique » dans F. Engel, D. Fixari, *op. cit.*, page 125.

2. Pour plus de détails, il est possible de distinguer différentes approches :
– les organismes internationaux (Banque Mondiale par exemple) ;
– l'approche organisationnelle ou spectrale (H. Fraisse, *Manuel de l'ingénieur d'affaires*, Dunod, 1996) ;
– l'approche marketing (Y. Chirouze, M. Ingham, *op. cit.*).

tification. Mais il marque quand même une certaine logique de la progression. En reprenant le même exemple, pour préciser les études à réaliser, il faut avoir déjà identifié au moins partiellement un produit. Et l'évaluation n'est pleinement réalisée que lorsque toutes les études sont terminées.

L'importance relative de ces différentes phases dépend bien entendu des projets. Par exemple, l'évaluation économique déterminante dans un projet d'infrastructure est plus réduite ou même absente dans un projet de création d'un bien de consommation courante. Précisons certaines de ces phases.

- *Identification*

La finalité de cette phase, dans le cas d'un produit nouveau, est la définition complète du produit entendu comme l'expression de trois composantes :

– un bien ou un service dont il faudra déterminer les caractéristiques propres ;

– un ou plusieurs procédés d'élaboration (ou d'exécution pour un service) ;

– un marché réel (avec prix de vente et modalités de distribution).

Ceci doit se traduire, dans le cadre de la finalité du projet, par la détermination d'objectifs et des moyens nécessaires que les phases suivantes vont permettre d'affiner et de développer. En relation avec la notion de « système projet », il sera nécessaire de préciser aussi le contenu des quatre pôles mentionnés (projet, porteur, ressources, environnement).

- *Études préalables*

Dans ces études, il est intéressant de distinguer :

l'étude de la situation de référence (situation actuelle sans projet) ;

– les actions à entreprendre à partir de la situation de référence et des objectifs visés. Dans l'approche marketing, le terme de « politique globale de produit » serait utilisé.

Le projet exprime alors la volonté et les moyens de combler l'écart entre ces deux éléments (situation de référence et objectifs identifiés). Ce point de vue est relativement proche de celui de la planification d'entreprise. Cette distinction est très importante pour pouvoir mener une véritable étude différentielle (cf. *infra*) des performances, et donc aussi de la pertinence du projet.

Dans le cadre d'une approche « système projet », il importera d'analyser notamment les relations avec l'environnement, c'est-à-dire l'étude des différents partenaires et concurrents, l'état de la législation, les moyens matériels et humains disponibles…

Sans rentrer dans le détail [1], nous indiquons les grandes lignes d'études pour un projet de création d'un produit nouveau :

– recherches de concepts de produits (aide à la conception et à la vérification de la véracité du produit) ;

1. Voir Y. Chirouze, *op. cit.* ou A. Danon et S. Demaux, *Le guide pratique des études de marché*, Éditions CLET, 1988.

– tests de produits (aide à la mise au point du produit) : goûts ou utilisation, conditionnement, prix, nom, image ;
– études de marché proprement dites (qui va consommer ?) : profil de clientèle, comportement d'achat ;
– études de distribution (comment vendre et où ?) : localisation de la clientèle (chalandise), implantation.

• *Préfactibilité et factibilité*

Cette phase est destinée à la mise au point des procédés de fabrication ou d'exécution. Elle est donc essentiellement technique. Les possibilités techniques d'élaboration du produit seront donc recensées. À ce stade, normalement aucun choix ne peut normalement être opéré en dehors des solutions sortant à l'évidence des contraintes de tous ordres (légales, financières, mentales…) imposées au projet. Il est possible de distinguer :
– la préfactibilité (ou préfaisabilité), centrée sur l'examen non détaillé des parfois nombreuses possibilités techniques envisageables ;
– la factibilité (ou faisabilité), caractérisée par l'étude approfondie de quelques solutions.

La préfactibilité donne souvent lieu à un rapport intermédiaire qui permettra de faire le point avec les décideurs, sur les variantes à évaluer. Elle permet notamment de poser des questions essentielles que l'appel d'offre n'avait pas envisagées.

L'aboutissement sera donc un ensemble de variantes incompatibles dont il faudra tester la validité financière et économique et extraire la meilleure solution. Le contenu et les techniques utilisées sont complètement déterminés par la nature des produits. Les techniques de l'analyse de la valeur [1] jouent un rôle important à ce niveau.

2.2. Définition de l'évaluation financière

L'évaluation financière est la phase de l'étude d'un projet qui permet d'analyser si ce projet est viable, et dans quelles conditions, compte tenu des normes et des contraintes qui lui sont imposées, et à partir des études techniques et commerciales déjà réalisées.

Elle consiste à valoriser les flux résultant des études précédentes pour déterminer la rentabilité et le financement du projet.

Pour cela, on construit généralement plusieurs scénarios résultant d'une analyse de sensibilité menée à partir des différents risques encourus par le projet et permettant de définir des stratégies de réalisation.

1. Voir C. Petitdemange, *Créer et développer vos produits,* Association Française de Normalisation, 1988, voir aussi A.C. Martinet, *Diagnostic stratégique,* Vuibert, 1988 et M. Ingham, *Gestion stratégique de l'entreprise nouvelle,* Academia, 1988.

La viabilité [1] reste conditionnelle, car elle est liée à deux types de contextes : les contraintes imposées et les informations disponibles.

Il importe de bien distinguer l'évaluation et la gestion de projets [2]. La gestion de projets est une technique d'organisation (il faudrait alors utiliser l'expression de gestion par projets).

Une évaluation financière peut être sommaire ou détaillée (ce qui correspond à des spécificités liées aux phases). Le caractère sommaire de l'évaluation financière pourra apparaître au travers des détails suivants :

– un seul investissement (durée de vie unique) réalisé alors que l'investissement est généralement composite ;
– pas de montée en production ;
– pas de besoins en fonds de roulement (ou estimation forfaitaire) ;
– non-intégration de la fiscalité (directe et indirecte) ;
– un seul scénario envisagé ;
– inflation non prise en considération.

2.3. Relations avec l'évaluation économique

Ces relations ne prennent leur véritable sens que dans les projets de nature collective. L'évaluation économique complète l'évaluation financière. Mais les évaluations peuvent aussi se concurrencer.

• *Relations de complémentarité*

L'évaluation économique suit l'évaluation financière, dans la mesure où elle utilise au départ les mêmes flux. De même, elle apporte des critères supplémentaires, en introduisant un point de vue collectif. Prenons le cas d'un projet d'infrastructure : son objectif est de modifier l'environnement des agents. Grâce à la réalisation du projet, les entreprises vont par exemple bénéficier d'avantages supplémentaires ou verront diminuer certains de leurs coûts tandis que d'autres catégories d'agents subiront des nuisances. Dans ce cas, l'évaluation économique aura pour objectif de recenser tous ces coûts et avantages (y compris les coûts du projet lui-même), pour montrer le gain total favorable. L'évaluation des projets collectifs devra donc être économique.

Un autre aspect de cette complémentarité doit être mentionné par le fait que l'avantage collectif mesuré en économie doit être perçu clairement par les agents pour qu'ils fassent usage des avantages apportés par le projet. Ceci signifie un retour à l'évaluation financière, c'est-à-dire au point de vue des agents utilisateurs des aménagements projetés. Par conséquent, la rentabilité économique doit se traduire en rentabilité financière (cf. *supra*).

---

1. Le terme de viabilité est essentiel, on le retrouve dans de nombreuses définitions.
2. Voir Ch. Navarre et J.L. Shaan, « Techniques et méthodes spécifiques de la gestion de projets », *Revue Française de Gestion*, n° 68.

• *Relations de domination ou de concurrence*

Dans les projets collectifs, les critères économiques doivent normalement l'emporter sur les critères financiers, dans une sélection de variantes par exemple. Mais faire un tel choix suppose que l'on accepte une moins bonne rentabilité financière, ce qui se conçoit facilement dans deux situations :

– en premier lieu un projet public, n'ayant pas pour objectif direct la rentabilité financière (le projet doit quand même pouvoir fonctionner) ;

– en second lieu un projet privé. Dans ce cas, des conditions avantageuses de financement doivent rattraper le handicap relatif des critères purement financiers (fiscalité ou subventions). La rentabilité des capitaux propres permettrait de le vérifier.

Néanmoins, en l'absence de toute confirmation d'un avantage spécifique, il sera difficile de faire accepter un choix financier moins intéressant.

En conclusion, il serait intéressant de transformer l'avantage économique pour la collectivité, dans l'adoption d'une solution donnée, en avantage financier pour les agents concernés, de telle sorte que globalement la réduction de l'avantage économique reste égale ou inférieure à l'amélioration de l'avantage financier. Ceci peut se résumer de la manière suivante.

Comparons deux projets, 1 et 2. Selon un critère financier, le projet 1 est supérieur au projet 2 ; selon un critère économique, le projet 2 est supérieur au projet 1.

• *Hypothèse A*

L'écart sur le critère économique est supérieur à l'écart sur le critère financier. Dans ce cas, il est possible de trouver un avantage financier (subvention par exemple) à la réalisation du projet 2, tout en gardant un avantage collectif global favorable : l'écart des avantages économiques peut être supérieur à la subvention versée.

• *Hypothèse B*

L'écart sur le critère économique est inférieur à l'écart sur le critère financier. Dans ce cas, la solution du projet 2 qui reste collectivement avantageuse doit trouver un financement externe à l'opération pour pouvoir être réalisable.

Une autre difficulté doit être mentionnée dans ce schéma ; avantage économique ne signifie pas obligatoirement avantage de ressource pour l'État, dans la mesure où il n'y a pas toujours une incidence fiscale. Par ailleurs, cette complémentarité utilisable dans le calcul d'une subvention reste un cas d'école, les subventions (comme les bonifications pour les emprunts) ont encore un caractère forfaitaire qui peut être meurtrier pour le contribuable [1].

---

1. Dans l'agriculture, nous avons vu un projet d'irrigation fournissant de l'eau à un tarif concurrentiel alors que, hors subvention, l'eau vendue revenait à 10 F le m^3.

3. Méthodologie de l'évaluation financière

Nous allons préciser les étapes importantes, puis nous examinerons quelques problèmes particuliers.

3.1. Les grandes phases de travail

L'évaluation financière d'un projet se décompose en trois grandes phases de travail :
- l'étude avant financement ;
- l'étude du financement et de la trésorerie ;
- la présentation des résultats et des stratégies de réalisation.

La séparation des deux premières s'explique par la nécessité d'envisager au départ le projet sous l'angle de la création de richesses au sens de la comptabilité nationale (cf. *infra*). Le financement introduit une finalité nouvelle indispensable à la réalisation du projet, la recherche des fonds, mais aussi une autre mesure des résultats. La troisième phase est destinée à mettre en valeur les différents résultats et les stratégies mises en œuvre pour assurer la réussite du projet. Différents points de vue pourront être présentés tant au niveau des agents (les apporteurs de capitaux, les utilisateurs, les fournisseurs...) que des spécialités impliquées (technique, juridique, sociale...). Le tableau 3 résume ces aspects.

• *L'étude avant financement* (cf. tableau 4)

Les phases de référence sont celles des études préalables et de la préfactibilité ou factibilité.

Le point central, qui n'est pas forcément principal, est le calcul de la rentabilité avant financement (pour des projets directement productifs). L'indicateur le plus sophistiqué utilisé (aujourd'hui banalisé) est le taux interne de rentabilité (TIR). Le TIR permet de juger de l'acceptabilité financière des hypothèses ou variantes du projet, soit en raison de seuils prédéfinis (normes ou contraintes), soit par simple nécessité (viabilité financière). Plusieurs allers et retours sont ainsi nécessaires entre éléments de données ou d'hypothèses et tableaux de résultats.

Les documents (détaillés par années) à élaborer seront :
- les comptes prévisionnels d'investissements ;
- le tableau des amortissements ;
- les comptes prévisionnels de résultat (analytique et de comptabilité générale) ;
- les besoins en fonds de roulement ;
- le tableau de calcul du TIR.

Un certain nombre d'études complémentaires seront nécessaires dans la mesure où cette phase peut se réaliser dans le cadre d'une étude sommaire ou détaillée. À partir d'une étude sommaire, il faudra compléter l'évaluation dans les domaines insuffisamment traités comme la montée en production ou le BFR. L'inflation et la fiscalité devront normalement être complètement intégrées à la fin de cette phase (voir problèmes transversaux).

Tableau 3. – *Problématiques avant et après financement*

Avant financement		Financement
• Création de richesses (biens ou services)	*Finalités et objectifs*	• Déterminer les fonds nécessaires au fonctionnement du projet.
• L'étude commerciale permet de fixer les niveaux d'activité des ventes de biens ou de prestations de services, par années, et répondant aux finalités définies. • L'étude technique détermine les besoins en relation avec les objectifs précédents. Ceci se traduit en terme de dépenses d'investissements (utilisation de moyens matériels) et de fonctionnement (consommations de matières et de services, utilisation de personnel, etc.). • L'étude sociale examine la cohérence interne et externe des relations entre unités (individus ou groupes).	*Moyens*	• L'étude des possibilités de financement concerne : – les différentes aides à tous les niveaux, organismes internationaux, État, régions ; – le secteur bancaire ; – les différents apporteurs de capitaux (individus et organismes) ; – le marché financier.
• La mesure des performances a pour ambition de tester l'efficacité de la relation moyens-objectifs [a]. • La pièce maîtresse est la rentabilité qui synthétise les mouvements d'entrée et de sortie de fonds dans le temps. Elle peut être éclatée par grandes fonctions (commerciale, production, personnel...).	*Appréciation des résultats (mesure des performances)*	• La rentabilité des capitaux sera fonction des performances avant financement et du coût du financement. • L'équilibre financier complète la rentabilité en montrant ses limites.

a. Voir les notions d'efficience et d'efficacité.

Lorsque l'architecture des comptes est connue avec assez de précision, nous pouvons démarrer une étude de sensibilité des principaux résultats aux différentes variables. L'objectif est de détecter les points les plus sensibles des différentes variantes techniques étudiées du projet. Ce qui constitue une des meilleures approches de la notion de risque encouru par le projet.

Tableau 4 – *Étude avant financement*

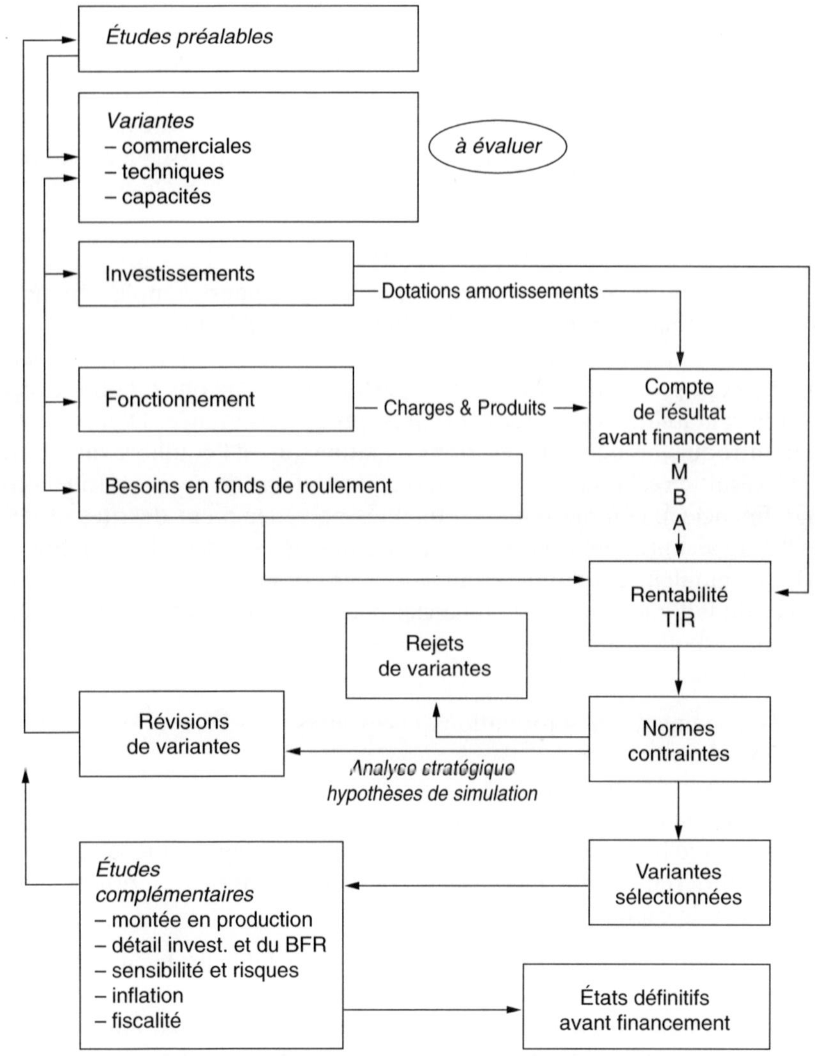

Il est possible de construire une typologie des risques en relation avec l'approche « système projet » [1], ces risques étant attachés au projet, au porteur, aux ressources et à l'environnement.

L'étude de sensibilité menée à partir des différents risques doit permettre de construire des hypothèses de simulation du fonctionnement du projet, ce qui représente un autre aspect de la notion de variante.

1. Cf. Marmuse et Baron, *op.cit.*

Il faut effectivement bien distinguer :

– les variantes techniques (procédés techniques ou capacité à installer en fonction de la dimension du marché à affronter) sur lesquelles il faudra effectuer un choix en principe irréversible, celui de l'investissement à réaliser à un moment donné ;

– les hypothèses de simulation, effectuées dans le cadre des différentes variantes et destinées à tester leur viabilité ainsi qu'à mettre en œuvre des stratégies de réalisation.

• *L'étude du financement* (cf. tableau 5)

Les phases de référence seront celles des études complémentaires (sources de financement), de préfactibilité et de factibilité.

Le calcul de rentabilité reste l'élément de référence (pour des projets directement productifs). Mais d'une part, nous changeons d'optique, car c'est la rentabilité des capitaux propres qui est recherchée. D'autre part, nous introduisons une nouvelle préoccupation qui est l'équilibre financier.

Le résultat recherché est l'obtention du meilleur financement (ou montage financier), compte tenu des finalités précédemment décrites et des différentes contraintes (normes et usages). Cet aspect de l'évaluation a pris de l'ampleur ces dernières années, avec notamment la prise de conscience du fait que le montage financier peut mieux faire vendre un projet, que son coût global. Nous pourrons alors parler d'ingénierie ou de marketing financier.

Les documents et informations nécessaires à la réalisation de cette phase sont :

– les investissements ;

– le besoin en fonds de roulement ;

– la marge brute d'autofinancement (tirée du compte de résultat) ;

– les différentes sources de financement (subventions, emprunts, augmentation de capital...).

Le document de travail de référence est un tableau de financement provisoire permettant de déterminer en cascade, au fur et à mesure, les différentes solutions, à partir des besoins calculés, année par année. Nous verrons comment la programmation linéaire peut nous être d'un certain secours.

Des études complémentaires vont aussi intervenir.

Jusqu'au dernier moment, la situation du financement peut être améliorée par des montages plus affinés, notamment par une meilleure étude des relations du projet avec ses clients et ses fournisseurs.

Par ailleurs, l'étude de sensibilité précédemment entreprise peut être poursuivie dans son aspect financement :

– calcul du risque financier ;

– dépendances vis-à-vis des sources de financement.

Tableau 5. – *Étude du financement*

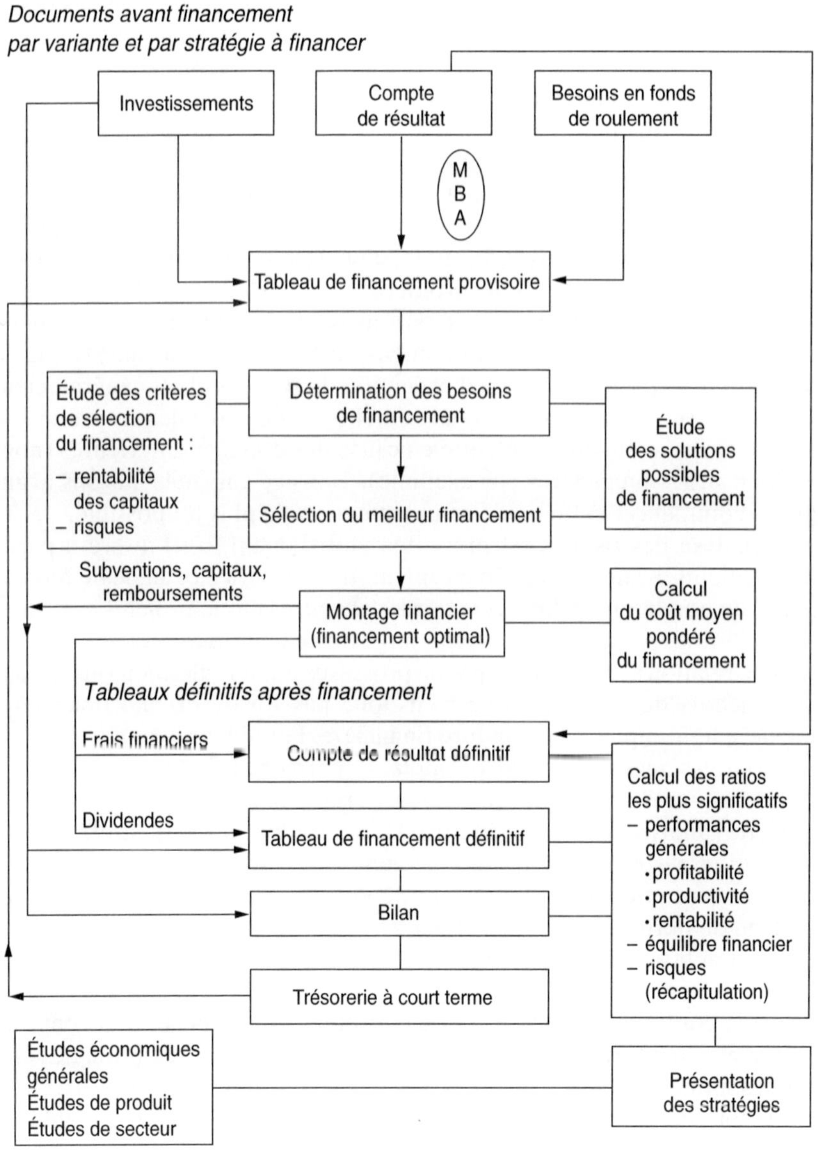

Enfin les politiques de rémunération des capitaux propres (distribution des dividendes) et des dirigeants devront être établies et intégrées à l'étude du financement, afin que la trésorerie nécessaire soit prise en considération.

- *La présentation des résultats*

Dans cette phase, il faudra d'abord reprendre presque tous les documents comptables précédents qui sont des documents de travail pour leur donner un caractère plus définitif. Ainsi nous intégrerons les données du financement au compte de résultat.

Le tableau de financement lui-même sera repris à partir de la nouvelle marge brute d'autofinancement.

Des comptes nouveaux sont établis, par exemple le bilan.

Les principaux ratios de performance seront calculés (version simplifiée et adaptée des principaux indicateurs d'analyse financière [1]) et comparés à ceux du secteur ou de la concurrence.

Une étude complémentaire est entreprise, celle de l'analyse mensuelle de l'activité qui débouchera notamment sur la trésorerie à court terme au moins pour la première année d'exécution du projet qui est généralement spécifique (importance des investissements, démarrage des emprunts...). Il se peut que cette étude remette en cause des données antérieures (nouvelles charges financières par exemple). Dans ce cas, nous aurons avantage à commencer cette étude complémentaire le plus tôt possible.

L'analyse des risques est présentée globalement, c'est-à-dire à partir des éléments avant et après financement. Il importera à ce stade de regrouper et de pondérer les différents risques encourus par le projet. Les risques sont identifiés par une approche très large touchant tous les « éléments » qui sont en relation avec le projet, par un processus d'internalisation (impact sur les objectifs du projet). Ils ne sont donc pas tous d'origine financière, même si leur impact est de nature financière. Par ailleurs, cet impact n'est pas toujours mesurable. Par exemple, la personnalité du dirigeant est à l'évidence un élément qui conditionne la réussite du projet.

Cette analyse devra permettre la détermination des stratégies de réalisation du projet et éventuellement aider aux différents choix qui devront être effectués. Elle pourra déboucher sur la mise en place d'un tableau de bord spécifique facilitant les suivis de gestion.

En conclusion, il est possible de considérer trois approches dans l'élaboration-évaluation (tableau 6).

De la confrontation entre les deux premières approches, naissent à la fois le niveau de risque et les stratégies de réalisation. Les stratégies élaborées sont alors testées sur le plan de leur réalisation financière effective. Nous sommes donc en présence d'un processus d'optimisation réalisé en deux phases (avant et après financement).

3.2. Les problèmes spécifiques (transversaux)

Ils concernent l'ensemble des phases. Nous allons en considérer deux, la fiscalité et l'inflation.

---

1. Rappelons que le terme d'analyse financière est relatif à l'étude de la période passée, par opposition à l'évaluation *ex-ante*.

Tableau 6. – *Les différentes approches de l'élaboration*

Types d'approche	Objectifs	Facteurs
Production (technique)	Niveau de production Coût de production	Productivité du travail et des équipements
Commercial	Niveau de chiffre d'affaires	Prix de vente Promotion, publicité, réactions du marché et de la concurrence
Social	Cohérence entre unités internes et externes au projet	Organisation Incitations
Financement	Rentabilité des fonds propres	Rentabilité globale Coût et niveau du financement

3.2.1. La fiscalité

Elle devra être complètement intégrée à la fin de la phase d'étude avant financement, de manière à connaître le niveau réel des charges et à intégrer d'éventuels avantages (exonérations d'impôts directs par exemple). Effectivement même avant financement, il est préférable d'intégrer l'impôt sur le résultat. Les calculs seront d'autant compliqués mais l'interprétation en sera facilitée. La difficulté provient du fait que l'information complète n'est pas toujours disponible au bon moment. Il s'agit donc d'une donnée que l'on est amené à vérifier au dernier moment, lors des phases finales de l'évaluation. Ainsi la taxe professionnelle implique que la localisation du projet soit connue ; or cette localisation peut justement faire l'objet d'un choix ultérieur.

- *Le calcul de l'impôt sur le résultat (report de déficit, carry-back et impôt négatif)*

Il est fréquent que les projets génèrent des déficits les premières années. Si tel est le cas, le système classique est le report de ces déficits sur les bénéfices des années suivantes. Le report de chaque résultat déficitaire est limité à 5 ans. Il existe un système plus récent et théoriquement plus avantageux qui est le report en arrière des déficits. Cela signifie que les déficits peuvent donner lieu à un remboursement d'impôt déjà payé. Ceci est parfois traduit par le terme d'impôt négatif.

L'application d'un tel système nous faciliterait les calculs d'impôts sur le résultat ; mais ceci ne serait pas très réaliste, car en l'état actuel de la législation, le Trésor public, en cas de non report sur des bénéfices antérieurs, ne rembourse que 5 ans plus tard. Nous utilisons donc le système des reports classiques de déficits dans un projet seul (création d'entreprise qui n'est pas une filiale) et l'impôt négatif dans un projet réalisé dans une entreprise qui existe déjà et qui génère des résultats positifs suffisants pour couvrir ces déficits. Le problème est à voir en fonction de l'évolution de la législation. Il existe aussi des régimes d'exonération temporaire (les premières années), notamment d'impôt sur les bénéfices qui sera à prendre en considération.

Nous rappelons qu'il n'y a de TVA déductible ni dans le compte de résultat ni dans les investissements. La TVA interviendra dans le calcul du BFR.

3.2.2. L'inflation

Toujours négligée dans une première étape, elle peut être ensuite intégrée à l'évaluation, selon des modalités variables. L'introduction de l'inflation complique la lecture des principaux résultats ; c'est la raison pour laquelle il est possible de maintenir les ensembles de documents (avec et sans inflation) au moins dans les phases de travail. Trois possibilités d'intégration des hausses de prix ou de coût, dans la présentation des résultats, seront étudiées.

– Les prix constants : l'inflation n'est pas (ou pas encore) intégrée à l'évaluation.

– Les prix courants : la hausse des prix fait l'objet d'une prévision. Les flux calculés seront donc ceux que l'on devrait trouver en réalisation. La difficulté de cette position réside dans l'interprétation des résultats dans la mesure où il n'y a plus de référence monétaire (signification du TIR par exemple).

– Les francs constants : la hausse des prix est intégrée dans une première étape élément par élément selon les prévisions, comme précédemment. Puis les flux sont recalculés de manière à tenir compte d'une baisse générale du pouvoir d'achat (taux moyen de variation des prix à la consommation par exemple).

Cette méthode intègre donc une inflation différentielle, c'est-à-dire qu'elle prend en considération les effets de l'inflation sur le projet (inflation subie par le projet) tout en conservant la même référence aux prix de base du décideur ou du porteur du projet.

Néanmoins, cette dernière méthode implique de nouvelles hypothèses (taux de variation du pouvoir d'achat), qui certes donnent des résultats plus directement interprétables mais qui sont plus facilement manipulables (cf. *supra*).

4. Présentation de l'étude de cas

L'étude de cas [1] est sommairement présentée ici dans ses trois aspects : projet, finalité et méthode d'évaluation.

1. Cette étude de cas a été montée à partir de l'évaluation d'un projet par le Centre d'Études de Projets (Université de Montpellier I), chargée d'études : M. Antona.

4.1. *Le projet*

Le produit fabriqué correspond à des « rideaux-perles » pour portières ou décoration. Le produit existe déjà, sous sa forme générale. Il faudra éventuellement examiner les éléments de différenciation.

Le marché visé est représenté par les ménages français dans une première étape. Une exportation progressive vers les pays du Nord et les pays de l'Union Européenne est envisagée.

La technologie utilisée fait appel à une machine de conception nouvelle capable de produire en continu et à haute cadence le produit en question.

Le porteur est le chef d'une entreprise artisanale, ayant l'expérience du produit.

Les ressources mobiliseront peu de personnel, surtout des éléments financiers.

Néanmoins des compétences techniques adéquates devront être trouvées (maintenance de la machine).

- *L'environnement*

Au niveau des fournisseurs, les relations existent déjà. Il faudra voir si une diversification est nécessaire. Le contact avec les clients est établi mais pour un marché de dimension très modeste. Il y a donc un aspect de conquête de nouveaux marchés. L'entreprise s'adresse en priorité aux supermarchés et ensuite à quelques gros clients, les petits clients ne devant constituer qu'une faible part des ventes. Le marché français actuel (au moment de l'étude) est tenu par les pays du Sud-Est asiatique, les concurrents nationaux n'étant pas jugés dangereux, tout au moins dans l'immédiat.

L'impact du projet sera forcément important dans l'entreprise en raison de la place de la nouvelle activité dans le chiffre d'affaires. Il faudra en tenir compte dans le calcul des coûts (charges indirectes à répartir).

4.2. *La finalité*

Le produit existe déjà, le marché actuel du produit étant dominé par la concurrence extérieure. À la base du projet, il y a en premier lieu une petite innovation technologique qui reste importante pour l'entreprise artisanale. Il est prévu une production à haute cadence qui n'est pas habituelle pour le chef d'entreprise. Par ailleurs, une certaine maîtrise technologique est à acquérir, le matériel étant nouveau dans l'entreprise et dans la région de production.

En second lieu, nous trouvons une volonté de conquête de marché. Il sera nécessaire de définir une ou plusieurs stratégies de pénétration. Les objectifs assignés sont clairs : de 30 à 50 % au départ, 80 % à terme, auxquels il faudra ajouter l'exportation. Mais la montée en production n'a fait l'objet d'aucune étude préalable. Il s'agit donc d'une ambition purement commerciale. Le produit nouveau est *a priori* relativement peu différencié ; la conquête ne pourra donc se faire que sur l'élément prix de vente. Le coût de revient sera une donnée déterminante.

4.3. La méthode

Pour réaliser l'évaluation, le logiciel EVALPRO [1] a été utilisé. C'est le résultat d'un ensemble d'expériences, de travaux d'étude et d'enseignements théoriques et pratiques :
- au Centre d'Études de Projets ;
- dans la filière IEF [2] à la Faculté de Sciences Économiques de l'Université de Montpellier I ;
- au master Agropolis Développement Rural et Projets à l'IAM [3].

L'évaluation a été reprise et adaptée aux besoins de l'enseignement mais en restant proche des conditions générales de la réalisation initiale. Elle a été simplement développée par rapport au document initial en insistant sur les aspects méthodologiques, notamment au niveau des simulations.

1. EVALPRO est un progiciel d'évaluation financière de projets d'investissement. Il nécessite le tableur MS Excel version 5 ou ultérieure. Il a été réalisé au sein du Laboratoire d'Informatique de 2e cycle (LI2C) de la Faculté de Sciences Économiques de Montpellier I par S. Bodren et R. Houdayer. Voir en fin d'ouvrage les conditions d'acquisition.
2. Ingénierie économique et financière.
3. Institut Agronomique Méditerranéen, Montpellier.

Chapitre 2

ÉTUDE AVANT FINANCEMENT

En respectant le modèle initialement prévu, nous allons d'abord recenser les informations à utiliser et les états à construire pour juger de la viabilité du projet dans cette première grande phase. Les documents se résument en tableaux (investissements, compte de résultat, besoin en fonds de roulement). Les analyses seront celles de la rentabilité selon plusieurs critères, et du risque à différents niveaux du projet et de son environnement.

1. Investissements et amortissements

1.1. Investissements

L'objectif est de construire un tableau (le plan d'investissement) contenant année par année les investissements à réaliser au cours de la durée de vie (ou d'étude) du projet. Pour cela, il est possible de faire appel à une double classification, l'une est la présentation du plan comptable, l'autre est financière. Il sera très intéressant d'examiner quelques profils de distribution des flux d'investissement dans le temps pour des projets différents. Conventionnellement, les investissements sont supposés réalisés au début de leur exercice d'affectation.

- *Classification comptable des immobilisations*
  Immobilisations incorporelles :
  - frais d'établissement ;
  - frais de recherche et de développement ;
  - concessions, brevets ;
  - droit au bail ;
  - fonds commercial.

Immobilisations corporelles :
- terrains ;
- agencements ;
- constructions (bâtiments, installations,...) ;
- matériels et outillages industriels ;
- autres immobilisations corporelles : matériel de transport, matériel de bureau, mobilier.

Participations.

Autres immobilisations financières (titres, prêts, dépôts et cautionnements).

Cette classification du plan comptable 1982 peut servir de modèle à la présentation des investissements, les deux dernières catégories ne devant pour l'instant jouer aucun rôle (avant financement). Nous avons déjà signalé l'importance et l'évolution des immobilisations incorporelles (cf. *infra*).

- *Classification financière*

Cette classification est utile à la construction du tableau des investissements.

Nous trouvons en premier lieu les investissements initiaux, créés pour le démarrage du projet (début année 1). Ils correspondent à la capacité de production prévue au départ.

Viennent ensuite les investissements d'expansion, destinés à accroître la capacité de production, au cours de la durée de vie du projet. Ils vont donc intervenir en fonction des augmentations de capacité de production prévues.

Nous avons aussi les investissements de renouvellement, qui doivent être systématiquement calculés et intégrés par l'analyste financier. Ils interviennent à la fin de la durée effective d'amortissement. Sans autre information, il faudra effectuer systématiquement le renouvellement en fonction de la durée d'amortissement comptable. De même, il sera toujours supposé que le matériel amorti disparaît de l'actif (il y a substitution entre ancien et nouveau). La valeur de revente est éventuellement à étudier (calcul des plus-values dans le compte de résultat).

Une dernière catégorie est à signaler, les investissements générés par l'exploitation (production immobilisée). Ils concernent par exemple les investissements commerciaux (constitution et maintien de clientèle), très importants pour une création d'entreprise. Ils devront faire l'objet d'une réflexion (stratégies) et d'une intégration comptable pour être mieux mis en valeur.

1.2. Amortissements

Avant d'aborder les techniques utilisables, il faut rappeler la double signification des dotations aux amortissements :

- les différentes dotations permettent d'abord l'étalement d'une dépense dont les effets dépassent largement le cadre d'un exercice (notion même de l'investissement) ;
- ces mêmes dotations, une fois cumulées, permettent de renouveler l'immobilisation, de manière à maintenir constante la capacité de production.

Tableau 1. – *Calcul des investissements*

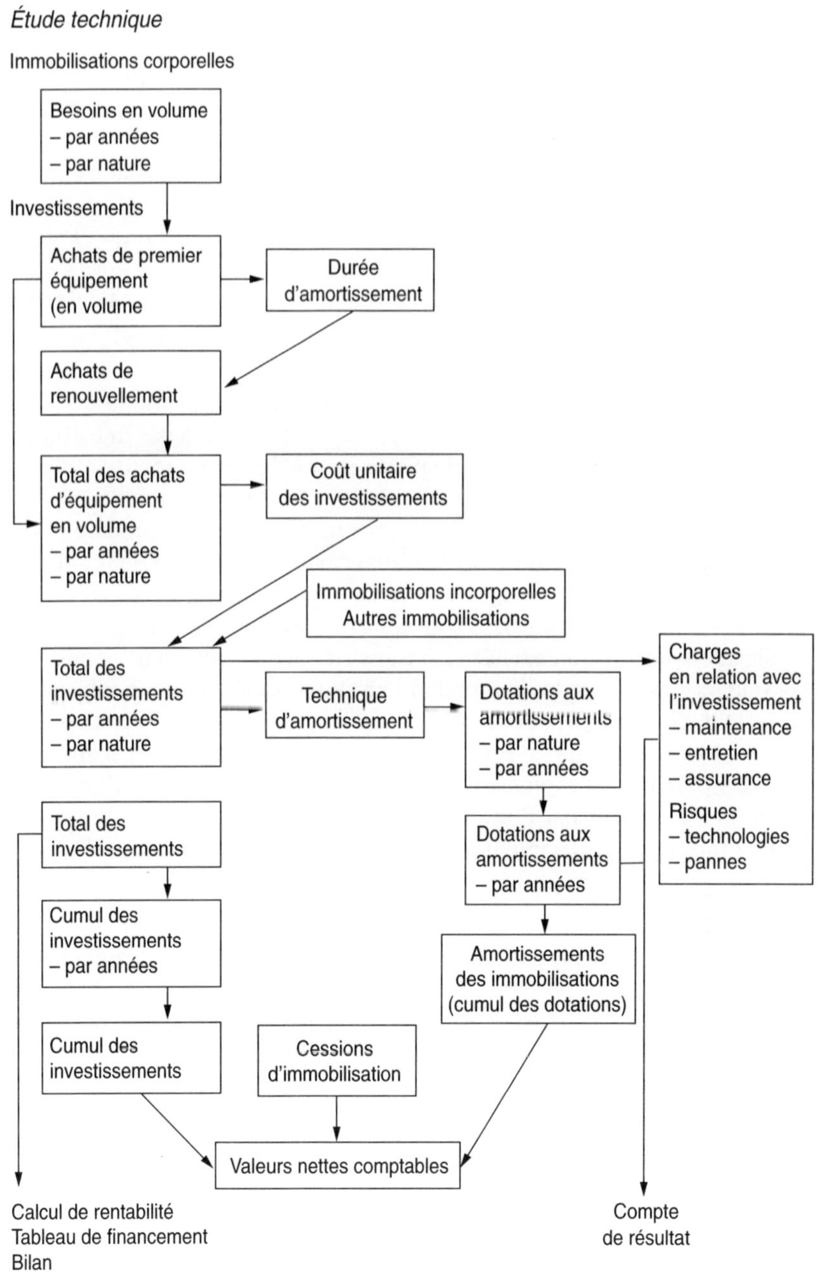

Il s'agit de deux approches qui peuvent donner lieu à des conflits (dotations insuffisantes pour opérer le renouvellement).

En fait, c'est la première conception qui est admise, notamment par le fisc ; la seconde est une question purement financière d'étude et de confrontation des besoins et des ressources (cf. *supra*).

L'amortissement est la constatation comptable d'une dépréciation réalisée (ou prévue) périodiquement sur la durée de vie d'un équipement (ou toute autre immobilisation).

Les techniques d'amortissement peuvent être classées en deux grandes catégories :

– les techniques fiscales établies pour le compte de résultat et servant au calcul du bénéfice imposable ;

– les techniques analytiques laissées à la libre initiative de l'entreprise.

Les techniques d'amortissement utilisables dans l'évaluation financière sont normalement analytiques, c'est-à-dire que la dépréciation constatée doit correspondre à la réalité prévisible et non à la législation.

L'utilisation d'une technique analytique n'empêchera pas une étude fiscale des amortissements qui seule peut servir à l'établissement du bénéfice imposable.

La double approche du calcul des amortissements complique donc l'évaluation. Dans la mesure où nous ne nous écartons pas trop de la réalité, il est préférable d'adopter une approche uniforme, d'autant qu'il semble que les techniques fiscales [1] françaises sont relativement proches de la réalité [2].

Signalons encore qu'il est nécessaire aussi de calculer au moins en fin d'étude les valeurs résiduelles des immobilisations pour établir certaines informations (calcul du taux interne par exemple) ou même à des fins de vérification.

Le tableau 1 résume le calcul des flux d'investissements et d'amortissements à partir des besoins en immobilisations et des durées d'amortissement, mis en valeur par l'étude technique.

Le graphique 1 présente deux profils différents de flux annuels d'investissements et d'amortissements.

- *Les techniques d'amortissement*

Nous allons nous limiter à deux techniques, le linéaire et le dégressif fiscal français.

La formule de l'amortissement linéaire est (les annuités étant constantes) :

$A_n = V \times t$ avec V = valeur de l'investissement,
t = taux de l'amortissement,
A_n = annuité de l'année n.

Les taux sont simplement calculés par le rapport 1/durée.

La formule de l'amortissement dégressif français est plus complexe :

$$A_n = V \times t\,(1 - t)^{n-1}$$

1. En ce qui concerne les techniques en elles-mêmes, voir la partie étude de cas.
2. Voir l'étude réalisée sous la direction de P. Mentré, *Les durées d'amortissement*, La Documentation Française, 1987.

Cette formule a l'avantage de faire référence à la valeur d'achat et non à la valeur nette comptable qu'il faudrait recalculer chaque année. Attention au fait que le taux n'est pas celui du linéaire. Le taux du dégressif est obtenu en multipliant le taux linéaire par un coefficient légal variable selon les durées.

Ces coefficients sont, pour les durées de ,

moins de 3 ans	:	1
3 à 5 ans	:	1,5
5 à 6 ans	:	2
au-delà	:	2,5.

Il faut aussi rappeler que dès que l'annuité en dégressif (calculée sur la valeur qu'il reste à amortir) devient inférieure à celle du linéaire, il est nécessaire de passer en linéaire [1].

Nous remarquons les profils très différents des dépenses d'investissement et des dotations aux amortissements, dus à la nature dissemblable des projets.

Le premier est un projet industriel comportant peu d'expansion et de renouvellement. Le second, au contraire, combine une longue montée en production et de forts renouvellements dus à la faible durée de vie d'une

Graphique 1. – *Exemples de structure de flux d'investissements et d'amortissements*

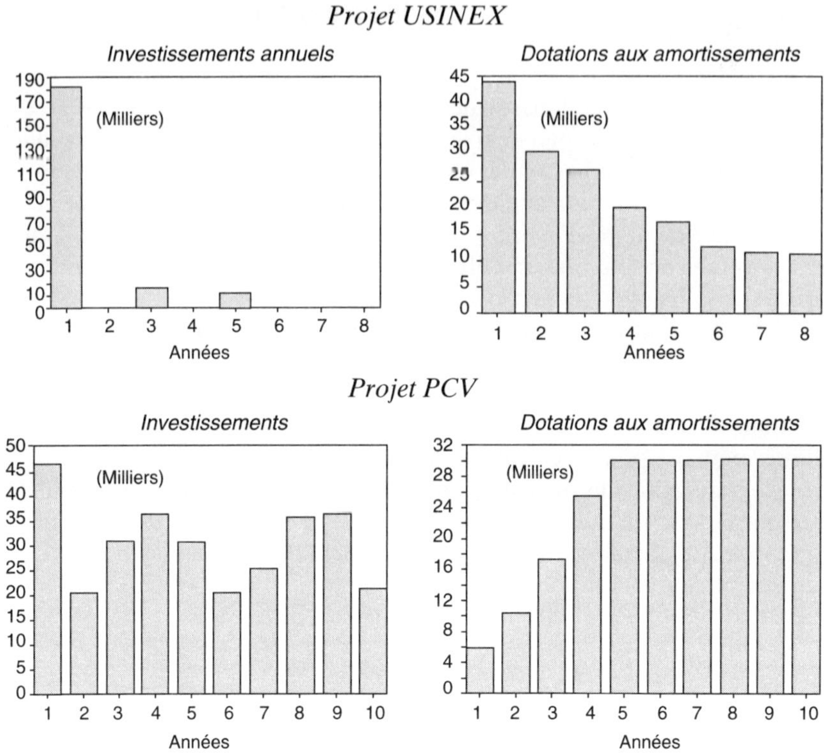

1. Dans le cas contraire, avec la formule utilisée, la dotation ne serait jamais nulle.

partie élevée des investissements. Il s'agit d'un projet de commercialisation (branche transport). L'utilisation de la technique de l'amortissement dégressif a tendance à amplifier le phénomène.

1.3. Application à l'étude de cas

Nous nous contentons de reproduire ici les tableaux et les graphiques des plans d'investissements et des dotations aux amortissements.

En conclusion, nous avons un investissement ponctuel (année 1). Le profil des dotations aux amortissements est marqué par l'utilisation de la technique du dégressif (forte perte de valeur de l'actif les premières années).rectement cette phase.

2. Le compte de résultat prévisionnel

Nous arrivons au deuxième volet de l'évaluation avant financement avec comme point central le compte de résultat analytique et son analyse (profitabilité, productivité, sensibilité). La construction du compte de résultat est d'abord analytique, car elle est obligatoirement proche des données de production. Mais la présentation comptable traditionnelle (comptabilité générale) est intéressante à construire également car elle apporte une classification différente et complémentaire de la précédente.

L'établissement du compte de résultat nécessite une double approche (voir schéma) réalisée à partir des objectifs déjà définis. La première est commerciale [1], elle permet de fixer des niveaux de ventes à partir des marchés potentiels (volumes actuels et évolution), des prix et des parts de marché (stratégie de fixation et d'évolution des prix...). Ceci permet d'aboutir à un modèle de marché avec une étude des variations des parts de marché et des ventes en fonction de l'élasticité de la demande, de la politique de prix et de la réaction de la concurrence.

La seconde est technique [2], elle est menée en relation avec les investissements prévus (l'entretien par exemple) et surtout avec le volume de production. Mais les charges sont souvent en relation complexe avec la production. Il est alors essentiel de définir des activités qui serviront d'intermédiaire pour le calcul du volume des différentes charges nécessaires à la réalisation des niveaux de production voulus (volume de travail du personnel, de fonctionnement du matériel, de réalisation de différentes opérations...). Seule une étude technique détaillée permet de réaliser correctement cette phase.

1. Voir les ouvrages de Y. Chirouze, *Le marketing stratégique*, Ellipses, 1995 et P.L. Dubois, A. Jolibert, *Le marketing*, 3e édition, Economica, 1998.

2. Voir par exemple : I. Rak, Ch. Teixido, J. Favier, M. Cazenaud, *La démarche de projet industriel*, Foucher, 1992.

Tableau 2. – *Plan d'investissement*

Libellé	Année 1	Année 2	Année 3	Année 4	Année 5	Année 6	Année 7	Année 8
Terrain	150 000							
Constructions	450 000							
Matériel Machine	1 330 031							
Injection	16 863					16 863		
Outillage Turquais & Fil.	40 540					40 540		
Moule	30 000					30 000		
Refroidisseur		68 660					68 660	
Moteur			12 650					12 650
Pompe, séchoir		20 299					20 299	
Compresseur	15 177					15 177		
Matériel transport	105 000				105 000			
Frais d'essai	40 264							
Total investissements	2 177 875	88 959	12 650		105 000	102 580	88 959	12 650
Total cumulé	2 177 875	2 266 834	2 279 484	2 279 484	2 384 484	2 487 064	2 576 023	2 588 673

Source : Evalpro v3.0-copyright LI2C-AILPE 6 juillet 1998 RIDO V3 scénario : base.

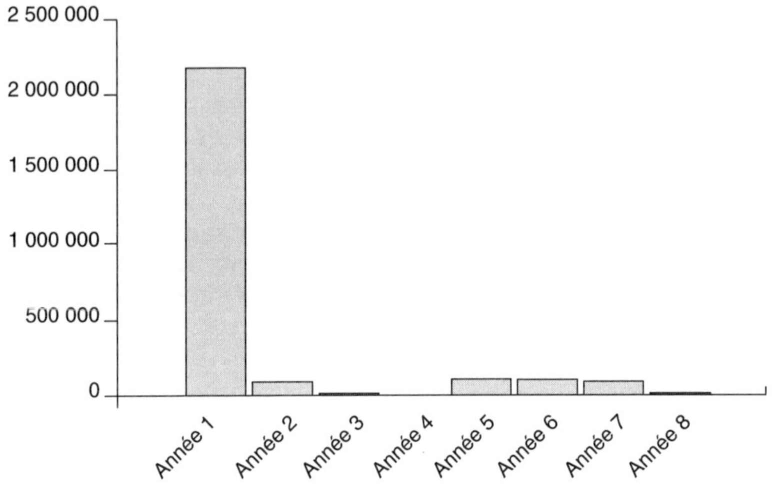

Tableau 3. – *Dotations aux amortissements*

Libellé	Année 1	Année 2	Année 3	Année 4	Année 5	Année 6	Année 7	Année 8
Terrain								
Constructions	22 500	22 500	22 500	22 500	22 500	22 500	22 500	22 500
Matériel Machine	415 635	285 749	196 452	135 061	92 854	68 093	68 093	68 093
Injection	6 745	4 047	2 428	1 821	1 821	6 745	4 047	2 428
Outillage Turquais & Fil.	16 216	9 730	5 838	4 378	4 378	16 216	9 730	8 838
Moule	12 000	7 200	4 320	3 240	3 240	12 000	7 200	4 320
Refroidisseur		27 464	16 478	9 887	7 415	7 415	27 464	16 478
Moteur			5 060	3 036	1 822	1 366	1 366	5 060
Pompe, séchoir		8 120	4 872	2 923	2 192	2 192	8 120	4 872
Compresseur	6 071	3 642	2 185	1 639	1 639	6 071	3 642	2 185
Matériel transport	39 375	24 609	20 508	20 508	39 375	24 609	20 508	20 508
Frais d'essai	13 421	13 421	13 421					
Total dotations	531 963	406 482	294 063	204 994	177 237	167 208	172 670	152 283
Total cumulé	531 963	938 445	1 232 509	1 437 502	1 614 739	1 781 948	1 954 618	2 106 900

Source : RIDO V3 scénario : base.

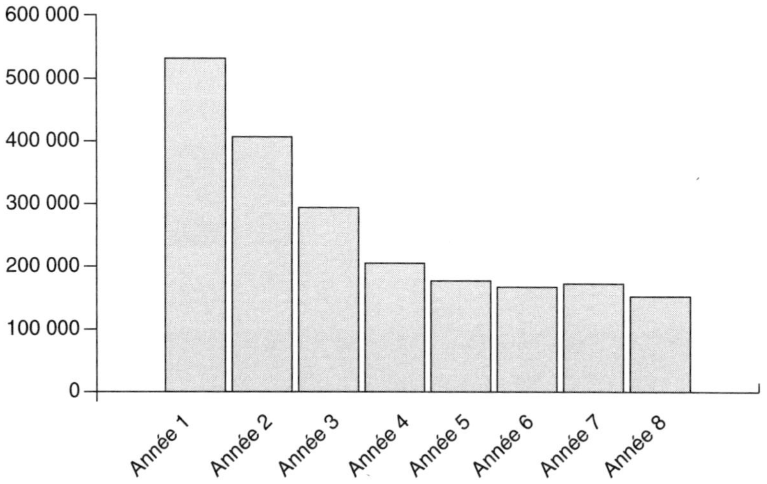

Tableau 4. – *Construction du compte de résultat*

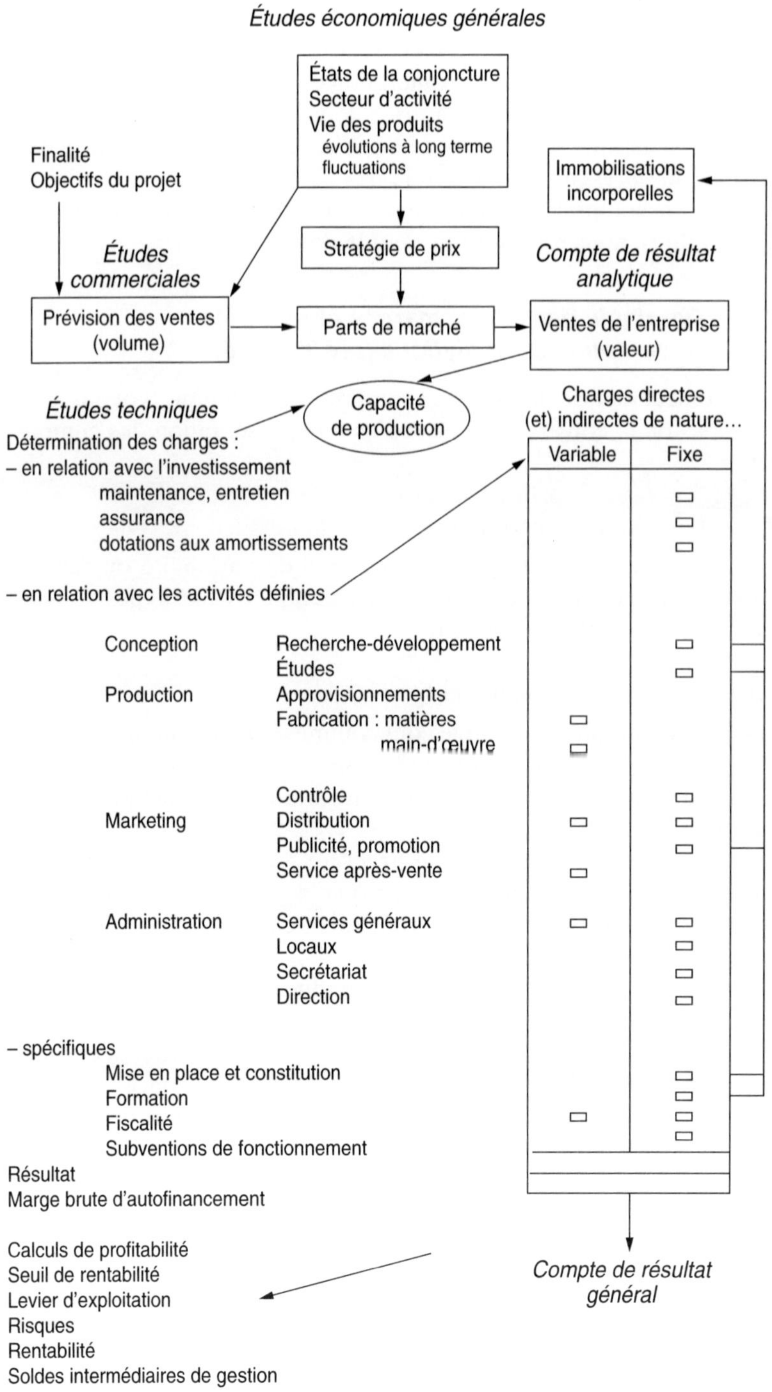

Des politiques spécifiques devront également être précisées (formule juridique, formations préalables...). De même, des études apporteront des précisions sur d'éventuelles subventions de fonctionnement et surtout sur l'application de la législation fiscale qui est souvent très proche des types d'activité ou des localisations (exonération de charges, taxe professionnelle, impôt sur le résultat...). Nous aurons donc des ensembles de charges en relation avec les investissements, les activités et les politiques particulières.

Après une présentation générale des problèmes (typologie des coûts, passage de la comptabilité analytique à la comptabilité générale et analyse de sensibilité), nous reprendrons l'étude de cas.

2.1. Typologie des coûts, marges et résultats en comptabilité analytique (profitabilité)

Sans entrer dans le détail de la comptabilité analytique, voyons les grandes étapes de la construction des coûts à la présentation des comptes de résultat.

2.1.1. Les grands types de coûts en analytique

Les coûts usuels font appel aux critères de variabilité ou fixité ainsi qu'aux notions de direct et indirect, en relation avec les types de produits et les différents critères d'activité.

2.1.1.1. Les charges variables et fixes

Le plan comptable a défini le coût comme « une accumulation de charges sur un produit », la charge étant « un élément de coût ». Les charges ou coûts peuvent être classés en fixes ou variables en fonction des critères d'activité.

Les charges fixes ou charges de structure sont les charges dont le montant reste à peu près stable même lorsque la production (ou l'activité qui la gouverne) varie. Ceci n'est bien sûr valable que dans certaines limites ; ces charges évoluent par paliers. L'activité est repérable par plusieurs critères : les quantités produites ou vendues, le nombre d'heures travaillées, le chiffre d'affaires.

En pratique, il sera nécessaire de choisir plusieurs critères en fonction des besoins de l'évaluation (cf. Charges variables). Le concept d'activité a également évolué dans ce sens [1] en le dissociant du volume de production. La fixité ou variabilité des charges sera alors appréciée en fonction d'un critère spécifique d'activité révélé par l'étude de la fonction technique.

Ces charges de structure sont généralement constituées des éléments suivants :

- les dépenses d'administration (ou frais généraux) ;
- les frais relatifs aux locaux ;

1. Voir les articles de Mévellec, Lebas et Lorino.

– le personnel d'encadrement ;
– les frais de recherche-développement, de marketing, de publicité, de relations extérieures... ;
– l'amortissement des investissements lourds, correspondant à la capacité de production.

La difficulté est de prévoir correctement les changements de structure dans le temps en fonction de l'évolution choisie de l'activité.

Le risque de sous-estimer l'évolution de la structure est grand dans la mesure où cela permet de réaliser des économies d'échelle. Il sera donc important de faire des comparaisons avec des situations semblables ou de confronter plusieurs approches.

Les charges variables ou opérationnelles sont a contrario les charges qui évoluent avec le volume d'activité concerné. Généralement, cette évolution prévisionnelle est considérée comme proportionnelle à l'activité. Mais rien n'empêche de considérer des fonctions d'évolution plus complexes.

Il est souvent possible aussi de dissocier une charge en deux parties, l'une fixe, l'autre proportionnelle (électricité, certaines rémunérations...). Plusieurs critères d'activité pourront être choisis, selon les charges et en fonction des besoins de la prévision (critères de production, de vente...).

Les charges opérationnelles sont constituées :
– des matières premières et consommables ;
– de la main-d'œuvre productive ;
– de certaines charges de distribution (transport, commissions) ;
– des amortissements pour les investissements légers.

La classification variable-fixe est très utilisée en prévisionnel, même si le découpage dans certaines activités est assez délicat [1]. Elle est à l'origine de nombreuses analyses comme le « point mort » ou la flexibilité. La tendance est de considérer que chaque charge (ou groupe de charges homogènes) évolue selon un critère spécifique d'activité (inducteur de coût). Ces informations sont normalement tirées des études techniques et économiques réalisées.

2.1.1.2. Les charges directes et indirectes

Cette distinction n'intervient que dans les cas d'activité complexe (plusieurs produits fabriqués par le projet avec le même investissement), ou lorsque le projet absorbe une partie des charges d'une entreprise qui préexiste au projet.

Les charges directes sont directement affectables à un produit donné. Cette catégorie regroupe généralement :
– les matières ;
– la main-d'œuvre « productive » ;

1. Notamment les activités de service présentent une certaine rigidité des charges, mais qui n'est pas incompatible avec cette construction des coûts.

– les frais de publicité et de marketing ;
– les amortissements de production dans la mesure où les processus de production sont séparés.

Les charges indirectes sont celles qui n'ont pas pu être affectées à chaque produit. Elles sont composées :
– d'une grande part de charges de structure ;
– du personnel d'encadrement si les activités ont le même encadrement.

Mais leur contenu relève souvent de cas d'espèces en relation notamment avec l'organisation. Néanmoins ici il faut considérer l'optique projet qui est souvent plus large que celle de la comptabilité analytique.

Effectivement dans cette perspective, c'est le mode de détermination de la charge qui doit être privilégié dans le choix de la classification « direct ou indirect ». Par exemple, une estimation de l'encadrement sera réalisée à partir de la main-d'œuvre directe de chaque produit et non globalement, même si sur le plan de l'organisation, cet encadrement n'est plus dissocié en fonction des produits. Par conséquent, les charges directes pourront être plus nombreuses dans l'optique de l'évaluation que dans celle de l'analyse (comptabilité analytique), ce qui améliore la précision des calculs.

- *La répartition des charges indirectes*

Les charges non directement affectables peuvent faire l'objet d'une répartition par la méthode des centres d'analyse. Dans notre cadre, nous ne développerons pas cette méthode d'origine industrielle, qui est assez lourde (dans le cas de la comptabilité analytique d'une entreprise). Nous allons simplement rappeler son principe et essayer de marquer ses spécificités dans une utilisation à l'évaluation financière d'un projet.

Le principe général de la méthode des centres d'analyse consiste à affecter les charges indirectes dans des centres d'analyse (ou sections). Le coût de chaque centre est ensuite réparti dans les différents produits par l'intermédiaire d'une clé de répartition (l'unité d'œuvre).

La méthode permet donc de calculer des coûts de revient complets. Son utilisation en évaluation financière se justifie par la nécessité d'une tarification rigoureuse de chaque produit au sein du projet, ou par la nécessité de comparer avec précision des solutions alternatives. Dans notre domaine « prévisionnel », la méthode peut être appliquée d'une manière plus sommaire. Par exemple, de simples tableaux carrés pourront suffire. Également des clés de répartition de type forfaitaire seront plus fréquemment employées en raison de l'impossibilité ou de la difficulté à mener des recherches précises sur les critères d'activité les plus adaptés.

Il faut aussi signaler que, malgré la complémentarité des analyses, le coût direct a souvent une capacité plus grande à résoudre des problèmes de choix stratégiques entre produits ou technologies concurrentes. Les différentes méthodologies de calcul de coûts que nous venons de signaler sont en pratique combinées pour déterminer les différentes marges analytiques.

2.1.2. *Les méthodes d'estimation des charges*

En pratique, la détermination des charges est une opération délicate et souvent fastidieuse. L'oubli ou la sous-estimation peut compromettre la réussite du projet, tandis que dans l'autre sens une surestimation (plus rare) peut empêcher la réalisation du projet. La meilleure méthode de calcul des coûts est, bien sûr, de faire appel au fonctionnement réel du projet, ce qui ne peut être obtenu que dans la phase de démarrage, donc après la décision d'exécution. Ce n'est plus alors de l'évaluation. Il faut donc anticiper à partir d'une analyse des processus servant à obtenir le produit recherché (cf. *infra*), ce qui n'exclut pas une simulation ou un essai de réalisation selon les projets. L'information va donc beaucoup varier avec le temps et le niveau des études et essais réalisés et il faudra recourir à des méthodes permettant de réaliser au plus juste ce chiffrage des coûts avec les moyens dont on dispose. Il est possible d'établir une classification de ces méthodes permettant d'estimer les charges d'un projet [1]. Elles sont utilisables simultanément, selon les phases de l'évaluation, la nature des charges et des projets [2].

• *La méthode du catalogue*

Cette méthode consiste à déterminer les différents coûts à partir d'une base de données (le catalogue). Ceci n'est valable que si la base de données est disponible, et s'il y a bien identité entre le prix du catalogue et le coût unitaire recherché dans l'évaluation (qualité, transport, conservation, entretien...). Dans ce cas, le coût sera le simple produit des quantités par le prix unitaire.

Cette méthode est la plus utilisée pour les biens courants. Elle va même assez loin dans la mesure où l'on peut souvent se faire établir un devis gratuit ou payant sur la fourniture de tel ou tel service élémentaire (ce qui représente une extension du catalogue effectivement disponible). De même, les réponses aux appels d'offre sont l'équivalent d'un catalogue pour le client.

• *La méthode du barème*

Elle implique le calcul d'un coût unitaire relativement élémentaire proche du coût catalogue, mais qu'il faudra adapter aux conditions spécifiques de l'activité ou du projet.

Les exemples les plus fréquents sont :

– le coût kilométrique d'un véhicule dans la mesure où les conditions d'utilisation sont fixées ;

– le coût de la main-d'œuvre à partir des salaires et charges sociales.

---

1. Voir par exemple C. Petitdemange, *Créer et développer vos produits*, Association Française de Normalisation.

2. Il peut être utile de distinguer les méthodes applicables à la détermination d'un coût ponctuel (traitées ici) des méthodes de sommation des différentes charges qui seront traitées au niveau des risques (cf. *supra*).

Pour avoir le coût total, il suffira de multiplier ce coût par les quantités prévues, la fonction étant considérée comme linéaire. Reste donc à déterminer ces nombres de kilomètres ou d'heures de travail.

- *La méthode analogique*

Dans ce cas, les conditions spécifiques du projet ou de l'activité sont complexes et ne permettent aucun calcul de barème, mais il reste possible de raisonner par analogie avec ce qui existe (la linéarité précédente disparaît donc). La méthode consiste donc à comparer la situation du projet avec des situations connues (études plus ou moins proches), de manière à adapter les coûts au projet étudié (par exemple, certains coûts d'entretien en fonction du type de matériel ou les coûts d'encadrement en fonction du nombre de productifs).

- *La méthode analytique*

Elle est basée sur une analyse théorique et pratique des tâches (travail, consommation, équipement), réalisée par un bureau d'étude approprié. En dehors des biens et des services courants, le calcul des coûts dans des projets complexes implique généralement une certaine expérimentation réalisée en bureau d'étude ou même en pré-projet de taille plus modeste (prototype ou station expérimentale). Il faudra ensuite tirer les résultats de cette expérimentation pour passer en vraie grandeur (le projet). C'est dans ce cadre que les modèles vont avoir une place essentielle.

Il est possible ainsi de construire des modèles appropriés permettant d'adapter plus ou moins facilement les coûts à des conditions très différentes de fonctionnement ou d'implantation du projet (cf. Méthodes paramétriques). Il sera particulièrement nécessaire de bien cerner les changements de structure, la non-proportionnalité des charges variables, l'adaptation des équipements..., en fonction de l'activité. Ceci afin de permettre par exemple de préciser des tailles plus ou moins optimales de projet. Nous examinerons plus loin l'introduction des risques dans le calcul des coûts, mais nous pouvons déjà signaler les imprécisions relatives aux méthodes utilisées. Le graphique 2 présente une appréciation de l'incertitude selon le stade d'élaboration.

2.1.3. La présentation des comptes de résultats

Cette présentation est souvent spécifique à l'activité du projet. Nous allons donc nous contenter d'une présentation générale destinée à montrer les combinaisons de différentes marges analytiques que l'on peut obtenir (cf. tableau 5). Nous nous limitons à une présentation sur une année mais avec deux produits. L'étude de cas permettra de voir plus en détail certains aspects liés à la durée du projet.

Selon la méthode adoptée (coût complet ou coût direct), la répartition des charges indirectes sera ou non réalisée (tableau 5). La présentation établie ici combine volontairement les différentes méthodes. Les graphiques 3 permettent de visualiser la structure des charges en valeur absolue et pour 100 francs de ventes.

Graphique 2. – *Connaissance du coût d'un projet en fonction de l'avancement*

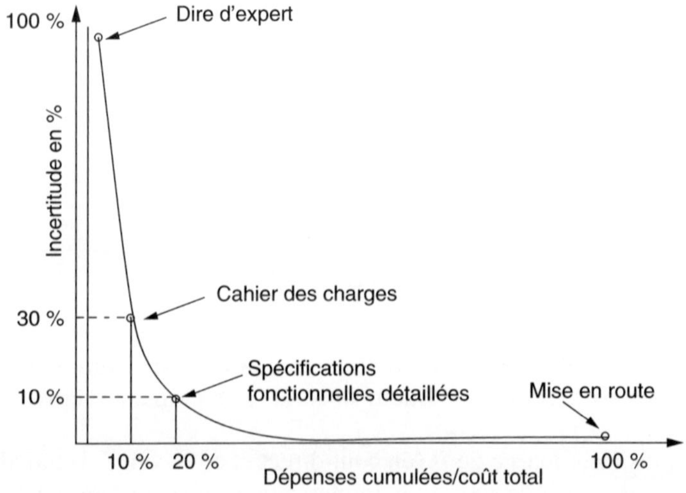

Source : J. Quinio, « La gestion d'un projet informatique », *Revue La Cible*, n° 37, décembre 1990.

Tableau 5. – *Compte de résultat analytique prévisionnel*

	A	**B**	**Total**
Ventes	700	300	1 000
% des ventes	*70*	*30*	*100*
Matières	120	40	160
Main-d'œuvre	210	50	260
Commissions	70	10	80
Sous-total coût direct variable	400	100	500
Marge sur coût direct variable	300	200	500
% des ventes	42,9	66,7	50
Assurances	30	10	40
Publicité	20	0	20
Dotations aux amortissements	50	40	90
Sous-total coût direct fixe	100	50	150
Marge sur coût direct	200	150	350
% des ventes	*28,6*	*50*	*35*
Personnel d'encadrement	50	10	60
Frais d'administration	30	10	40
Frais de direction	35	15	50
Impôts et taxes	25	5	30
Dotations aux amortissements	15	5	20

Tableau 5. – *Compte de résultat analytique prévisionnel (Suite)*

	A	B	Total
Sous-total coût indirect	155	45	200
% des ventes	*22,1*	*15*	*20*
Résultat avant impôt	45	105	150
%	*6,4*	*35*	*15*
Impôt sur le résultat	18,9	44,1	63
Marge nette	26,1	60,9	87
% des ventes	*3,7*	*20,3*	*8,7*
Marge d'autofinancement	91,1	105,9	197

Les deux graphiques permettent de comparer la structure des charges analytiques par produit en valeur absolue et en valeur relative. Il faut remarquer :

– la plus forte marge de *B* (en coût direct et coût complet) qui absorbe moins de charges indirectes et la faiblesse de ce produit dans l'activité de l'entreprise ;

– l'importance de la main-d'œuvre pour *A*.

2.2. Le passage du compte de résultat analytique au compte de résultat de comptabilité générale

Il est possible à partir du compte de résultat analytique d'établir un compte de résultat de comptabilité générale.

Ceci permet d'obtenir une classification différente des charges par nature. Des regroupements sont opérés dans une optique plus économique. Par ailleurs, cette présentation standard permet des comparaisons avec des entreprises similaires ou avec les résultats du secteur (sources : INSEE ou Centrale de bilan).

Nous présentons ici directement le calcul simplifié des soldes intermédiaires de gestion (tableau 12), à partir des éléments suivants :

– la valeur ajoutée (valeurs véritablement créées par l'entreprise et contribution à la production nationale) ;

– l'excédent brut d'exploitation (flux potentiel de trésorerie disponible aux besoins d'investissement et de financement) ;

– le résultat d'exploitation ;

– le résultat courant obtenu après avoir fait intervenir les éléments financiers (nuls ici puisque nous sommes encore avant financement) ;

– le résultat net calculé après les éléments exceptionnels, l'impôt sur le résultat et la participation.

Graphique 3. – *Structure du compte de résultat analytique (PA, PB, Total)*

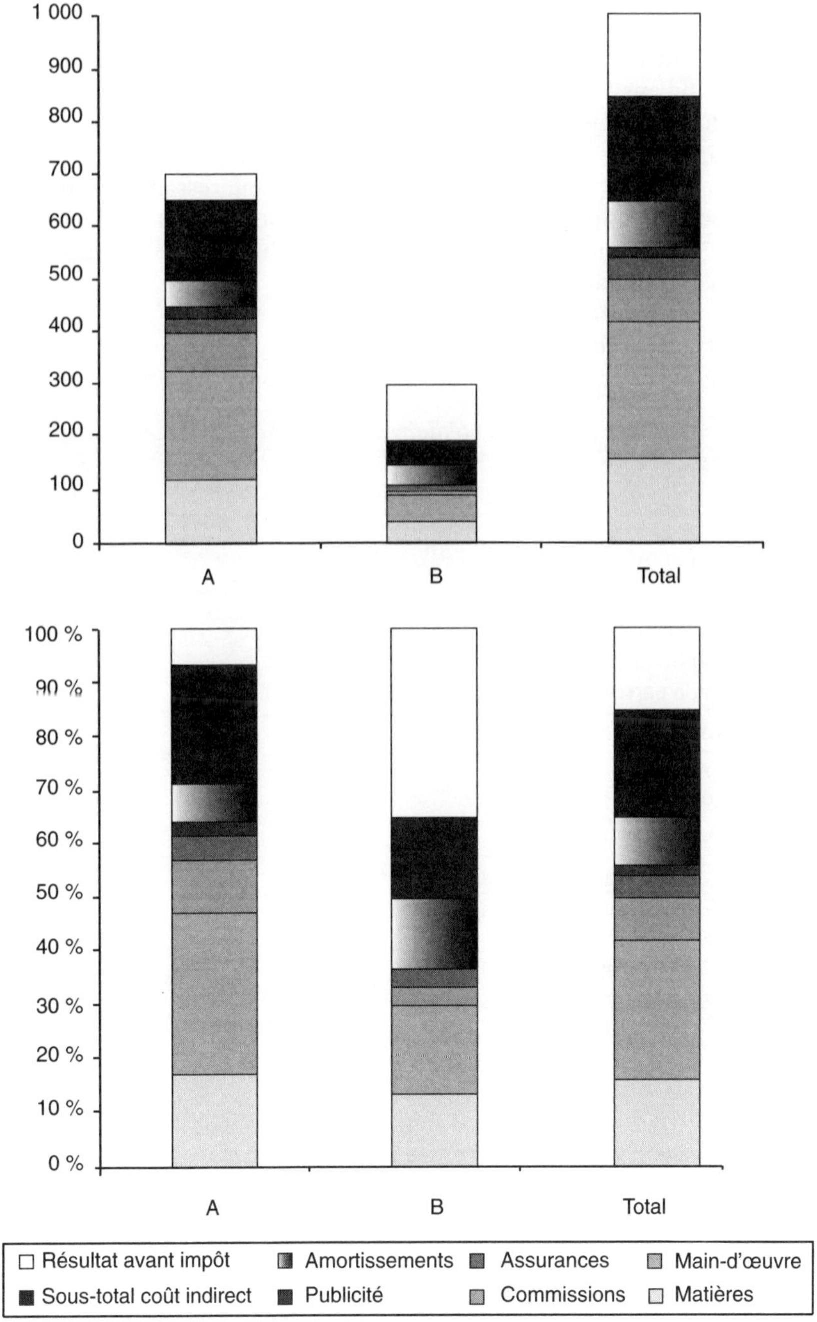

Pour établir ce tableau, nous avons opéré les regroupements suivants :

– les consommations externes sont constituées des matières, des assurances, de la publicité, et de la moitié des frais de direction et d'administration [1] ;

– les charges de personnel sont composées de la main-d'œuvre, de la moitié des frais de direction et d'administration, des commissions (que l'on aurait pu aussi considérer comme charges externes) ;

– les dotations aux amortissements (contenues dans les charges directes et indirectes).

Comme dans la présentation analytique, il est intéressant de représenter la structure des principaux éléments du compte général (tableau 13).

– nous retrouvons l'importance (accentuée) du personnel pour *A*, puis celle des consommations externes ;

– *B* comporte relativement plus d'amortissements ;

– nous constatons aussi globalement l'importance des frais de personnel par rapport aux charges externes et la faiblesse des amortissements.

Tableau 6. – *Les soldes intermédiaires de gestion*

	A	**B**	**Total**
Ventes – Consommations externes	700 202,5	300 62,5	1 000 265
Valeur ajoutée	497,5	237,5	735
+ Subventions d'exploitation – Impôts et taxes – Charges de personnel	 25 362,5	 5 82,5	 30 445
Exc. brut d'exploitation	110	150	260
+ Autres produits – Autres charges			
Dotations aux amortissements	65	45	110
Résultat d'exploitation	45	105	150
+/– Éléments financiers Résultat courant +/– Éléments exceptionnels – Impôt sur résultat	 18,9	 44,1	 63
Bénéfice net	26,1	60,9	87

• *Compléments*

– La marge commerciale : ventes de marchandises – coût d'achat des marchandises vendues.

– La valeur ajoutée (valeurs véritablement créées par l'entreprise et contribution à la production nationale) est à la fois un indicateur d'activité

1. Ceci résulte de l'utilisation de barèmes dans l'établissement des prévisions. Il est alors nécessaire d'estimer certains contenus pour établir la valeur ajoutée.

et de performance (résultat après politiques d'achat et de sous-traitance) ; la répartition de la valeur ajoutée entre agents ou facteurs de production est souvent calculée pour montrer les rapports de force au sein des entreprises et leur évolution.

– L'excédent brut d'exploitation – EBE – (flux potentiel de trésorerie disponible aux besoins d'investissement et de financement) est le résultat avant toute charge calculée (dotations).

– Le résultat d'exploitation témoigne de la gestion de l'activité d'une manière indépendante de la politique financière ; c'est l'indicateur qui sert le plus pour mesurer la performance avant financement.

– Le résultat courant est obtenu après avoir fait intervenir les éléments financiers.

– Le résultat net est calculé après les éléments exceptionnels, l'impôt sur le résultat et la participation.

– La capacité d'autofinancement (CAF) permet de retrouver la notion d'EBE mais après financement et après élimination du résultat obtenu sur cessions d'actifs (donc de nature exceptionnelle). La marge brute d'autofinancement (MBA) est une notion voisine de la CAF.

2.3. Application à l'étude de cas

Les différents tableaux :

– Le volume de production dépend du temps d'utilisation de la machine (heures productives) et de la productivité. Dans les deux cas, plusieurs hypothèses seront envisagées.

– Les charges dépendent du volume de production précédent et de nouvelles données en prix et en volume. Elles seront classées en variables, fixes spécifiques et indirectes.

– Les produits (ventes) seront calculés par rapport au marché (prix et volume), une stratégie sera étudiée par la suite.

– Les différents volumes seront regroupés dans le tableau des activités selon différents modèles pour faciliter les simulations et la définition des stratégies de réalisation. Ces informations permettront d'élaborer les comptes de résultat.

– Le compte de résultat analytique intégrera le prix de vente (variable stratégique) et les coûts précédemment calculés (fonctionnement et amortissement).

– Le compte de résultat de comptabilité générale permet un regroupement différent des coûts et résultats intermédiaires utile à l'analyse.

2.3.1. Le tableau des activités

Ce tableau est destiné à préparer les volumes utilisables dans le compte de résultat pour les charges et la production vendue (cf. *infra* la fonction technique). Il permettra aussi d'établir les hypothèses de simulation et les stratégies. Deux modèles sont présentés : celui de la production et celui des ventes.

Graphique 4. – *Structure du compte de résultat de comptabilité générale (PA, PB, Total)*

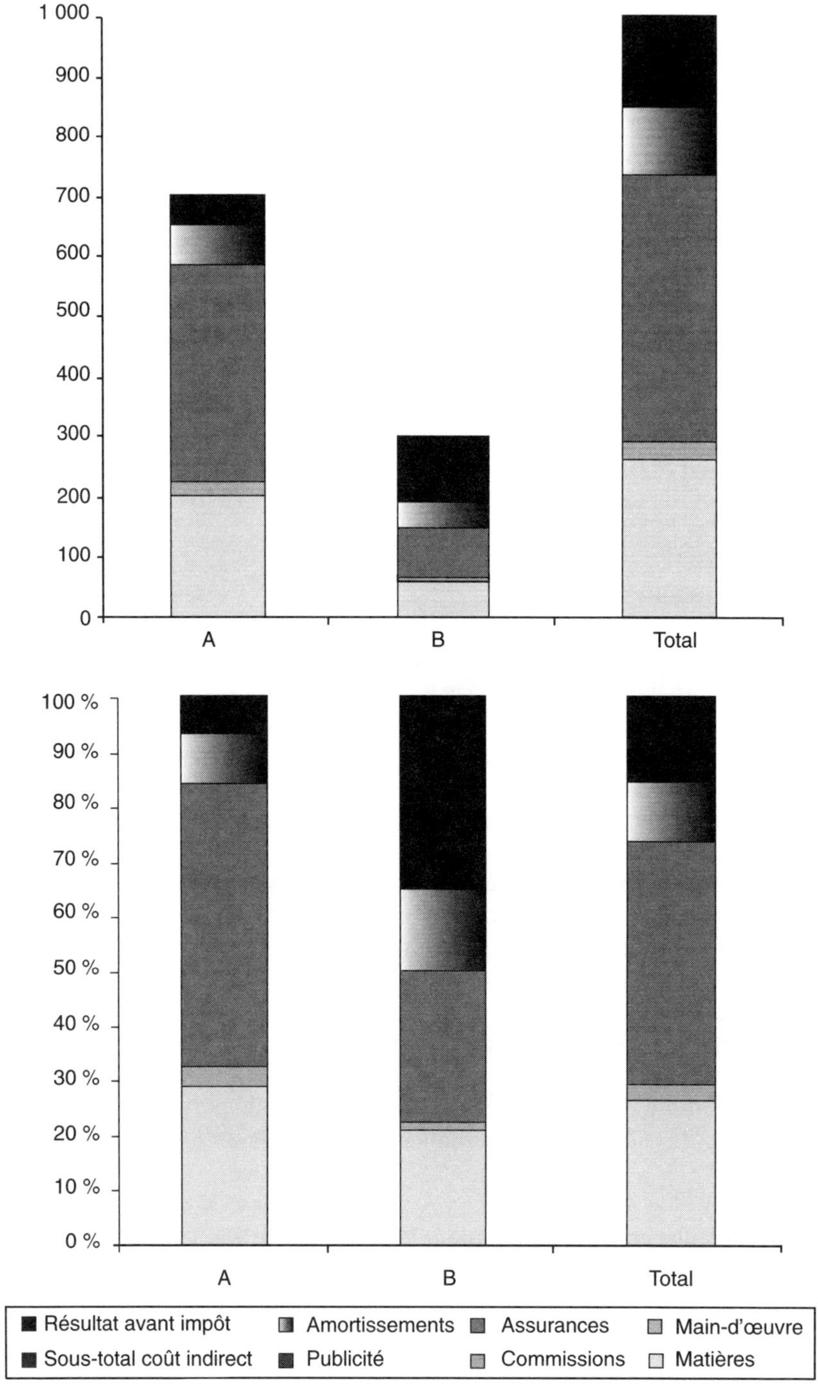

2.3.1.1. La fonction production

La fonction production (ou fonction technique) permet d'expliquer (par la construction d'un modèle), le volume des produits fabriqués par les durées de travail de la main-d'œuvre et des équipements, à partir d'hypothèses de productivité et de durée de panne de ces équipements.

La gamme des produits

La gamme de rideaux se différencie par :
- la largeur (90, 100, 120) ;
- la longueur (210, 240) ;
- le montage (large, serré, standard).

Un rideau standard consomme 124 mètres de fil contre 283 mètres pour le plus grand.

L'étude, dans une première phase, est uniquement centrée sur le modèle standard. Il sera possible ultérieurement de passer facilement à un compte de résultat plus complexe en utilisant des coefficients d'équivalence.

Le modèle part du temps de travail réalisable sur la machine pour aboutir à une production de rideaux (en produits standards), en passant par différentes hypothèses ou données concernant la production. Nous allons préciser la détermination de la durée de travail, de la productivité et de la production, éléments nécessaires à l'établissement des volumes de production.

• *Les durées du travail*

Partant du temps d'ouverture de l'atelier, il faut calculer le temps pendant lequel la machine pourra effectivement produire :

temps de présence
– entretien
= temps d'activité
– mise en route
= temps de chargement
– pannes
= temps productif (temps de marche de la machine).

• *La productivité de la machine*

Elle intervient entre le temps de marche, qui résulte à la fois de contraintes et d'une politique d'utilisation de la machine, et la production effective. Il s'agit d'une donnée purement technique qui provient d'informations fournies par le constructeur et surtout de l'expérience résultant des premiers essais de la machine sur place. Elle s'exprime en nombre d'injections par minute (le constructeur ayant fixé un plafond de 6 injections par minute, qui paraît difficile à maintenir en moyenne) : 4 en année 1, 5 en année 2, 5,5 en année 3 et plus.

• *La production*

Pour déterminer la production en nombre de rideaux par an avec les informations données, les règles suivantes sont appliquées :

– 1 injection correspond à 4,8 mètres de fil (0,3 mètre par 16 filières) ;
– 1 rideau standard (90 cm de large) comporte 124 mètres de fil.

Le tableau 7 retrace l'établissement de ces différents éléments dans l'hypothèse de production 1 (cf. *supra*). Il faudra remarquer la montée en production des années 1 à 4, avec le passage d'une utilisation de 8 heures à 16 heures par jour.

En année 3, une moyenne de 5 mois à 8 heures et 6 mois à 16 heures a été établie.

Nous considérons 22 jours ouvrables par mois sur 11 mois.

– L'année 1 a une production très faible qui s'explique par la nécessité d'une année de rodage due à des difficultés de mise au point de la machine.

– Les calculs de productivité finale sont exprimés en nombre de rideaux par heure de présence.

• *Les hypothèses de simulation*

Ces hypothèses résultent de l'étude de préfactibilité qui n'est pas présentée ici. Elles se résument en combinaisons différentes du temps de travail à partir des années 4 et d'hypothèses de pannes.

Hypothèse 1 : (de base)
– régime de travail à 2 × 8 à partir de l'année 4 ;
– 1 mois de pannes par an.

Hypothèse 2 :
– régime de travail à 3 × 8 à partir de l'année 5 ;
– 1 mois de pannes par an.

Hypothèse 3 :
– régime de travail à 3 × 8 à partir de l'année 5 ;
– 2 mois de pannes par an.

2.3.1.2. La fonction commerciale (modèle de marché)

• *Le marché global du produit*

Le marché total de ce type de rideau est estimé à l'époque à 66 000 rideaux par an. Nous allons considérer deux hypothèses d'évolution :

– une hypothèse relativement pessimiste pour laquelle le marché reste constant sur la durée de l'étude ;

– une hypothèse dans laquelle le marché est en expansion de 5 % par an sur 4 ans puis en stagnation.

On aurait pu aussi prévoir une régression du marché les quatre dernières années. Cela aurait été plus proche de l'allure générale des courbes de vie des produits (l'étude de marché est restée très sommaire).

Tableau 7. – *Calcul de la production*

Activités

Activités		**Situation de référence**	**Année 1**	**Année 2**	**Année 3**	**Année 4**	**Année 5**	**Année 6**	**Année 7**	**Année 8**
Durée journalière du travail				8	12	16	16	16	16	16
Temps de présence				1 936	3 001	3 872	3 872	3 872	3 872	3 872
Entretien de la machine				176	273	352	352	352	352	352
Temps d'activité				1 760	2 728	3 520	3 520	3 520	3 520	3 520
Temps de mise en route			220	220	220	220	220	220	220	220
Temps de chargement				1 540	2 508	3 300	3 300	3 300	3 300	3 300
Pannes	Nbre mois :	1,0		140	228	300	300	300	300	300
Temps de marche	Temps productif		90	1 400	2 280	3 000	3 000	3 000	3 000	3 000
Temps de consom. électr.			265	920	1 360	1 720	1 720	1 720	1 720	1 720
Nombre injection/minute			4	5	5,50	5,50	5,50	5,50	5,50	5,50
Production en mètres			103 680	2 016 000	3 611 520	4 752 000	4 752 000	4 752 000	4 752 000	4 752 000
Vol. production en rideaux			836	16 258	29 125	38 323	38 323	38 323	38 323	38 323

Source : Evalpro v3.0 – copyright LI2C-AILPE 11 octobre 1997 RIDO V3 scénario : base.

• *Le marché de l'entreprise*

Le marché visé par l'entreprise est constitué par :
- 10 % de petits clients (PC), avec un prix de vente de 110 ;
- 60 % de supermarchés (SM), avec un prix de vente de 62 ;
- 30 % de gros clients (GC), avec un prix de vente de 78.

Cette répartition des ventes n'ayant pas été retenue comme ayant un caractère stratégique, il est préférable de raisonner sur un prix moyen pondéré (71,60 F en hypothèse de base). Le prix de marché est de 75 F.

Le graphique 5 représente le marché total en volume et celui de l'entreprise dans l'hypothèse technique 1 (production limitée à un régime deux × huit), avec l'hypothèse d'expansion du marché total. Dans ces cas, les parts de marché de l'entreprise sont de 58 % et 50 % en année 4.

Graphique 5. – *Marché total et de l'entreprise, hypothèse 1*

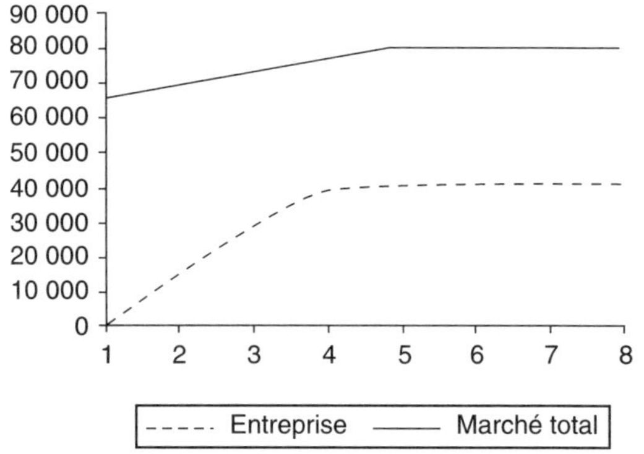

Le graphique 6 fait apparaître ces mêmes données pour l'hypothèse technique 2. La part de marché de l'entreprise est alors de 76 % en année 5 (date où la cadence de production est la plus élevée). En cas de stagnation du marché, cette part passe à 93 %.

Graphique 6. – *Marché total et de l'entreprise, hypothèse 2*

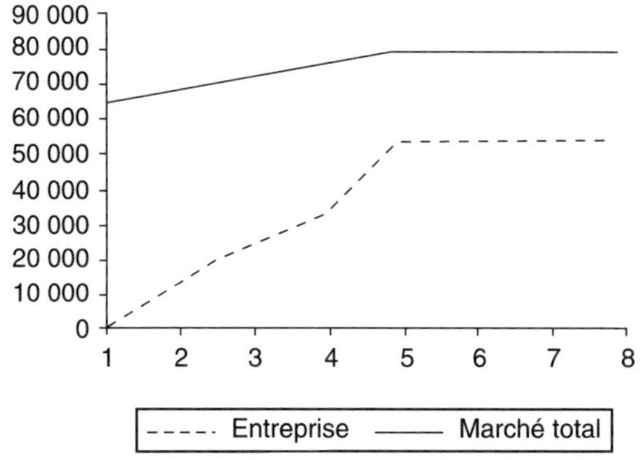

Tableau 8. –

Volumes des ventes			**836**	**16 258**	**29 125**	**38 323**	**38 323**	**38 323**	**38 323**	**38 323**
	Marché total	0,0500	66 000	69 300	72 765	76 403	80 223	80 223	80 223	80 223
	Part de marché		1,27 %	23,46 %	40,03 %	50,16 %	47,77 %	47,77 %	47,77 %	47,77 %
	Correction stratégie de prix		1	1	1	1	1	1	1	1
Var. vol. stock		0	0	0	0	0	0	0	0	0
Production										
GC	Répartition des ventes	30 %	250,8	4 877,4	8 737,5	11 496,9	11 496,9	11 496,9	11 496,9	11 496,9
SM		60 %	501,6	9 754,8	17 475,0	22 993,8	22 993,8	22 993,8	22 993,8	22 993,8
PC		10 %	83,6	1 625,8	2 912,5	3 832,3	3 832,3	3 832,3	3 832,3	3 832,3

Source : Evalpro v3.0 – copyright LI2C-AILPE 11 octobre 1997 RIDO V3 scénario : base.

Ces résultats sont donc significatifs. L'hypothèse de production maximale correspond à un quasi-monopole, donc une élimination progressive de la concurrence. Il faudra étudier une stratégie de baisse de prix qui rende réalistes les parts de marché présentées. L'hypothèse minimale représente une part élevée (plus de la moitié du marché), mais en laissant la place par exemple à plusieurs entreprises de plus petite taille (en ce qui concerne le produit) ou à l'importation.

2.3.2. *La construction du compte de résultat*

Nous allons décrire le contenu des produits vendus et des charges, au niveau le plus élémentaire nécessaire à la construction du compte de résultat et aux différentes simulations.

2.3.2.1. Les charges variables

Ces charges seront considérées comme proportionnelles.

On trouve en premier lieu les matières premières :
- le polystyrène (0,079 F/mètre) ;
- la baguette (3,7 F) ;
- le peigne (2,5 F) ;
- les bouchons (achetés puis fabriqués) ;
- le fil (0,014 F/mètre) ;
- les colorants (0,01 F/mètre).

Viennent, en second lieu, les matières consommables :
- le lubrifiant (5,71 F/heure de marche ; dossier technique) ;
- l'électricité (14 F/heure – temps marche/2 + mise en route) ;
- l'eau (2,25 F/heure de marche) ;
- les emballages (2,5 F).

D'autres charges variables interviennent :
- les commissions des vendeurs (10 F/ rideau pour 20 % des ventes) ;
- le personnel de montage (3,67 F à partir d'une étude de productivité).

2.3.2.2. Les charges fixes spécifiques

Sans être proportionnelles, ces charges restent liées à l'activité :
- la prime fixe d'électricité ;
- l'entretien et la réparation de la machine (à partir de l'année 3) ;
- l'embauche d'un technicien (à partir de l'année 2) ;
- les assurances ;
- les honoraires (affectation d'un montant de 20 % puis 50 % d'un poste global) ;
- les impôts et taxes (taxe professionnelle, à partir de l'année 3 et avec un abattement de 50 % la première année) ;
- la publicité (une année sur 2, à partir de l'année 2) ;
- les dotations aux amortissements, précédemment calculées.

2.3.2.3. Les charges indirectes

Ces charges ne sont plus directement liées à l'activité. Il s'agit ici d'intégrer, d'une manière très sommaire, une participation à la couverture des frais de structure communs, représentés par le secrétariat (20 % en année 1, puis 50 %), la direction (20 % en année 1, puis 50 %), les loyers (50 %).

2.2.3.3. Le compte de résultat

Après le classique compte de résultat analytique, nous avons calculé les coûts unitaires et établi le compte de résultat de comptabilité générale.

2.3.3.1. Présentation du compte de résultat analytique

Un seul produit est présenté (rideau standard). Les marges suivantes sont calculées (voir tableau 9) :
- marge/coût direct variable ;
- marge/coût direct ;
- bénéfice avant impôt ;
- bénéfice net.

Le résultat net est calculé en utilisant la technique du report des déficits. Le résultat net ne devient positif qu'en année 3, mais le résultat cumulé est négatif jusqu'en année 4. Le report des déficits antérieurs entraîne ici un phénomène curieux de baisse de résultat net de l'année 5 par rapport à l'année 4. La CAF est positive dès l'année 2. L'exploitation dégage globalement une trésorerie de plus de 655 000 F. Nous ne reproduisons pas les autres hypothèses.

2.3.3.2. Le compte de résultat de comptabilité générale

Il permet des analyses complémentaires de contenu des charges. Le tableau 10. (le compte de résultat général) permet de remarquer :
- l'importance des matières suivies de près par la main-d'œuvre (effet non visible par l'analytique en raison de la dispersion des frais de personnel dans les différents comptes) ;
- la faiblesse des amortissements par rapport à l'ensemble des charges.

En conclusion, nous avons trois hypothèses de production et deux hypothèses de marché. Il est possible de considérer que nous avons en définitive deux variantes à évaluer, le maintien de la production en régime de 2 × 8, le passage à un régime 3 × 8 en année 5. Il s'agit de variantes compatibles dans l'immédiat, dans la mesure où la décision devra être prise en année 5, avec une meilleure information. Il faudra donc simplement étudier les conditions de viabilité des deux variantes. Par ailleurs, les différentes hypothèses de production (1 pour la première variante, 2 pour l'autre) permettront de déterminer une stratégie de prix après étude de la rentabilité.

Tableau 9. – *Le compte de résultat analytique*

Résultat analytique

Produits	Activité	Prix	Année 1	Année 2	Année 3	Année 4	Année 5	Année 6	Année 7	Année 8
Ventes gros clients	GC	78	19 562	380 437	681 525	896 758	896 758	896 758	896 758	896 758
Ventes super-marchés	SM	62	31 099	604 798	1 083 450	1 425 616	1 425 616	1 425 616	1 425 616	1 425 616
Ventes petits clients	PC	110	9 196	178 838	320 375	421 553	421 553	421 553	421 553	421 553
Total des produits d'exploitation			59 858	1 164 073	2 085 350	2 743 927	2 743 927	2 743 927	2 743 927	2 743 927

Charges	Activité	Prix	Année 1	Année 2	Année 3	Année 4	Année 5	Année 6	Année 7	Année 8
Polystyrène	Production en mètres	0,0790	8 191	159 264	285 310	375 408	375 408	375 408	375 408	375 408
Baguette	Vol. ventes	3,70	3 093	60 155	107 763	141 795	141 795	141 795	141 795	141 795
Peigne métallique	Vol. ventes	2,50	2 090	40 645	72 813	95 808	95 808	95 808	95 808	95 808
Bouchons achats	Vol. bouch. achats	1,20	1 003	19 510						
Bouchons fabric.	Vol. bouch. fabri.	0,60			17 475	22 994	22 994	22 994	22 994	22 994
Fil polyester	Production en mètres	0,0140	1 452	28 224	50 561	66 528	66 528	66 528	66 528	66 528
Colorants	Production en mètres	0,0100	1 037	20 160	36 115	47 520	47 520	47 520	47 520	47 520
Lubrifiants	Temps de marche	5,7100	514	7 994	13 019	17 130	17 130	17 130	17 130	17 130
Électricité	Temps consom. électr.	14,0000	3 710	12 880	19 040	24 080	24 080	24 080	24 080	24 080
Eau	Temps de marche	2 2500	203	3 150	5 130	6 750	6 750	6 750	6 750	6 750
Emballages	Vol. ventes	2,5000	2 090	40 645	72 813	95 808	95 808	95 808	95 808	95 808
Commissions vendeurs	Vol commission	20	836	32 516	58 250	76 646	76 646	76 646	76 646	76 646
Personnel montage	Vol. ventes	3,67	3 068	59 667	106 889	140 645	140 645	140 645	140 645	140 645

Marge sur coût variable			*32 572*	*679 264*	*1 240 173*	*1 632 815*	*1 632 815*	*1 632 815*	*1 632 815*	*1 632 815*
%			*54,4 %*	*58,4 %*	*59,5 %*	*59,5 %*	*59,5 %*	*59,5 %*	*59,5 %*	*59,5 %*
Technicien	Vol. perso. tech. et entr.	180 000		180 000	180 000	180 000	180 000	180 000	180 000	180 000
Personnel entretien	Vol. perso. tech. et entr.	80 000		80 000	80 000	80 000	80 000	80 000	80 000	80 000
Assurances	Vol. structure	15 000	15 000	15 000	15 000	15 000	15 000	15 000	15 000	15 000
Prime fixe électricité	Vol. structure	21 180	21 180	21 180	21 180	21 180	21 180	21 180	21 180	21 180
Entretien-réparation	Vol. structure 2			20 000	20 000	20 000	20 000	20 000	20 000	20 000
Publicité	Vol. publicité	50 000		50 000		50 000		50 000		50 000
Honoraires	Participation	40 000	8 000	20 000	20 000	20 000	20 000	20 000	20 000	20 000
Impôts et taxes	Vol. impôts	50 000			25 000	50 000	50 000	50 000	50 000	50 000
Marge sur coût direct			*– 543 571*	*– 93 399*	*584 930*	*991 642*	*1 069 398*	*1 029 427*	*1 073 965*	*1 044 353*
%			*– 908,1 %*	*– 8 %*	*– 28 %*	*36,1 %*	*39 %*	*37,5 %*	*39,1 %*	*38,1 %*
Particip. secrétariat	Participation	108 000	21 600	54 000	54 000	54 000	54 000	54 000	54 000	54 000
Particip. direction	Vol. direction	300 000	180 000	210 000	150 000	150 000	150 000	150 000	150 000	150 000
Particip. autres charges	Vol. structure	15 000	15 000	15 000	15 000	15 000	15 000	15 000	15 000	15 000
Subvention d'exploitation										
Dotation aux amortissements			531 953	406 482	294 063	204 994	177 237	167 208	172 670	152 283
Résultat avant impôt			– 760 171	– 372 399	365 930	772 642	850 398	810 427	854 965	825 353
Modification de l'assiette de l'impôt (+ = diminution d'ass.)			0	0	0	0	0	0	0	0
Impôt sur le résultat	R	39 %				2 341	331 655	316 067	333 437	321 888
Bénéfice net			– 760 171	– 372 399	365 930	770 301	518 743	494 361	521 529	503 465
% du total des produits			– 1 270 %	– 32 %	17,5 %	28,1 %	18,9 %	18 %	19 %	18,3 %
CAF avant financement et après retraitement			– 228 208	34 084	659 993	975 295	695 980	661 569	694 199	655 748

Source : Evalpro v3.0 – copyright LI2C-AILPE RIDO V3 scénario : base.

Tableau 10. – *Le compte de résultat de comptabilité générale*

Les soldes intermédiaires de gestion

Après financement	Année 1	Année 2	Année 3	Année 4	Année 5	Année 6	Année 7	Année 8
Production vendue	59 858	1 164 073	2 085 350	2 743 927	2 743 927	2 743 927	2 743 927	2 743 927
Prestation de services et produits annexes								
Production stockée								
Production immobilisée								
Production de l'exercice	59 858	1 164 073	2 085 350	2 743 927	2 743 927	2 743 927	2 743 927	2 743 927
Achat de matières	23 382	392 626	680 038	893 820	893 820	893 820	893 820	893 820
– Variation du stock de matières								
Consommation de matières	23 382	392 626	680 038	893 820	893 820	893 820	893 820	893 820
Autres consommations externes	59 180	121 180	91 180	141 180	91 180	141 180	141 180	141 180
Valeur ajoutée	– 22 704	650 267	1 314 132	1 708 927	1 758 927	1 708 927	1 758 927	1 708 927
Impôts et taxes			25 000	50 000	50 000	50 000	50 000	50 000
Charges de personnel	205 504	616 183	629 139	681 291	681 291	681 291	681 291	681 291
Autres charges								
Produits divers d'exploitation								
Subventions d'exploitation								
Excédent brut d'exploitation	– 228 208	34 084	659 993	977 635	1 027 635	977 635	1 027 635	977 635
Dotations aux amortissements	531 963	406 482	294 063	204 994	177 237	167 208	172 670	152 283
Résultat d'exploitation	– 760 171	– 372 399	365 930	772 642	850 398	810 427	854 965	825 353
Reprise subventions d'investissement								
Produits financiers								
Charges financières (intérêt des emprunts)								
Autres charges financières								
Résultat net exceptionnel sur cessions								
Résultat courant avant impôt	– 760 171	– 372 399	365 930	772 642	850 398	810 427	854 965	825 353
Impôt sur le résultat 39 %				2 341	331 655	316 067	333 437	321 888
Bénéfice net	– 760 171	– 372 399	365 930	770 301	518 743	494 361	521 529	503 465
CAF après retraitements	– 228 208	34 084	659 993	975 295	695 980	661 569	694 199	655 748

3. Le besoin en fonds de roulement

Le besoin en fonds de roulement (BFR) est une donnée issue de l'exploitation, correspondant (dans le cas où il est positif) à une mobilisation de ressources au même titre que l'investissement. Cette notion interviendra dans les calculs de rentabilité et dans la détermination des besoins de financement. Il sera donc nécessaire de prévoir le besoin en fonds de roulement de chaque projet ainsi que sa variation qui, nous le verrons, sera utilisée dans les calculs cités.

Le terme de besoin en fonds de roulement, qui s'est imposé à la littérature, peut prêter à confusion. En effet, ce n'est pas seulement une donnée prévisionnelle, le BFR est aussi utilisé dans les analyses financières de périodes passées. Par ailleurs, le BFR est un élément de bilan, il a la nature de « stock » par opposition à un « flux ».

Nous commencerons par des définitions et des illustrations, puis nous indiquerons comment déterminer un BFR. Nous ferons ensuite le lien avec la trésorerie à court terme, pour terminer par l'étude de cas.

3.1. Les différentes approches de la notion de fonds de roulement et besoin en fonds de roulement

Nous devons faire état des nombreuses définitions attachées à cette notion dont nous développerons les relations fondamentales. Pour mieux apprécier sa signification, nous utiliserons un exemple.

Tableau 11. – *Les grandes masses du bilan*

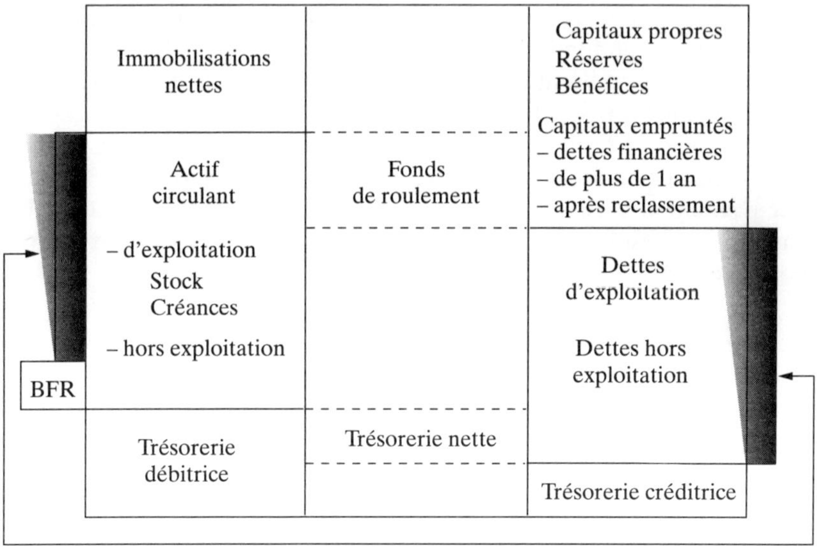

3.1.1. *Définitions*

3.1.1.1. Le fonds de roulement ou fonds de roulement net global [1]

Le fonds de roulement net global est égal au passif stable diminué de l'actif immobilisé, ou à l'actif circulant moins les autres dettes.

L'optique utilisée est celle du plan 82, qui est considérée comme fonctionnelle [2]. Le calcul est direct. Il est cependant nécessaire de placer au préalable les concours bancaires courants et les soldes créditeurs de banque (découverts et dettes à très court terme) dans les autres dettes ou la trésorerie créditrice (retraitements). Les éléments suivants permettent de compléter la définition donnée.

Passif stable	=	capitaux propres et dettes financières
Autres dettes	=	dettes d'exploitation et hors exploitation (sur immobilisation ou diverses)
	+	trésorerie créditrice
Actif circulant	=	A C d'exploitation (stocks, créances clients),
	+	A C hors exploitation (valeurs mobilières)
	+	trésorerie débitrice.

3.1.1.2. Le fonds de roulement financier ou fonds de roulement permanent ou fonds de roulement net

« C'est la partie des capitaux permanents employée à financer l'actif à moins de un an ». Cette approche, contrairement à celle du plan 82 fait expressément intervenir la durée. Par ailleurs, ces calculs sont généralement effectués sur des bilans retraités. Les capitaux permanents correspondent à la somme des capitaux propres et des dettes à long terme.

L'existence d'un fonds de roulement positif exprime le fait que les dettes à long terme couvrent les emplois à long terme ainsi qu'une partie des emplois à court terme. De ce fait, l'entreprise peut toujours rembourser ses dettes à court terme sans toucher à son outil de production. Il s'agit d'une règle d'orthodoxie financière aujourd'hui transgressable. Il a été effectivement montré que cette approche était trop statique et qu'il fallait considérer le besoin en fonds de roulement pour apprécier cette sécurité apparente dans les finances de l'entreprise.

3.1.1.3. Le fonds de roulement propre et le fonds de roulement étranger

Le premier correspond à (si elle existe) la partie des capitaux propres employée à financer l'actif circulant. Le second correspond au complé-

---

1. Voir par exemple C. et C. Raulet, *Analyse comptable et financière*, Dunod, 1986.
2. Les créances et les dettes ne sont pas distinguées selon leur terme mais en fonction de leur relation avec le cycle d'exploitation. Les termes de cyclique et acyclique sont également utilisés dans ce sens.

ment par rapport au fonds de roulement net (ou net global). Nous avons donc la relation suivante :

FR Net = FR étranger + FR propre

3.1.1.4. Le besoin en fonds de roulement (BFR)

C'est la notion la plus fondamentale qu'il faudra calculer. Il est possible de définir un BFR d'exploitation et un BFR hors exploitation. Dans ce cas, nous aurons :

BFR = BFR d'exploitation + BFR hors exploitation

Le BFR d'exploitation est la différence algébrique entre « l'actif circulant d'exploitation et le passif d'exploitation ». C'est lui qui nous intéresse principalement pour l'évaluation. Il correspond aux stocks et aux créances clients diminués du montant des dettes fournisseurs. Son contenu résulte donc de données endogènes locales (habitudes de règlement des clients et fournisseurs par exemple), ou des besoins spécifiques de la production et de la distribution (stocks). De ce fait, le BFR peut être normalement négatif ou positif (en fonction des éléments qui le constituent) selon les produits et les lieux de production. Ceci n'exclut pas l'existence d'une gestion du besoin en fonds de roulement, mais c'est un tout autre problème.

Le besoin en fonds de roulement est une donnée qui, mesurée au jour le jour, évolue d'une manière irrégulière et qui est sujette à des fluctuations. L'irrégularité s'explique par le fait que les divers encaissements et décaissements n'ont pas tous lieu en même temps. Les créances et les dettes sont composées d'éléments qui ont des termes différents et sont souvent de nature cyclique. Les fluctuations résultent des perturbations dans l'arrivée des factures et des chèques, ainsi que dans la réalisation de la production. Ces deux éléments seront à dissocier.

Il est donc possible de faire appel à des moyennes ou à des tendances pour estimer le besoin en fonds de roulement. C'est ce qu'exprime la notion de BFR normatif qui correspond à la tendance d'évolution des différents flux composant le besoin en fonds de roulement (voir *supra* et le graphique 7). Le BFR normatif sera directement calculé à partir de l'activité prévue (ventes, achat...).

Dans le même ordre d'idées, nous pouvons calculer :

– un BFR moyen sur une période quelconque, qui sera par exemple la moyenne quotidienne des BFR ;

– un BFR de fin de période.

Tout dépendra de l'utilisation qui sera faite de ce BFR (cf. *supra*, détermination).

Il sera nécessaire aussi, dans la détermination du BFR d'un projet, d'apprécier et d'introduire en plus des calculs techniques une part de risques due notamment aux fluctuations, en relation notamment avec certaines règles d'équilibre dont nous avons fait état (cf. *supra*).

3.1.2. Relations fondamentales entre fonds de roulement et besoin en fonds de roulement, la notion de fonds de roulement normatif

La relation essentielle que nous allons considérer est :

Fonds de roulement net global = Besoin en fonds de roulement
+ Trésorerie nette (d'actif moins passif).

Cette relation retrace un équilibre entre le haut du bilan relativement stable (fonds de roulement) et le bas du bilan qui est de type cyclique (besoins en fonds de roulement), la trésorerie jouant le rôle de tampon. Cette relation met en valeur le fait que l'évolution de la trésorerie résulte des variations du BFR, compte tenu des politiques d'investissement et de financement. Pour un niveau donné du FR, toute variation positive du BFR fera diminuer la trésorerie.

Graphique 7. – *Évolution du BFR*

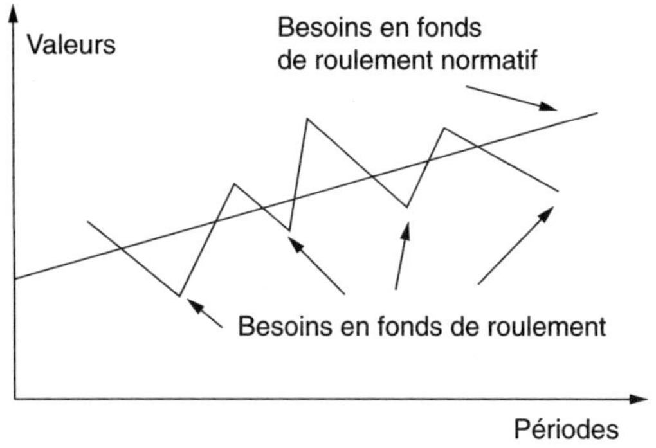

Comme nous l'avons fait avec le besoin en fonds de roulement, certains auteurs [1] utilisent le concept de fonds de roulement normatif qui correspond au besoin de financement nécessaire à la couverture du cycle d'exploitation. Il nous semble préférable de placer l'analyse au niveau du *BFR* normatif, le *FR* étant par définition stable et surtout résultant de politiques spécifiques. L'idée originale et importante est que le financement du *BFR* se fait au niveau de la tendance calculée et ne peut s'appuyer sur les mouvements à court terme.

Néanmoins les choses sont plus complexes. Dans le cadre de l'étude du financement d'un projet, il existe des besoins à court terme liés au cycle d'exploitation. Mais il existe aussi des solutions de financement à court terme qui s'ajoutent aux solutions à long terme contenues dans l'approche fonds de roulement. Il existe aussi des contraintes (disponibilité des fonds, rentabilité recherchée, risques…) qui vont permettre la recherche d'une optimisation du financement (cf. *supra*).

1. Voir par exemple P. Vizzavona, *op. cit.*

3.1.3. Illustration par un exemple simple

Cet exemple est destiné à montrer les relations du besoin en fonds de roulement avec les grandes masses du bilan et de l'exploitation. Nous allons considérer deux hypothèses en fonction de l'évolution du fonds de roulement.

3.1.3.1. Hypothèse 1 : fonds de roulement constant

Les données

Les ventes augmentent puis diminuent (de 20 %).

Le bénéfice représente 5 % des ventes (le taux de marge est par hypothèse constant).

Le fonds de roulement est constant et égal à 150.

Le besoin en fonds de roulement a été estimé à 12,83 % des ventes.

Les calculs à effectuer sont ceux du *BFR* dont nous verrons ultérieurement les modalités, et de la trésorerie, par simple application de la relation précédente (trésorerie = *FR* – *BFR*).

Tableau 12. – *Exercice* BFR – *calculs hypothèse 1*

Périodes	Année 1	Année 2	Année 3	Année 4	Année 5
Taux de variation des ventes		20 %	20 %	– 20 %	– 20 %
Ventes	1 000	1 200	1 440	1 152	922
Besoin en fonds de roulement	128,30	153,96	184,754	147,80	118,24
Variation du BFR		25,66	30,79	– 36,95	– 29,56
Fonds de roulement	150	150	150	150	150
Trésorerie	21,70	– 3,96	– 34,75	2,20	31,76
Variation trésorerie		– 25,66	– 30,79	36,95	29,56
Variation ventes		200	240	– 288	– 230,40
Bénéfice net	50	60	72	57,6	46,08

- *Les résultats*

En années 2 et 3, il y a croissance de l'activité, du *BFR*, du bénéfice, mais baisse de la trésorerie. En années 4 et 5, c'est le contraire. La trésorerie varie donc en sens inverse du besoin en fonds de roulement. Une règle fondamentale est mise en avant.

Avec un *BFR* positif, toute croissance d'activité absorbe de la trésorerie et toute détérioration de l'activité libère de la trésorerie. Si le *BFR* était négatif, ce serait le contraire : libération de trésorerie avec augmentation de l'activité et diminution de trésorerie avec baisse d'activité.

L'important c'est aussi de voir que la baisse du résultat coïncide ici (*BFR* positif) avec une amélioration de trésorerie et inversement (paradoxe bien connu des spécialistes). D'où les mécomptes lorsqu'il y a, par suite d'une comptabilité insuffisante, confusion entre résultat et trésorerie. Mais cette hypothèse peut être critiquée dans la mesure où ici le fonds de roulement est fixe.

Graphique 8. – *Exercice BFR – graphiques hypothèse 1*

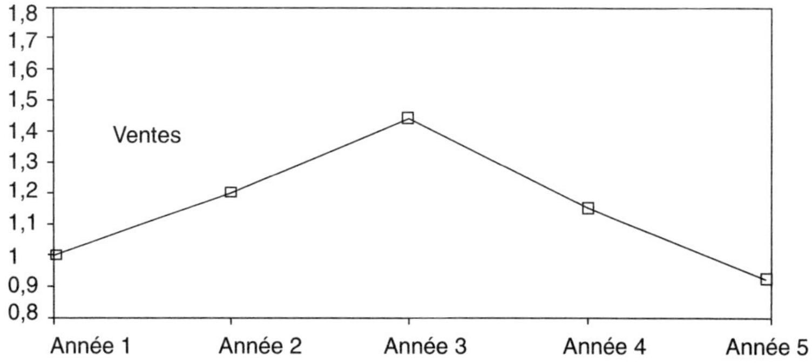

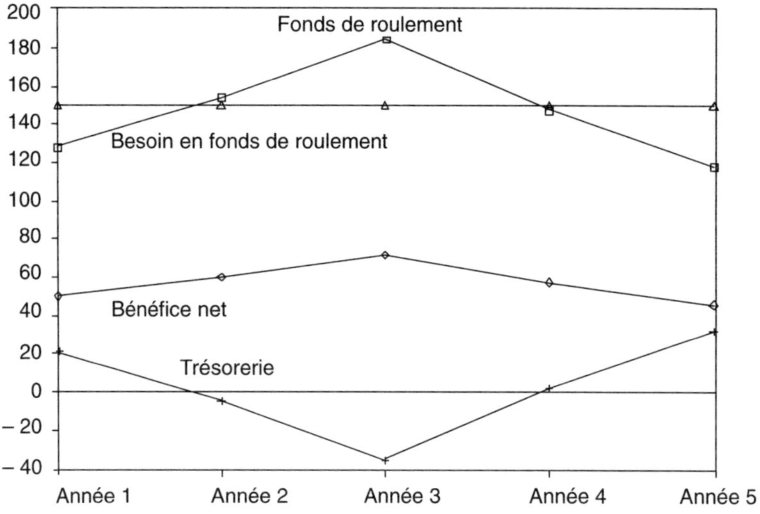

3.1.3.2. Hypothèse 2 : fonds de roulement variable

La variation du fonds de roulement d'une période à l'autre est influencée [1] par le bénéfice, les mouvements d'emprunt, les variations d'immobilisations (investissements et dotation aux amortissements). Ceci nous permet d'écrire la relation :

Variation du fonds de roulement = bénéfice
+ dotations amortissements
– investissements
– remboursements d'emprunt.

Par ailleurs, nous allons considérer que l'entrepreneur renouvelle régulièrement son matériel (investissements = dotations aux amortissements = 100) et qu'une somme de 60 doit être remboursée tous les ans.

1. En se limitant aux opérations courantes.

Tableau 13. – *Exercice* BFR – *calculs hypothèse 2*

Périodes	Année 1	Année 2	Année 3	Année 4	Année 5
Immobilisations brutes	1 000	1 100	1 200	1 300	1 400
Amortissements	400	500	600	700	800
Immobilisations nettes	600	600	600	600	600
Capitaux propres	450	510	582	639,60	685,68
Capitaux empruntés	300	240	180	120	60
Capitaux permanents	750	750	762	759,60	745,68
FR	150	150	162	159,60	145,68
Besoin en fonds de roulement	128,30	153,96	184,75	147,80	118,24
Variation du BFR		25,66	30,79	– 36,95	– 29,56
Fonds de roulement	150	150	162	159,60	145,68
Trésorerie	21,70	– 3,96	– 22,75	11,80	27,44
Variation trésorerie		– 25,66	– 18,79	34,55	15,64
Variation ventes		200	240	– 288	– 230,40
Bénéfice net	50	60	72	57,60	46,08
Variation du fonds de roulement : Bénéfice + Dotation aux amortissements – Investissement – Remboursement emprunt					

- *Les résultats* (voir tableau 13 et graphique 9)

On remarquera que les tendances restent les mêmes. Le parallélisme entre les variations de trésorerie et de *BFR* est simplement moins rigoureux.

– Les années 2 et 3, comme le *FR* augmente, la baisse de trésorerie est moins forte.

– Les années 4 et 5, comme le *FR* diminue, l'amélioration de la trésorerie est également moins forte.

En conclusion, sans modifier le schéma établi, les politiques de financement interfèrent dans la lecture des relations *BFR*, activité et trésorerie. Il faut maintenant calculer le *BFR*.

3.2. La détermination du besoin en fonds de roulement

Il existe de nombreuses méthodes de détermination du *BFR* ; et si dans le passé certains projets ont eu des difficultés par absence de prévision du besoin en fonds de roulement, ce n'est plus le cas aujourd'hui. Parmi les méthodes proposées c'est leurs divergences au niveau des résultats obtenus qui nous intéressent le plus. Ainsi le choix le plus important à faire est celui de l'estimation d'un *BFR* moyen ou celui d'un *BFR* de fin de période, qui sera le *BFR* du bilan de fin d'année, ce choix ayant peu d'incidence sur la méthode de calcul. Voyons ce point avant de présenter le calcul des différents postes.

Le calcul du *BFR* moyen consiste simplement à établir la valeur moyenne des flux au cours de l'année, généralement à partir d'une étude théorique

Graphique 9. – *Exercice* BFR – *hypothèse 2*

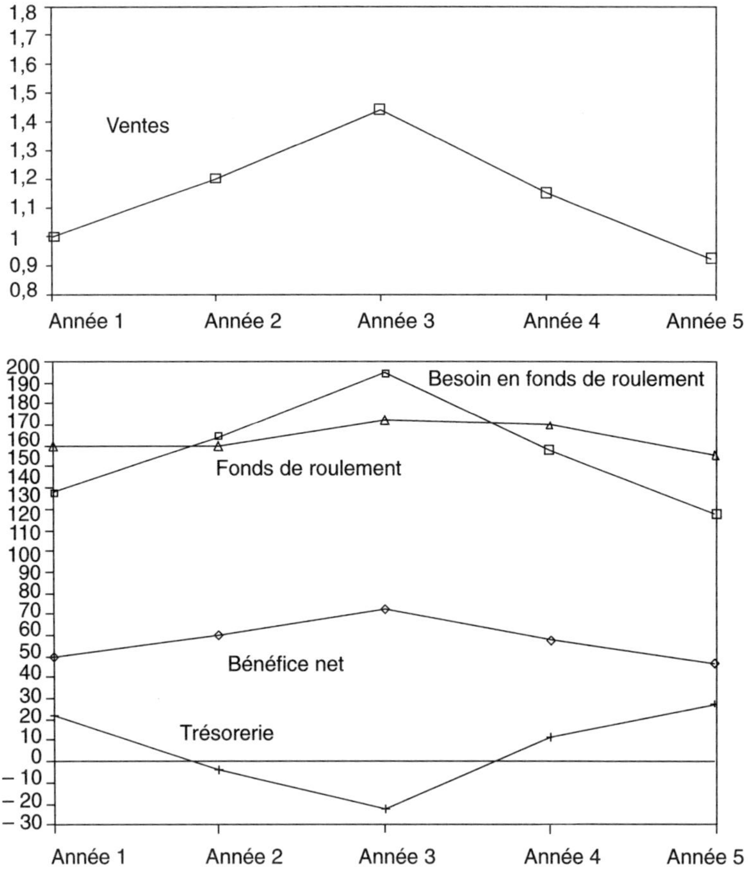

quotidienne (ou mensuelle). Une méthode « normative » est utilisée (cf. *infra*) à partir des notions de temps d'écoulement ou de rotation (cf. *supra*). Cette méthode paraît plus rigoureuse que la seconde qui se contente de calculer ces mêmes flux uniquement pour les fins de périodes (fin d'années par exemple).

Plusieurs arguments sont à considérer :

– au niveau des réalisations et même pour le calcul habituel des performances en analyse financière, ce sont les bilans de fin de période (et non moyens) qui sont généralement utilisés. Il faudra donc, si la première méthode est envisagée, effectuer les deux types de calcul.

– Le *BFR* moyen n'a de véritable sens que si les valeurs ponctuelles s'écartent assez peu de la moyenne. Dans le cas contraire, la moyenne est sans signification. Et les spécialistes disent que, dans le cas d'activités irrégulières, l'approche *BFR* est à rejeter.

Par conséquent si nous nous écartons assez peu de la moyenne, pourquoi alors établir un double calcul et ne pas se contenter du *BFR* de fin de période qui de toute façon est nécessaire ? Nous préciserons néanmoins dans le détail les divergences de résultats dans les deux approches en examinant les différents postes du *BFR* d'exploitation :
- stocks ;
- créances clients (crédit clients) ;
- dettes fournisseurs (crédit fournisseurs) ;
- dettes fiscales (TVA) ;
- dettes sociales (charges de personnel).

Nous allons d'abord définir les notions de durée et de rotation, puis établir le calcul des différents postes, pour terminer par les études complémentaires (calcul de l'ETE, problèmes des activités irrégulières).

3.2.1. Les notions de temps d'écoulement et de rotation

Schéma 1. – *La rétention des ventes*

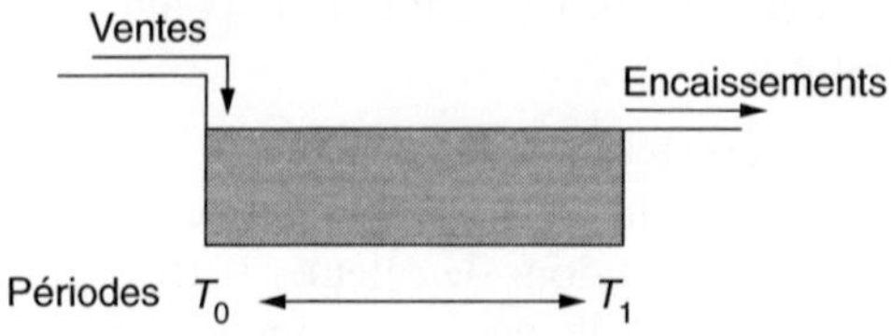

Les éléments constitutifs du *BFR* peuvent être considérés comme des points de rétention dans le circuit des mouvements de fonds de l'exploitation (voir schéma 1). Remarquons que l'existence de cette rétention n'empêche pas un écoulement continu du flux de trésorerie, après une période initiale.

Il est possible d'exprimer le temps d'écoulement en jours ou en mois, c'est la durée moyenne de rétention de chaque flux concerné. Par exemple, un crédit client de 36 jours signifie qu'entre le moment où la recette est comptabilisée et celui où elle est encaissée, il existe un délai de 36 jours [1].

À partir du temps d'écoulcment, il est facile d'établir la rotation de chaque crédit ou stock :

$$\text{Rotation du crédit ou du stock} = \frac{\text{Durée de l'année (jours)}}{\text{Durée du crédit (jours)}} = \frac{360}{36} = 10$$

1. Il est possible d'indiquer 36 jours « fin de mois », ce qui signifie que le délai mentionné ne commence à courir qu'à la fin de chaque mois. En considérant une arrivée régulière des factures au cours du mois, il faut ajouter 15 jours à ce délai pour avoir la durée effective du crédit.

$$\text{Rotation du crédit ou du stock} = \frac{\text{Flux annuel de référence}}{\text{Montant du crédit ou du stock}}$$

$$\text{Montant du crédit ou du stock} = \frac{\text{Flux annuel de référence}^{a}}{\text{Rotation}}$$

$$\text{Montant du crédit ou du stock} = (\text{durée en j.}/360) \times \text{Flux annuel de référence}$$

a. Le flux annuel de référence est le flux du compte de résultat, soumis à rétention.

3.2.2. Le calcul des différents postes

Les modalités de calculs du BFR se distinguent essentiellement par le fait qu'ils peuvent faire référence, soit directement aux flux concernés soit aux ventes (chiffre d'affaires ou jours).

1) Le calcul direct à partir des formules précédentes de rotation ou temps d'écoulement. Ce calcul est effectué élément par élément selon les différents postes du *BFR* en faisant référence chaque année aux flux concernés du compte de résultat. Cette méthode convient très bien à notre approche informatique.

2) Le calcul pour 1 000 F de ventes

Selon cette méthode, le flux de base est ramené à 1 000 F de ventes hors taxes. Cette méthode permet donc de calculer le BFR pour chaque niveau de chiffre d'affaires annuel. Elle nécessite cependant la connaissance de la structure des coûts. Elle n'est donc valable que si cette structure des charges ne change pas (cas d'une évaluation sommaire sans montée en production).

3) Le calcul en jours de ventes

Dans cette méthode proche de la précédente, chaque durée d'élément de BFR est pondérée par son importance relative dans les ventes [1]. Il suffira, pour avoir le BFR recherché, de multiplier le résultat final (exprimé donc pour 1 F de ventes par jour) par le chiffre d'affaires quotidien.

L'intérêt de cette présentation est d'être en principe plus parlante car les « jours pondérés » des différents postes sont comparables. Mais elle reste soumise à la même réserve que la précédente formulation sur la fixité de la structure des charges.

Exemple de structure des charges

Ventes HT	1 000	
Achats	490	(+/– variation de stocks = 0)
Autres charges externes	190	
Charges de personnel	600	
Marge	– 280	

1. Dans la méthode précédente c'étaient les flux qui étaient pondérés.

Examinons le calcul des postes de BFR indiqués. Dans chaque cas, nous précisons les données, le calcul direct faisant référence à un flux annuel (méthode tableur), les calculs pour mille francs de ventes et en jours de ventes, à la structure précédente du compte de résultat.

3.2.2.1. Créances clients

> Les données :
> Durée moyenne du crédit : 36 jours
> soit une rotation de 360/36 = 10
> Taux de TVA moyen [a] : 18,6 %

a. Nous supposons que plusieurs taux de TVA collectée sont recensés, il est nécessaire alors de calculer un taux moyen uniforme.

Calcul direct
Ventes × 1,186 × 1/10

Calcul pour 1 000 F de ventes HT
1 000 × 1,186 × 1/10 = 118,6

Calcul en jours de ventes

$$36 \times \frac{1\,186}{1\,000} = 42,70 \text{ jours}$$ [1]

Les calculs de valeurs moyennes et de fin de période donnent le même résultat.

3.2.2.2. Dettes fournisseurs

> Les données :
> Ces dettes concernent les achats de matières ou marchandises.
> Durée moyenne du crédit : 15 jours
> soit une rotation de 360/15 = 24
> Taux de TVA moyen : 18,6 %

Calcul direct
Achats × 1,186 × 1/24

Calcul pour 1 000 F de ventes HT
490 × 1,186 × 1/24 = 24,21 F

Calcul en jours de ventes

$$15 \times \frac{490 \times 1,186}{1\,000} = 8,72 \text{ jours}$$

Comme précédemment il n'y a pas de divergence entre valeur de fin de période et valeur moyenne.

1. « 1 186 » représente l'importance relative des ventes (TTC) pour 1 000 F de ventes HT, on pourra vérifier que pour un chiffre d'affaires quotidien de 1 000/360 = 2,777 le crédit client sera de 42,7 × 2,777 = 118,6 F.

3.2.2.3. Dettes sociales

Elles comprennent (flux de référence) des éléments de salaire et de charge :

– les charges sociales (charges patronales et charges salariales) [1] ;

– le salaire brut (la dette envers le salarié concerne la totalité, salaire net et charges salariales) ;

– les charges de personnel [2] (salaires nets + charges sociales).

Nous allons calculer les jours de rétention qui étaient précédemment donnés.

Les dettes sociales seront regroupées en deux postes :

– les dettes sociales proprement dites (charges à payer aux différents organismes sociaux : charges patronales et charges salariales) ;

– les dettes envers le personnel (salaires bruts) [3].

Graphique 10. – *Les flux de dettes sociales (charges sociales payées le 15 du mois suivant)*

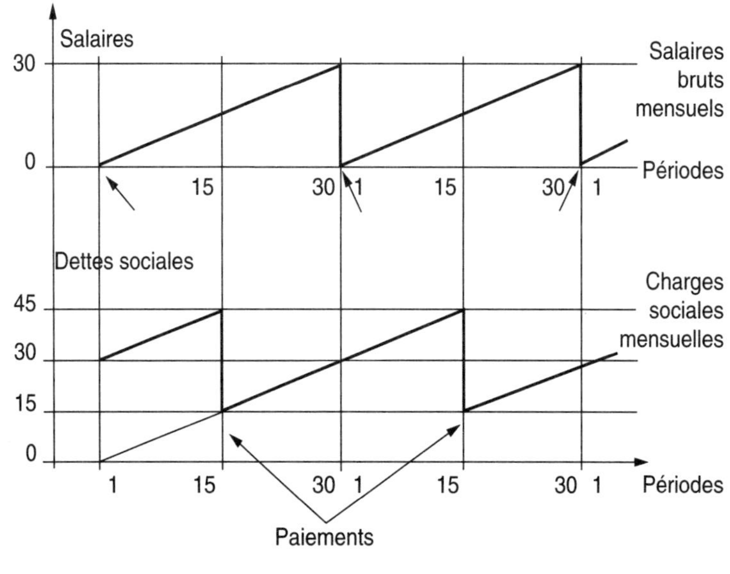

Le graphique 10 permet d'obtenir les durées de rétention des flux. Le trait plein indique l'évolution de la dette en fonction du temps. Cette dette

1. Les charges salariales ne sont pas supportées par l'entreprise mais payées par elle (c'est donc à ce titre qu'elles interviennent ici).

2. C'est le terme comptable qui correspond au coût effectif du personnel, les salaires étant payés à intervalles déterminés.

3. Même si c'est le salaire net qui est versé au personnel, la dette concerne le salaire brut, le paiement des charges salariales étant effectué pour le compte du salarié. C'est un point de vue juridique qui financièrement pourrait être corrigé.

dépend des flux d'exploitation (augmentations) et des paiements (diminutions). Calculons en premier lieu la dette vis-à-vis des salariés.

Dans le cas le plus simple d'un paiement en fin de mois, la dette sera nulle à la fin de chaque mois. Mais si l'on considère la moyenne des flux, nous trouvons 15 jours obtenus en faisant la moyenne (0 + 30)/2 . Une date différente dans le paiement opérera une translation du graphe du nombre correspondant de jours. Une fréquence différente dans les paiements (à la quinzaine par exemple) réduira le montant de la dette moyenne, soit dans le cas évoqué, 7,5 jours. En valeur fin de mois, la dette reste nulle.

Calculons en second lieu la dette envers les organismes sociaux. Si l'on prend le cas du paiement des charges le 15 de chaque mois, nous aurons quelle que soit la méthode un mois de dettes sociales. En valeur moyenne, le calcul est le suivant : (15 + 45)/2 = 30.

Par contre si les paiements sont effectués tous les trimestres, nous aurons une valeur moyenne de (15 + 105)/ 2 = 60 jours. L'autre méthode donnera une valeur de 3 mois en fin d'année. Appliquons ceci au cas précédent.

Les données :

Charges patronales : 40 % du salaire brut

Charges salariales : 20 % du salaire brut

Ces charges sont payables le 15 de chaque mois. Dans le cas d'un BFR de fin de période, nous aurons les résultats qui suivent, sachant qu'il n'y aura que des dettes vis-à-vis des organismes sociaux et aucune dette vis-à-vis du personnel.

La durée étant de 30 jours, la rotation sera de 360/30 = 12.

Calcul direct [1]

$$\frac{\text{Charges de personnel}}{12} \times \frac{0,4 + 0,2}{1 + 0,4}$$

Le coefficient du second membre corrige les pourcentages de charge qui sont initialement calculés sur le salaire brut alors que nous allons utiliser le flux comptable de référence (charges de personnel) qui intègre les charges sociales.

Calcul pour 1 000 F de ventes HT

$$\frac{600}{12} \times \frac{0,4 + 0,2}{1,4} = 21,43 \text{ F}$$

Calcul en jours de ventes

$$30 \times \frac{600}{1000} \times \frac{0,4 + 0,2}{1,4} = 7,71 \text{ j}$$

Dans le cas d'un *BFR* moyen, comme nous l'avons vu, les valeurs trouvées seront identiques en ce qui concerne les dettes aux organismes

1. Autre présentation possible : $\frac{600}{1 + 0,4} \times (0,4 + 0,2) \times \frac{30}{360}$.

sociaux. Par contre, il faudra ajouter la dette de 15 jours vis-à-vis du personnel. Ceci nous donne les résultats suivants.

La durée étant de 15 jours, la rotation sera de 360/15 = 24.

Calcul direct

$$\frac{\text{Charges de personnel}}{24} \times \frac{1}{1,4}$$

Calcul pour 1000 F de ventes HT

$$\frac{600}{24} \times \frac{1}{1,4} = 17,86 \text{ F}$$

Calcul en jours de ventes

$$15 \times \frac{600}{1\,000} \times \frac{1}{1,4} = 6,43 \text{ j}$$

3.2.2.4. Les stocks

Avant de voir les calculs, il est nécessaire de préciser les différentes modalités de calcul des rotations selon les types de stock ainsi que les relations avec les écritures des comptes de résultat (général et analytique).

- *Modalités de calcul des rotations*

Stocks de marchandises

$$\text{Rotation} = \frac{\text{Coût d'achat des marchandises vendues}^{a}}{\text{Stock de marchandises (HT)}}$$

Stocks de matières premières et consommables

$$\text{Rotation} = \frac{\text{Matières consommées}}{\text{Stock de matières (HT)}}$$

Stocks de produits finis

$$\text{Rotation} = \frac{\text{Coût de production des ventes}}{\text{Stock de produits finis (HT)}}$$

a. Les achats sont aussi utilisés au numérateur.

Les coûts des différents éléments sont analytiques, c'est-à-dire qu'ils intègrent en plus des valeurs d'achat des éléments de charges incorporés, en fonction du stade d'élaboration des produits et de la méthode de comptabilité analytique adoptée, coût direct ou coût complet par exemple.

Il est important que le numérateur et le dénominateur soient exprimés dans la même unité. Le cas le plus délicat est celui des produits finis pour lequel la méthode de calcul des coûts a un rôle plus important. L'utilisation d'un simple coût direct variable conviendra néanmoins et offrira l'avantage de ne pas être sensible aux phénomènes d'échelle [1].

1. Si un coût complet comportant des charges fixes est utilisé, la montée en production va entraîner tous les ans une modification des coûts unitaires en prix constants qu'il faudrait intégrer au calcul des variations de stocks.

- *Relations* BFR *compte de résultat analytique et général*

Nous allons schématiser [1] ces différentes relations avec les trois types de stocks, dans le cas d'une activité de démarrage (stock initial nul).

- *Le cas des matières (S_t initial = 0)*

J'ai besoin de matières premières pour la production :	100
Rotation stocks (coût des matières utilisées/stocks) :	5
Rotation crédit fournisseurs :	10

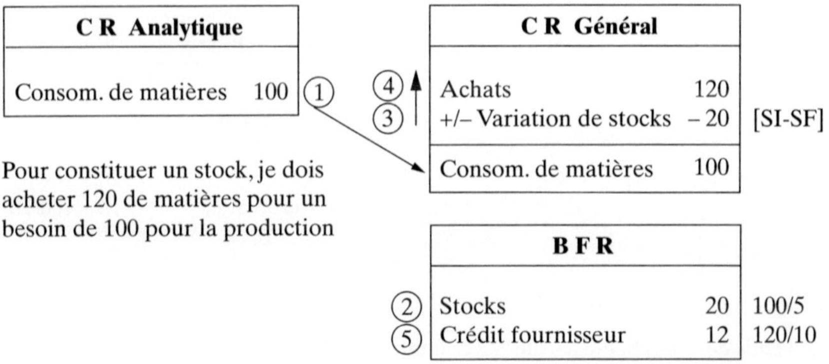

La production me réclame 100 de consommations, mais il faut aussi constituer un stock de 20. J'achète donc 120 de matières.

- *Le cas des produits finis*

Je vends des produits finis qui me coûtent :	100
Rotation stocks (coût revient produits vendus/stocks) :	5
Rotation crédit fournisseurs :	10

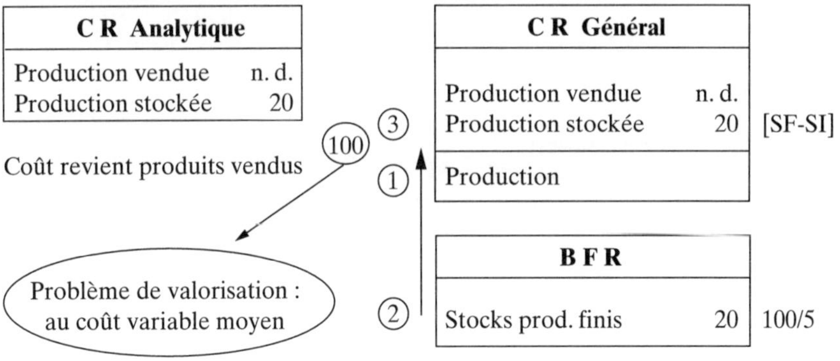

Je vends une production dont le coût est de 100, mais pour constituer mon stock, je dois produire 20 de plus.

1. Il ne s'agit pas de schémas comptables mais « technico-financiers » destinés à mettre en valeur les relations mises en jeu par les stocks.

- *Le cas des marchandises (S_t initial = 0)*

J'achète des marchandises :	100	À cet achat, il faut associer
Rotation stocks (achats/stocks) :	5	une vente correspondant
Rotation crédit fournisseurs :	10	à une sortie de stock de 80

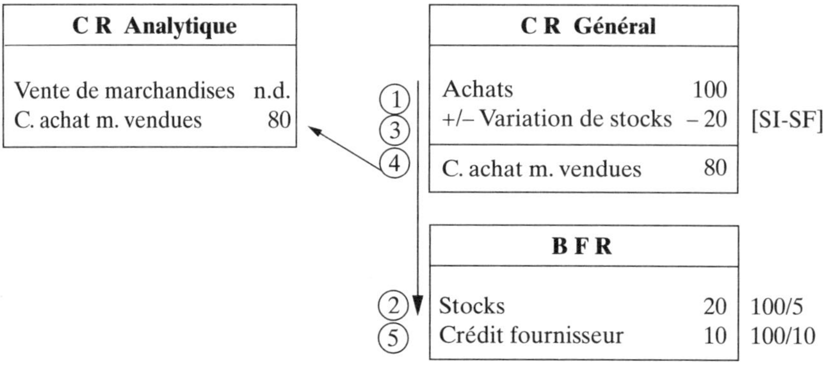

- *Autres présentation*

Je vends des marchandises qui me coûtent :	80
Rotation stocks (camv/stocks) = achats/stocks – 1 :	4
Rotation fournisseurs :	10

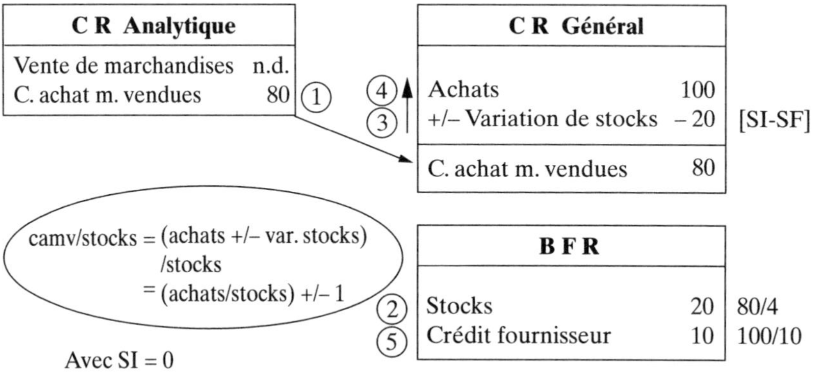

Avec SI = 0

camv = coût d'achat des marchandises vendues

Pour bien comprendre le mécanisme en jeu, il faut associer à l'opération d'achat pour le premier schéma, au cours de la période, une vente qui ne peut être que de 80 (en coût d'achat) en raison de la nécessité (par définition) d'avoir un stock de 20. Dans le deuxième schéma, nous retrouvons les mêmes opérations mais inversées. L'année suivante, ceci restera encore vrai mais seulement pour l'augmentation du stock (donc en cas d'augmentation d'activité).

Reprenons l'exemple précédent en considérant qu'il ne comporte que des matières.

> Les données :
> Montant du stock final : 49 (supposé égal au stock initial) [a]
> Rotation : 490/49 = 10
> Durée : 360/10 = 36 j.

a. Si le stock initial est nul, la variation de stock est de – 49 et le montant des achats de : 490 + 49 = 539.

Calcul direct

Achats (HT) ou consommation × 1/10

Calcul pour 1 000 F de ventes HT : 490 × 1/10 = 49 F

Calcul en jours de ventes : $36 \times \frac{490}{1000} = 17,64$ jours

La variation de stock étant nulle, les résultats de fin de période et moyens restent identiques.

3.2.2.5. La TVA

Examinons la place de la TVA (déclaration au fisc et situation au bilan), pour calculer ensuite les jours et les valeurs.

- *La déclaration de TVA* [1]

Exemple de calcul de TVA à payer (déclaration de chiffre d'affaires) :

> Déclaration de chiffre d'affaires fin janvier (TVA payée sur les débits, tous les mois)
> TVA collectée (ventes de janvier)
> – TVA déductible
> sur achats d'immobilisations de janvier,
> sur achats (autres biens et services) et autres charges externes de janvier.
> = TVA à décaisser (payable par exemple le 21 février).

En excluant les opérations hors exploitation, la TVA à payer représente celle d'un mois de ventes moins un mois de consommations externes.

- *La TVA au bilan*

Au passif, nous retrouvons la TVA à décaisser, calculée chaque fin de mois à partir de la déclaration de chiffre d'affaires et comportant la TVA collectée moins la TVA déduite. À l'actif, la TVA déductible (égale à un mois de TVA sur autres biens et services), qui était déduite le mois suivant, a disparu.

1. Voir par exemple Francis Lefebvre, Plan comptable révisé page 239. Depuis juillet 1993, le décalage d'un mois entre la récupération et la comptabilisation (ou paiement) est supprimé.

• *Le calcul des durées et rotations*

Dans la partie supérieure du graphique 11, nous pouvons suivre la TVA collectée, dette qui s'accumule tout au long de chaque mois et diminue le 21 au moment du paiement effectué. Dans la partie inférieure, c'est au contraire la TVA déductible qui s'accumule et qui diminue à chaque paiement mensuel. Le graphique fait donc apparaître l'évolution des flux entrant dans le calcul des dettes et créances de TVA. Depuis la suppression de la règle du décalage, les deux parties du graphe sont identiques.

En calcul de fin de période :
- la TVA collectée est de 30 jours ;
- la TVA déductible est de 30 jours.

En respectant la présentation du bilan, nous avons donc :
- 30 j. de TVA à décaisser ;
- la TVA à déduire disparaît de l'actif du bilan (sauf cas particulier de crédit de TVA dû par exemple à des taux de TVA collectée moins élevés que ceux de la TVA récupérable).

En calcul de valeurs moyennes, la TVA à décaisser est de (20 + 50)/2 = 35 jours.

• *Exemple*

Calcul de la TVA à décaisser

C'est donc la TVA collectée moins la TVA déduite.

En méthode fin de période, nous aurons 30 j., c'est-à-dire une rotation de 360/30 = 12. Le taux moyen pondéré de la TVA est de 18,6 %.

Graphique 11. – *Les flux de la TVA*

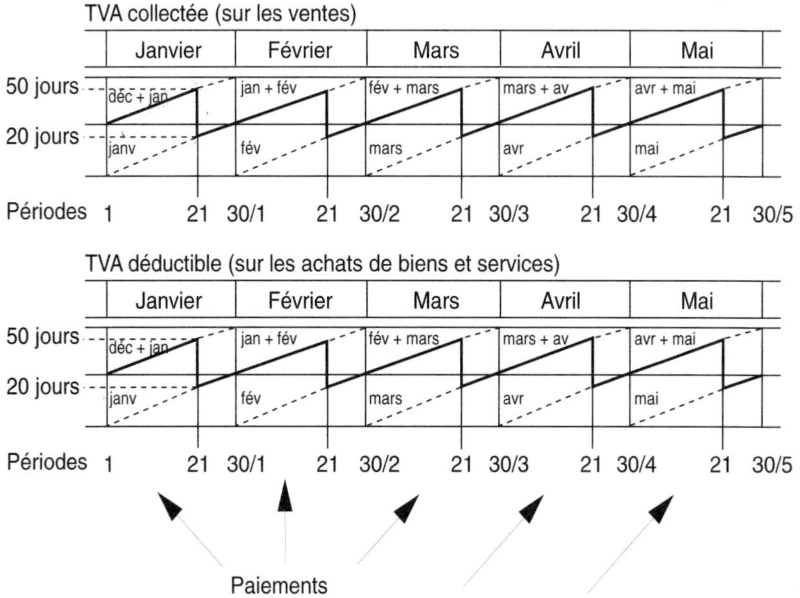

– *Calcul direct*

(Ventes – Achats – autres. ch. externes) × 0,186 × 1/12

– *Calcul pour 1 000 F de ventes HT*

(1 000 – 490 – 190) × 0,186 × 1/12 = 4,96 F

– *Calcul en jours de ventes*

$$30 \times \left(0,186 - 0,186 \times \frac{680}{1000}\right) = 1,79 \text{ jours}$$

En valeur moyenne, nous aurons donc 35 jours au lieu de 30. Ce qui correspond à :

5,79 F pour 1000 F de ventes HT,

2,08 j. de ventes HT.

3.2.2.6. Récapitulation

BFR de fin de période			
Pour 1 000 F de ventes			
Stocks	49	Dettes fournisseurs	24,21
Créances	118,60	TVA à décaisser	4,96
		Dettes sociales	21,43
	167,60		50,60
BFR	117 F		
En jours de ventes			
Stocks	17,64	Dettes fournisseurs	8,72
Créances	42,70	TVA à décaisser	1,79
		Dettes sociales	7,71
	60,34		18,22
BRF	42,12 j.		

BFR moyen			
Pour 1 000 F de ventes			
Stocks	49	Dettes fournisseurs	24,21
Créances	118,60	TVA à décaisser	5,79
		Dettes org. sociaux	21,43
		Dettes personnel	17,86
	167,60		69,29
BFR	98,31 F		
En jours de ventes			
Stocks	17,64	Dettes fournisseurs	8,72
Créances	42,70	TVA à décaisser	2,08
		Dettes org. sociaux	7,71
		Dettes personnel	6,43
	60,34		24,94
BRF	35,40 j.		

Vérifions que pour un chiffre d'affaires quotidien de 1 000/360, avec cette dernière méthode, le *BFR* est de :

$35{,}4 \times 1\,000/360 = 98{,}33$ F

3.2.3. Études complémentaires

Le calcul du *BFR* permet de corriger la *MBA* (ou *CAF*) et d'introduire de nouveaux risques. Il est nécessaire de voir le cas particulier des activités saisonnières qui débouche sur l'endettement à court terme.

3.2.3.1. Relations avec la trésorerie

Le BFR permet de déterminer le mouvement de trésorerie lié à l'exploitation, pour chaque période. Ce qui correspond à l'excédent de trésorerie d'exploitation (*ETE*) :

$$ETE_n = MBA_n - BFR_n + BFR_{(n-1)}$$

ou

$$ETE_n = MBA_n - \Delta BFR_{n-(n-1)}$$

Ceci exprime simplement que le mouvement de trésorerie de l'exercice correspond à la marge brute d'autofinancement moins les flux d'exploitation de l'exercice qui ne seront encaissés qu'en $n + 1$, plus les flux d'exploitation de l'exercice précédent ($n - 1$) qui sont encaissés dans l'exercice n. La notion d'*ETE* est relativement peu utilisée dans la mesure où, dans le tableau de financement ou dans celui des flux de trésorerie, il est préférable de dissocier *MBA* et *BFR*. Elle permet néanmoins de mieux visualiser les conséquences du *BFR* sur les rentrées effectives de trésorerie de l'année. La relation *BFR* trésorerie sera reprise ultérieurement dans l'analyse des risques.

3.2.3.2. Le cas des activités saisonnières

Les activités saisonnières enlèvent toute signification concrète au *BFR* moyen et de fin de période. C'est au niveau de l'utilisation du *BFR*, principalement dans le tableau de financement qu'il est nécessaire de faire appel à une autre démarche. Effectivement dans ce cas, généralement le financement réalisé à partir de données annuelles n'est pas optimal, il est surestimé ou sous-estimé selon la méthode de calcul du *BFR* (cf. *supra*).

La solution réside dans une étude à court terme des flux concernant le *BFR*. Le graphique 12 retrace l'évolution d'un *BFR* mensuel comportant une pointe en milieu d'année. Si le niveau de fonds de roulement « *FR*1 » qui correspond au BFR maximum de la période est choisi, la zone située entre la droite *FR*1 et le *BFR* représente la trésorerie excédentaire mois par mois. Cette solution, si elle offre l'avantage de ne pas laisser de déficit de trésorerie, surestime donc les besoins de financement permanent.

Par contre, il est possible de simplement rechercher un niveau de fonds de roulement « *FR*2 » inférieur à *FR*1 tel qu'un emprunt à court terme ou un crédit de trésorerie soit utilisé pour couvrir les besoins de la période allant de *T*1 à *T*2, les excédents dégagés les autres mois permettant le remboursement et le paiement des intérêts. Dans ce cas, la charge financière du financement à court terme sera intégrée au compte de résultat, dès cette phase de l'étude. Cette méthode permet donc de ramener l'activité saisonnière à une activité régulière par intégration du financement à court terme.

Le problème se complique s'il est ramené à un choix entre endettement à court et long (ou moyen) terme. Ce choix peut être résolu en recherchant à minimiser la charge financière (cf. *supra* sur l'utilisation de la programmation linéaire).

Un autre élément à considérer est la modification des risques, la saisonnalité accroissant généralement les risques puisque la vente est réalisée sur une période plus courte. Mais c'est un cas d'espèce à considérer selon les types de projets. Néanmoins ce nouveau facteur de risque entraîne une augmentation du *BFR* optimal (cf. *supra* le risque de trésorerie).

Graphique 12. – BFR *et trésorerie à court terme*

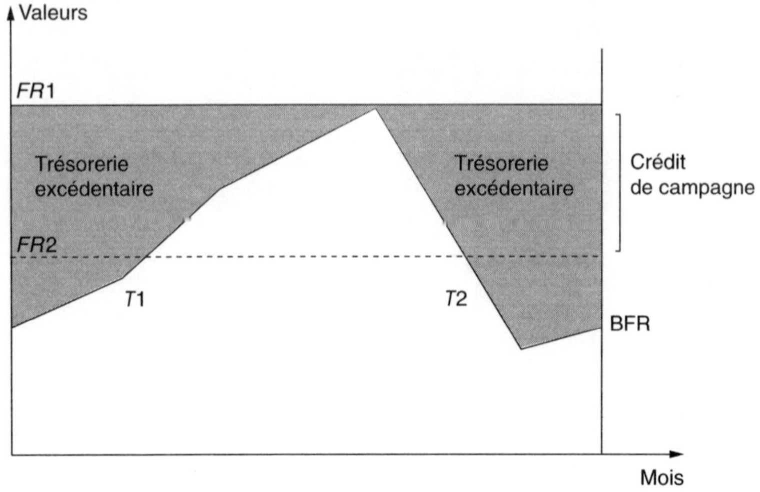

3.2.4. Application à l'étude de cas

Le tableau 14 retrace les données en jours, pour chaque flux de fin d'exercice intéressé :

- clients et fournisseurs : 60 jours ;
- personnel : 30 jours ;
- TVA : 30 jours ;
- il n'y a pas de stock de fin d'année.

Le *BFR* et sa variation sont calculés de l'année 1 à 8. En année 5 et plus, les variations deviennent faibles. En raison de l'alternance des frais de publicité, des variations positives et négatives du *BFR* se succèdent.

Tableau 14. – *BFR*

Besoin en fonds de roulement

		Nbre jours	Année 1	Année 2	Année 3	Année 4	Année 5	Année 6	Année 7	Année 8
Clients		60	12 031	233 979	419 155	551 529	551 529	551 529	551 529	551 529
TVA récupérable	Récup. 20,60 %	0								
Fournisseurs		60	4 700	78 918	136 688	179 658	179 658	179 658	179 658	179 658
TVA à décaisser	Collec. 20,60 %	30	– 390	11 163	22 559	29 337	30 195	29 337	30 195	29 337
Personnel		30	6 850	20 539	20 971	22 710	22 710	22 710	22 710	22 710
Trésorerie de précaution	en jours de vente	0								

	Année 1	Année 2	Année 3	Année 4	Année 5	Année 6	Année 7	Année 8
Besoin en fonds de roulement	871	123 358	238 937	319 825	318 967	319 825	318 967	319 825
Variation du BRF	871	122 487	115 579	80 888	– 858	858	– 858	858

Taux charges salariales (sur salaires bruts)	19 %
Taux charges patronales (sur salaires bruts)	35 %

4. La rentabilité

La rentabilité est le point central de l'évaluation, avant ou après financement. Mais l'erreur à éviter est de ne pas dissocier les critères de choix (ou d'acceptabilité) des projets de la décision. Cette dernière est toujours d'ordre politique c'est-à-dire qu'elle implique un système de valeurs alors que les critères relèvent d'un niveau « étude » qui reste du domaine purement technique (financière). Concrètement, cela signifie aussi que les choix sont subjectifs (ou personnels) mais soumis à des contraintes ou des règles et qu'ils doivent être effectués en connaissance de cause. C'est bien là le point central de l'évaluation, aider à la prise de décision et non pas se substituer à elle.

Traditionnellement, les critères de choix sont classés en fonction d'un environnement type. Nous allons considérer deux cas :

– l'avenir simple, caractérisé par une prévision unique pour laquelle il est possible d'envisager des variantes techniques ou commerciales, considérées comme des sous-projets ;

– l'avenir complexe, dans le cadre duquel plusieurs éventualités combinables sont envisagées, concernant le projet, son environnement, la personnalité du porteur.

C'est dans ce cadre que l'évolution de ces dernières années est la plus marquée. Les critères au niveau élémentaire ont assez peu évolué si ce n'est dans le sens d'une plus grande diffusion, notamment sur les machines à calculer.

La notion de type d'environnement mérite quelques explications supplémentaires. Elle peut contenir des éléments différents :

– l'état des informations disponibles, avec une information jugée parfaite ou imparfaite et la notion de rentabilité de l'information, utile à toute décision de procéder à des études complémentaires ;

– la possibilité d'attribuer une probabilité de réalisation aux événements, ce qui permettra d'utiliser les règles de calcul des probabilités avec la notion de résultat espéré ou de rentabilité la plus probable ;

– la personnalité du décideur avec le niveau de risque accepté par le décideur ou son taux d'actualisation ou le critère de choix auquel il est le plus sensible. Ceci peut déboucher sur une approche multicritères ou sur des indicateurs spécifiques.

L'étude des critères de choix permettra de sélectionner des projets concurrents mais à condition que certaines garanties soient prises. D'abord les projets doivent être comparables (durée de vie, taille, irréversibilité...). Dans le cas contraire, l'interprétation des « conflits de critères » devient plus complexe.

Un autre facteur de différenciation dans les comparaisons est l'inflation subie par les projets et son intégration à l'analyse. Nous verrons plusieurs niveaux de prise en compte des effets de l'inflation.

Enfin un élément essentiel sera à étudier, le risque encouru par le projet et son intégration aux différents critères de choix ou d'acceptation. Le risque combiné à la rentabilité sera un élément primordial entrant dans la décision.

4.1. Les critères en « avenir simple »

Partant du concept général de rentabilité que nous avons déjà défini, nous examinerons le temps de récupération, la valeur actuelle nette et différents taux internes de rentabilité.

4.1.1. Le taux ponctuel de rentabilité

Le concept de rentabilité globale (avant financement) a été précédemment mesuré par le rapport bénéfice avant financement/capitaux permanents.

Le bénéfice avant financement pourra être brut ou net [1]. Certains préféreront la CAF (capacité d'autofinancement) ou *MBA* (marge brute d'autofinancement) qui correspond effectivement au prélèvement maximum que l'on peut opérer sur le projet sans effectuer le renouvellement des immobilisations.

Les capitaux permanents sont représentés par la somme des immobilisations nettes et du besoin en fonds de roulement.

Le reproche essentiel concernant l'utilisation de ce ratio est son incapacité à intégrer la dimension temporelle. Effectivement, dans la mesure où l'évaluation porte sur plusieurs années et où les résultats varient d'une période à l'autre, il n'est possible de travailler que sur des données moyennes ou des cumuls ; ce qui est souvent inacceptable si les variations sont fortes.

- *Exemple*

  Investissement de 10 000 amorti sur 4 ans.

Tableau 15. – *Rentabilité d'un investissement*

Immobilisations nettes			**Après impôt**		**Avant impôt**	
Début de période	**Fin de période**	**Moyenne**	**Bénéfice net**	***CAF***	**Résultat d'exploit.**	***EBE***
10 000	7 500	8 700	750	3 250	1 500	4 000
7 500	5 000	6 250	1 250	3 750	2 500	5 000
5 000	2 500	3 750	1 750	4 250	3 500	6 000
2 500		1 250	1 750	4 250	3 500	6 000
		Totaux	5 500	15 500	11 000	21 000
		Moyen.	1 375	3 875	2 750	5 250

1. Le NET (après impôts) est préférable ; nous verrons ultérieurement pourquoi dans l'étude après financement.

La rentabilité moyenne (voir tableau 15) peut être calculée à partir du résultat comptable (après impôt) :
1 375/5 000 = 27,5 %
1 375/10 000 = 13,75 %

ou à partir de la CAF :
3 875/5 000 = 77,50 %
3 875/10 000 = 38,75 %

Les résultats sont donc très différents selon les années et selon les éléments pris en considération dans le calcul du ratio de rentabilité. Cet exemple montre bien les insuffisances de ces calculs qui restent néanmoins valables pour la période courte, à condition de bien préciser l'optique choisie (résultat de trésorerie ou comptable) en fonction des finalités de l'analyse menée.

4.1.2. Le temps de récupération

C'est le temps que met le projet pour récupérer les sommes investies.
Dans le cas le plus simple avec,
I = investissement initial
C = CAF annuelle (supposée constante),
Le temps de récupération (années) est égal à I/C.

Cette formulation générale correspond à l'inverse d'un des taux ponctuels de rentabilité présenté précédemment. Reprenons le même exemple (tableau 16).

Tableau 16. – *Temps de récupération d'un investissement*

Années	1	2	3	4
Résultat net	750	1 250	1 750	1 750
Dotations aux amortissements	2 500	2 500	2 500	2 500
CAF	3 250	3 750	4 250	4 250
CAF cumulée	3 250	7 000	11 250	15 500

L'investissement est donc récupéré au cours de la troisième année. Plus précisément, en supposant une CAF mensuelle moyenne de 4 250/12 = 354, le temps de récupération est de 2 ans et 9 mois, obtenu par,

$$(10\,000 - 7\,000)/354 = 8{,}5 \text{ mois}$$

- *Appréciations*

Le temps de récupération est un critère très utilisé, parce que très concret. Il privilégie le temps (taux d'actualisation très élevé), ce qui peut être un élément majeur. Cela revient aussi à utiliser un taux d'actualisation (cf. *supra*) très élevé, sans que l'on puisse préciser une valeur.

Mais une critique lui est souvent adressée. Ce critère ne tient pas compte de la durée pendant laquelle l'investissement rapporte un revenu.

Or nous ne pouvons pas considérer de la même façon une rentabilité sur quatre ans ou sur dix ans.

En fait, cette critique ne touche pas ce critère d'une manière spécifique mais vise aussi l'ensemble des formulations de rentabilité à partir d'un taux par opposition à un flux qui prend effectivement en considération la durée des revenus.

Une autre critique plus sérieuse est que ce critère ne tient pas compte de la différence dans le temps des sommes récupérées tous les ans. Ce défaut correspond à l'absence d'actualisation. Or la montée en production, par exemple, allonge le temps de récupération alors que la rentabilité en période de croisière peut être bonne.

Graphique 13. – *Temps de récupération*

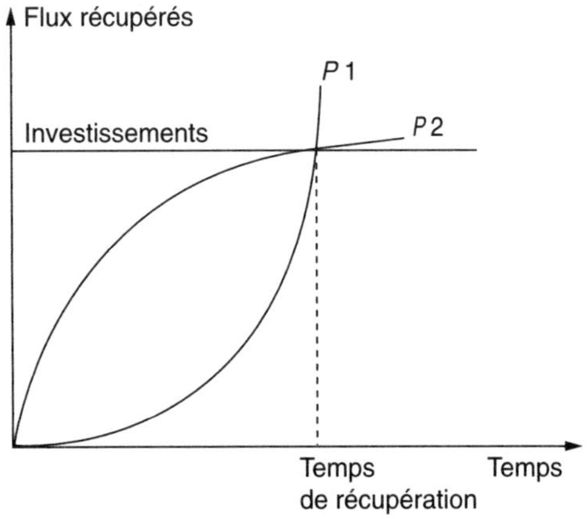

Le graphique 13 montre que le projet 2 récupère mieux que le projet 1 (car la même somme est disponible plus tôt), alors que ces projets ont le même temps de récupération.

Ce critère est en définitive assez intéressant, dans la mesure où son défaut essentiel est de manquer de nuance. Il conviendrait donc dans une approche sommaire de l'évaluation.

4.1.3. Le flux net de trésorerie actualisé (FNTA) ou valeur actuelle nette (VAN)

Avec ce critère, nous touchons la base des indicateurs les plus sophistiqués trouvés actuellement. Il mérite donc de plus larges développements. Après avoir défini, situé, formulé et calculé le taux d'actualisation, nous l'appliquerons à l'exemple précédent. Nous terminerons par quelques éléments d'appréciation et par les autres critères faisant référence à l'actualisation.

4.1.3.1. Définition de l'actualisation

Première idée : en raison de la perte de valeur de la monnaie, les revenus tirés des différentes périodes n'ont pas la même valeur.

Pour pouvoir les comparer ou les additionner, il faut les ramener à une période commune, par exemple la période initiale. Pour ce faire, un taux de dépréciation monétaire est utilisé : c'est généralement le taux annuel d'inflation qui mesurera la baisse du pouvoir d'achat à partir de l'indice général des prix de détail (par exemple).

Si l'évaluation est faite à prix constants, le phénomène décrit ne doit pas intervenir. Il n'y a donc aucune correction monétaire à établir (cf. *supra* pour une réponse plus nuancée sur la prise en considération de l'inflation).

Deuxième idée : même en l'absence de dépréciation monétaire, donc dans une étude en prix constants, il existe une dépréciation du futur.

Les individus préfèrent généralement disposer d'un bien immédiatement plutôt qu'à terme. Un taux d'actualisation (positif) exprime la préférence des agents économiques pour l'immédiat. Et c'est là l'essentiel, le taux d'actualisation doit toujours (pour pouvoir servir de référence) se mesurer en monnaie constante. En pratique, les deux phénomènes (inflation et dépréciation du futur) sont liés, mais il est important de les dissocier dans la mesure où les facteurs qui les déterminent interviennent différemment selon les phases de l'évaluation.

Néanmoins, il est toujours possible de calculer un taux d'actualisation en intégrant une dépréciation monétaire, donc en cumulant les deux phénomènes (cf. *supra*) à condition que l'interprétation des résultats ne prête pas à confusion.

Les fondements des calculs de l'actualisation sont les mêmes que ceux de la capitalisation. Nous allons pouvoir le constater.

4.1.3.2. Capitalisation et actualisation

- *Capitalisation*

Soit C_0 un capital disponible en fin d'année 0.

S'il est capitalisé n années (placement à terme de *n* années avec intérêts composés), en fin de période nous aurons un capital de :

$$C_0 (1 + i)^n = C_n$$

Ce capital est exprimé en francs courants de la fin de l'année *n*.

C_n est la valeur future de C_0 avec un taux de placement *i*.

- *Actualisation*

Soit C_n un capital disponible en fin d'année *n* et un taux d'actualisation *i*.

La valeur actuelle de ce capital est :

$$C_0 = \frac{C_n}{(1 + i)^n}$$

Ce capital est alors exprimé en francs de la fin de l'année 0.

C_0 est la valeur actuelle de C_n avec le taux d'actualisation *i*.

- *Exemple*

Je dispose de 1 000 F, examinons diverses opportunités d'utilisation (inflation nulle).

– Un placement pendant 4 ans à 10 %
Ce placement me rapporte : $1\,000 \times 1{,}1^4 = 1\,464{,}1$.

– Un investissement qui me rapporte (pendant 4 ans) chaque fin d'année les sommes suivantes (tableau 17), la valeur résiduelle étant nulle à la fin des 4 années.

Tableau 17. – *Valeurs actuelles et futures*

Calcul des valeurs actuelles (1) = (3) × (2)	**Coeffi-cients (2)**	**Fin de période**	**Revenus de l'inv. (3)**	**Coeffi-cients (4)**	**Calcul des valeurs futures (5) = (3) × (4)**
181,82	$1{,}1^{-1}$	1	200	$1{,}1^{3}$	266,2
165,29	$1{,}1^{-2}$	2	200	$1{,}1^{2}$	242
300,53	$1{,}1^{-3}$	3	400	$1{,}1^{1}$	440
273,20	$1{,}1^{-4}$	4	400	$1{,}1^{0}$	400
920,84	Totaux		1 200	Totaux : 1 348,2	

Dans la partie gauche (tableau 17), les revenus de l'investissement sont actualisés (base fin d'année 0). Dans la partie droite, les revenus tirés de l'investissement sont chaque année placés à terme (celui de l'année 1, disponible en fin d'année, peut donc être placé 3 ans, etc.).

Le total de gauche représente la valeur actuelle des revenus de l'investissement, celui de droite la valeur future de ces revenus à la fin de l'année 4.

Ceci entraîne l'égalité : $920{,}84 \times 1{,}1^4 = 1\,348{,}2$.

Je peux comparer les 1 000 F de départ aux 920,84 F de valeur actuelle de l'investissement ou les 1 464,1 de mon placement à terme avec les 1 348,20 F de revenus de l'investissement.

Par conséquent, en réalisant l'opération d'investissement par rapport au placement, je perds :
$1\,000 - 920{,}84 = 79{,}16$ (en valeur fin d'année 0)
$1\,464{,}1 - 1\,348{,}2 = 115{,}9$ (en valeur fin d'année 4)
avec $79{,}16 \times 1{,}1^4 = 115{,}9$.

Les deux approches, valeur actuelle et valeur future, sont semblables à condition que le taux de placement corresponde au taux d'actualisation.

En actualisant les valeurs futures, nous aurons année par année :
année 1 : $200 \times 1{,}1^3 \times 1{,}1^{-4} = 200 \times 1{,}1^{-1}$
année 2 : $200 \times 1{,}1^2 \times 1{,}1^{-4} = 200 \times 1{,}1^{-2}$
...

Il est évidemment plus intéressant de dissocier les deux taux (actualisation et placement). Dans ce cas, il est préférable de travailler en valeur actuelle.

- *Conclusion*

– Actualisation et capitalisation utilisent le même raisonnement et conduisent aux mêmes conclusions.

– Cette identité n'est valable que si le taux d'actualisation est égal au taux de placement (cf. *supra* le TRG qui dissocie les deux taux).

– Les taux dans les deux cas représentent bien le prix du temps, ce qui nous amène à préciser la détermination du taux d'actualisation.

4.1.3.3. Le choix du taux d'actualisation

Le taux d'actualisation exprime le prix du temps, comme le taux d'intérêt des placements et des emprunts. C'est la raison pour laquelle le taux d'intérêt a longtemps servi de référence unique au choix du taux d'actualisation.

Dans l'exemple précédent, en adoptant le même taux (actualisation et placement), le résultat du projet d'investissement était comparé à celui d'un placement possible. Mais les deux opérations ne sont pas réellement comparables, dans la mesure où une égalité de résultat ferait certainement préférer l'opération de placement à celle de l'investissement, tout au moins s'il s'agit d'un placement présentant certaines garanties (c'est notre hypothèse).

Ce qui distingue les deux opérations, c'est notamment le risque pris en les réalisant. Le placement peut être réalisé avec une grande certitude de résultat, alors que les prévisions de revenus de l'investissement peuvent être très aléatoires. C'est cet aspect (le risque) qui aujourd'hui est généralement intégré au calcul du taux d'actualisation. D'autres éléments que le risque peuvent intervenir. C'est la raison pour laquelle les économistes font référence à la notion plus générale d'utilité pour déterminer le taux d'actualisation d'un agent économique (voir encadré).

> En posant U_n l'utilité d'un bien (un capital par exemple) en fin de période *n*, et U_{n-1} cette même utilité en fin de période $n - 1$, le taux d'actualisation « *t* », (dit taux de référence d'un agent économique) se définit par la formule :
>
> $t = \frac{U_{n-1} - U_n}{U_n}$. Nous avons aussi, $U_n = \frac{U_{n-1}}{1+t}$.
>
> La monnaie constante sera un indicateur de mesure de l'utilité.

Le taux ainsi défini sera différent d'un agent à l'autre. Il pourra être mis en valeur en examinant les différentes opportunités d'emploi des fonds dans le passé (ou mieux, dans la période future). L'intérêt de cette présentation est de bien marquer le caractère subjectif du taux d'actualisation.

Le taux d'actualisation est la rentabilité minimale attendue du projet. Avant d'en préciser la détermination, examinons les différents éléments qui vont l'influencer.

– *Le rendement attendu de l'argent*

C'est la référence de base comme élément d'opportunité à l'opération d'investissement.

– *Le coût du financement*

Il correspond à la rentabilité minimale à atteindre puisque, en cas de rentabilité inférieure, l'effet de levier devient défavorable et l'endettement inintéressant ou dangereux.

– *La durée de l'étude*

C'est l'horizon économique du décideur. Elle exprime la durée minimale d'engagement du réalisateur dans le projet. Elle correspond normalement à la durée des amortissements et donc aussi à la durée d'indisponibilité ou de privation du financier, comme dans une opération de placement à terme [1]. Certaines études sont volontairement réalisées sur un horizon assez court pour un projet (3 ans), sous le prétexte d'une insuffisante maîtrise de l'avenir. L'argument est à rejeter d'abord parce que l'objectif de l'évaluation n'est pas tant de prévoir que de réfléchir aux événements, ensuite parce que fermer les yeux ne peut pas être un bon remède à une mauvaise perception.

– *L'inflation*

Même si l'étude est en monnaie constante, l'inflation augmente la préférence pour l'immédiat et modifie les risques, en fonction des capacités du projet à répercuter les hausses de coûts ou même à bénéficier d'avantages supplémentaires.

– *Les risques liés au projet*

Ces risques traduisent les possibilités d'échec du projet. Leur existence entraîne un supplément de rentabilité attendu du projet. C'est donc le point essentiel à mesurer et à intégrer à la décision ou même à la stratégie de réalisation.

– *Détermination du taux d'actualisation*

Le taux d'actualisation exprime la rentabilité minimale attendue de l'investissement. Pour la déterminer, nous pouvons partir en premier lieu du taux moyen des placements sans risque, les emprunts d'État par exemple. Ceci correspond aujourd'hui en France à des taux variant de 5 à 7 % en francs courants et de 4 à 5 % en francs constants.

Rajoutons en second lieu une prime de risque propre au projet et son environnement. Les primes suivantes sont généralement admises [2] :

– 2 % pour des projets peu risqués ;
– 5 % pour des projets assez risqués ;
– 10 % et plus pour des projets très risqués.

Cette prime de risque est à calculer, et c'est bien l'objet de l'évaluation (cf. *supra*). Les primes précédentes induisent un taux d'actualisation situé

1. Normalement, les taux d'intérêt à long terme sont plus élevés qu'à court terme en raison de la différence de privation qu'ils représentent. Mais nos économies connaissent régulièrement des périodes d'inversion de taux.

2. B. Husson et H. Jordan, *op. cit.*, p. 140.

entre 6 et 15 % selon les projets et les décideurs mais qui peut aller bien au-delà dans des situations de forte incertitude (cf. *supra*). Le Taux d'Actualisation est donc la rentabilité minimale attendue du projet, compte tenu du niveau de risque apprécié. Signalons que cette valorisation du risque est complexe, dans la mesure où comme nous le verrons, il faut mesurer le risque du projet et l'intégrer à la décision en faisant intervenir aussi la position du décideur (risque accepté).

4.1.3.4. Le calcul des flux de trésorerie

Cette phase prépare l'actualisation. Nous indiquons les principales opérations nécessaires à sa réalisation ainsi qu'un certain nombre de règles à respecter pour calculer les flux de trésorerie [1].

- *Opérations*

a) Déterminer avec précision la situation de référence et le projet.

La procédure de l'actualisation oblige à fixer une date de référence (et non une année, cf. Définition de l'actualisation) qui servira à la fois pour les prix de base et les opérations à mener. La situation de référence englobe aussi l'appréciation de la situation financière sans projet.

b) Recenser les flux de trésorerie engendrés par le projet par rapport à la situation de référence, et en relation avec les objectifs assignés à l'évaluation. Tous les éléments indispensables sont en principe établis dans les différents comptes. Il peut simplement être nécessaire d'effectuer des reclassements de flux en fonction des décisions étudiées (cf. *supra*). Ces flux, négatifs ou positifs, peuvent être regroupés en terme de coûts et d'avantages [2].

Il est important de bien remarquer que ce sont obligatoirement des flux de trésorerie [3] qui sont actualisés (mouvements de liquidité) à chaque période. Nous partons normalement des tableaux d'investissements, de compte de résultat et de besoin en fonds de roulement. La principale correction à apporter est l'élimination des flux fictifs qui ne donnent pas lieu à un mouvement de trésorerie. Ainsi le résultat de l'exercice est représenté par la marge brute d'autofinancement (MBA ou CAF) et non par le

1. Ces règles président aussi à l'établissement de tous les documents comptables (compte de résultat, besoins en fonds de roulement, bilan…). Nous les précisons ici car, d'une part, c'est l'actualisation qui essentiellement les fonde mais, d'autre part, parce qu'il existe souvent un calcul pour le projet en tant qu'entreprise et un calcul pour la (ou les) décision (cf. La méthodologie).

2. Une baisse de coût sera un avantage (signe positif du flux), une baisse de BFR positif est aussi un avantage mais que les comptables font apparaître avec le signe « – » puisque le BFR a obligatoirement un signe. Il sera donc souvent nécessaire de bien établir une convention dans l'utilisation des signes.

3. L'idée de base de l'actualisation est de prendre en compte la date à laquelle les flux modifient réellement et non juridiquement la valeur du patrimoine.

bénéfice comptable qui est calculé en intégrant des dotations (flux non monétaires). Il faut également se souvenir que la variation de BFR corrige la MBA pour déterminer le véritable flux de trésorerie de chaque exercice.

c) Positionner ces flux dans le temps.

Généralement le raisonnement est basé sur l'année avec comme point de départ la fin de l'année zéro. Rien n'empêche cependant de travailler au trimestre ou au mois si des périodes plus courtes sont maîtrisées. Il faut donc positionner ces flux annuels à la fin de chaque année pour les actualiser. Ceci peut conduire à des hésitations lorsque les flux interviennent au milieu d'un exercice. Par prudence, il est préférable d'adopter la solution la plus défavorable au projet. Nous proposons les règles suivantes.

• *Règles*

a) Les investissements sont supposés réalisés au début de chaque exercice. Dans nos conventions, ils seront donc placés à la fin de l'exercice précédent. D'autres éléments de bilan peuvent intervenir, par exemple des dépôts et cautionnements. Après financement, nous aurons aussi les entrées d'emprunts et les remboursements (cf. *supra*).

b) Les flux d'exploitation, par définition, interviennent tout au long de l'année. Mais la MBA (flux annuel) ne pourra être considérée comme définitivement acquise qu'à la fin de chaque année [1]. C'est donc à cette date que nous la placerons.

Les variations de BFR ont donné lieu à plusieurs solutions. Mais dans la mesure où ces flux corrigent les MBA calculées pour chaque exercice, il faut les rattacher à ces exercices ; ce qui est réalisé en pratique en calculant un ETE (excédent de trésorerie d'exploitation).

c) Ce sont toujours des flux différentiels qui sont calculés , c'est-à-dire des flux par rapport à la situation de référence choisie.

Le cas le plus souvent adopté d'une manière implicite est la situation de référence consistant à ne rien faire, à ne rien posséder. Or souvent la situation de référence a un contenu. Ce sera, alors, ne rien faire de différent, donc la continuation du passé. Cela signifie pour une entreprise se lançant dans une activité nouvelle, la nécessité de prendre comme situation de référence les productions existantes, la structure en place etc.

Mais la finalité du calcul intervient aussi. Dans le cas d'un projet de changement de matériel, la situation de référence sera représentée par le matériel ancien. Les flux d'investissement tiendront compte de la revente du matériel ancien, les flux de dépense, des variations de productivité ou de consommation, etc. Tous ces éléments seront donc différents du cas d'une entreprise qui démarre une activité avec ce même matériel.

1. Une actualisation mensuelle (ou la conversion des flux mensuels actualisés en flux annuel) permet d'obtenir une meilleure précision des calculs (cf. *supra* exercices).

Prenons encore le cas fréquent des frais d'études préalables, pour un projet de création d'un produit nouveau. Ces frais sont analytiquement à intégrer au calcul de rentabilité du produit. Mais il faut les ignorer pour la décision de lancement, dans la mesure où il s'agit de dépenses irréversibles (sunk cost), donc appartenant à la situation de référence et non pas engendrées par une éventuelle décision de lancement.

Nous voyons donc les possibilités de classements multiples en fonction non seulement des situations de référence mais aussi des finalités. Nous aurons des flux pour la décision (ou pour chaque type de décision) et des flux pour le produit, qui retraceront le fonctionnement réel du produit dans l'entreprise. Nous dépassons donc ici le stade des instruments comptables traditionnels pour arriver à celui de la fabrication des outils d'aide à la décision.

d) Il est nécessaire de réintégrer en fin de période d'étude toutes les valeurs résiduelles. C'est une règle de cohérence du calcul de rentabilité. En fin d'étude, la situation de référence (situation sans le projet) doit être retrouvée, ou plus précisément il ne doit plus rien exister du projet. Dans le cas contraire, la rentabilité serait sous-estimée. Ceci nous conduit à introduire la valeur de revente des immobilisations (ou la valeur résiduelle comptable si les amortissements ont été bien calculés).

Nous aurons aussi à rajouter en fin d'étude le besoin en fonds de roulement (somme des variations annuelles du BFR), dans la mesure où il ne s'agit pas d'une charge mais d'un flux de rétention. D'autres éléments de bilan peuvent être à réintégrer, dépôts et cautionnements, coût de destruction, emprunts en cours (situation après financement).

e) Tout flux d'exploitation postérieur au calcul de l'impôt sur le résultat doit prendre en considération son incidence fiscale, s'il y a lieu.

Cela veut dire que toute charge supplémentaire entraîne une économie d'impôt et inversement toute recette supplémentaire donne lieu au paiement d'un impôt. Cet aspect aura une importance plus grande quand nous introduirons des éléments de financement. L'impôt pris en considération est parfois dit « à dette nulle » [1] ; ce qui signifie que sa contrepartie au bilan (dette fiscale) n'est pas prise en compte dans le BFR (par simplification).

f) Il faut vérifier ses calculs.

La somme des flux nets de trésorerie (non actualisés) doit être égale à la somme des bénéfices comptables. Il n'y a normalement aucune contradiction entre le raisonnement en termes de FNT et l'approche comptable. La réintégration des amortissements pour le calcul de la MBA est compensée par la prise en compte des investissements dans le FNT. Les flux de bilan utilisés dans le FNT sont réintégrés, l'opération « blanche » se justifiant par le prix du temps.

1. Husson et Jordan, *op. cit.*, page 41.

> Le raisonnement en termes de « FNT », qui parfois déroute, est le plus simple que l'on puisse trouver : les flux de trésorerie sont représentés par tous les mouvements de fonds qui affectent le projet, au moment où ils interviennent effectivement.
>
> La difficulté, c'est que souvent il faut partir des flux comptables pour retrouver les flux de trésorerie, en raison notamment du détour représenté par la fiscalité.

4.1.3.5. Formulations

Les formules sont présentées hors BFR (pour simplifier), d'abord sur la durée de vie du projet, ensuite sur la période infinie. Nous verrons pour terminer les modalités de l'actualisation. Nous allons distinguer la durée de l'étude (durée limitée ou infinie) et les modalités de calcul du taux d'actualisation.

1) Formulation selon la durée de l'étude

– Formulation sur la durée de vie des investissements

Posons :

C_n, l'excédent de trésorerie (ETE) de l'année n, correspondant à la MBA (ou CAF) corrigée des variations de BFR ;

I_n, l'investissement de l'année n, avec une durée d'amortissement fixée ici à 10 ans ;

i, le taux d'actualisation ;

F_n, le flux net de trésorerie de l'année n.

$$FNTA_{10\text{ ans}} = \sum_{n=0}^{10} \frac{F_n}{(1+i)^n} = \sum_{n=0}^{10} \frac{-I_n + C_n}{(1+i)^n}$$

avec un seul investissement et des résultats identiques tous les ans.

$$FNTA_{10\text{ ans}} = -I + C \cdot \sum_{n=1}^{10} \frac{1}{(1+i)^n}$$

avec $$\sum_{n=1}^{10} \frac{1}{(1+i)^n} = \frac{(1+i)^{10}-1}{i(1+i)^{10}} = \frac{1-(1+i)^{-10}}{i}$$

Il faut également se souvenir de la nécessité de réintégrer les valeurs résiduelles (R), composées des immobilisations nettes et du BFR de l'année 10, ce qui nous donne la formulation suivante :

$$FNTA_{10\text{ ans}} = \sum_{n=0}^{10} \frac{F_n}{(1+i)^n} = \sum_{n=0}^{10} \frac{-I_n + C_n}{(1+i)^n} + \frac{R}{(1+i)^{10}}$$

– Formulation sur la période infinie

Les formules se simplifient dans la mesure où les résultats sont identiques tous les ans [1].

Voyons d'abord le *cas des MBA (ou ETE).*

$$\sum_{n=1}^{\infty} \frac{1}{(1+i)^n} = \frac{1}{i}$$

$$\sum_{n=1}^{\infty} C = C_1^{\infty} = \frac{C}{i}$$

avec un changement de résultat à partir de l'année n,

$$C_n^{\infty} = C_n \cdot \left(\frac{1}{i} - \frac{1-(1+i)^{-(n-1)}}{i}\right)$$

$$C_n^{\infty} = C_n \cdot \left(\frac{1}{i(1+i)^{n-1}}\right)$$

Dans le *cas des investissements*, en supposant un renouvellement à l'identique sur la période infinie

$$I + \frac{I}{(1+i)^{10}} + \frac{I}{(1+i)^{20}} + \ldots$$

c'est une série convergente

$$\sum_{n=0}^{\infty} I_n = I_0^{\infty} = I \times \frac{1}{1-(1+i)^{-10}}$$

dans le cas particulier d'un investissement réalisé en année n, dont la durée d'amortissement est de k années :

$$I_n^{\infty} = \frac{I_n}{(1+i)^n} \times \frac{1}{1-(1+i)^{-k}}$$

Le premier membre exprime la valeur actualisée de l'investissement sur la période n. Le second membre représente sa somme réactualisée sur la période infinie avec renouvellement.

2) Les modalités de calcul des taux (actualisation au mois, à l'année et en continu)

Traditionnellement, les calculs sont effectués à l'année, du moins pour calculer la rentabilité des investissements. Si une plus grande précision est

1. Somme des termes d'une progression géométrique de premier terme 1 et de raison r : $1 + r + r^2 + \ldots + r^{n-1} = \frac{1-r^n}{1-r}$

nécessaire, ou pour des études de rentabilité à plus court terme, il est possible de raisonner au mois. Les résultats seront différents, il est donc intéressant d'indiquer les diverses techniques utilisables. Mais il faut distinguer deux choses différentes : la technique de calcul (au mois ou à l'année) et les flux utilisés (mensuels ou annuels).

– Il faut distinguer la période de référence du taux. Tous les taux doivent faire référence à une durée. En l'absence de précision, on utilise un taux annuel pour actualiser un flux annuel périodique, etc.

– Il est possible de passer d'un taux annuel à par exemple un taux mensuel, c'est le taux équivalent périodique (a).

– Ce n'est pas le seul problème, il existe aussi indépendamment des flux de référence, une périodicité de calcul pour l'actualisation (comme pour les intérêts).

Ceci nous conduira à distinguer le taux nominal (celui qui est utilisé pour effectuer les calculs) et le taux effectif (ou réel ou actuariel) qui est le taux annuel recalculé selon la méthode requise.

a) Le taux équivalent périodique

C'est le taux effectif équivalent à un taux annuel mais mesuré pour une période donnée. Avec
i_n, le taux équivalent périodique,
i_e, le taux effectif annuel,
n, le nombre de calculs par an.

Nous avons : $1 + i_e = (1 + i_n)^n$

$$(1 + i_n) = (i + i_e)^{\frac{1}{n}}$$

$$i_n = (1 + i_e)^{\frac{1}{n}} - 1$$

Application : pour un taux annuel de 10 %, le taux mensuel équivalent sera de : $1{,}1^{1/12} - 1 = 0{,}79$ %.

Cette périodicité est neutre sur le résultat. Elle est utilisée lorsqu'on travaille sur des périodes courtes avec, par exemple, des flux mensuels placés quelques mois.

b) Utilisation des techniques bancaires dans le cas d'un placement (notion de taux nominal et taux réel)

Soit 100 F placés 1 an.

– Si les intérêts sont calculés 1 fois par an, en fin d'année nous aurons :

$$100\,(1 + 0{,}1) = 110$$

– Si les intérêts sont calculés deux fois par an, en fin d'année nous aurons :

$$100 \times \left[1 + \frac{0{,}1}{2}\right]^2 = 110{,}25$$

– Le taux nominal est de 10 %.

– Le taux effectif ou réel est de 10,25 % représenté par, $1 + i = 110{,}25/100$.

– Avec le taux équivalent périodique, nous aurions :

$$i_n = i_2 = 1{,}1^{1/2} - 1 = 0{,}0488 \text{ soit } 4{,}88\ \% \text{ pour 6 mois}$$

100 F placés un an avec cette méthode redonnent bien

$$104{,}88 \times 1{,}0488 \cong 110$$

En généralisant, nous avons la formule,
avec,
i_a, le taux nominal annuel,
i_e, le taux effectif annuel,
n, le nombre de calculs par an,

$$1 + i_e = \left[1 + \frac{i_a}{n}\right]^n$$

Ceci nous donne les résultats suivants.

n	***Durée***	i_a	***Calculs***	i_e
2	6 mois	10 %	$(1{,}05)^2 = 1{,}1025$	10,25 %
4	3 mois	10 %	$(1{,}025)^4 = 1{,}1038$	10,38 %
12	1 mois	10 %	$(1{,}0083)^{12} = 1{,}1047$	10,47 %

En capitalisant en continu,
Si $n \to \infty$

$$\left(1 + \frac{i_a}{n}\right)^n \to e^{i_a}$$

Par conséquent, 10 % capitalisés en continu correspondent à 10,517 %, obtenus par $e^{0,10} = 1{,}1057$.

c) Cas de l'actualisation

– Si l'actualisation est faite au mois, au taux nominal annuel de 10 %, nous devrons utiliser pour les calculs le taux annuel de 10,47 % (cf. *infra*) pour tenir compte du cumul des périodes dans le calcul de l'actualisation. C'est un premier problème, mais cela changera peu nos résultats.

– Si le raisonnement est établi avec des données mensuelles, il faut actualiser avec un taux mensuel qui est le suivant, i étant le taux effectif ou nominal annuel.

Avec i le taux effectif, 1 + taux équivalent mensuel = $(1 + i)^{1/12}$,
avec i le taux nominal, 1 + taux équivalent mensuel =

$$\left[\left(1 + \frac{i}{12}\right)^{12}\right]^{1/12} = 1 + \frac{i}{12}.$$

– Il est possible de combiner des actualisations mensuelles et annuelles.

Application : soit 100 F de revenu annuel, avec un taux d'actualisation annuel nominal de 10 %.

1) Calcul classique avec actualisation annuelle du flux annuel

FNTA = 100/1,1 = 90,909

2) Calcul classique avec actualisation mensuelle du flux annuel
$FNTA = 100\ (1 + 0{,}1/12)^{12} = 90{,}522$

3) Calcul mensuel avec actualisation mensuelle du flux mensuel
Flux mensuel : 100/12, taux nominal annuel : 10 % qui correspond à un taux effectif de 10,47 %. Le taux mensuel sera de 0,10/12 = 0,8333 %.

$$\frac{100}{12} \cdot \sum_{m=1}^{12} \frac{1}{\left(1 + \frac{0,10}{12}\right)^m}$$

$$\frac{100}{12} \cdot \frac{1 + \left(1 + \frac{0,10}{12}\right)^{-12}}{\frac{0,10}{12}} \text{ avec } \sum_{m=1}^{12} \frac{1}{(1+i)^m} = \frac{1-(1+i)^{-12}}{i}$$

$$\frac{100}{12} \cdot \frac{12}{0,10}\left(1 - \left(1 + \frac{0,10}{12}\right)^{-12}\right)$$

$$1000 \cdot (1 - 0,9052) = 94,79$$

4) Calcul mensuel avec actualisation annuelle du flux mensuel
Dans ce cas, nous allons prendre comme taux d'actualisation annuel 10 % au lieu de 10,47 %, pour constater l'écart final sur 100 francs mensualisés. Le taux mensuel est de $1{,}1^{1/12} - 1 = 0{,}7974$ %.

$$\frac{100}{12} \cdot \sum_{m=1}^{12} \frac{1}{1,1^{\frac{1}{12} \cdot m}}$$

$$\frac{100}{12} \cdot \sum_{m=1}^{12} \frac{1}{0,007974^m}$$

$$\frac{100}{12} \cdot \frac{1 - 1,00797^{-12}}{0,007974} = 94,973$$

Les résultats sont donc très proches du cas précédent.

5) Calcul annuel avec actualisation mensuelle de certains flux
L'idée est d'intégrer une modalité différente de l'actualisation selon les flux concernés. Les flux mensuels seront ainsi actualisés mensuellement avant d'être actualisés annuellement. Deux possibilités : placer les flux mensuels actualisés à l'année en fin de période (valeur future) ou en début de période (valeur actuelle).

– Transformation des valeurs mensuelles en valeurs de fin de période

En posant C, la CAF annuelle, i_m le taux d'intérêt mensuel et m le mois, nous aurons :

$$\frac{C}{12} \sum_{m=0}^{11} (1 + i_m)^m = \frac{C}{12} \times \frac{1 - (1 + i_m)^{12}}{-i_m} = \frac{C}{12} \times \frac{1 - (1 + i)}{-i_m} = \frac{C}{12} \times \frac{i}{i_m}$$

Pour $i = 10\%$, $i_m = 0{,}7974\ \%$, le coefficient multiplicateur est de 12,54076.

$$\frac{C}{12} \times 12,54 = 1,04506C$$

– Transformation des valeurs mensuelles en valeurs de début de période

$$\frac{C}{12}\sum_{m=1}^{12}\frac{1}{(1+i_m)^m} = \frac{C}{12}\times\frac{1-(1+i_m)^{-12}}{i_m} = \frac{C}{12}\times\frac{1-(1+i)^{-1}}{i_m} = \frac{i}{i_m(1+i)}$$

Pour $i = 10\ \%$, $i_m = 0{,}7974\ \%$, le coefficient multiplicateur est de 11,4,

$\frac{C}{12} \times 1,14 = 0,95C$, ce qui correspond au 4).

- *Conclusion*

Actualiser au mois est donc différent d'actualiser avec des flux mensuels. Dans le premier cas, il s'agit d'une technique de calcul basée sur un flux annuel. Les résultats sont très peu différents compte tenu de l'imprécision dans la détermination des taux d'actualisation : 10 % donnent 10,47 % sur 12 mois et 10,52 % en continu. Dans le second cas (flux mensuels), une précision supplémentaire dans la maîtrise des flux dans le temps est demandée, qui peut se justifier dans des études à court terme.

4.1.3.6. Exemple

Reprenons notre investissement de 10 000 F, amorti en 4 ans. Calculons le FNTA avec un taux d'actualisation de 10 % (tableau 18).

Tableau 18. – *Exemple de calcul de* FNTA

Années	Investis-sements	MBA	FNT	Coefficients d'actualisation chiffres arrondis	FNTA
Fin an. 0	– 10 000		– 10 000	1,000	– 10 000
Fin an. 1		3 250	3 250	0,909	2 954,55
Fin an. 2		3 750	3 750	0,826	3 099,17
Fin an. 3		4 250	4 250	0,751	3 193,09
Fin an. 4		4 250	4 250	0,683	2 902,81
		15 500	5 500		2 149,61

Vérifions que la somme des bénéfices (5 500, cf. *infra* pour les données) est bien égale au FNT (somme des flux de trésorerie sans actualisation).

Le FNTA est égal à 2 150 F.

Le caractère positif du flux indique que l'opération est intéressante, puisqu'elle dégage un supplément de résultat sur la mise initiale (en francs de l'année 0). Cette opération d'investissement peut être comparée à une opération de placement à 10 %. Notre investissement rapporte donc 2 150 F de plus (toujours exprimés en francs de l'année 0).

Réalisons le même calcul en actualisant mensuellement la MBA (ou CAF).

Tableau 19. – *Exemple avec actualisation mensuelle*

Années	Investis-sements	MBA	FNT avec MBA mensualisées	Coef. d'act. chiffres arrondis	FNTA
Fin an. 0	10 000		– 10 000	1,000	– 10 000
Fin an. 1		3 250	3 396,40	0,909	3 087,63
Fin an. 2		3 750	3 918,92	0,826	3 238,77
Fin an. 3		4 250	4 441,44	0,751	3 336,92
Fin an. 4		4 250	4 441,44	0,683	3 033,56

	Annuel	Mensuel				Écarts
			6 198,19			
TA	10 %	0,7974 %		FNTA	2 696,89	25 %
				TIR	21,32 %	2,2 %

4.1.3.7. Les autres critères avec actualisation

Il existe des critères très proches de la notion de FNTA. Nous allons en présenter deux : l'indice de rentabilité et la notion d'avantages/coûts.

L'indice de rentabilité : $IR = \dfrac{\sum_{n=1}^{10} \dfrac{C_n}{(1+i)^n}}{\sum_{n=0}^{10} \dfrac{I_n}{(1+i)^n}}$

Cet indicateur, qui est un avatar du FNTA (ou VAN), est parfois aussi improprement appelé indice de profitabilité. Il correspond à la formulation suivante. Si l'indice de rentabilité est supérieur à 1, le projet est acceptable, ce qui correspondait à 0 avec le FNTA. Dans l'exemple précédent, nous pouvons calculer :

I_R = 12 147/10 000 = 1,21

Le critère « avantages coûts »

Cet indicateur parfois appelé Return On Investment (ROI), souvent dans sa formulation non actualisée, correspond en analyse financière au rapport des recettes sur les coûts (fonctionnement et investissements). C'est une variante de présentation du précédent critère. Le rapport des entrées aux sorties est établi à la place de celui des résultats aux investissements. Le même résultat devrait être obtenu.

Posons, R_n, les recettes de l'année n,
D_n, les dépenses décaissables de l'année n,
I_n, les investissements de l'année n,
i, le taux d'actualisation.

La formule est alors : $$\frac{\sum_{n=1}^{10} \frac{R_n}{(1+i)^n}}{\sum_{n=0}^{10} \frac{-I_n + D_n}{(1+i)^n}}$$

Comme dans le critère précédent, tout projet acceptable doit avoir un ratio supérieur à 1.

4.1.3.8. Appréciations

L'utilisation d'un taux d'actualisation est encore trop réservée aux spécialistes, comme dans les grandes entreprises. La difficulté majeure réside dans le choix du taux d'actualisation. Nous avons vu différentes zones du taux en fonction des risques, éléments qui seront complétés ultérieurement avec l'étude des risques.

Il faut bien connaître les effets de l'actualisation.

Avec $i = 16$ % 100 F deviennent $\left(\frac{100}{(1+i)^n}\right)$, 48 F au bout de 5 ans, 23 F au bout de 10 ans, 5 F au bout de 20 ans.

Avec $i = 25$ % 100 F deviennent 33 F au bout de 5 ans, 11 F au bout de 10 ans, 1 F au bout de 20 ans.

De même, la somme actualisée d'un revenu annuel de 100 F est égale à :
avec $i = 16$ %, 480 F au bout de 10 ans,
625 F sur la période infinie,
avec $i = 25$ %, 360 F au bout de 10 ans,
400 F sur la période infinie.

4.1.4. Le taux interne de rentabilité

D'autres appellations sont rencontrées, comme le taux de rendement interne ou *Internal Rate of Return*. Nous allons le définir, exprimer ses formulations et le calculer dans l'exemple précédent.

4.1.4.1. Définition

C'est le taux d'actualisation qui rend nul le flux net de trésorerie actualisé. Dans ce cas, le taux d'actualisation devient une variable, les flux utilisés étant identiques. Il correspond au taux maximum auquel il est possible d'emprunter (sous-entendu, sans que l'effet de levier soit négatif).

Il indique le taux d'intérêt effectif (et non pas nominal) d'un placement du même montant que l'investissement et rapportant les différentes MBA sur la période [1].

1. Pour une obligation par exemple, ceci correspond au taux actuariel brut.

4.1.4.2. Formulation

Formulation générale

$$\sum_{n=0}^{10} \frac{F_n}{(1+i)^n} = \sum_{n=0}^{10} \frac{-I_n + C_n}{(1+i)^n} + \frac{R}{(1+i)^{10}} = 0$$

Dans le cas d'un seul investissement réalisé en année 0, et la même MBA tous les ans, nous pouvons écrire :

$$I_0 = C \cdot \sum_{n+1}^{10} \frac{1}{(1+i)^n}$$

$$= C \cdot \frac{1-(1+i)^{-10}}{i}$$

Formulation sur une période infinie, en négligeant le renouvellement des investissements

$$I_0 = C/i \quad \text{et} \quad TIR = i = C/I_0$$

Cette dernière présentation est proche du taux de rentabilité classique (ponctuel). Elle correspond également à l'inverse du délai de récupération. Il est possible aussi de faire la relation avec l'indice de rentabilité, sur la période infinie [1] :

$$I_R = \frac{\frac{C}{i}}{I_0} \quad \text{et} \quad TIR = \frac{C}{I_0}$$

$I_R = \frac{TIR}{i}$, avec i = taux d'actualisation.

4.1.4.3. Exemple

Reprenons l'exemple précédent pour calculer le taux interne. Nous cherchons « i », à partir des flux suivants.

$$-10\,000 + 3\,250\,(1+i)^{-1} + 3\,750\,(1+i)^{-2} + 4\,250\,(1+i)^{-3} + 4\,250\,(1+i)^{-4} = 0$$

Comment déterminer i ?

En dehors des machines à calculer financières ou du tableur, nous pouvons rechercher la valeur du flux pour divers taux d'actualisation.

Pour i =	0 %, FNTA	= 5 500
	10 %,	= 2 150
	15 %,	= 905
	20 %,	= – 172

Le *TIR* est donc compris entre 15 et 20 %.

1. Ce calcul suppose une durée d'amortissement de l'investissement infinie. Pour une durée d'amortissement de K, il faut multiplier I_0 par $\frac{1}{1-(1+i)^{-k}}$.

Détermination par interpolation linéaire :

	i		FNTA
	$i =$ 15 %,	FNTA =	905
	$i =$ 20 %,	FNTA =	– 172
Variations :	5 %,		1 077

Nous cherchons la variation de taux qui permet de faire varier le flux de 905 par rapport à la base 15 %.

Ceci correspond à : $\frac{0,05 \times 905}{1077} = 0,042$.

Le *TIR* sera donc de 0,15 + 0,42 = 0,192 = 19,2 %.
À la machine à calculer nous trouvons 19,1 %.

En posant :
T_0, le taux de base,
T, le taux recherché,
F_0 et F, les flux correspondant au taux de base et au second point,
δ, les variations,

$$T = T_0 + \frac{\delta T \times F_0}{\delta F}$$

Il faut se méfier des bornes trop éloignées du taux réel, elles peuvent donner un résultat d'une insuffisante précision. Par exemple (cf. graphique 15), une extrapolation avec les bornes 0 % et 10 % donne un taux interne de 16 %.

Nous allons aussi construire le graphique des FNTA en fonction du taux d'actualisation (graphique 14).

Le taux interne est situé à l'intersection de la courbe et de l'axe des abscisses.

4.1.4.4. Les profils de rentabilité

Le graphique du FNTA en fonction du taux d'actualisation retrace le profil de rentabilité (ou profil des flux actualisés) du projet. Le graphique est partagé en deux zones, l'une acceptable pour le projet, avec un FNTA positif, l'autre avec un FNTA négatif est une zone de rejet du projet. La zone de partage correspond à la condition : taux d'actualisation = taux interne. Préciser la zone d'acceptabilité revient donc aussi à indiquer les positions relatives du TA et du TIR, ce qui peut changer d'un profil à l'autre. Après avoir présenté quelques cas de figure, nous allons comparer différents projets par leur profil de rentabilité, ce qui pourra donner lieu à ce que l'on appelle des conflits de critères.

- *Le profil traditionnel (ou classique)*

C'est celui qui correspond à l'exemple étudié (graphique 16). Quand le taux d'actualisation augmente, le flux diminue. Ceci est dû aux rentrées futures qui sont sensibles à l'actualisation. La rentabilité du projet est relativement fondée sur le futur. Si le taux d'actualisation est très élevé, le projet finit par ne plus être intéressant.

Graphique 14. – *FNTA*

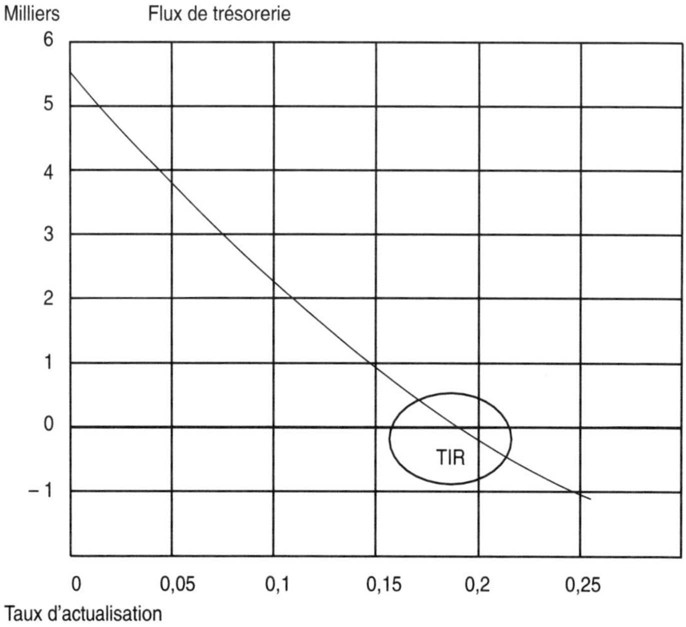

Graphique 15. – *Taux réels et taux calculés*

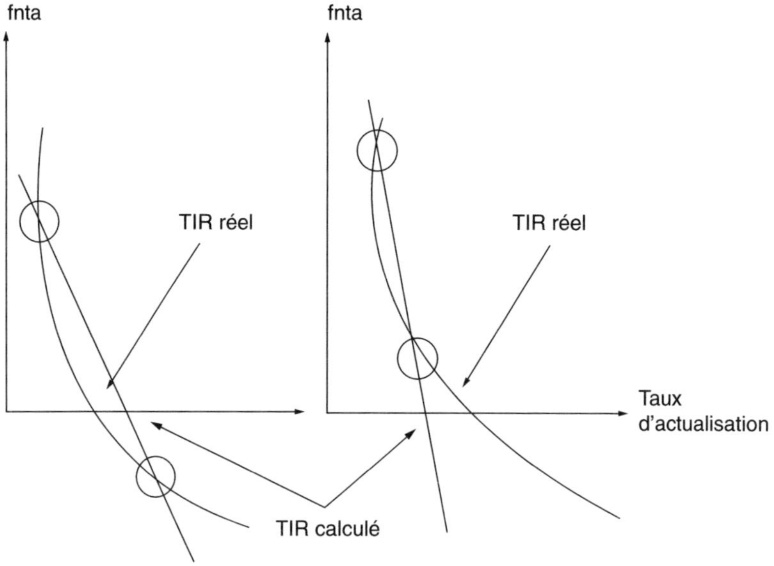

Graphique 16. – *Profil classique*

Flux de trésorerie

An.	0	1	2	3	4	5	6	7	8	TIR	FNT
PA	– 10 000	2 600	2 990	3 439	3 500	3 500	3 500	3 500	3 500	27 %	16 529

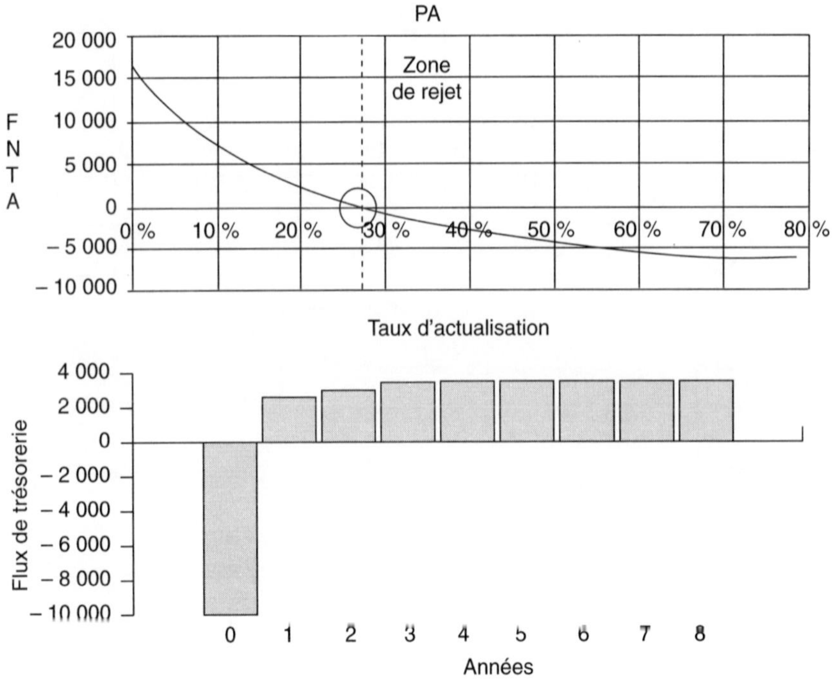

- *Le profil inversé*

Dans ce cas (graphique 17), paradoxalement la rentabilité est fondée sur le présent. Les rentrées sont importantes au départ et l'investissement principal ou secondaire intervient en fin d'étude. Un taux d'actualisation trop faible ne convient pas et peut conduire à un rejet. Cette situation est assez rare, tout au moins avant financement, sauf pour une étude différentielle avec situation de référence spécifique. Elle pourrait concerner des projets ayant un coût de destruction très élevé et un investissement de départ très faible. Certains projets d'exploitation du domaine public sont aussi concernés. Les investissements de départ étant à la charge de l'État, le projet ne prend en compte que les renouvellements.

- *Le profil en cuvette*

Il comporte deux phases (graphique 18), la première traditionnelle, la seconde inversée. Il contient deux taux internes. Ce type de projet n'est donc financièrement acceptable que pour des taux d'actualisation très faibles ou très élevés. Ce profil se rencontre lorsque, par exemple, les résultats (ou les flux de trésorerie) sont négatifs en milieu de projet. Ce profil

Graphique 17. – *Profil inversé*

Flux de trésorerie

An.	0	1	2	3	4	5	6	7	8	TIR	FNT
PA	10 500	– 3 600	– 1 551	– 3 665	1 385	2 173	– 7 000	– 4 034	– 5 461	0	– 11 252

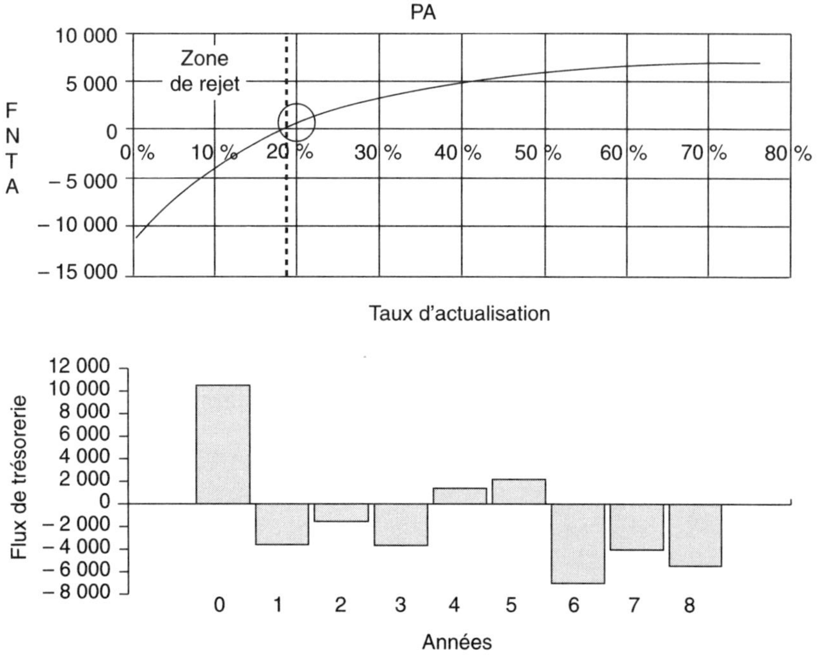

convient si le projet est jugé peu risqué ou très risqué, à condition d'accepter de prendre ce niveau élevé de risques (plus de 48 %).

- *Le profil en bosse (ou alpin)*

Il comporte deux phases (graphique 19), la première est inversée, la seconde traditionnelle. Là encore il y a deux TIR. Il existe une zone de taux d'actualisation pour laquelle le projet convient financièrement. Des résultats (ou flux de trésorerie) négatifs les premières années et vers la fin du projet peuvent induire ce type de profil. Cela signifie que pour réaliser ce type de projet, il faut prendre un minimum de risques. Mais le projet devient inacceptable lorsqu'il est trop risqué.

- *Le profil sans taux interne*

Il s'agit du cas (non représenté mais semblable au profil traditionnel) où le flux de trésorerie ne s'annule jamais. La courbe du FNTA ne coupe jamais l'axe des abscisses. Cette situation correspond à une rentabilité très élevée (infinie), non mesurable par ce critère. Il faut faire référence au seul FNTA, pour pouvoir faire d'éventuelles comparaisons. C'est toujours le caractère différentiel du flux qui explique les particularités.

Graphique 18. – *Profil en cuvette*

Flux de trésorerie

An.	0	1	2	3	4	5	6	7	8	TIR	FNT
PA	3 500	– 3 400	– 3 400	4 000	– 10 000	4 000	4 000	8 000	– 6 000	7 %	700

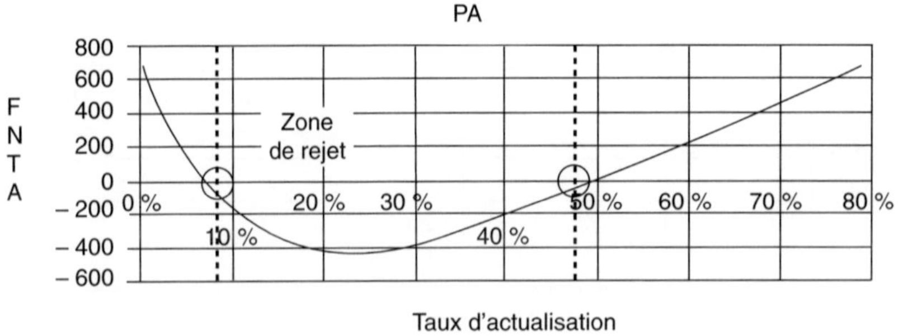

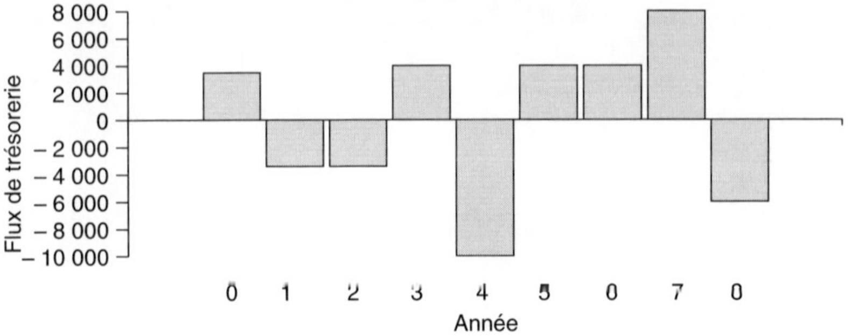

4.1.4.5. Comparaisons de projets par leur profils de rentabilité (conflits entre TIR et FNTA)

Nous allons comparer des projets par leur profil de rentabilité, ceci peut donner lieu à des conflits entre les critères du TIR et du FNTA. Ces conflits sont très classiques et méritent une réflexion. Mais avant de voir le cas typique de conflit de critère, examinons les situations où il n'existe pas de divergence entre les critères du TIR et du FNTA. Nous supposerons dans toutes ces circonstances et dans les suivantes que les projets sont comparables. Les cas de non-comparabilité seront traités plus loin.

Les graphiques 20 et 21 présentent deux situations dans lesquelles le projet A est financièrement plus intéressant que le projet B, quel que soit le taux d'actualisation, donc selon le critère du FNTA et du TIR. Mais les deux projets restent acceptables. Dans le premier cas, les deux projets ont le même FNT total et la préférence pour A augmente avec le taux d'actualisation car sa rentabilité est fondée sur le présent.

C'est le contraire dans le second cas. PA a un meilleur résultat sans actualisation et sa rentabilité est fondée sur le futur. Un taux d'actualisation qui

Graphique 19. – *Profil en bosse*

Flux de trésorerie

An.	0	1	2	3	4	5	6	7	8	TIR	FNT
PA	– 6 400	4 000	4 000	4 000	– 2 000	4 000	4 000	4 000	– 20 000	12,3 %	– 4 400

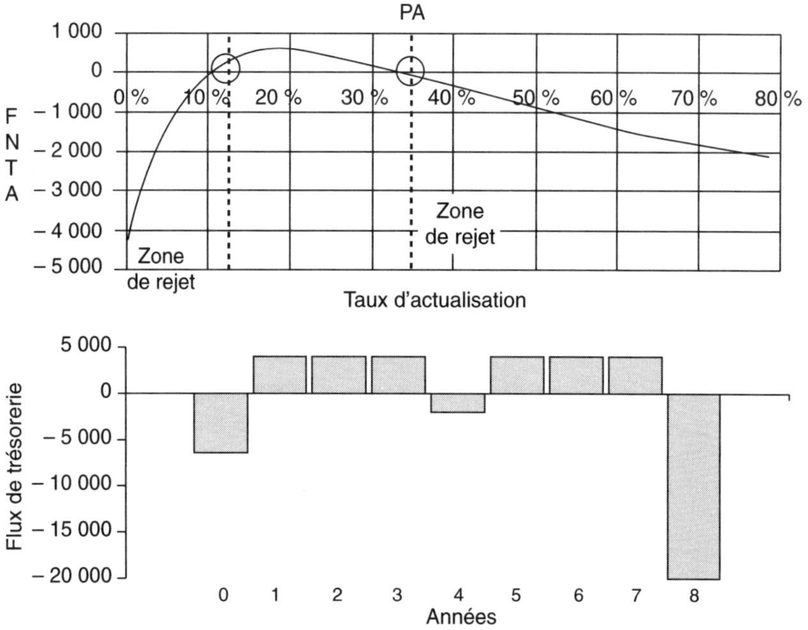

s'élève diminue de plus en plus son avantage mais il arrive un moment où seul le projet A est acceptable, le FNTA de B devenant négatif. Ici les deux projets n'ont pas la même zone d'acceptation (PA comporte une zone plus large).

Le graphique 22 présente cette fois un cas ambigu. Les deux courbes de FNTA se coupent en un point qui est le taux d'équivalence ou le taux différentiel de rentabilité du projet A par rapport à B. Effectivement en ce point, les deux projets ont le même FNTA. Le projet B a un TIR plus élevé que A. Sur la partie située à gauche du taux d'équivalence, le projet A a un FNTA plus élevé que B. Il y a donc conflit de critère entre le TIR et FNTA ou la VAN. Par contre à droite de ce taux d'équivalence, les deux critères du TIR et FNTA nous donnent la préférence pour B.

Quelle est la signification de ce conflit ?

En premier lieu, ce conflit retrace l'opposition classique entre un taux et un flux. Un projet peut avoir une faible rentabilité mais une « masse financière » élevée qui donnera un FNTA important par rapport à un projet plus rentable mais de plus faible envergure. Ce point sera d'autant plus important que les projets n'ont pas la même taille, ce qui les rend non directement comparables, point que nous avons écarté au départ.

Graphique 20. – *Conflits entre TIR et FNTA (1)*

Flux de trésorerie

An.	0	1	2	3	4	5	6	7	8	TIR	FNT
PA	– 10 000	7 642	6 495	5 521	4 693	3 989	3 391	2 882	2 450	61 %	27 062
PB	– 10 000	2 700	3 105	3 571	4 106	4 722	5 431	6 245	7 182	34,1%	27 062

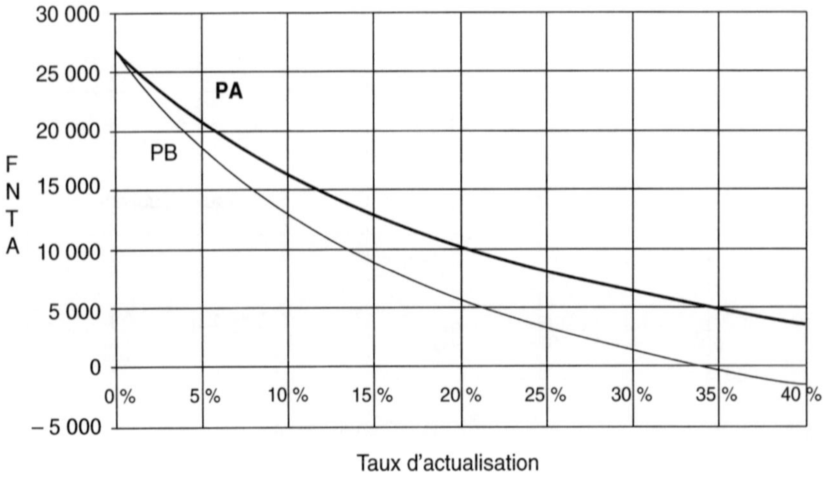

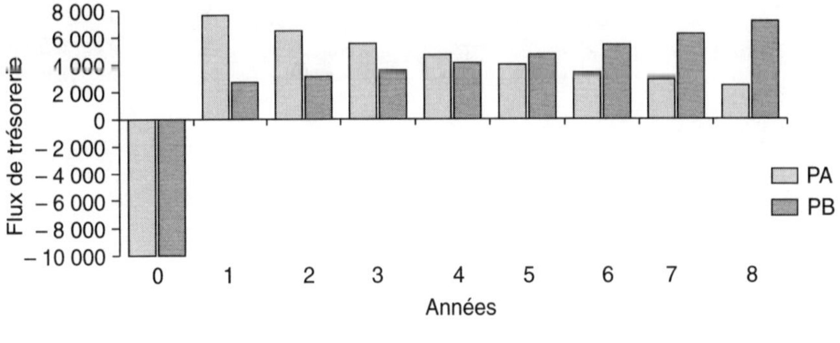

En second lieu, il est plus intéressant de considérer que les deux projets (comparables) n'ont pas le même profil de rentabilité. Le projet B a un meilleur résultat relatif lorsque le taux d'actualisation est élevé ; ce qui signifie que sa rentabilité est davantage fondée sur les premières années, puisque la hausse du taux touche plus les années éloignées dans le temps. Le projet A, au contraire, a un résultat meilleur pour un faible taux d'actualisation. Sa rentabilité est davantage fondée sur le long terme. Retenons donc que quand le taux d'actualisation est faible, les sommes éloignées dans le temps ont plus d'importance sur le résultat. Et la hausse des taux favorise les projets à rentabilité plus fondée sur l'immédiat.

Graphique 21. – *Conflits entre TIR et FNTA (2)*

Flux de trésorerie

An.	0	1	2	3	4	5	6	7	8	TIR	FNT
PA	– 10 000	1 800	2 160	2 592	3 110	3 732	4 479	5 375	6 450	25,1%	19 698
PB	– 10 000	4 200	3 360	2 688	2 150	1 720	1 376	1 101	881	20,4%	7 477

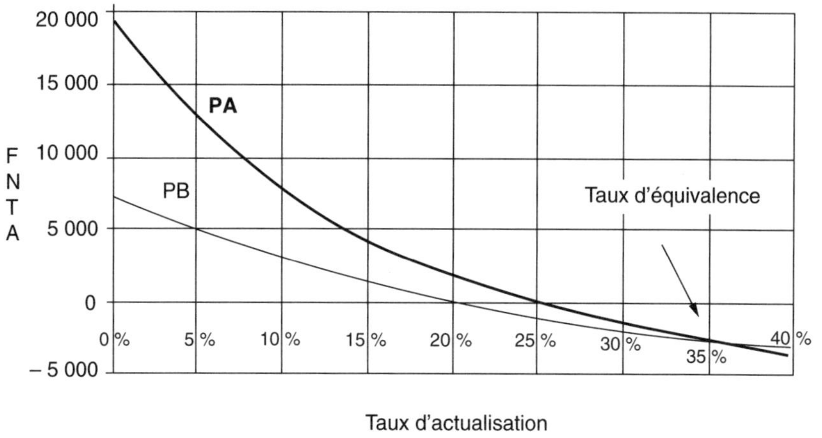

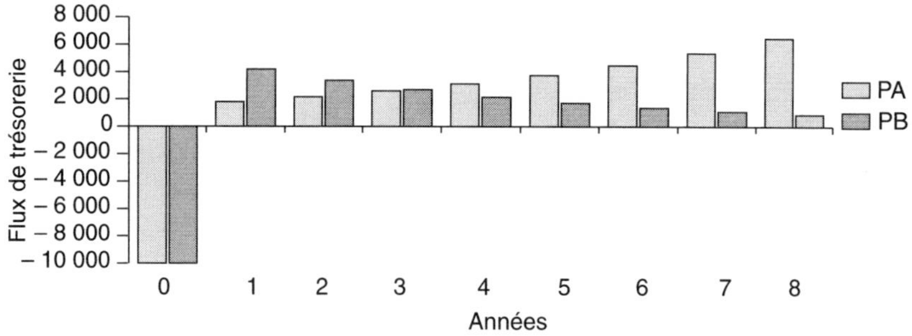

Pour en revenir au conflit de critère, c'est donc le niveau (point minimal ou zone d'acceptation) du taux d'actualisation qui permet de trancher. Le critère du taux interne a tendance à privilégier les valeurs immédiates. Ainsi choisir A, c'est considérer qu'il existe un taux d'actualisation plafond, représenté par une certaine valorisation du futur ou un niveau de risque jugé inacceptable (cf. *supra* sur les risques).

Il nous reste à préciser la formule du taux d'équivalence ou taux différentiel de rentabilité. C'est le taux « *i* » tel que $\sum_{n=0}^{10} \frac{F_n^A - F_n^B}{(1+i)^n} = 0$.

Le profil de rentabilité exprime les conditions d'acceptabilité du projet, en termes de zone de taux d'actualisation. Pour réaliser un choix, il sera

Graphique 22. – *Conflits entre TIR et FNTA (3)*

Flux de trésorerie

An.	0	1	2	3	4	5	6	7	8	TIR	FNT
PA	– 10 000	1 700	2 040	2 448	2 938	3 525	4 230	5 076	6 091	23,4%	18 048
PB	– 10 000	5 200	4 160	3 328	2 662	2 130	1 704	1 363	1 091	31 %	11 638

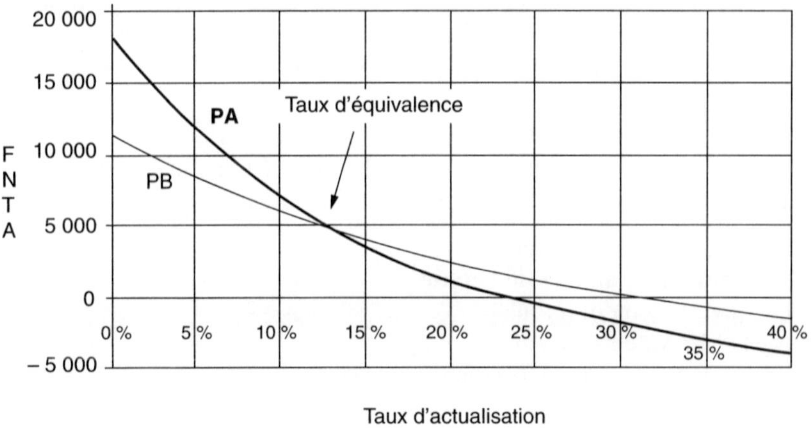

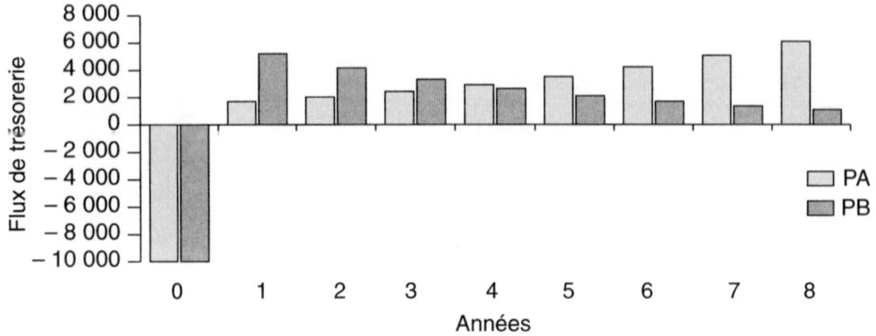

nécessaire de se prononcer sur la position effective du taux d'actualisation, c'est-à-dire sur le risque du projet qui, nous l'avons vu, est une de ses composantes importante. Mais nous verrons ultérieurement que cela sous-entend aussi, de la part du décideur, une acceptation de niveau de risque.

Le taux d'actualisation apparaît bien comme réalisant un arbitrage entre le présent et le futur. Il permet ainsi de juger de l'importance relative des flux prévisionnels : avantages futurs attendus d'un investissement ou simple opposition de l'investissement au fonctionnement. De la même façon, le TIR permet de vérifier que les avantages nets obtenus sont suffisants, notamment en fonction de la durée d'étude choisie.

Lorsque l'on compare des projets de risque différent, le taux d'équivalence perd de sa signification car il suppose un risque identique. Il faudra donc comparer les FNTA des projets (chaque taux d'actualisation incluant un risque spécifique). La comparaison des FNTA se fera alors à risque équivalent (et non plus identique). Il est possible aussi de calculer l'écart de taux d'actualisation qui inverse le choix entre les projets.

4.1.5. Le taux interne de rentabilité global

La formulation du TIR suppose implicitement que les flux annuels de trésorerie sont placés à un taux qui est celui du TIR. Il est donc possible de calculer un TIR avec un taux de placement spécifique des liquidités annuelles dégagées par le projet. C'est l'idée apportée par le TRG.

4.1.5.1. Définition et formulation

Les différentes appellations rencontrées sont le taux de rentabilité globale, *overall rate of return, return on capital invested...*

En posant G, le TRG recherché,
N, le nombre d'années de l'étude,
I_0, l'investissement initial,
C_n, la MBA de l'année n,
i, le taux de placement des disponibilités.
G est défini par,

$$I_0(1 + G)^N = C_1(1 + i)^{N-1} + C_2(1 + i^{N-2} + \ldots + C_N(1 + i)^{N-N}$$

$$I_0 = \frac{C_1(1+i)^{N-1}}{(1+G)^N} + \frac{C_2(1+i)^{N-2}}{(1+G)^N} + \ldots$$

$$\text{Soit } I_0(1 + G)^N = \sum_{n=1}^{N} C_n(1 + i)^{N-n}.$$

Le premier membre représente la valeur acquise par une somme I_0 (l'investissement initial), placée au taux G, pendant N années. Le second membre représente la valeur acquise par les résultats annuels (en termes de liquidités), après placement à terme au taux i sur la durée du projet à partir de leur acquisition. Ainsi la première CAF est placée $(N-1)$ années, la seconde $(N-2)$ années, la dernière située en fin de projet ne rapportera rien.

Il y a donc équivalence, en valeur future, entre le placement de la somme correspondant à l'investissement et le cumul des placements annuels dus au projet lui-même. Il n'y a donc pas d'actualisation des flux, puisque ce critère utilise la valeur future. Nous savons néanmoins que cela revient au même (cf. *infra* sur la définition de l'actualisation). Effectivement, si nous raisonnons en valeur actuelle en divisant tout par $(1 + G)^N$, nous retrouvons la définition classique du TIR. Par conséquent, il n'y a en fait aucune originalité dans la formulation de ce critère. La seule particularité est le placement des liquidités de chaque fin de période.

S'il y a plusieurs investissements en cours de projet, la formule devient :

$$\sum_{n=0}^{N-1} I_n(1+G)^n = \sum_{n=1}^{N} C_n(1+i)^{N-n}$$

Si les résultats annuels sont identiques, avec un seul investissement nous aurons :

$$\begin{aligned} I_0(1+G)^N &= C\sum_{n=1}^{N}(1+i)^n \\ &= C\cdot\frac{1-(1+i)^N}{-i(1+i)^{-1}} \end{aligned}$$

Un point important est la relation avec le taux interne. Remarquons que si $G = i$, le taux de placement, la définition du TIR correspond à celle du TRG. L'écart entre i et le TIR détermine celui qui existera entre G et le taux interne.

Effectivement si
$i <$ TIR, $G <$ TIR,
$i =$ TIR, $G =$ TIR,
$i >$ TIR, $G >$ TIR.

Le TRG ne peut donc être supérieur au TIR que si le taux de placement est lui-même plus important que le TIR.

4.1.5.2. Exemple

Reprenons notre exemple précédent avec un taux de placement des liquidités de 10 %.

Tableau 20. – *Exemple de calcul du TRG*

Années	MBA C_n	$(1 + i)^{4-n}$	MBA après placement	MBA après placement à terme
1	3 250	1,331	4 325,75	0
2	3 750	1,21	4 537,5	0
3	4 250	1,1	4 675	0
4	4 250	1	4 250	17 788,25
	15 500		17 788,25	17 788,25

Calcul de G

$$\begin{aligned} 10\,000\,(1+G)^4 &= 17\,788{,}25 \\ (1+G) &= 1{,}155 \\ G &= 15{,}5\ \% \end{aligned}$$

Le TIR était de 19,1 % alors que i est égal à 10 %, ce qui explique que G lui soit inférieur. Il est possible d'utiliser la technique du TIR pour calculer le TRG, après avoir calculé les valeurs après placement à terme (dernière colonne du tableau). Un calcul de rentabilité interne qui utiliserait la colonne précédente serait faux puisqu'il considérerait que les sommes placées sont disponibles immédiatement.

Signalons enfin que de la même façon il serait possible de calculer une VAN Globale.

4.1.5.3. Appréciations

L'idée d'utiliser le placement des disponibilités pourrait être intéressante, mais de nombreuses critiques peuvent lui être adressées. En premier lieu, à partir de la démarche que nous avons définie, l'opportunité de considérer un placement est prématurée. Le projet n'étant pas encore financé, nous ne savons pas encore quels seront les soldes annuels. Nous verrons même que pour éviter un sur-financement, les soldes annuels devront être nuls. Remarquons aussi que l'inflation n'a pas encore été intégrée. Ce qui est un facteur supplémentaire rendant prématurée la détermination des liquidités disponibles à un placement.

Après financement, à supposer que les soldes de trésorerie (et non les MBA) soient positifs, il est possible de prévoir et d'intégrer les opportunités de placement sans pour autant faire appel à un critère spécifique. Néanmoins le TRG peut faciliter les calculs dans le cas d'un taux unique de placement (sans renouvellement des investissements). Le TRG n'est donc pas vraiment un critère original, même s'il utilise les valeurs futures. En fait, c'est le même raisonnement que les critères précédents (basés sur l'actualisation) qui est utilisé, l'originalité reposant sur le double taux, rentabilité et placement. C'est ce qui fait toute l'ambiguïté du TRG [1] qui mesure la moyenne de deux opérations différentes, l'investissement et le placement des résultats de cet investissement. Le TRG peut néanmoins permettre d'affiner un montage financier en introduisant la possibilité d'un placement des liquidités disponibles (notamment la trésorerie de précaution).

4.2. Les critères en avenir complexe

Cette phase de l'évaluation financière est destinée à approcher les conditions de fonctionnement du projet en vraie grandeur (réflexion sur le long terme), ou tout au moins, dans la mesure où ceci est ambitieux, de préparer cette insertion du projet dans la réalité, c'est-à-dire sa création.

---

1. Nous nous opposons ainsi à J.R. Sulzer (« Critères de choix des investissements », p. 828, *Encyclopédie de gestion*, Economica, 1997) qui considère ce critère comme « plus performant ». Par ailleurs, le coût du capital n'est pas la seule référence pour l'actualisation.

Avant de préciser les techniques utilisables, les informations disponibles, la probabilisation des événements, il est nécessaire d'examiner la finalité de cette démarche.

4.2.1. Présentation

Il s'agit, en dehors des variantes techniques ou commerciales (ou dans leur cadre), de multiplier les éventualités concernant le projet, son environnement, ou les principaux protagonistes qui l'animent ou l'influencent. Ces éventualités vont finir par définir des hypothèses compatibles [1], qui permettront de construire cette complexité. Il s'agit aussi, à partir de ces éventualités, de bâtir des stratégies [2].

Voyons les domaines dans lesquels ces événements sont simulés.

- *Le projet*

Plusieurs variables importantes ont été recensées, comme les niveaux de production, la productivité, les prix de vente, les prix d'achat des différentes matières utilisées, les coûts fixes. Il sera intéressant de préciser des combinaisons cohérentes compatibles entre, par exemple, le niveau de production et le prix, la production et la productivité, ou la production et les coûts, en relation avec les économies d'échelle effectives.

- *L'environnement*

Il est possible de dissocier la conjoncture générale et la réaction de la concurrence. Il faudra alors, par exemple, associer la réaction de la concurrence et la part de marché ou le résultat de l'entreprise. De même, le marché de l'entreprise pourra être lié à plusieurs états possibles de la conjoncture générale.

- *Le porteur ou les décideurs*

Le décideur se caractérisera par son système de valeurs, le porteur par ses qualifications et ses relations. Ces éléments seront utiles pour préciser les niveaux de risques acceptables [3], les assurances à rechercher…

Les résultats du projet seront calculés en fonction des différentes éventualités combinées. Il est donc nécessaire de se limiter aux événements jugés majeurs. Ceci sera fait à partir de l'étude de sensibilité et des études économiques existantes ou menées à partir des besoins du projet ; cette approche pouvant induire des études complémentaires.

---

1. C'est un des éléments fondamentaux de différenciation avec l'avenir simple qui est composé uniquement de solutions incompatibles.

2. Voir la définition d'E. Morin, « la complexité appelle la stratégie. Il n'y a que la stratégie pour s'avancer dans l'incertain et l'aléatoire… (elle) est l'art d'utiliser les informations qui surviennent dans l'action, de les intégrer, de formuler… des schémas d'action et d'être apte à rassembler le maximum de certitudes pour affronter l'incertain », *Science avec conscience*, Le Seuil, 1990.

3. Le risque financier par exemple est lié à la situation de référence du réalisateur du projet (entreprise qui existe ou création d'entreprise).

4.2.2. Les techniques de représentation

En premier lieu, les arbres de décision permettent la mise en valeur des différentes éventualités envisagées (ensemble des possibilités), de manière à bien indiquer les effets des diverses combinaisons des événements ou variables ou facteurs sur le projet. L'objectif est d'aider à une prise de décision sur l'état de certaines variables (le montant de la production ou le niveau du prix de vente) ou sur l'opportunité de réaliser le projet.

La méthode peut être complétée dans deux sens :

– à chaque événement ou variable, une probabilité de réalisation ou même une loi de variation (cf. *supra*) sera associée ;

– chaque événement peut aussi représenter un choix à faire, par exemple à différentes périodes.

Nous présentons un exemple (schéma 2) dans lequel interviennent trois types de facteurs : le prix de vente, le prix d'achat d'une matière et l'état de l'environnement (favorable ou défavorable). Pour chaque éventualité, il faudra calculer la MBA, ce qui donne 12 possibilités de résultat. Il faudra ensuite prendre une décision de réalisation à partir des différents résultats et des choix effectués (prix de vente par exemple).

En second lieu, des matrices de choix à n dimensions selon le nombre de « types d'éventualités » compatibles envisagées peuvent être construites. Dans l'exemple précédent, nous aurions la matrice R_{ijk}, avec $i = \{1, 2, 3\}$, $j = \{1, 2\}$, $k = \{1, 2\}$.

Cette présentation convient particulièrement à l'informatique (feuilles de calcul ou tableaux à 3 dimensions par exemple). Elle facilite les calculs de simulation réalisés à partir de variables sélectionnées.

L'arbre de décision permet d'explorer les différentes situations possibles en mêlant les variables endogènes et exogènes, variantes techniques et commerciales. La méthode doit être itérative et repérer les situations défavorables et permettre de construire des stratégies en conséquence. Il permet aussi de définir les informations nécessaires à la prise de décision qui peut être globale ou séquentielle, en fonction des informations obtenues à chaque séquence.

4.2.3. Les informations disponibles

Nous envisageons différents états possibles pour le projet et son environnement (cf. L'arbre de décision). Cette information peut présenter un contenu différent et surtout n'est pas forcément connue au moment de la décision (notion d'incertitude). Deux états de l'information disponible sont généralement considérés, l'information parfaite et imparfaite.

Le contenu de l'information permet de connaître les types de calcul que l'on peut effectuer. La situation la plus intéressante est celle où tous les états futurs possibles sont connus en probabilité. Elle permet l'utilisation du calcul des probabilités avec la notion de profit espéré (ou espérance mathématique). Elle débouche aussi sur le calcul des risques (cf. *supra*).

Schéma 2. – *Un arbre de décision*

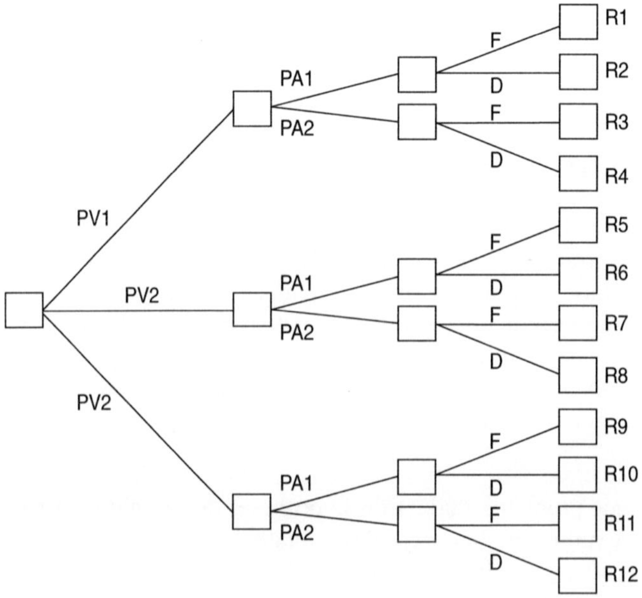

Les autres situations (pas de probabilité ou indétermination des variables) sont généralement traitées dans la théorie des jeux.

- *L'incertitude*

Les différents états possibles pour le projet, même s'ils sont envisagés avec précision, ne sont pas forcément connus au moment de la décision. C'est la situation d'incertitude dans laquelle il y a absence d'information connue à l'avance [1] au moment de la prise de décision. C'est souvent la situation de référence par défaut. Elle correspond à la construction de différentes hypothèses de simulation (domaine du possible). Se posera alors la question de l'opportunité d'un système de prévision.

- *L'information parfaite*

Cette situation signifie que la décision sera prise avec une information connue à l'avance, donc un système de prévision considéré comme parfait. On va donc ignorer l'incertitude liée à l'obtention de l'information. Pour chaque événement envisagé, il est possible de calculer le résultat attendu. C'est ce qui correspond à la notion de profit en certitude [2]. Cette notion sera utilisée pour étudier des décisions *a posteriori*, l'information étant supposée connue avec certitude au moment de la réalisation du projet.

1. Une certaine formalisation est nécessaire, l'idée essentielle est l'absence de système de prévision donné au moment de la décision.

2. À ne pas confondre avec l'avenir certain pour lequel il n'y a qu'une seule éventualité à considérer (cas de l'avenir simple).

• *L'information imparfaite*

En introduisant le degré d'exactitude de l'information (par les sondages par exemple), il est possible d'apprécier le degré d'exactitude du résultat attendu ; ce qui permet de considérer la performance et le coût de plusieurs instruments d'estimation ou de prévision de certaines variables (notion d'incertitude réduite). Les hypothèses de simulation sont alors remplacées par une « prévision incertaine ».

Par ailleurs que l'information soit disponible ou non (à la demande), il est possible de comparer le résultat avec et sans information, et de mesurer l'apport de toute information nouvelle à la décision (notion de réduction de l'incertitude). Cette information ayant un coût et un certain degré de fiabilité, nous débouchons sur la notion de rentabilité de l'information. En établissant le lien entre le coût de l'information et son apport à la décision, il sera possible de savoir s'il est intéressant ou non de se lancer dans telle ou telle recherche d'information.

Exemple

Après une première étude, trois hypothèses de résultat (VAN) sont envisagées avec (pour simplifier) équiprobabilité des événements : + 10, + 6, – 4.

Le résultat espéré en incertitude (en l'absence de système de prévision) est de : $\frac{10 + 6 - 4}{3} = 4$.

Le résultat espéré en certitude (information parfaite avec système de prévision parfait fiable à 100 %) est de $\frac{10 + 6 + 0}{3} = 5,33$. En effet, le système de prévision évite la perte de 4 en renonçant au projet.

Le coût de l'incertitude est de 5,33 – 4 = 1,33 ou – 4 × 1/3 = – 1,33.

Un système de prévision (imparfait) améliorerait le résultat s'il fournissait un gain moyen supérieur à 4, compte tenu du coût de l'instrument de prévision. Il est ainsi possible par exemple d'augmenter la taille de l'échantillon d'une enquête par sondage aléatoire jusqu'à ce que le supplément de gain obtenu (par rapport à 4) soit compensé par l'augmentation du coût de l'enquête. Le supplément de gain obtenu ne peut résulter que d'une modification des probabilités *a posteriori*.

4.2.4. La probabilisation des événements

Nous sommes en univers probabilisable lorsque l'évaluateur est capable d'attacher une probabilité de réalisation à chaque événement. Ceci offre l'avantage de pouvoir appliquer le calcul des probabilités aux différents événements associés, sachant que, comme nous venons de le voir, l'information peut être connue avec une certaine marge d'erreur.

Nous débouchons ainsi vers un nouveau critère de décision : le résultat espéré ou l'espérance mathématique des différents événements associés. À ce résultat espéré, il est souvent utile d'associer la dispersion de ces mêmes résultats, notamment comme élément de risque lié à la réalisation du projet. Nous allons voir la formulation générale de ce critère pour préciser ensuite certaines de ses caractéristiques.

4.2.4.1. Formulation

Nous n'avons plus de prévision unique de résultat mais une liste de MBA possibles chaque année. Pour chaque résultat, nous pouvons préciser une probabilité de réalisation.

Les données sont :

I_0, l'investissement initial

C_{nk}, une des MBA de l'année n, supposées indépendantes [1]

P_{nk}, la probabilité de réalisation de C_{nk}

avec, $\sum_k P_{nk} = 1$

Construisons un arbre de décision (schéma 3).

Schéma 3. – *L'arbre de décision pour le calcul des résultats espérés*

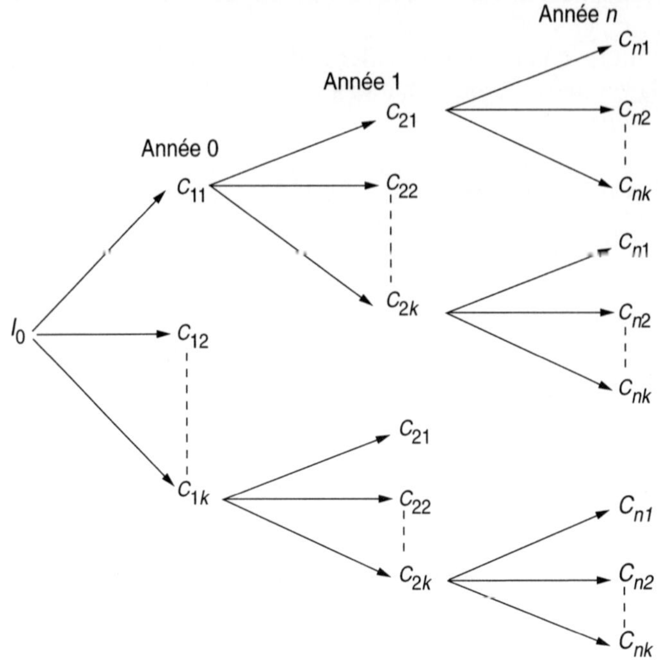

Nous cherchons l'espérance mathématique, qui correspond au résultat moyen (pondéré par les probabilités de réalisation) sur l'ensemble de la période d'étude, $E(FNT)$.

1. En cas de dépendance, il est nécessaire de modifier les calculs de la variance.

$$E(C) = \sum_n \sum_k C_{nk} \cdot P_{nk}$$

$$E(FNT) = -I + E(C)$$

Plusieurs méthodes permettent de trouver les $E(C)$.

– En premier lieu année par année, ainsi pour l'année n :

$$E(C_n) = \sum_k C_{nk} \cdot P_{nk}$$

$$E(FNT) = I_0 + \sum_n E(C_n)$$

– En second lieu, à partir d'une éventualité k :

$$E(FNT_k) = \left(-I_0 + \sum_n C_{nk}\right) \cdot P_k$$

avec $P_k = P_{1k} \cdot P_{2k} \cdot \ldots P_{nk}$

Il est possible d'introduire l'actualisation des flux. Il suffit de remplacer C_n par $C_n/(1 + i)^n$.

Il est intéressant aussi de calculer la dispersion des résultats, par exemple par la variance. Ces informations seront utilisées pour le calcul des risques (cf. *supra*).

$$\sigma^2 = \sum_k \left(-I + \sum_n C_{nk} - E(FNT)\right)^2 \cdot P_k$$

$$\sigma^2 = E(FNT^2) - [E(FNT)]^2$$

4.2.4.2. Caractéristiques

Nous allons voir ici quelques types de probabilité en terminant par des remarques d'appréciation générale.

• *Probabilités objectives et subjectives*

Les probabilités objectives sont issues de séries statistiques brutes ou analysées dans des modèles. Les domaines qui nous intéressent sont les prévisions de :

– prix (ventes, consommations intermédiaires) ;
– production (évolution de la demande du produit concerné par le projet).

Les probabilités subjectives [1] correspondent à une « quantification du qualitatif », de manière à pouvoir utiliser les règles habituelles du calcul des probabilités.

---

1. « La probabilité attribuée à un événement E par un individu I disposant d'un ensemble d'informations *K* est un coefficient rendant quantitative la notion qualitative de vraisemblance de *E* pour *I*, *K* étant donné » : $P(E/K)$.

P. Massé, *Le choix des investissements*, Dunod, 1968.

Nous pouvons aussi distinguer la quantification *a priori* et *a posteriori.*

La quantification *a priori* comporte des « techniques directes » d'évaluation des probabilités [1]. Elles « consistent simplement à quantifier le degré de vraisemblance du décideur ». Ainsi l'évaluation de certaines valeurs pourra résulter de la consultation de plusieurs experts [2]. Imaginons les questions et les réponses suivantes :

Les prix vont-ils baisser de 2 % ?
C'est très peu probable.

Les prix resteront-ils constants ?
C'est peu probable.

Les prix vont-ils augmenter de 3 % ?
C'est probable.

Les prix vont-ils augmenter de 5 % ?
C'est peu probable.

Par approximations successives, différentes valeurs seront obtenues. À défaut de résultats très précis, trois événements seront retenus, la valeur la plus probable pondérée à 4/6, les deux autres (moins probables) à 1/6 chacune. Les probabilités sont, dans chaque cas, à estimer [3].

Dans l'exemple précédent, l'augmentation de prix espérée sera de

$$(0 \times 1/6 + 3 \times 4/6 + 5 \times 1/6) = 17/6 = 2{,}83\ \%$$

avec un écart-type de 1,46 %.

La quantification *a posteriori* permet d'introduire l'information disponible ou à rechercher dans la décision. Pour cela, nous devons faire appel au théorème de Bayes.

Posons

$P(A/B)$ = probabilité conditionnelle (probabilité que A se réalise sachant que B est réalisé).

$P(A \cap B)$ = probabilité simultanée ou jointe (probabilité pour que les deux événements aient lieu en même temps).

Si A et B sont dépendants [4] :

$$P(A \cap B) = P(A) \,.\, P(B/A)$$
$$= P(B) \,.\, P(A/B)$$

$$P(A/B) = \frac{P(A) \cdot P(B/A)}{P(B)} = \frac{P(A \cap B)}{P(B)}$$

1. Védrine, *TQG*, Vuibert, 1991.
2. Voir la méthode DELPHI, Y. Chirouze, *op. cit.*, ou F. Bancel et A. Richard, *Les choix d'investissement*, Economica, 1995.
3. Les spécialistes affirmant « qu'il vaut mieux une mauvaise probabilité que pas de probabilité du tout ».
4. Si les deux événements sont indépendants,
$P(A/B) = P(A)$
$P(A \cap B) = P(A) \cdot P(B)$

Généralement une information supplémentaire, du type enquête, améliore la décision en réduisant l'incertitude liée à la réalisation d'un mauvais résultat qui ferait renoncer au projet. Le résultat espéré peut être calculé avant et après l'information supplémentaire en envisageant les principaux événements possibles et la décision qui en résulterait. Il est donc possible de voir si cette information améliore le résultat espéré.

Généralement une information supplémentaire, du type enquête, améliore la décision en réduisant l'incertitude liée à la réalisation d'un mauvais résultat qui ferait renoncer au projet. Le résultat espéré peut être calculé avant et après l'information supplémentaire en envisageant les principaux événements possibles et la décision qui en résulterait. Il est donc possible de voir si cette information améliore le résultat espéré.

Le théorème de Bayes est utilisé pour calculer la probabilité d'occurrence de chaque événement (par exemple, obtenir une certaine part de marché), en fonction des résultats que fournirait une enquête (probabilité *a posteriori*), en tenant compte notamment de la fiabilité de ces informations (probabilité d'obtenir effectivement la part de marché indiquée par l'enquête) [1].

- *Appréciations de la méthode*

– Le critère de l'espérance mathématique indique le résultat dont nous nous rapprochons le plus en réalisant l'opération un grand nombre de fois. Or chaque projet correspond généralement à un acte unique, c'est la critique principale faite à l'encontre de ce critère.

Néanmoins, il est possible de répondre qu'il existe des opérations répétitives dans la gestion quotidienne de tous les projets. Par exemple, fixer un prix de vente, acheter des matières ou de la marchandise, subir les fluctuations de la conjoncture.... Il faudra simplement bien choisir ses variables.

– Le critère de l'espérance mathématique apporte un « plus » en offrant un résultat issu d'un avenir aléatoire. Mais c'est insuffisant dans la mesure où il n'inclut pas le risque (ce qui était aussi le cas des critères précédents). Cependant le calcul des probabilités offre justement le grand avantage de pouvoir mesurer ce risque et même de l'intégrer par la construction d'indicateurs nouveaux (cf. *supra*).

– Il subsiste le fait que ce critère est d'un maniement complexe, mais les ordinateurs permettent de générer facilement cet univers aléatoire, en passant parfois sous silence le nécessaire respect des hypothèses de base.

---

1. Pour plus de détails, voir par exemple,

– Védrine, *op. cit.*, page 296.

– M. Martin, « Fiabilité et prix de l'information », *Économie et Société*, décembre 1986.

– V. Giard, *Statistique appliquée à la gestion*, 7e édition, Économica, 1997.

4.3. Problèmes de sélection et comparaison de projets

Les différents critères utilisés (ceux que nous présentons et les autres) à la comparaison des projets en vue d'une sélection sont souvent en contradiction. Ce qui est normal dans la mesure où ces critères font appel à des valeurs différentes (critères financiers, économiques...). Mais une source importante de ces oppositions tient au fait que les projets ou les situations ne sont pas directement comparables. Il est donc intéressant de réduire (techniquement) cette non-comparabilité, de manière à apprécier correctement le jugement fourni par les différents critères.

Un autre élément à intégrer à la sélection est l'inflation, dans la mesure où celle-ci est spécifique à chaque projet. Nous examinerons, d'une part, comment l'inflation modifie les flux et, d'autre part, comment l'intégrer aux critères de décision.

La situation étudiée est très concrète, elle concerne l'aménagement d'une zone dans un cadre de développement local, ou même le développement d'une grande entreprise par la réalisation de projets multiples.

4.3.1. La comparabilité des projets

Le premier élément à déterminer lorsque plusieurs projets sont à l'étude est leur compatibilité. En effet dans la mesure où ils sont compatibles, il est nécessaire aussi d'étudier leurs possibles relations. Les autres éléments de comparaison dont nous ferons état seront la durée de vie, la taille et le degré d'irréversibilité. Ce dernier point, le plus intéressant, fait encore intervenir l'information disponible à différentes époques.

4.3.1.1. Compatibilité et indépendance

Dans une étude importante, par exemple l'aménagement d'une zone, une liste de projets réalisables sera établie par les agents concernés ; dans ce cas, il peut exister de nombreux projets compatibles ou non. S'ils sont incompatibles, il faudra choisir l'un d'entre eux. C'est en fait le cas général auquel nous nous ramènerons pour faire la sélection. S'ils sont compatibles, il faut envisager leur réalisation simultanée, et surtout il sera nécessaire d'étudier leurs éventuelles relations. C'est ce que nous allons voir. Il s'agit d'un problème de stratégie assez large puisqu'il concerne plusieurs projets (et éventuellement plusieurs agents).

- *Les projets peuvent être compatibles et indépendants*

Dans ce cas, les projets n'ont pas de liens directs. L'indépendance financière signifie que les résultats de l'un ne sont pas influencés par ceux de l'autre. L'exemple courant est celui de projets fabriquant des produits très différents.

Toutes les combinaisons possibles des différents projets groupés ou séparés en vue d'une sélection seront donc présentées d'une manière classique. Il est évident que dans ce cas nous introduisons un biais supplémentaire dans la comparaison en accentuant la différence de taille entre les ensembles à sélectionner, problème qui sera examiné ultérieurement.

Nous serons donc en présence d'un choix de projets incompatibles de dimension et éventuellement de durée différente.

- *Les projets peuvent être aussi dépendants*

Dans ce cas, la réalisation de l'un n'est pas indifférente au résultat de l'autre, ce qui nécessite une étude spécifique complémentaire. En premier lieu, nous trouvons des projets concurrents comme des supermarchés voisins ou des projets touristiques et culturels (hôtellerie et palais des congrès).

Nous aurons alors, $R_{(1+2)} < R_1 + R_2$

En second lieu, nous avons des projets complémentaires (même réseau de distribution ou une unité fournissant un produit à l'autre). Par exemple l'hôtellerie et un centre de loisirs, ou une patinoire [1] et une salle polyvalente (ou une piscine).

Dans ce cas, $R_{(1+2)} > R_1 + R_2$

Comme précédemment, les projets seront présentés par groupes (projets concurrents ou complémentaires) ou séparément, de façon à ce que nous soyons ramenés à un choix de projets incompatibles.

4.3.1.2. Comparaison de projets de durée de vie différente

Nous avons souvent à comparer des projets d'investissement qui n'ont pas la même durée de vie. Dans ce cas, les conflits de critère entre le TIR et le FNTA sont fréquents. Le FNTA donnera généralement la préférence au projet le plus long.

Il est évident, en fonction de ce que nous avons dit précédemment, que le critère du FNTA doit être préféré. Mais l'inconvénient de cette situation est de masquer la différence de profil de rentabilité des projets. Une réponse possible consiste simplement à renouveler le projet le plus court, de manière à faire coïncider les durées [2].

Exemple

Tableau 21. – *Comparaisons de projets*

Comparaison classique (TA = 10 %)								
Année	**0**	**1**	**2**	**3**	**4**	**FNT**	**TRI**	**FNTA**
*P*1	– 10 000	3 250	3 750	4 250	4 250	5 500	19,10 %	2 150
*P*2	– 10 000	6 100	6 800			2 900	18,42 %	1 165
*P*3	– 10 000	6 100	7 000			3 100	19,55 %	1 331

1. Si la glace est synthétique, la patinoire peut servir de salle polyvalente. Dans le cas du jumelage d'une piscine et d'une patinoire, la fabrication de froid dégage du chaud qui peut être récupéré pour la piscine (d'après une étude de N. Bru, DESSIEF, Montpellier).

2. Cette opération peut obliger à opérer un renouvellement de plusieurs projets jusqu'à la plus petite durée commune.

Comparaison avec renouvellement (TA = 10 %)								
Année	**0**	**1**	**2**	**3**	**4**	**FNT**	**TRI**	**FNTA**
*P*1	– 10 000	3 250	3 750	4 250	4 250	5 500	19,10 %	2 150
*P*2	– 10 000	6 100	– 3 200	6 100	6 800	5 800	18,42 %	2 128
*P*3	– 10 000	6 100	– 3 000	6 100	7 000	6 200	19,55 %	2 430

Le tableau 21 résume les résultats de trois projets *P*1, *P*2 et *P*3, de durée différente, 4 ans pour le premier et 2 ans pour les deux autres. Nous allons les comparer selon les critères du TIR et du FNTA avec un taux d'actualisation de 10 %. Cette comparaison sera d'abord établie d'une manière classique puis après renouvellement des projets les plus courts.

- *Comparaison classique*

– Les projets ont une rentabilité très proche (graphique 23). En tête, nous avons *P*3 puis *P*1 et *P*2.
– Le critère de la VAN à 10 % donne un plus fort résultat pour *P*1 contre *P*3 et *P*2. C'est dû à la plus longue durée de vie de *P*1.

Les deux critères ne peuvent pas être comparés (ou tout au moins la comparaison est faussée), le TIR n'étant pas influencé par la durée.

- *Comparaison après renouvellement*

Les rentabilités n'ont pas changé.
– Selon le critère de la VAN à 10 %, les valeurs entre les trois projets deviennent plus proches.

Il n'y a plus de conflit de critère à 10 %. Il y a néanmoins un conflit possible entre *P*1 et *P*2 dont le taux d'équivalence est de 9 %.

Par conséquent (voir graphique 24), si le taux d'actualisation est supérieur à 9 %, tous les critères convergent vers une préférence pour *P*3. Par contre si le taux d'actualisation est inférieur à 9 %, la VAN indique une préférence pour *P*2 qui apparaît alors comme un projet dont la rentabilité est plus fondée sur le long terme puisqu'un taux d'actualisation élevé le défavorise.

C'est là tout l'intérêt de la démarche entreprise. Sur un plan économique, il n'y a pas lieu d'opérer systématiquement un renouvellement (niveau de la décision). Mais techniquement, l'opération est intéressante car elle permet de réfléchir sur les véritables divergences entre les projets, et de prendre une meilleure décision. Mais c'est peut-être plus sur un plan pédagogique que cette analyse méritait notre attention.

4.3.1.3. Comparaison de projets de taille différente

La comparaison de projets de dimensions différentes présente des aspects similaires au cas précédent. Le critère de la VAN donnera la préférence au projet le plus gros.

Graphique 23. – *Comparaison sans renouvellement*

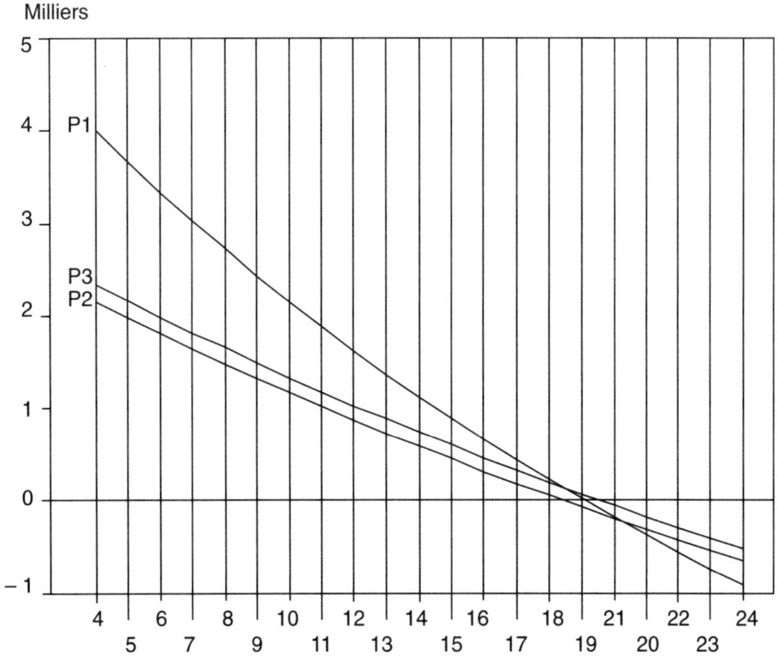

Pour effectuer une comparaison, les projets devraient être rendus comparables. Mais ici c'est plus difficile à réaliser dans la mesure où il paraît très contestable de donner la même taille aux différents projets. Cette solution serait néanmoins envisageable et donnerait une possibilité de comparaison semblable au cas précédent, notamment en ce qui concerne le conflit de critère.

Par contre, un élément important de différenciation des projets de taille différente concerne le financement. C'est donc à ce stade qu'il sera plus judicieux de faire intervenir le choix des projets.

Un problème plus important encore, voisin du précédent, est celui de la taille optimale des projets, dans la mesure où cette taille est un élément variable. Sans traiter cette difficile question, signalons que sur un plan théorique le taux d'actualisation joue un rôle déterminant. Effectivement un taux d'actualisation élevé aura tendance à augmenter la taille « optimale » d'un projet (toutes choses égales par ailleurs, ce qui enlève une grande partie de la portée effective de cette affirmation).

4.3.1.4. Comparaison de projets d'irréversibilité différente

Le concept d'irréversibilité est relativement récent [1], il est fondé sur le fait que les projets alternatifs n'ont souvent pas la même flexibilité et donc engagent l'avenir sur une période différente (nous retrouvons l'idée de non-comparabilité due à la durée). L'idée nouvelle est, d'une part, d'intro-

Graphique 24. – *Comparaison avec renouvellement*

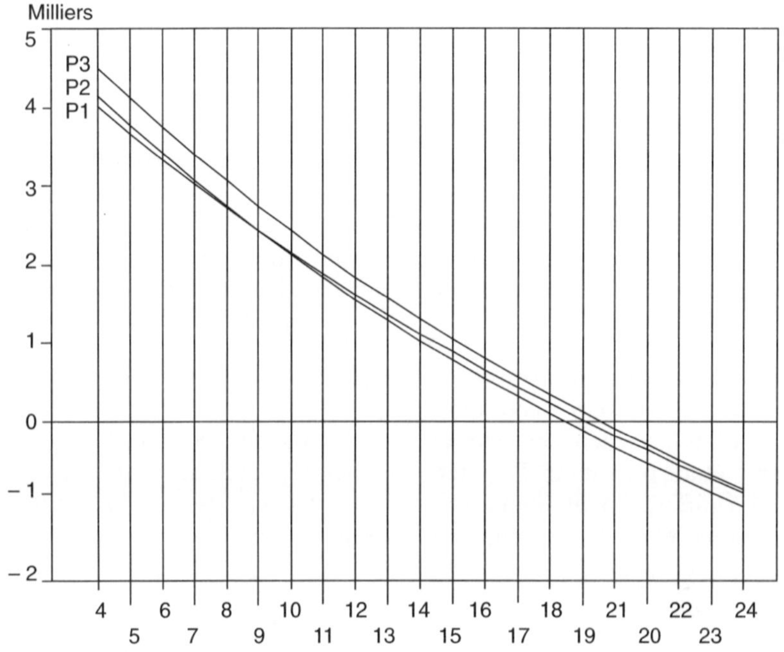

duire le risque dû à un environnement évolutif qui peut rendre le choix d'un projet rapidement caduc et, d'autre part, la croissance de l'information avec le temps.

La méthode consiste d'abord, comme nous l'avons signalé, à étudier les diverses solutions sur la période la plus longue (la plus irréversible). Il faudra ensuite rechercher d'autres critères, dans la mesure où le taux interne ou le délai de récupération ont tendance à privilégier la solution la plus flexible tandis que le FNTA néglige les risques d'erreurs à long terme.

Les nouveaux critères de décision proposés sont la « valeur d'option » ou « regret maximum » que le décideur pourrait avoir s'il choisissait la stratégie la plus irréversible.

La méthode proposée repose donc sur l'utilisation d'un arbre de décision avec comme situation de référence le projet le plus long (irréversible). Le fait de raisonner en terme de regrets ou de gains est une modalité supplémentaire que l'on peut introduire. Ce n'est donc pas véritablement un

---

1. A. Richard, « Éléments de synthèse entre valeur actualisée et délai de récupération, l'effet d'irréversibilité », *Revue d'Économie Politique*, n° 1, 1982.

G. Lambert, « Choix d'investissement, un nouvel outil de décision », *Revue Française de Gestion*, mars 1988.

X. Freixas, « L'effet d'irréversibilité dans le choix des grands projets », *Laboratoire d'Econométrie*, Université de Montpellier I.

nouveau critère. L'innovation repose sur le fait de faire intervenir différentes stratégies (au lieu de reconduire systématiquement les projets les plus flexibles) à partir d'une situation de référence. Le rôle d'une information qui sera le plus souvent croissante avec le temps est primordial. [1]

4.3.2. L'introduction de l'inflation dans le choix des projets

L'opération consiste à réexaminer les différents flux en considérant qu'ils seront soumis à une certaine pression inflationniste qu'il faudra directement ou indirectement intégrer aux résultats et à l'analyse. Avant de voir les modalités de calcul, de prise en considération de l'inflation et d'interprétation des résultats, examinons l'opportunité de l'étude après inflation.

• *Arguments pour la prise en considération de l'inflation*

– Les réalisations seront comparables aux prévisions puisqu'elles interviendront en prix courants.

– Le financement (avec les emprunts et les charges financières), même dans l'étude prévisionnelle, interviendra en prix courants (sauf indexation).

– L'inflation peut modifier la structure des charges, ce qui a un effet sur le résultat et sur la sensibilité des différentes variables. La décision finale peut par conséquent en être affectée.

• *Arguments contre la prise en considération de l'inflation*

– C'est une variable de plus à gérer dans l'évaluation, donc une complexité plus grande dans l'interprétation des différents résultats qui vont perdre leur signification première. Les TIR avant et après inflation ne sont pas interprétables de la même façon.

– L'entreprise s'adapte à l'inflation par des ajustements de prix (la marge de manœuvre dépend du contexte). L'inflation concerne donc davantage les problèmes de gestion que d'évaluation.

En conclusion, la prise en considération de l'inflation peut être très utile, tout dépendra des projets et de la finesse recherchée dans l'évaluation. Mais en raison de la plus grande complexité de l'interprétation des résultats, c'est aussi un formidable instrument de manipulation.

4.3.2.1. Le calcul des taux d'inflation

Quelles sont les variables concernées et comment estimer les taux ?

Les variables concernées sont de deux types :

– les variables non contrôlées (exogènes) qui sont les variables dont le projet n'assure pas directement la maîtrise (*a priori*), comme les investissements, les consommations intermédiaires, le personnel (évolution du SMIG) ;

– les variables contrôlées (endogènes) dont la valeur dépend des choix effectués par le projet en fonction de critères internes (objectifs) ; ce sont les variables stratégiques comme le prix de vente ou (et) le niveau de pro-

1. Pour plus de détails, voir G. Lambert, *op. cit.*, page 25.

duction. Pour ces variables, il n'est pas possible de prévoir directement un taux d'inflation. Leur évolution est décidée à partir de la stratégie de l'entreprise (baisse de prix pour accroître des parts de marché ou hausse pour améliorer des marges). Cette détermination des prix devra nécessairement intégrer l'inflation sur les coûts, mais dans une seconde phase.

Par conséquent, l'étude avec inflation ne pourra valablement intervenir que lorsque les stratégies seront étudiées. Elle sera donc réalisée avant financement, et après la rentabilité à prix constants qui doit servir de référence première. Néanmoins dans un premier temps, il sera intéressant de connaître les effets de l'inflation sur la structure des charges.

- *Les méthodes de calcul*

L'estimation des taux d'inflation peut être réalisée à plusieurs niveaux. Elle peut être faite d'une manière indifférenciée. L'objectif est alors d'avoir simplement des flux indexés à l'inflation générale prévue pour les différentes charges. Mais normalement, l'estimation doit être réalisée poste par poste, au moins pour les charges principales.

- *Les méthodes d'estimation*

À défaut de pouvoir faire référence à une prévision réalisée par un organisme spécialisé, il est possible de procéder à un ajustement sur des séries plus ou moins longues, de manière à détecter des changements de tendance. Dans la mesure où nous travaillons sur le moyen ou long terme, il serait également souhaitable d'anticiper les changements si les informations le permettent [1].

4.3.2.2. La rentabilité après inflation

Posons

α, le taux moyen annuel d'inflation estimé pour le projet ;
α_{np}, le taux annuel d'inflation estimé par poste (ou élément de charge) ;
F_n, le flux de trésorerie de l'année n, avant intégration de l'inflation ;
FI_n, le flux de trésorerie de l'année n, après intégration de l'inflation ;
F_{np}, le flux de trésorerie de l'élément p, année n du compte de résultat.

Avec une inflation moyenne (α) annuelle, nous aurons :

$$FI_n = F_n(1 + \alpha)^n$$

Avec une inflation spécifique à chaque poste, la formule devient :

$$FI_n = \sum_p F_{np}(1 + \alpha_{np})^n$$

avec $\sum_p F_{np} = F_n$.

1. Pour les modalités d'ajustement, voir W. M. Kolb, *Curve fitting for programmable calculators*, IMTEC USA. Voici quelques exemples d'ajustements utiles (linéaire, homographique, polynomiale (parabole), puissance, exponentiel, logarithmique, racine).

Dans ce dernier cas, le taux moyen d'inflation subie par le projet n'est pas directement appréhendé. Par ailleurs, ce taux annuel va varier si la pondération des flux est modifiée tous les ans (cas de l'existence d'une montée en production). Néanmoins, il est possible de le calculer annuellement, comme précédemment par le rapport des flux : $\frac{FI_n}{F_n} = (1 + \alpha)^n$.

- *Calcul du TIR*

Posons α, le taux moyen d'inflation, inflation indifférenciée ou inflation moyenne pondérée subie,

t, le TIR calculé avec des flux sans inflation ;

θ, le TIR calculé avec des flux après intégration de l'inflation, (TIR calculé à prix courants).

Sans intégration de l'inflation, nous avions :

$$\sum_{n=0} \frac{F_n}{(1+t)^n} = 0$$

Après intégration de l'inflation, la formule devient :

$$\sum_{n=0} \frac{F_n(1+\alpha)^n}{(1+\theta)^n} = 0 = \sum_{n=0} \frac{FI_n}{(1+\theta)^n}$$

$$\frac{1+\alpha}{1+\theta} = \frac{1}{1+t} \quad \text{et} \quad \theta = t + \alpha + \alpha t$$

Par ailleurs l'inflation ayant été intégrée aux différents flux, il est possible de recalculer une rentabilité en francs constants par opposition à la rentabilité à prix constants. En reprenant les informations précédentes, nous aurons donc les formulations suivantes.

t, le TIR à prix constants ;

θ, le TIR à prix courants ;

α, l'inflation subie par le projet ;

g, l'inflation générale exprimant la perte de valeur de la monnaie (pour le décideur),

r, le TIR à francs constants, qui est défini par :

$$\sum_{n=0} \frac{F_n(1+\alpha)^n}{(1+g)^n(1+r)^n} = 0$$

Par rapprochement des deux calculs du TIR nous avons :

$$\frac{1+\alpha}{(1+g)(1+r)} = \frac{1}{1+t}$$

$$= \frac{1+\alpha}{1+\theta}$$

$$\theta = g + r + gr$$

Ce qui permet de calculer directement r à partir de t ou θ.

Si $\alpha = g$, $r = t$; le TIR en francs constants est égal au TIR à prix constants.

Le TIR en francs constants présente l'avantage d'intégrer l'inflation sur le projet tout en conservant les facilités d'interprétation et de comparaison du TIR à prix constants.

- *Calcul du FNTA*

Voyons d'abord la question en francs courants. L'introduction de l'inflation modifie le taux d'actualisation. Nous retrouvons des formulations proches des précédentes.

$$FNTA = \sum_{n=0} \frac{F_n}{(1+i)^n}$$

$$FNTAI = \sum_{n=0} \frac{FI_n}{(1+j)^n}$$

En raison de la référence externe de l'inflation dans le taux d'actualisation, nous avons :

$$1 + j = (1+i)(1+g)$$
$$j = i + g + gi$$

avec i = taux d'actualisation avant inflation ;
j = taux d'actualisation après inflation ;
g = taux général de l'inflation, qui exprime la perte de valeur de la monnaie et qui peut être différent de l'inflation subie par le projet.

En francs constants, le taux d'inflation n'intervient plus directement, le taux d'actualisation est celui qui a été exprimé en prix constants.

4.3.2.3. Exemple

Reprenons l'exemple précédent et introduisons en premier lieu une inflation uniforme de 3 % correspondant à l'inflation subie par le projet et à la stratégie de prix adoptée. Les flux après inflation s'obtiennent en multipliant chaque flux annuel par $(1 + 0{,}03)^n$ (voir tableau 22).

En recalculant le taux interne, nous trouvons 22,67 %, ce qui correspond effectivement à :

$$19{,}1\ \% + 3\ \% + (19{,}1\ \% \times 3\ \%)\ \% = 22{,}67\ \%$$

Le taux interne augmente avec l'inflation. Si l'inflation générale (correspondant à la baisse de pouvoir d'achat) est de 4 %, il est possible de recalculer les flux en francs constants, en divisant chaque flux annuel par $(1 + 0{,}04)^n$.

Les flux obtenus permettent de recalculer le taux interne qui est de 17,96 %. C'est donc le TIR en francs constants que l'on peut retrouver par,

$r = (\theta - g)/(1 + g)$
$= (22{,}67\ \% - 4\ \%)/(1 + 4\ \%) = 17{,}95\ \%.$

Par ailleurs dans le cas de résultats établis en prix courants (donc après inflation), il est nécessaire de modifier le taux d'actualisation qui passe de 10 % à

$$10\ \% + 4\ \% + (4\ \% \times 10\ \%) = 14{,}4\ \%$$

Tableau 22. – *Rentabilité et inflation*

An.	**0**	**1**	**2**	**3**	**4**	**FNT**	**TIR**	**FNTA**
Sans inflation								
					Taux actualisation :			10 %
*P*1	– 10 000	3 250	3 750	4 250	4 250	5 500	19,10 %	2 150
Avec inflation uniforme de 3 % pour le projet et générale de 4 %								
Rentabilité francs courants					Taux actualisation :			14,40 %
*P*1	– 10 000	3 348	3 978	4 644	4 783	6 753	22,67 %	1 861
Rentabilité francs constants					Taux actualisation :			10 %
*P*1	– 10 000	3 219	3 678	4 129	4 089	5 114	17,96 %	1 861
Avec inflation différenciée								
					Taux actualisation :			14,40 %
*P*1	– 10 000	3 300	4 000	4 600	4 750	6 650	22,35 %	1 787
Rentabilité francs constants					Taux actualisation :			10 %
*P*1	– 10 000	3 173	3 698	4 089	4 060	5 021	17,65 %	1 787

La Valeur Actuelle Nette (ou FNTA) passe de 2 150 avant inflation à 1 861 après introduction de l'inflation et modification du taux d'actualisation. Par conséquent, elle baisse avec l'inflation, contrairement au taux interne.

Bien entendu en revenant à des résultats établis en francs constants, le taux d'actualisation de référence redevient 10 %. Le passage de flux à prix courants aux flux à prix constants ne modifie pas la VAN en raison de la modification du taux d'actualisation.

En second lieu, prenons le cas d'une inflation différenciée. Les flux obtenus après étude poste par poste donnent les résultats suivants (deuxième partie du tableau 22). Ces flux permettent de calculer le TIR à prix courants qui est de 22,35 %.

À partir de ces mêmes flux, l'inflation subie par le projet correspond à :
$\alpha = (\theta - t)/(1 + t)$
$\alpha = (22{,}35\ \% - 19{,}1\ \%)/1{,}191 = 2{,}73\ \%$

Nous obtenons également le TIR en francs constants, en divisant les flux annuels par $(1 + 0{,}04)^n$. Ceci nous donne 17,65 % comparables aux 19,1 % de rentabilité sans intégration des effets de l'inflation. Par ailleurs, le taux interne à francs constants peut directement être obtenu par la relation :

$$\left((1 + r) = \frac{(1 + \alpha)(1 + t)}{(1 + g)}\right) = \frac{1,0273 \times 1,191}{1,04} = 1,1765$$

avec r = rentabilité en francs constants ;
t = rentabilité à prix constants ;
α = inflation subie ;
g = inflation générale.

Nous remarquons que l'effet de l'inflation différenciée est moindre, ce qui témoigne d'une non-adaptation à l'inflation des coûts, subie, ou d'une baisse volontaire du prix de vente qui explique donc un TIR en francs constants plus faible.

Le taux d'actualisation sera comme précédemment de 14,4 % en raisonnant à partir de flux établis à prix courants, et de 10 %, si les flux sont à prix ou francs constants. Ce qui distingue francs et prix constants est donc la prise en compte ou non des effets de l'inflation dans l'évaluation, les flux ayant la même nature.

En conclusion, lorsque l'inflation a une incidence sur le projet, la meilleure méthode consiste à recalculer dans une première phase tous les flux à prix courants puis dans une seconde phase de revenir aux francs de l'année de base (francs constants) en déduisant la perte de valeur de la monnaie (cf. Exercices corrigés).

5. Risque et incertitude

Les risques existent à tous les niveaux, au sein du projet ou de son environnement. Dans le cadre des relations entre projet et environnement, cette approche se caractérise par une internalisation des éléments de risques liés à l'environnement. Ces risques vont se manifester par des coûts supplémentaires non prévus ou par un arrêt fatal du projet en relation, ou non, avec la rentabilité (problèmes de trésorerie, par exemple).

La méthode consiste donc à intégrer les risques détectés à la décision finale (plusieurs modalités existent) ou à donner une réponse compensatoire à chaque risque particulier. Dans ce dernier cas, le risque est théoriquement éliminé de l'analyse et remplacé par un sur-coût. Il existe donc à ce niveau une stratégie de réduction des risques qui dépasse le cadre de l'analyse ou de l'évaluation du projet (techniques de l'assurance, par exemple). Cette question doit bien être précisée au départ, dans la mesure où la prise en considération des risques peut être différente et il ne faudrait pas faire intervenir deux fois le même risque, une fois en tant que coût, une autre fois en tant que risque à prendre.

Après avoir défini la notion de risque, nous étudierons plus en détail trois risques particuliers concernant les projets : le risque d'exploitation avec le seuil de rentabilité, le risque de trésorerie avec le niveau du BFR et le risque de rentabilité généralement pris en compte dans le taux d'actualisation. Il restera ensuite à préciser les relations entre les risques ainsi définis, plus particulièrement le risque de rentabilité, et les critères de performance, ce qui va influencer la décision. Nous le ferons d'abord au niveau du projet seul (risque intrinsèque), puis au niveau du marché financier qui apporte une valorisation spécifique du risque projet.

5.1. Définition et typologie des risques

5.1.1. Définition

Qu'est-ce qu'un risque ou une incertitude ? Comment situer le risque par rapport à la classification et au calcul des dépenses d'un projet ? Quels sont les types de risques auxquels un projet doit généralement faire face ? Les approches de la notion de risque sont nombreuses. Nous allons partir d'une approche statistique.

• *Le risque en probabilité*

Partons de l'approche statistique : « il y a risque quand on connaît les divers états possibles de la nature, leur probabilité, et qu'on peut "jouer" assez longtemps pour être quasi certain qu'on rencontrera au cours de telle période tel état tant de fois, avec un certain pourcentage de chances d'erreur ; il y a incertitude quand on ne peut pas évaluer la probabilité d'arrivée des divers états de la nature ; ou, si on la connaît, quand on ne peut pas "jouer" suffisamment longtemps pour compenser les "coups" malheureux » [1]. Cette distinction qui date de F. Knight (1921) limite le domaine de calcul des risques, mais par ailleurs les techniques d'enquête et la notion de probabilité subjective l'ont considérablement étendu (cf. *infra* [2]).

Le risque ne peut donc se calculer que dans un univers probabilisable. Mais en contre partie, il peut être mesuré avec précision. Dans cette approche, le risque d'un projet correspond à une dispersion de la performance (par exemple, le taux interne).

L'incertitude fait référence, comme nous l'avons vu, à l'absence d'information ou par extension à une information imparfaite. On peut donc dire que, d'une part, toute incertitude peut se transformer en risque par une étude qui aura un coût. D'autre part, l'incertitude a un caractère résiduel : tout ce qui n'a pu faire l'objet d'un calcul de risque se traduit par une incertitude. À l'origine, nous avons donc des incertitudes qui, par définition, ne sont pas toutes connues et qui, après une recherche d'informations et un calcul, se transforment partiellement en risques identifiés et mesurés. La chaîne qui va de l'incertitude au risque est donc variable en fonction de la progression de l'évaluation et des études réalisées (réduction de l'incertitude). C'est la rai-

---

1. M. Capet, in *Encyclopædia Universalis* France, 1995.
2. Nous avons également signalé la nécessité de rajouter dans la notion d'incertitude le fait que l'information n'est pas connue à l'avance et aussi la notion d'incertitude réduite dans laquelle la situation est connue à l'avance grâce à un système de prévision autorisant un calcul des erreurs en probabilité ; ce qui correspond à une situation risquée.

son pour laquelle nous allons considérer le couple « incertitude/risque » en lui appliquant indifféremment le terme de risque ou incertitude.

- *Le risque dans la classification des charges*

Pour définir la notion de risque ou d'incertitude, il est également intéressant de faire référence à la classification des flux que nous fournit la comptabilité. Nous pouvons ainsi situer le risque par rapport à une « charge » et une « provision ». Le point commun à ces trois éléments est de venir en déduction du résultat d'un exercice et par conséquent de générer directement ou indirectement des flux dans le compte de résultat.

Rappelons que la provision se distingue de la charge par l'existence d'une incertitude sur le montant de la « dépense » qu'elle couvre et qui sera connu ultérieurement. Ces deux éléments ont en commun la certitude de la réalisation d'un coût ainsi que le fait qu'ils se rattachent à un exercice donné. La provision deviendra, avec certitude, une charge, mais la connaissance de son montant exact interviendra ultérieurement. Cette incertitude sur la valeur à provisionner autorise certaines manipulations, comme le fait de différer un mauvais résultat en sous-estimant la perte.

Le risque correspond à un coût non déterminé dans son montant (comme la provision), ni dans la date à laquelle il pourrait intervenir. Donc la particularité du risque est que l'incertitude touche l'existence même du coût, tout au moins à court terme. Précisons que le risque se situe complètement dans le domaine prévisionnel alors que dans le cas de la provision nous sommes à cheval entre le réel (l'existence du coût à provisionner) et le prévisionnel (son montant estimé).

Quels sont alors les éléments permettant l'identification
et le calcul du risque ?

D'abord la nature du risque doit être connue avec précision (comme une charge). Ensuite le montant du risque doit pouvoir faire l'objet d'une estimation (comme une provision). Demeure simplement l'incertitude de la réalisation de l'événement attaché au risque.

Il faut alors faire intervenir les techniques de calcul des risques. Le calcul des probabilités permet l'estimation d'un coût en tenant compte de l'incertitude de sa réalisation (notion de coût espéré [1], cf. *infra*).

Si l'on admet ces techniques, aujourd'hui couramment utilisées, la notion de risque paraît bien proche de celle de provision [2]. Il faut simplement consi-

1. Le coût espéré est une technique de calcul du risque en tant que coût.

2. Signalons que la notion de provision est parfois prise dans un sens plus large et proche de celle de risque, il s'agit des provisions « à caractère de réserve », généralement non admises par le fisc et couvrant des événements non réalisés. Par ailleurs certaines provisions, les provisions réglementées, s'écartent du schéma indiqué et interviennent légalement sans aucune contrepartie réelle. Elles constituent un avantage accordé par l'État à l'entreprise pour favoriser certaines activités ou opérations (économies d'énergie, exportation…). Ce type de provision est ainsi assimilé à du bénéfice après traitement des éventuelles incidences fiscales.

dérer un degré supplémentaire d'incertitude (d'information) dans l'estimation des valeurs ainsi que la perspective nécessairement à long ou à moyen terme du calcul des risques (plusieurs exercices sont concernés).

Quels sont les enjeux liés à l'identification des risques ?

La détection des risques fait maintenant partie des préoccupations de gestion des entreprises [1]. Elle permet par exemple aux entreprises de mieux procéder à des arbitrages entre des coûts immédiats et des coûts futurs (risques calculés). Le cas classique est celui de la sécurité, destinée à prévenir de futures charges liées à des accidents. L'exemple le plus actuel est fourni par les pollutions engendrées par certaines activités. La législation en vigueur peut ne faire apparaître aucune obligation immédiate mais des études prévisionnelles indiquer un risque pour le futur, dont le coût dépendra de dispositions ou de choix immédiats [2]. Cette démarche est particulièrement intéressante dans les projets dans la mesure où c'est là que les stratégies de réduction des risques prennent toute leur ampleur. Pour conclure, nous proposons en complément la définition suivante du risque.

> Le risque correspond à un traitement spécifique de l'information qui externalise[a] une charge ou une perte prévisible ou probable et qui donnera lieu à des arbitrages entre le présent et le futur. Le taux d'actualisation va donc jouer un rôle.

a. Par rapport au calcul classique des coûts effectué dans le compte de résultat et permettant d'obtenir la CAF ou le FNT.

Mais certaines indéterminations ou incertitudes ne vont pas déboucher sur ce traitement et simplement se transformer en coût ; c'est le cas de la traditionnelle rubrique des imprévus.

Avant d'aborder une classification des risques, nous présentons les principaux types identifiés.

5.1.2. Typologie des risques possibles dans un projet

– Les risques liés aux investissements ne sont sensibles que pour les projets dont la réalisation est relativement longue. Ils concernent : les dépassements de coûts, les retards et les risques technologiques (mises au point, adaptation des équipements).

– Les risques d'approvisionnement sont sensibles lorsqu'il y a un approvisionnement extérieur important (matières premières).

– Les risques liés à l'inflation sont de deux ordres. D'abord nous trouvons les risques de non répercussion volontaire sur le prix de vente des

1. Voir « Les risks managers font craquer les entreprises françaises », *Le Monde* du 27.06.90.

2. La simple perte d'image due à une pollution est un coût difficile à mesurer, mais le prix pourrait en être estimé par celui des dispositions anti-polluantes.

hausses de coûts subies. Ce comportement est à lier : à la concurrence (prix déterminés) et aux technologies utilisées (la plus ou moins grande technicité des procédés utilisés rend les projets plus ou moins sensibles à l'inflation).

Ensuite interviennent les risques dus aux fluctuations de prix (ceux-ci étant différents de l'inflation considérée comme un phénomène tendanciel). À francs constants, il est possible de faire intervenir des fluctuations de prix autour des prix de base ou des prix de tendance. Ceci entraîne une plus ou moins grande dispersion des résultats selon l'impact des variables concernées.

– Les risques d'exploitation sont liés à la maîtrise des coûts de fonctionnement mis en valeur par une analyse de sensibilité. Ces coûts peuvent être directs comme ceux liés à la productivité ou indirects, comme les « coûts cachés » que la comptabilité classique ne met pas en valeur mais que toute étude différentielle doit nécessairement faire intervenir.

La maîtrise des coûts passe aussi par celle de la flexibilité. Une mauvaise (ou trop rigide) fonction de coût peut entraîner une série de mauvais résultats pouvant compromettre la bonne marche de l'entreprise.

Les risques d'exploitation sont aussi externes au projet, comme les effets sur l'environnement, principalement si des dispositions répondant au concept de « développement propre » étaient adoptées.

– Les risques financiers et de trésorerie concernent les risques liés au financement mais dont l'origine peut provenir d'une insuffisance de fonds propres susceptible d'entraîner une mise en liquidation, ou au contraire d'une absence de dividende qui empêchera une augmentation de capital (cf. La partie financement). De la même façon mais pour une approche à court terme, l'entreprise peut manquer de trésorerie (en relation avec ses prévisions de BFR).

– Les risques de marché

Des variations de prix et de volume de marché peuvent mettre le projet en difficulté sans que celui-ci y soit pour quelque chose. Dans ces variations, il faut distinguer les fluctuations de prix ou de volume, des erreurs de tendance dans les prévisions à long ou moyen terme (cf. *supra*).

– Les risques pays

Les pays font maintenant l'objet d'une étude globale des risques [1], qui regroupe des aspects de politique économique.

Le risque politique est mesuré par « la cohérence de la politique gouvernementale et la qualité de la gestion économique ». Des éléments comme la dette extérieure et les réserves de change seront pris en compte.

Tous ces risques demandent une étude spécifique qui mettra en valeur le coût du risque pour le projet ou le coût de couverture de ce risque par des contrats d'assurance, des montages financiers… Toute la difficulté

1. Voir *Courrier International* du 24.10.91 et la COFACE, « Risque pays », *Le MOCI*, 1998.

réside dans la pondération de ces risques qui sont souvent liés entre eux et ne peuvent pas faire l'objet d'une simple opération d'addition. Nous proposons un regroupement de l'ensemble en trois catégories assez différentes :

– le risque pays de type macro-économique, relativement indépendant du projet en tant que tel ;

– le risque projet seul analysé ici que l'on va dissocier en trois grands types : les risques d'exploitation, de trésorerie et de rentabilité ;

– le risque financier, lié au financement que nous verrons après avoir étudié le financement des projets.

Schéma 4. – *Les différents risques*

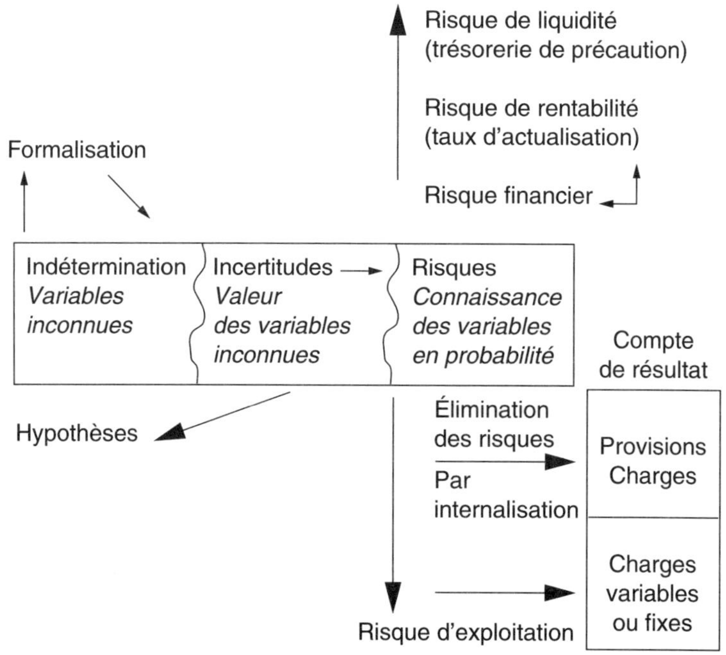

5.2. Le risque d'exploitation

Le risque d'exploitation [1] est un risque à court terme mesuré périodiquement, centré ici sur les prévisions de chaque année. Il exprime la vulnérabilité du projet (en tant qu'entreprise) aux retournements de conjoncture et aux modifications à court terme de l'activité. Il permettra de faire apparaître la période la plus risquée et de suivre chaque année la valeur de ce risque. Il est essentiellement basé sur les effets des variations de l'activité sur le bénéfice, en considérant qu'à court terme la capacité d'adaptation des charges est relativement limitée. Le seuil de rentabilité est à l'origine du calcul de ce risque d'exploitation, il sera complété par un concept plus efficient, celui d'élasticité.

1. Pour plus de détails, voir aussi article revue *Direction et Gestion*, novembre 1998.

5.2.1. Le seuil de rentabilité

5.2.1.1. Définition

Le seuil de rentabilité est aussi appelé point mort ou chiffre d'affaires critique. C'est la valeur minimale du chiffre d'affaires à partir de laquelle l'exploitation est profitable ou rentable, selon les terminologies. Ce point correspond donc à une activité avec un bénéfice nul. Il peut être calculé à partir du volume des ventes avec un prix ce vente donné, ou d'un niveau de prix à volume de vente constant. La solution mixte consistant à faire varier à la fois le prix et le volume est également possible. Différentes équations de détermination existent. Elles reposent toutes sur la décomposition des charges en variables (proportionnelles à l'activité) et fixes (indépendantes de l'activité à l'intérieur de certaines zones d'activité).

> Marge sur coût variable = Coût fixe
> Chiffre d'affaires = Coût total = Coût variable + Coût fixe
> Marge nette = 0

Le point mort en valeur s'obtient donc directement en divisant les coûts fixes totaux par la marge sur coût variable par franc de chiffre d'affaires. Le point mort en volume est calculé en divisant les coûts fixes totaux par la marge sur coût variable unitaire. Les choses se compliquent un peu si nous avons des stocks de produits finis, comme dans l'exemple suivant.

- *Exemple*

Tableau 23. – *La situation de référence*

Prix de vente unitaire (KF)	80
Coût variable unitaire (KF)	60
Marge sur coût variable unitaire (KF)	20
Volume de production	70
Coûts fixes totaux (KF)	1 000

Tableau 24. – *Le compte de résultat (double présentation)*

Compte de résultat (KF)	
Production vendue	5 600
Production stockée[a]	300
Coût variable de production	4 500
Marge sur coût variable	1 400
Coûts fixes	1 000
Marge nette	400

Compte de résultat sur les ventes (KF)	
Production vendue	5 600
Coût variable des ventes[b]	4 200
Marge sur coût variable	1 400
Pourcentage des ventes	25 %
Coûts fixes	1 000
Marge nette	400

a. La production stockée est ici calculée au coût variable moyen, pour conserver la proportionnalité des coûts variables.
b. La production stockée est déduite des coûts variables de production pour calculer le coût variable des ventes qui devra être proportionnel à la production vendue.

Le seuil de rentabilité en valeur sera de $\frac{1000}{0,25} = 4\ 000\ KF$ Le seuil de rentabilité en volume est de 50 unités (1 000/20).

Le seuil de prix sera de $\frac{\text{Coût total}}{\text{Volume de production}} = \frac{5\,200}{70} = 74,3\ KF$

Le seuil de prix, même s'il est intéressant à étudier, est à mettre à part, car il ne met pas directement en cause le partage des charges en variables et fixes.

5.2.1.2. Caractéristiques du point mort

- *Le point mort est un indicateur de performances*

Le point mort retrace le niveau d'activité à partir duquel l'entreprise gagne de l'argent. Par conséquent, sa réduction montre une plus grande capacité de l'entreprise à dégager des bénéfices. Un seuil de rentabilité plus bas, à production réelle égale, procurera un bénéfice plus important.

- *Le point mort dépend de la proportion entre coûts fixes et coûts variables*

Cette opération de réduction des charges fixes modifie la fonction de coût, en entraînant une plus grande proportion de coûts variables par rapport aux coûts fixes et améliore donc la marge nette totale sans modifier la marge sur coût variable. Dans l'exemple précédent, un niveau de charges fixes de 900 au lieu de 1 000 fait passer le seuil de rentabilité de 4 000 à 3 600 *KF*.

Dans ce cas, le rapport coûts variables/coûts fixes passe de

$$\frac{4\,200}{1\,000} = 4,2 \quad \text{à} \quad \frac{4\,200}{900} = 4,67$$

Le bénéfice augmente du montant de la réduction des coûts fixes (100).

Considérons maintenant la même réduction de coût, mais en charges variables. Le bénéfice subira le même changement et le point mort sera de :

$$\frac{1\,000}{\frac{1\,400 + 100}{5\,600}} = 3\,733 \text{ contre } 3\,600$$

La proportion coûts variables/coûts fixes passe à $\frac{4\,100}{1\,000} = 4,1$.

La performance mesurée par ce critère est donc moins bonne. La réduction des coûts fixes au lieu des coûts variables permet à l'entreprise de gagner de l'argent avec un niveau d'activité moindre. C'est la signification de ce critère.

Ces constatations nous invitent à ne pas considérer séparément la variation des charges variables et fixes mais la proportion qui les lie, c'est-à-dire de raisonner à coût total (ou à bénéfice) constant. Dans le cas présent, une réduction de 100 des coûts fixes correspondra à une augmentation aussi de

100 des coûts variables. Le bénéfice initial de 400 sera maintenu mais le point mort deviendra :

$$\frac{900}{\frac{1\,400 - 100}{5\,600}} = 3\,877 \text{ contre } 4\,000$$

La même opération effectuée avec une réduction des charges variables et une augmentation des coûts fixes conduit à un seuil de rentabilité de $\frac{1\,100}{\frac{1\,400 + 100}{5\,600}} = 4\,107$.

La performance mesurée par le seuil de rentabilité est appréciée ici à bénéfice constant. Elle nous confirme directement une situation améliorée par une réduction de la proportion de coûts fixes par rapport aux frais variables. Ceci dépend néanmoins de la situation de référence, entreprise déficitaire ou bénéficiaire. Considérons une production de 40 unités (inférieure au seuil de rentabilité). Le compte de résultat sera alors le suivant.

Tableau 25. – *Compte de résultat sur les ventes (KF)*

Production vendue	3 200
Coût variable des ventes	2 400
Marge sur coût variable	800
Pourcentage des ventes	25 %
Coûts fixes	1 000
Marge nette	– 200

Le résultat est négatif et en diminuant de 100 les charges fixes par une augmentation du même montant des charges variables, le seuil de rentabilité change et devient $\frac{900}{\frac{800 - 100}{3\,200}} = 4\,114$.

La performance est moins bonne et une augmentation de la proportion de charges fixes nous donnera au contraire une amélioration du seuil de rentabilité $\frac{1\,100}{\frac{800 + 100}{3\,200}} = 3\,911$.

Les conséquences d'une modification de proportion entre coûts variables et fixes sur le seuil de rentabilité dépendent donc de la situation déficitaire ou bénéficiaire de l'entreprise. En dessous du point mort (résultat négatif), une amélioration de performance par abaissement du seuil de rentabilité est obtenue par une augmentation relative des charges fixes. En situation bénéficiaire, c'est le contraire, une baisse relative des charges fixes diminue le seuil de rentabilité (cf. graphiques ci-après). Ceci débouchera sur des stratégies différentes.

Graphique 25. – *Le point mort*

Cas 1 : l'entreprise est au-dessous de son seuil de rentabilité

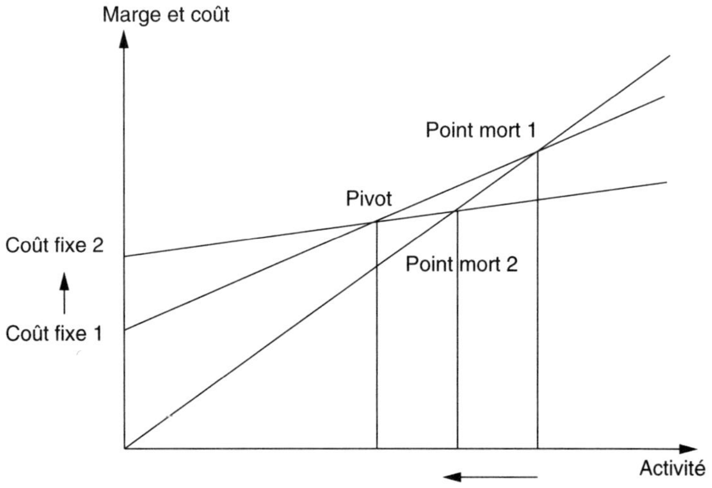

Cas 2 : l'entreprise est au-dessus de son seuil de rentabilité

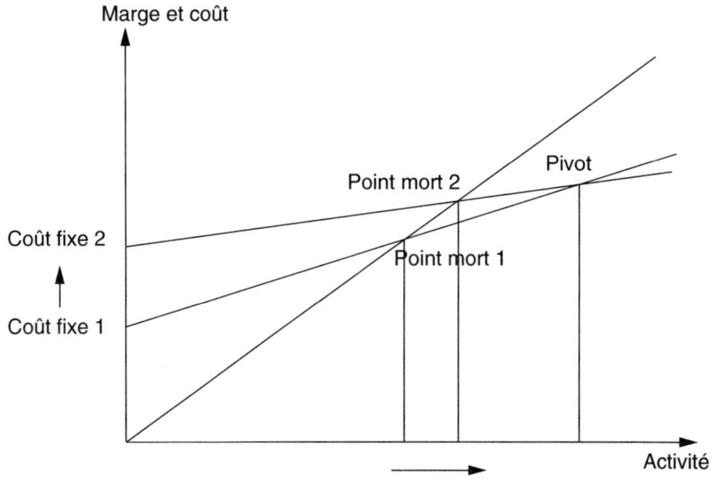

• *Le point mort est un indicateur de risque* [1]

Plus le seuil de rentabilité est élevé, plus l'entreprise court de risque. Ce risque est celui qui est lié à une situation non bénéficiaire. Un résultat nul

1. Risque est pris ici au sens général (cf. *infra*, le couple risque-incertitude).

peut facilement se transformer en perte et conduire à une cessation de paiement. Un résultat nul est signe d'un faible autofinancement et donc d'une plus grande dépendance des différents apporteurs de capitaux. Par ailleurs pour une activité nouvelle, un seuil de rentabilité non atteint fait peser une incertitude sur la rentabilité de l'activité.

Deux aspects sont liés à ce critère comme indicateur de risque. En premier lieu, nous l'avons vu précédemment, si l'entreprise en abaissant son seuil de rentabilité améliore sa capacité à gagner de l'argent et donc aussi son autonomie financière, elle diminue par la même occasion son niveau de risque. La mesure de la performance par le niveau du point mort s'interprète donc aussi comme une mesure du risque. Mais en second lieu, le point mort est un point de repère pour l'entreprise, dont elle va chercher à s'éloigner. Donc en appréciant sa position par rapport au point mort, l'entreprise va mesurer l'évolution de son risque. Il y a bien une double appréciation du seuil de rentabilité :

- l'évolution de son niveau (proportion entre coûts variables et fixes) ;
- l'évolution de l'écart entre ce niveau et le chiffre d'affaires de l'entreprise. L'indice de sécurité permet d'effectuer cette double appréciation en mesurant :

$$\frac{\text{Chiffre d'affaires réel} - \text{Chiffre d'affaires critique}}{\text{Chiffre d'affaires réel}}$$

Par conséquent, le point mort en étant relativement indépendant du niveau réel d'activité est en tant que tel une mesure très imparfaite du risque. Ceci est corrigé par l'indice de sécurité qui intègre deux aspects différents : l'évolution de l'activité et celle du seuil critique. Si l'entreprise peut faire évoluer son seuil critique en recherchant à l'abaisser, elle réduira aussi son risque, selon ce critère, en augmentant son activité.

5.2.2. Flexibilité et élasticité

5.2.2.1. Définition de la flexibilité

La flexibilité des charges est un concept qui s'est développé avec l'apparition de baisses systématiques ou de fluctuations de l'activité faisant suite à la longue période d'expansion de l'après-guerre. Elle traduit pour une entreprise sa capacité à adapter le niveau de ses charges à celui du volume de la production. Une bonne flexibilité permettra à l'entreprise de dégager des bénéfices, même en cas de baisse d'activité. Elle s'exprime par la proportion de charges variables par rapport au chiffre d'affaires ou au coût total. Nous retrouvons donc le découpage précédent entre éléments fixes et variables.

Une amélioration de flexibilité sera obtenue avec davantage de coûts variables pour un même coût total, ce qui se traduira aussi par un abaissement du seuil de rentabilité dans le cas où l'entreprise est bénéficiaire. Les deux notions vont dans le même sens. Toutefois, au lieu de développer les propriétés de la flexibilité, nous allons introduire un concept très voisin mais plus riche, celui d'élasticité.

5.2.2.2. Définition de l'élasticité

En posant
y = marge nette ;
x = chiffre d'affaires ou volume des ventes ;
$E_{y/x}$ = élasticité du résultat par rapport à l'activité.

$$E_{y/x} = \frac{(\partial y)/y}{(\partial x)/x} = \frac{\partial y}{\partial x} \cdot \frac{x}{y}$$

L'élasticité du résultat par rapport à l'activité est le rapport des variations relatives de marge nette et de chiffre d'affaires (ou de volume de vente) pour une faible variation des ventes. Elle mesure la variation de résultat (marge nette) qui résulte d'une variation des ventes. Elle est aussi égale à la marge sur coût variable par franc de chiffre d'affaires ($\delta y/\delta x$) multipliée par le rapport de l'activité à la marge nette. C'est également le rapport entre la marge sur coût variable et la marge nette.

La connaissance de ce coefficient d'élasticité permet d'apprécier les effets d'une variation d'activité. Ainsi avec une élasticité de 10, une variation d'activité de 2 % se traduira par une variation du résultat de 2 % × 10 = 20 %. L'élasticité pour une fonction de coût linéaire dépend de la proportion entre coûts variables et fixes. Elle est donc très proche de la flexibilité précédemment définie, comme nous allons le voir dans un exemple.

5.2.2.3. Exemple de calcul d'élasticité

Considérons deux entreprises (1 et 2) ayant le même niveau de vente mais des fonctions de coût différentes. Nous allons établir le compte de résultat et le graphique des marges à partir des fonctions suivantes représentant les équations sous la forme :

Marge nette = marge sur coût variable – coût fixe total

Tableau 26. – *Comparaison des entreprises (1) et (2)*

Compte de résultat	Entreprise (1)	Entreprise (2)
Production vendue	6 000	6 000
Coûts variables	4 800	4 320
Marge sur coûts variables	1 200	1 680
Coûts fixes	1 000	1 480
Marge nette	200	200
Seuil de rentabilité	5 000	5 285,7

(1) $y = 0{,}2 \times - 1\ 000$
(2) $y = 0{,}28 \times - 1\ 480$

Calcul des élasticités pour une activité de 6 000
(1) $E_{y/x} =$ 0,2 – 6 000/200 = 6.
(2) $E_{y/x} =$ 0,28 – 6 000/200 = 8,4.

Graphique 26. – *Élasticités*

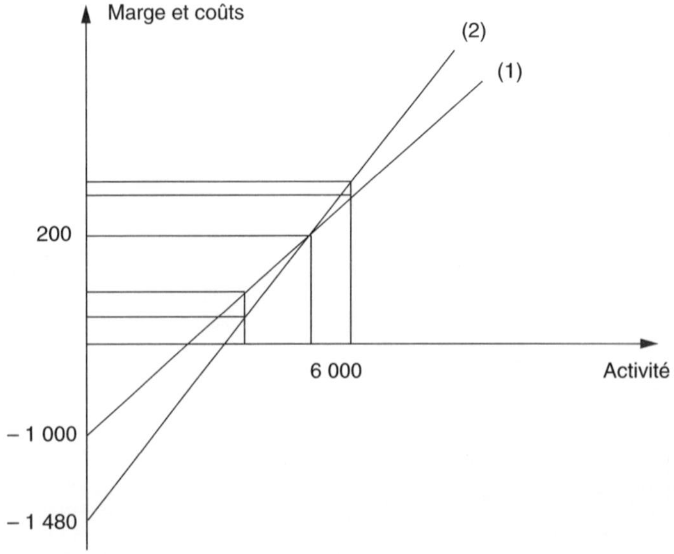

La comparaison des deux situations amène les remarques suivantes :
– l'élasticité de (2) est plus élevée ;
– la fonction de coût de (2) comporte plus de charges fixes et moins de charges variables.

Nous pouvons généraliser en remarquant que plus les coûts fixes sont élevés, plus l'élasticité est forte. Effectivement plus il y a de coûts fixes, moins il y aura de coûts variables (pour un coût total identique), et donc plus la marge sur coût variable sera importante.

5.2.2.4. Caractéristiques de l'élasticité

Nous allons étudier les liens entre élasticité, flexibilité, bénéfice et activité dans le but de définir l'élasticité comme un bon indicateur de risque d'exploitation, ce que nous développerons en conclusion.

- *L'élasticité en valeur absolue, varie en sens opposé de la flexibilité*

Nous avons vu que l'élasticité s'élève avec l'importance des coûts fixes, ce qui correspond à une diminution de flexibilité. Mais ce n'est qu'une question de terminologie, les concepts sont très proches. Il peut subsister quelque divergence du fait que l'élasticité prend obligatoirement en compte le prix de vente, ce qui n'est pas forcément le cas pour la flexibilité qui peut se limiter au rapport des coûts. Le graphique 27 fait apparaître l'élasticité en fonction de la flexibilité mesurée en pourcentage des charges variables sur le total des charges. Ce calcul tiré de l'exemple précédent est effectué pour trois niveaux de bénéfice positif et deux résultats négatifs. Il permet d'illustrer également la relation avec le niveau de bénéfice.

Graphique 27. – *Élasticité et flexibilité selon le bénéfice*

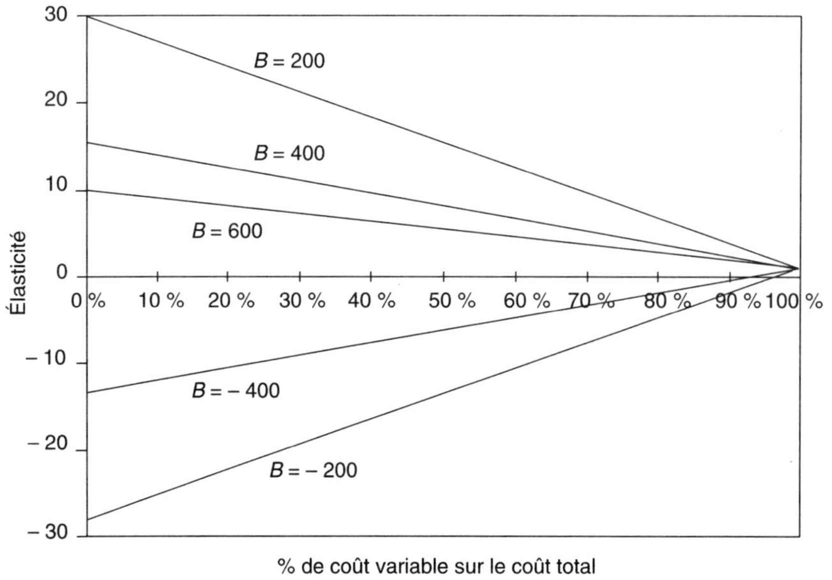

Nous remarquons que quand le bénéfice est positif, l'élasticité et la flexibilité varient en sens opposé, et quand le résultat est négatif elles varient dans le même sens. Les courbes issues du même résultat mais de signe opposé sont symétriques. L'élasticité en valeur absolue et la flexibilité varient donc en sens opposé. Voyons la relation avec le niveau du bénéfice.

- *L'élasticité varie en sens opposé du résultat*

Sur le graphique, nous remarquons également que quand le résultat diminue l'élasticité augmente, avec le même niveau de flexibilité (% du coût variable sur le coût total).

Quand le bénéfice diminue (de 600 à 200), l'élasticité augmente (de 6 à 30). Quand il s'agit d'une perte, la diminution de la perte (augmentation de résultat) fait baisser l'élasticité en valeur algébrique (ou augmenter l'élasticité en valeur absolue). Ce qui correspond bien à des variations opposées quand l'élasticité et le résultat sont du même signe. Les droites se coupent au point d'élasticité égale à 1, correspondant à 100 % de charges variables.

- *L'élasticité diminue avec l'augmentation de l'activité*

L'augmentation de l'activité entraîne une diminution de l'élasticité. Par ailleurs la fonction d'élasticité n'est pas linéaire (cf. graphique 28). La courbe présente deux parties. En deçà du seuil de rentabilité, l'élasticité est négative et varie de zéro à moins l'infini. Au-delà de ce seuil, elle est positive et varie de l'infini à zéro. Au seuil de rentabilité, la fonction n'est pas définie et l'élasticité est donc infinie.

Graphique 28. – *Élasticités et flexibilité en fonction de l'activité*

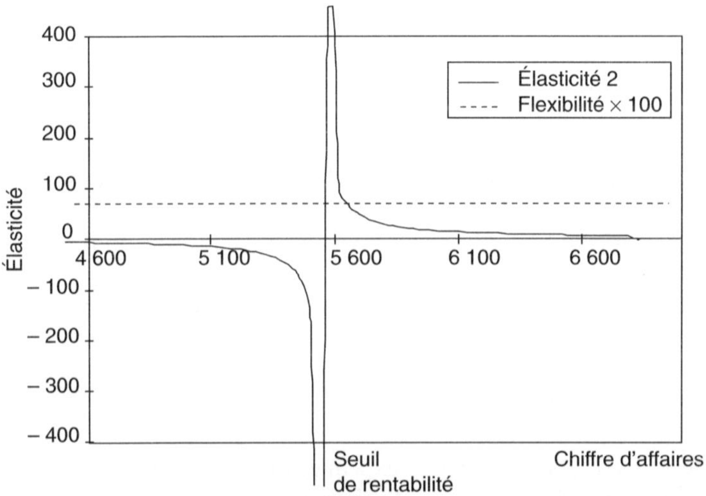

La flexibilité mesurée par le pourcentage de charges variables par rapport au coût total varie également avec l'activité. Effectivement, les coûts fixes restant constants, seules les charges liées à l'activité varient. La fonction est donc croissante, mais comme on peut le remarquer sur le graphique, cette variation reste très faible sur la zone représentée. Il s'agit d'une représentation à un moment donné, cette évolution n'étant pas valable sur la longue période qui connaîtra des variations importantes de coûts fixes.

- *Le niveau optimal de l'élasticité dépend du signe de la variation de l'activité*

En reprenant l'exemple précédent avec deux entreprises ayant le même résultat mais une flexibilité (ou élasticité) différente, nous allons considérer deux situations : une expansion et une régression de l'activité.

En cas d'expansion de l'activité, l'entreprise (2) dont la fonction de marge est la plus élastique dégagera un bénéfice plus important que l'entreprise (1). Ceci peut directement être lu sur le graphique représentant les fonctions de résultat, en traçant une droite verticale au-delà de 6 000 et en lisant les bénéfices obtenus aux points d'intersection. Dans ce cas, la relative rigidité des charges, ou moins bonne flexibilité, ou meilleure élasticité est un avantage pour l'entreprise.

En cas de régression de l'activité, l'entreprise (1) dont la fonction de marge est la moins élastique dégagera un bénéfice plus important que l'entreprise (2). Dans ce cas, la meilleure flexibilité des charges ou moins bonne élasticité est un avantage pour l'entreprise. Par conséquent c'est le contexte, situation d'expansion continue, de régression ou de fluctuation de l'activité qui est déterminant [1].

1. Intervient aussi la plus ou moins grande capacité à s'adapter, donc à modifier la fonction de coût.

5.2.2.5. L'élasticité comme indicateur de risque

L'élasticité est un indicateur de risque, dans la mesure où il nous informe de l'ampleur des effets d'une variation de l'activité sur le résultat. Avec un bénéfice, une élasticité élevée signifie qu'une baisse d'activité entraînera une diminution importante du résultat. Avec une perte, de la même façon, une élasticité élevée (en valeur absolue) indique le risque d'augmenter encore les pertes en cas de régression des ventes. La liaison élasticité risque repose sur l'idée que l'entreprise est dans une situation très fragile, très vulnérable à son niveau de point mort, tant du point de vue de sa gestion que de son image.

Nous allons comparer l'élasticité au point mort et à l'indice de sécurité afin d'apprécier les éléments de divergence et de complémentarité et de montrer l'avantage de l'élasticité comme indicateur de risque.

- *Comparaisons avec le point mort*

La fonction d'élasticité peut s'exprimer en fonction du seuil de rentabilité. En reprenant la fonction d'élasticité de l'entreprise (2), nous pouvons écrire :

$$E_{y/x} = \frac{0,28}{y} \cdot x$$

En remplaçant y par sa valeur, nous avons :

$$E_{y/x} = \frac{0,28}{0,28x - 1\,480} \cdot x .$$

En divisant par 0,28, nous avons :

$$E_{y/x} = \frac{x}{x - \frac{1\,480}{0,28}}$$

$$E_{y/x} = \frac{x}{x - \text{Point mort}}$$

Voyons les caractéristiques semblables et divergentes des deux indicateurs.

a) Comme le seuil de rentabilité, l'élasticité dépend de la proportion entre charges variables et fixes.

Nous avons vu, d'une part, les relations entre élasticité et flexibilité et, d'autre part, entre point mort et flexibilité. Nous pouvons maintenant rapprocher nos conclusions.

– Pour une entreprise en situation bénéficiaire, une diminution de flexibilité par réduction de la proportion de charges variables (ou augmentation des charges fixes) va élever le point mort, ce qui correspond à une augmentation de risque. Or l'élasticité et la flexibilité variant à l'opposé, il y a augmentation de l'élasticité. L'augmentation de risque est mesurée à la fois par l'élévation du seuil de rentabilité et par celle de l'élasticité.

– Pour une entreprise en situation déficitaire, une diminution de flexibilité par réduction de la proportion de charges variables (ou augmentation des charges fixes) va abaisser le point mort, ce qui correspond à une diminution de risque selon ce critère. Nous avons vu que, dans ce cas, l'élasticité est négative et baisse également. Mais comme elle augmente en valeur absolue, cette variation s'interprète comme une hausse de risque selon ce critère.

b) À la différence du point mort, l'élasticité varie avec l'activité

Le seuil de rentabilité n'évolue que dans la mesure où la proportion entre charges variables et fixes change. Il reste relativement indépendant de l'activité. Au contraire, l'élasticité change avec l'activité. Or en s'éloignant du point mort, l'entreprise diminue aussi son risque. Ceci est bien traduit par le critère d'élasticité, comme nous l'avons vu en relation avec la situation bénéficiaire ou déficitaire de l'entreprise.

Lorsque l'entreprise est en dessous de son seuil critique, elle dégage des pertes et toute augmentation de l'activité accroît son élasticité en valeur absolue et ainsi son niveau de risque. Au voisinage du point mort, le risque est très élevé. Lorsque l'entreprise a dépassé son seuil critique, l'élasticité et donc le risque diminuent avec la croissance de l'activité (voir le graphique 28). Cette nuance n'est pas directement traduite par le seuil de rentabilité en lui-même.

> La valeur absolue de l'élasticité indique le niveau de risque. Sa signification est concrète puisqu'elle informe des effets multiplicateurs des variations d'activité sur le résultat. Le signe de l'élasticité rappelle la situation bénéficiaire ou déficitaire de l'entreprise.

- *Comparaisons avec l'indice de sécurité*

L'indice de sécurité, comme l'élasticité, permet de tenir compte de la position de l'entreprise par rapport à l'activité critique. Il offre donc les mêmes avantages. Néanmoins les profils de risque représentés par l'évolution des deux indicateurs en fonction du chiffre d'affaires sont très différents (voir graphique 29). Rappelons que l'indice sécurité s'écrit :

$$I = \frac{x - \text{Point mort}}{x}$$

En rapprochant la définition de l'élasticité par rapport au point mort de celle de l'indice de sécurité, nous remarquons que l'indice de sécurité est égal à l'inverse de l'élasticité. Les deux notions sont donc très proches bien que leur représentation graphiques soient très dissemblables. Au seuil de rentabilité, l'indice de sécurité est nul alors que l'élasticité est infinie (cf. graphique 29). L'élasticité traduit donc parfaitement le risque élevé d'activité proche du point mort.

Graphique 29. – *Élasticité et indice de sécurité*

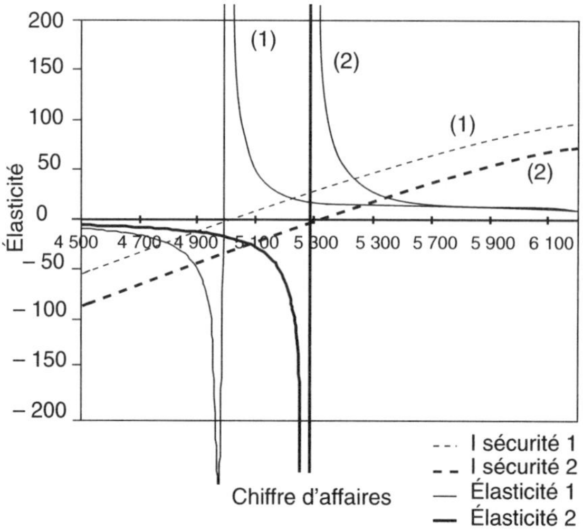

5.3. Le risque de trésorerie avec le niveau de BFR

Le risque de trésorerie (ou de liquidité) concerne le manque de liquidité de l'entreprise. Ce problème est ici analysé au premier degré, étant entendu qu'une rentabilité insuffisante ou une baisse d'activité se traduiront aussi par une insuffisance de liquidité. Ce risque concerne la trésorerie de précaution nécessaire pour faire face à des fluctuations d'activité. Ceci touche donc la détermination du montant du BFR.

La prévision du BFR détermine le niveau du fonds de roulement normatif, c'est-à-dire le total des capitaux permanents puisque les immobilisations sont connues. Nous sommes ici à cheval entre les phases avant et après financement car le BFR touche la trésorerie alors que sa détermination est faite avant financement.

Le BFR, d'après sa définition, est complètement déterminé par des éléments liés soit à l'environnement (créances et dettes à court terme), soit au processus de production (stocks). Néanmoins il s'agit d'un calcul moyen, c'est-à-dire d'une tendance sur une plus ou moins longue période (moyenne journalière ou de fin de mois), basée sur la constance des rotations et la régularité des flux d'exploitation à l'intérieur de chaque période.

En fait, les mouvements de flux touchant le BFR vont plus ou moins s'écarter de cette tendance. Ainsi dans l'hypothèse d'un BFR positif et d'une augmentation de son niveau due à des fluctuations de l'activité, nous aurons les effets suivants :

– un prélèvement sur la trésorerie (cf. Relation entre BFR et trésorerie) ; ce qui peut avoir comme conséquence, l'obligation de négocier un découvert, un report d'échéance ou une mise en liquidation ;

– une rupture de stock, donc un manque à gagner si elle entraîne une vente perdue.

Graphique 30. – *Le BFR optimal*

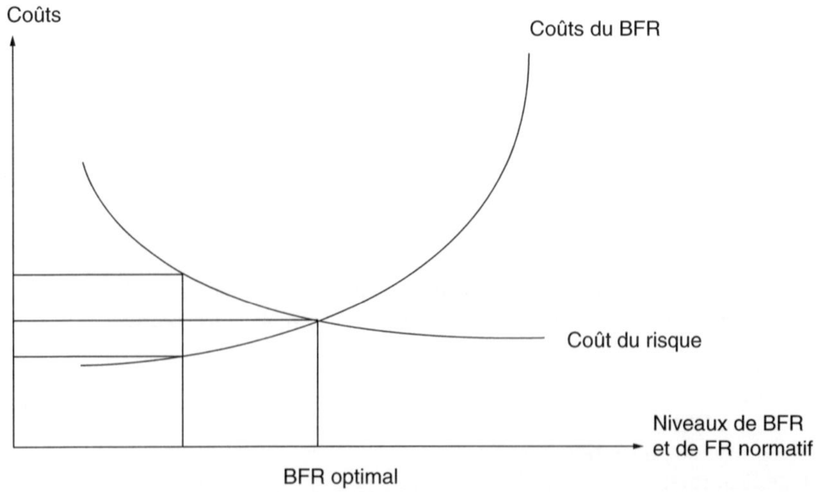

Par conséquent, le coût du risque est d'autant plus élevé que le fonds de roulement normatif est faible. La solution est, pour éviter ces effets négatifs, d'augmenter le fonds de roulement normatif, c'est-à-dire de prévoir un BFR (normatif) plus élevé.

Mais l'augmentation du BFR prévu a elle même un coût, celui de l'endettement permanent marginal le plus élevé (correspondant au fonds de roulement normatif) ; ou même un coût d'opportunité, celui de l'utilisation marginale des fonds disponibles dont on se priverait pour augmenter la couverture des immobilisations.

En théorie, il existe donc un niveau de BFR optimal (ou fonds de roulement normatif optimal) qui minimise la somme de ces deux types de coûts, c'est le niveau de BFR optimal (voir ci-après) qui servira à déterminer le montant des capitaux permanents. Ce niveau de fonds de roulement choisi pourra se traduire selon le niveau de BFR effectif (si le BFR prévu est surdimensionné), par une trésorerie excédentaire, en fonction de la relation « FR – BFR = Trésorerie ». Cette formulation conduit au concept de trésorerie de précaution.

Deux présentations sont alors possibles dans l'évaluation, soit augmenter le niveau du BFR, soit le laisser à son niveau moyen estimé et faire apparaître une trésorerie de précaution. Dans le premier cas, le risque est neutralisé (au moins en partie) et transformé en coût, dans la mesure où le fonds de roulement est augmenté. Il y a internalisation du risque (par rapport au BFR). Il est possible néanmoins de faire apparaître cette trésorerie de précaution dans un poste de valeurs mobilières de placement (BFR hors exploitation).

Dans le second cas, le risque est au contraire externalisé [1]. Le fonds de roulement est le même, le BFR est plus réduit et la trésorerie de précaution montre l'importance de la couverture du risque. L'inconvénient de cette méthode est que lorsque nous introduirons le financement, celui-ci peut modifier la trésorerie disponible et donc masquer le calcul de trésorerie de précaution.

Dans les deux cas, cette couverture pourra s'exprimer en jours de vente [2].

Calcul du fonds de roulement normatif		
Modalité de prise en compte du risque BFR	**Risque inclus au BFR**	**Risque inclus dans la trésorerie**
BFR sans risque	100	100
Risque	10	0
Nouveau BFR	110	100
Trésorerie de précaution	0	10
F de R normatif	110	110

Il est important de voir aussi les conséquences sur la rentabilité et le taux d'actualisation. En effet si le BFR est plus élevé (directement ou dans la trésorerie de précaution), la rentabilité va diminuer. Il est ainsi préférable d'éliminer cette trésorerie de précaution du calcul de rentabilité (BFR hors exploitation) et de la faire intervenir comme élément de diminution du risque dans le taux d'actualisation (cf. *supra* la partie optimisation du financement).

En pratique, il conviendra d'estimer le niveau des fluctuations et les coûts marginaux du risque encouru et du BFR.

1) Les fluctuations du BFR

Il est possible de se référer à une activité similaire existante pour connaître les variations (quotidiennes ou même mensuelles) du BFR. Ceci suppose néanmoins une neutralisation d'une part de la tendance, d'autre part des mouvements de nature exceptionnelle [3]. Cette étude permet de fixer le niveau moyen (ou probable) du BFR, ainsi que la fluctuation qui lui est attachée (écart type ou coefficient de variation). Ce niveau sera le BFR normatif, qui nous l'avons vu, servira de référence à la détermination du fonds de roulement nécessaire.

1. Ces concepts d'internalisation et externalisation des risques seront repris plus loin.

2. Le flux de référence sera par exemple le chiffre d'affaires. Nous aurons alors : trésorerie de précaution = (jours/360) × chiffre d'affaires HT.

3. Dans le sens anglo-saxon de *extraordinary*, c'est-à-dire des événements exceptionnels qui ne relèvent pas de l'activité courante par rapport à ceux qui entrent dans les risques d'exploitation (*exceptional*).

2) Le coût du BFR

Ce coût pourra être estimé financièrement lorsque le montage financier sera au point. C'est donc celui du financement permanent qui revient le plus cher et dont l'entreprise devra solliciter des tranches plus importantes. En cas de plafonnement de l'endettement, il serait nécessaire de renoncer à des emplois de fonds (coût d'opportunité) dont la rentabilité permet d'estimer le coût du supplément de BFR.

3) Le coût du risque

Les pertes de rentabilité dues à des niveaux de BFR de plus en plus bas sont difficiles à estimer en pratique, dans la mesure où une réelle insuffisance de fonds de roulement conduit à un risque de mise en liquidation, donc de rentabilité nulle ou négative du projet. D'une manière moins spectaculaire, une insuffisance de BFR pourrait entraîner dans une première phase la négociation « en catastrophe » de découverts ou d'autres modalités de financement à court terme dont le taux est généralement plus élevé que l'endettement permanent. Il est possible aussi de faire appel à la notion de risque de ruine avec une probabilité de défaillance (cf. fonctions score).

La couverture du risque peut s'exprimer par référence à l'analyse financière classique, dans le cadre d'un secteur ou d'une entreprise similaire, par des ratios de liquidité. Nous avons le ratio de liquidité immédiate (trésorerie/dettes financières à court terme) et le ratio de liquidité réduite, en ajoutant les stocks et créances client à la trésorerie.

Signalons enfin que l'étude du risque BFR que nous présentons ici peut être réalisée avec les autres facteurs de risques ayant une incidence sur la trésorerie. Le problème ne sera alors plus celui du BFR mais celui du niveau de trésorerie à maintenir pour ne pas dépasser un seuil de risque jugé tolérable. Le niveau de BFR interviendra alors au même titre que les autres facteurs tels qu'une fluctuation du prix des matières ou du rendement de la production. Dans ce cas, le risque BFR est déconnecté de la trésorerie de précaution, mais il continue d'intervenir dans le calcul du taux d'actualisation. Néanmoins il reste une spécificité « BFR » liée à ses différentes composantes.

5.4. Le risque de rentabilité

Le risque de rentabilité a la particularité d'être mesuré sur la durée d'étude du projet. Il correspond au risque de non viabilité par insuffisance de rentabilité (avant tout montage financier). La question posée est celle de la rentabilité minimale pour le projet (ou quel taux d'actualisation adopter). La première étape est l'analyse de sensibilité qui permet de repérer les variables les plus sensibles par rapport à l'objectif. La seconde permettra un calcul du risque de rentabilité selon plusieurs méthodes et débouchera sur le profil de risque d'un projet.

5.4.1. La détection des risques par l'analyse de sensibilité

L'analyse de sensibilité repose sur la recherche des variables-clés, qui ont une influence significative sur la finalité du projet. Elle consiste donc à préciser « à quoi le projet est et sera le plus sensible », de manière à, dès le départ, faire face à toute modification pouvant survenir sur ces éléments les plus déterminants. Plusieurs méthodes sont utilisées pour réaliser l'étude de sensibilité, selon l'état de l'information.

- *Première méthode*

Elle suppose que l'on ait construit un modèle établissant les relations entre les objectifs mesurés et les variables de base. À partir de là, trois étapes interviennent :

– la détection des variables à fort impact par un calcul d'élasticité ;

– l'étude des variations possibles de ces variables que l'on peut exprimer par un coefficient de variation (par une étude rétro-prospective) ;

– le calcul des effets de ces variations sur l'objectif retenu pour l'analyse.

Les variables seront alors classées par ordre croissant selon ce critère combiné, correspondant à celles qui sont le plus susceptibles de modifier l'objectif retenu.

- *Deuxième méthode*

Le deuxième point de la première méthode suppose un univers probabilisable conforme à la définition restrictive du risque. Cette hypothèse n'étant pas toujours satisfaite, il est possible de procéder autrement, après avoir détecté les variables à fort impact,

– en calculant les variations extrêmes des variables remettant en cause les objectifs visés ou les contraintes majeures (niveau minimal de rentabilité par exemple). Cette approche conduit à définir des valeurs minimales ou maximales de variables ;

– en confrontant ces valeurs de seuil ou plafond aux valeurs plausibles en l'état actuel des informations ou après études complémentaires, ce qui permet donc de préciser qualitativement les risques encourus par le projet.

Ces opérations ne peuvent donc être réalisées que si l'on a défini des objectifs. Ces objectifs peuvent être les différents axes de performances, avec la rentabilité, la profitabilité et la productivité. Pour cerner le risque de rentabilité, nous avons néanmoins privilégié le taux interne ou la valeur actuelle nette qui sont mesurés sur l'ensemble de la durée d'étude.

- *La mesure de la sensibilité ou de l'impact*

La mesure de la sensibilité ou l'impact du projet aux différentes variables peut être appréhendé de deux manières :

– en valeur absolue, en calculant l'effet d'une variation de 1 franc de chaque variable sur le résultat, ce qui correspond à la notion approchée de dérivée partielle d'une fonction « objectif » par rapport à ses variables (charges et recettes...) ;

– en valeur relative, en mesurant le rapport entre la variation relative de l'objectif et celle de la variable qui l'a engendré. Ceci correspond à la notion d'élasticité ponctuelle. C'est de cette manière que sera mesuré l'impact de chaque variable sur le projet.

> Nous mesurons :
> – l'impact d'une variable par la variation relative de l'objectif (exprimée en pourcentage), engendrée par une variation de 1 % de la variable ;
> – la sensibilité d'une variable par la variation absolue de l'objectif, engendrée par une variation de 1 unité de cette variable.

Les deux analyses sont souvent complémentaires [1], mais l'étude d'impact doit être privilégiée dans les analyses de stratégies ou dans les analyses catégorielles des charges, par exemple, dans la mesure des effets d'une hausse des prix de chaque produit sur le résultat.

L'étude de sensibilité/impact peut porter sur toutes les variables ayant un effet sur les résultats financiers du projet, mais celle-ci peut être menée à plusieurs niveaux :

– la sensibilité aux différentes activités (volume des ventes des différents produits ainsi que des autres éléments qui ont permis sa construction comme les variables techniques…) ;
– la sensibilité aux grandes catégories de charges de la comptabilité analytique et générale (élément en partie révélé par l'étude de la structure de ces comptes) ;
– la sensibilité aux grandes catégories d'investissement ;
– la sensibilité aux différents éléments du BFR (jours de rétention) ;
– la sensibilité aux différents prix unitaires des charges et des recettes.

• *Le choix des variables à retenir pour le calcul des risques*

Précisons que ce choix intéresse plus particulièrement le risque de rentabilité, bien que ce problème de sélection soit général. L'étude de sensibilité aura retenu les variables qui ont le plus fort impact sur l'objectif retenu. Ce n'est pas suffisant pour les retenir puisqu'il faut apprécier leur capacité à induire ce risque. Le caractère à risque d'une variable a des origines multiples, mais il est nécessaire de bien cerner les facteurs de risque que l'on veut prendre en considération. Nous proposons de considérer deux facteurs de risque d'une variable.

1) L'incertitude de sa détermination dans le projet, par suite d'une information insuffisante. Ceci pourra conduire à considérer plusieurs valeurs de cette variable (valeurs extrêmes) ou une valeur moyenne à laquelle il sera par exemple attaché un coefficient de variation. Différentes méthodes [2] permettent de prendre en considération cette indétermination partielle.

2) La fluctuation de la variable autour de la valeur choisie. Il se peut très bien que la valeur moyenne soit bien appréhendée sur la période mais que

---

1. Cette distinction impact/sensibilité résulte d'une traduction anglo-saxonne qui peut ne pas être faite.

2. Nous avons vu par exemple l'appréciation de cette incertitude sur le montant des charges selon le stade des études réalisées (cf. *infra* les méthodes d'estimation des charges).

cette valeur soit amenée à souvent varier. Cette variation est un facteur de risque dans la mesure où à chaque moment les résultats du projet vont varier selon les valeurs atteintes (cf. Le risque BFR).

3) À l'opposé, nous aurons les erreurs de tendance que l'on peut commettre (erreur de production, de prix moyen...). Faut-il les intégrer ici ? Il est évident que ce type d'erreurs est fréquent dans les projets. Mais les prendre en tant que telles c'est mésestimer les capacités d'adaptation en cours de réalisation. Ainsi, une production réduite de moitié n'aura pas l'impact que l'on va mathématiquement mesurer à partir du modèle de production établi initialement, car l'entreprise ne manquera pas de s'adapter à cette erreur de prévision en réduisant ses charges.

Par conséquent pour bien intégrer ce risque, il faudra prendre en considération les réactions d'adaptation, compte tenu de la flexibilité des charges à moyen et long terme. Ce sera une étude spécifique à réaliser pour mesurer correctement ce risque, dans le cadre par exemple d'un arbre de décision.

En conclusion, deux éléments sont à intégrer au choix des variables à risque : le niveau de variation de la variable (incertitude ou fluctuation...) et l'élasticité de la variable en relation avec l'objectif.

Le produit de ces deux éléments donne l'impact du risque de chaque variable sur l'objectif final. C'est l'importance de cet impact qui servira à sélectionner les variables à risque. Reste à calculer le risque.

5.4.2. Le calcul du risque de rentabilité

Nous allons utiliser deux méthodes. La première plus pragmatique permet de préciser grossièrement à quelle catégorie de risque le projet appartient. La seconde beaucoup plus précise fait appel au calcul des probabilités et oblige donc à se situer dans ce type d'univers.

- *La méthode empirique*

Nous avons déjà fait état dans la détermination du taux d'actualisation de zones ou de niveaux de risques fixés *a priori* et mesurés en termes de points de rentabilité. Trois niveaux ont été précisés en relation avec la pratique :

- les projets peu risqués avec un taux de risque de 2 % ;
- les projets risqués avec un taux de risque de 5 % ;
- les projets très risqués avec un taux de risque de 10 %.

Le problème est de situer les projets examinés dans une de ces catégories, de manière à leur attribuer un taux de risque. Nous proposons la démarche suivante.

1) Le point de départ est l'étude de sensibilité, qui nous a informés (cf. *infra*) des variables les plus sensibles du projet, par rapport à l'objectif (notion d'impact).

2) Pour chacune de ces variables à fort impact, nous allons mettre en valeur leur variation relative correspondant à chaque classe de risque. Par exemple, nous étudierons la variation du prix d'achat de telle matière principale qui ferait classer le projet en risque 1, 2 ou 3.

3) Il faut ensuite examiner, pour chaque variable, quelle est la variation la plus plausible en restant relativement pessimiste.

Par exemple pour une matière A, il faudrait que le prix varie de 45 % pour que le TIR varie de 5 points et de 18 % pour que le TIR varie de 2 points. Un examen des cours des périodes précédentes indique des variations de 12 %. Le projet se situe donc dans le risque 1 pour la matière A. Il en sera de même pour chaque élément sensible [1].

La méthode oblige à se limiter à quelques variables seulement, ce que l'analyse de sensibilité permet de faire. Elle présente néanmoins un défaut, dans la mesure où c'est la variation conjointe des variables sensibles qu'il faudrait examiner. C'est ce que fera la méthode de Monte-Carlo en univers probabilisable. Nous avons là néanmoins une approche rapide du niveau de risque.

- *La méthode en univers probabilisable (Monte-Carlo)*

Nous allons dissocier le risque du projet (ou profil de risque) et le risque pris par le décideur (probabilité d'erreur acceptée).

5.4.2.1. Le profil de risque d'un projet

L'univers probabilisable, nous l'avons vu, se caractérise par l'obtention d'une série de résultats auxquels il est possible d'associer une probabilité de réalisation. Nous allons voir, d'une part, comment obtenir de tels résultats (méthode de Monte-Carlo) et, d'autre part, comment les interpréter.

- *La méthode de Monte-Carlo* [2]

Les principales phases de la méthode sont les suivantes :

1) Partant de l'étude de sensibilité, nous choisissons les variables dont les variations ont le plus d'impact sur l'objectif (ce qui dépend donc de l'ampleur des fluctuations de la variable et de l'impact de cette variable sur l'objectif tel que nous l'avons défini). En pratique, les variables étant classées par ordre d'impact sur l'objectif, il faudra éliminer celles dont les fluctuations sont négligeables.

2) Pour chaque variable ainsi choisie, il faut préciser une loi de variation. Par exemple, nous aurons le prix d'achat des matières premières, la productivité des équipements, le nombre de jours de crédit client, certaines charges de structure…

Les spécialistes proposent plusieurs possibilités pour déterminer les lois de variation des variables.

---

1. Le projet sera donc classé dans la catégorie correspondant au niveau le plus haut atteint même par une seule variable.

2. Pour plus de détails, voir J.L. Boulot, *op. cit.*, page 337,

Cl. Rameau, *La prise de décision acte de management*, Editions d'Organisation, page 175.

• Établir une liste de valeurs auxquelles une probabilité de réalisation (probabilités objectives ou subjectives) est associée. À défaut, il reste possible de ne pas donner de probabilité de réalisation (équiprobabilité).

• Faire référence pour chaque variable à une loi de probabilité connue en précisant ses valeurs caractéristiques (moyenne, écart-type...). Ce choix sera fait à la suite d'une étude de séries statistiques concernant chaque variable. Nous aurons par exemple :

– une loi normale pour un prix dont les écarts de variation ont été calculés (les hypothèses de normalité ayant été vérifiées) ;

– une loi triangulaire pour des hypothèses d'évolution de la conjoncture (moyenne, optimiste, pessimiste) ;

– une loi de Poisson pour des pannes.

3) Simuler le fonctionnement du projet en choisissant au hasard une valeur aux différentes variables, en respectant les lois de probabilité les concernant. Nous obtiendrons alors autant de résultats que de simulations réalisées. Cette phase nécessite l'utilisation d'un ordinateur qui pourra effectuer une centaine d'itérations.

Le résultat obtenu sera par exemple une distribution de taux interne, c'est-à-dire qu'à des classes de TIR nous pourrons associer une probabilité de réalisation.[1] Ceci nous permet de calculer un résultat moyen (espérance mathématique), un écart-type et éventuellement une valeur modale (TIR le plus probable).

L'originalité tient donc à la possibilité de mêler des éléments de variation complexes du fonctionnement du projet et d'en mesurer les effets. Ces résultats permettent d'associer la rentabilité et le risque par l'intermédiaire de la notion de probabilité associée à chaque niveau de résultat. C'est le profil de risque du projet. Pour en étudier plus en détail l'interprétation et les diverses modalités, nous allons utiliser un exemple d'application de la méthode de Monte-Carlo.

• *Exemple*

Le tableau 27 fait apparaître les résultats d'une simulation de 1 500 itérations. La rentabilité moyenne est de 5,14 %. La rentabilité la plus probable (fréquence la plus élevée rencontrée) est de 4,26 %. Enfin l'écart-type des observations est de 2,83 %.

Ces résultats (les différents taux internes) ont été regroupés en classes (20). Pour chaque classe de taux, nous pouvons lire le nombre d'observations rencontrées, d'où a été tirée la probabilité de réalisation en pourcentage (colonne 2). Ainsi la probabilité d'avoir un TIR situé entre 4,2 et 5,2 % est de 0,134 (soit 13,4 %). Le graphique 31 retrace ces informations.

La partie la plus intéressante du tableau 27 correspond aux probabilités cumulées (colonne 4). Nous y lisons la probabilité d'obtenir une rentabi-

1. Voir aussi l'étude de cas.

lité minimale. Par exemple la probabilité d'avoir un TIR supérieur ou égal à 4,2 % est de (100 – 39,4 = 60,6 %), celle d'avoir un TIR supérieur ou égal à 6,1 % est de (100 – 64,5 = 35,5 %).

Ces résultats nous indiquent que, dans le premier cas, nous avons 39,4 % de chances de nous tromper en affirmant que le TIR est égal ou supérieur à 4,2%. Dans le cas suivant, le risque d'erreur est de 64,5 %. Ces informations, retracées dans le graphique 32 expriment le profil de risque du projet.

Le profil de risque du projet débouche donc sur le risque pris par le décideur puisque, à chaque niveau de rentabilité, il est possible d'associer un risque d'erreur, donc d'échec par rapport aux prévisions. C'est ce que nous allons développer.

Précisons encore que l'écart-type retrace d'une manière synthétique le risque du projet puisqu'il informe de la dispersion des résultats. Il pourra donc être utilisé à la comparaison des projets.

Dans notre exemple, si le taux d'actualisation sans risque est de 4 %, le taux d'actualisation total sera de 4 % + 2,8 % = 6,8 %. À ce taux, le *FNTA* est négatif (ou le *TIR* est inférieur au *TA*).

Tableau 27. – *Résultats des itérations*

5,14 %	TIR moyen			
4,26 %	TIR le plus probable			
2,83 %	Écart-type			
TIR %	**Probab. %**	**Nbre obs.**	**Prob. cum.**	**Obs. cum.**
– 3,4	0,07	1	0,07	1
– 2,4	0,13	2	0,20	3
– 1,5	0	0	0,20	3
– 0,5	0,73	11	0,93	14
0,4	2,33	35	3,27	49
1,4	4,93	74	8,20	123
2,3	7,80	117	16	240
3,3	10	150	26	390
4,2	13,40	201	39,40	591
5,2	12,27	184	51,67	775
6,1	12,87	193	64,53	968
7,1	11,27	169	75,80	1 137
8	7,87	118	83,67	1 255
9	6,80	102	90,47	1 357
10	3,93	59	94,40	1 416
10,9	2,73	41	97,13	1 457
11,9	1,27	19	98,40	1 476
12,8	1	15	99,40	1 491
13,8	0,53	8	99,93	1 499
14,7	0,07	1	100	1 500
15,7				

Graphique 31. – *Probabilités des rentabilités*

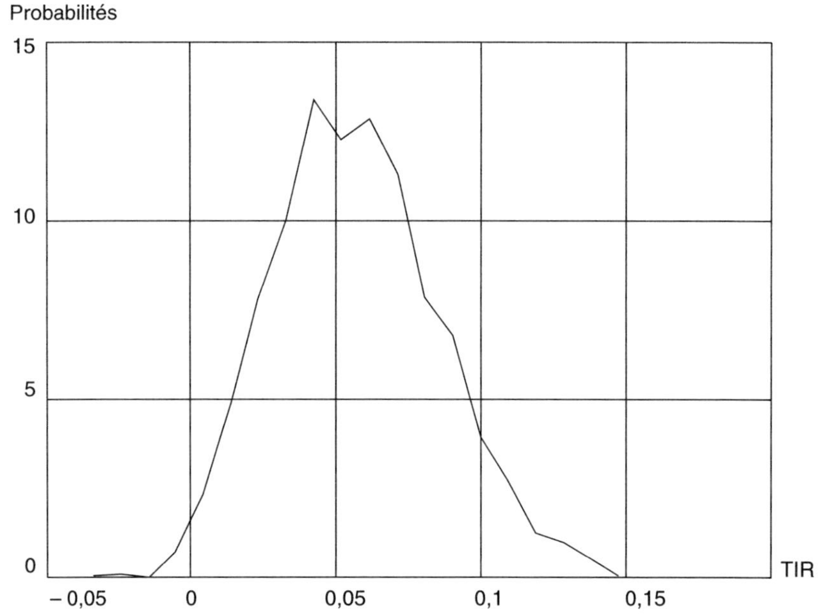

Graphique 32. – *Probabilités cumulées des rentabilités*

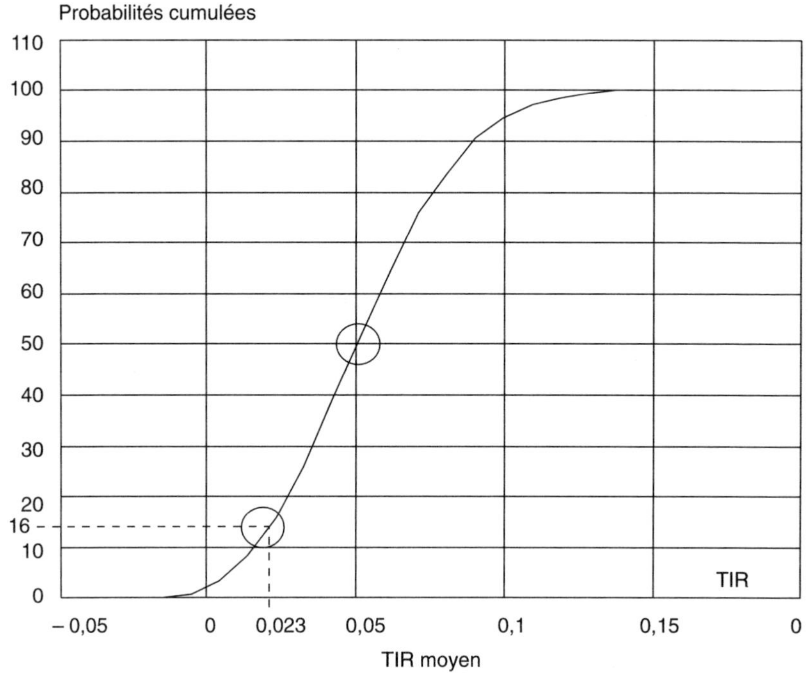

Si j'accepte le projet, cela signifie que ma rentabilité sans risque est de 2,3 %. Nous avons alors : $TA = 2{,}3 + 2{,}8 = 5{,}1$ %, c'est-à-dire le *TIR* moyen. En consultant le tableau des probabilités cumulées, je constate que pour cette rentabilité minimale, le risque est de 16 % (probabilité de me tromper). Pour 4 % de rentabilité, le risque est voisin de 40 %.

En conclusion

– La rentabilité moyenne (avec $TIR = TA$ et $FNTA = 0$) représente un risque de 50 %, c'est donc bien un objectif minimal à atteindre ; si le TIR est inférieur au TA, les chances d'échec sont plus élevées que les chances de succès.

– La rentabilité dite sans risque, de 2,3 %, contient un risque d'erreur de 16 % qui est le risque pris par le décideur s'il accepte le projet.

Si ce niveau de risque accepté est jugé trop élevé, un niveau de rentabilité plus élevé doit être recherché. Pour cela il faudrait prendre par exemple 1,5 ou 2 écarts-types comme prime de risque, ce qui donnerait par exemple :

– *TA* sans risque : 4 % ;

– Taux de risque : $2{,}8 \times 1{,}5 = 4{,}2$ % ;

– *TA* risqué : 8,2 %.

5.4.2.2. Le risque pris par le décideur

En présentant la notion de profil de risque, nous avons voulu montrer que le risque du projet implique la notion de risque pris par le décideur. Nous allons comparer différents profils de risque de projets en mettant en valeur les éléments de rentabilité et de risque dans la décision. Nous supposons qu'il n'y a pas d'autre élément de décision qui intervient.

Premier cas : les deux projets présentent le même risque mais n'ont pas la même rentabilité.

Il va de soi qu'il est préférable de choisir le projet le plus rentable, donc *B* (graphique 33). Les courbes de probabilités simples ou cumulées sont semblables et légèrement décalées.

Deuxième cas : les deux projets présentent des risques et des rentabilités différentes.

Un risque plus élevé se manifeste sur les courbes de probabilités simples par un aplatissement (ou évasement) plus important. C'est le cas du projet *B* (graphique 34). Une rentabilité plus élevée entraînera un décalage à droite.

Les courbes de probabilités cumulées mettent en valeur, au point d'intersection, le risque à prendre pour la décision (choix entre *A* et *B*).

Le cas le plus simple est celui du graphique 37. Le projet le plus rentable est aussi le moins risqué (*PA*). La lecture des courbes de probabilités cumulées indique que le projet A est préférable, quel que soit le niveau de risque accepté, à condition de rester inférieur à 50 % (aversion au risque).

Graphique 33. – *Rentabilité différente (PA = 19 % PB = 24 %) et même risque (2,5 %)*

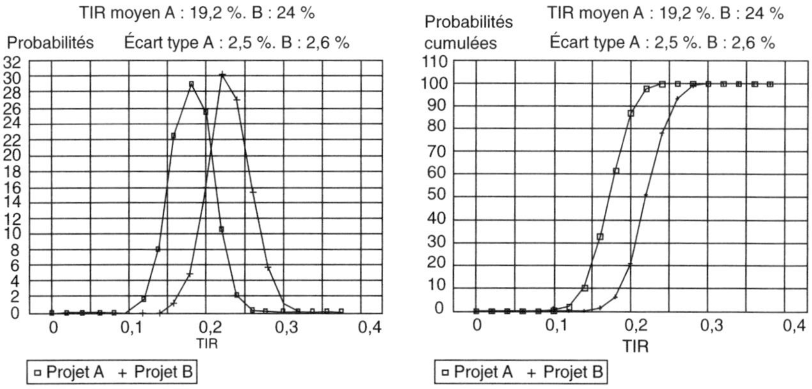

Graphique 34. – *Rentabilité différente (PA = 19 % PB = 24 %) et risque différent (A = 2,5 % B = 5,3 %*

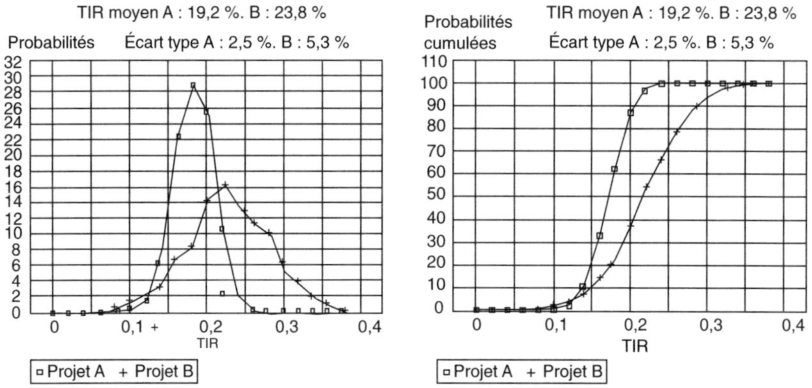

Dans les cas des graphiques 34 à 36, le projet *B* est plus rentable (23 % contre 19 %), mais plus risqué. Quel niveau de risque peut-on accepter pour choisir le projet *B* ?

– Dans le cas du graphique 34, si l'on accepte un minimum d'environ 5 % d'erreur (probabilité correspondant au point d'intersection entre les deux courbes de probabilités cumulées), le projet *B* est préférable ; ce qui nous donne 95 % de chances de ne pas nous tromper en réalisant ce choix par rapport à l'autre.

– Dans les cas des graphiques 35 et 36, nous avons augmenté la dispersion des résultats, donc les risques. Ainsi dans le graphique 35, pour choisir *B*, qui a une meilleure rentabilité, il faut accepter 20 % de chances de se tromper, dans le graphique 36, presque 30 %.

Graphique 35. – *Rentabilité différente (PA = 19 % PB = 24 %) et risque différent (A = 2,5 % B = 8 %*

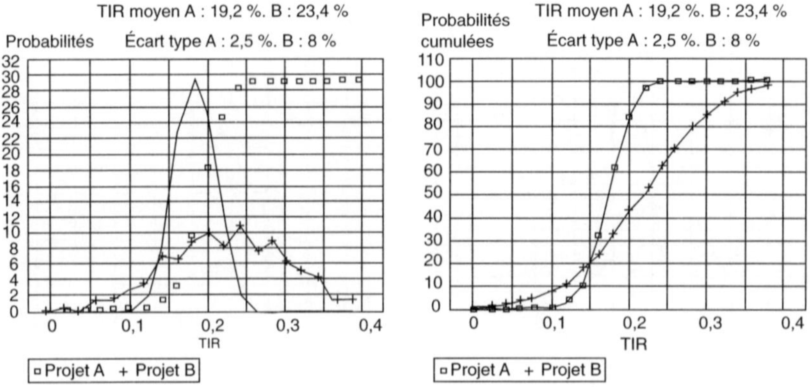

Graphique 36. – *Rentabilité différente (PA = 19 % PB = 24 %) et risque différent (A = 2,5 % B = 17 %*

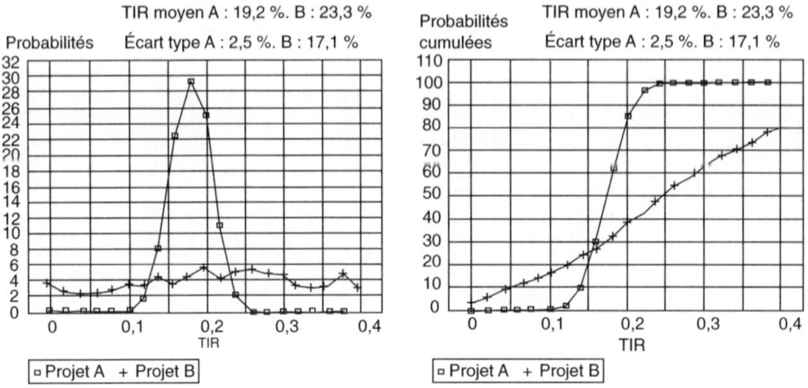

Le projet *B*, malgré sa plus forte rentabilité, finit par ne plus être intéressant parce qu'il est trop risqué.

Se profile donc ici un conflit entre risque et rentabilité dont le choix dépend exclusivement (dans le cadre de nos hypothèses) du niveau de risque accepté, pour un profil de risque donné.

Troisième cas : les deux projets ont la même rentabilité mais présentent un risque différent

Le projet le plus intéressant (graphique 38) est donc normalement le moins risqué (*PA*). Choisir le projet *B*, c'est accepter un niveau de risque supérieur à 50 %, ce qui correspond à une préférence et non à une aversion pour le risque.

Graphique 37. – *Rentabilité différente (PA = 19 % PB = 14 %) et risque différent (A = 2,5 % B = 8,5 %)*

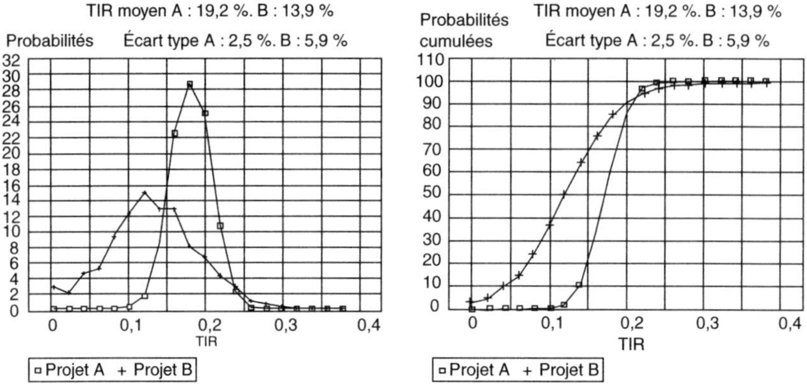

Graphique 38. – *Même rentabilité (19 %) et risque différent (A = 2,5 % B = 5 %)*

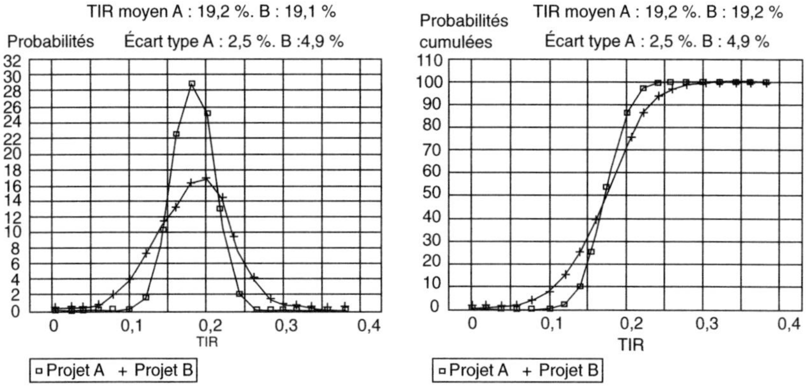

En conclusion

Il faut prendre en considération le risque et la rentabilité, c'est ce qu'apporte l'étude du profil de risque d'un projet. Cela signifie qu'à chaque niveau de rentabilité nous pouvons associer, pour un projet donné, un risque par la notion d'erreur ou de probabilité de se tromper. Dans cette optique, chaque projet n'a pas un résultat mais un ensemble de résultats associés chacun à un niveau de risque. Cette appréciation est donc plus nuancée que celle fournie par la VAN.

Cette approche permet d'effectuer des comparaisons de projets, mais le choix implique la connaissance du niveau de risque accepté par le décideur ; ce qui peut par exemple être recherché dans la situation de référence du décideur (risque des projets ou opérations en cours). Il existe néanmoins des situations avec une solution évidente, correspondant à un niveau de risque à prendre, très bas ou trop élevé. Les cas intermédiaires seront toujours délicats à traiter. Mais d'autres facteurs interviendront dans la décision finale.

> D'une manière générale, si R est la rentabilité sans risque, pour deux projets A et B, nous avons : $TA_A = R + \sigma_A$ et $TA_B = R + \sigma_B$.
>
> Pour que les deux projets soient équivalents, nous devons avoir les conditions suivantes, pour chaque projet : $TIR = TA$ et $FNTA = 0$, ce qui entraîne :
> $R = TIR_A - \sigma_A = TIR_B - \sigma_B$.
>
> Les courbes de probabilités cumulées des deux projets se coupent en R. Les projets équivalents (même $FNTA$) ont la même rentabilité sans risque. Les profils de risque (probabilités cumulées) pivotent autour du point R.

Il est possible, comme nous l'avons fait avec les taux d'actualisation, de qualifier quelques zones de risques :

- peu de risques, avec moins de 5 % d'erreurs ;
- assez de risques, avec entre 20 et 30 % d'erreurs ;
- beaucoup de risques, avec 40 % et au-delà.

5.5. Risque et critères de performance

Le risque étant calculé globalement pour le projet, deux attitudes sont possibles pour le prendre en compte : construire un indicateur de synthèse de la rentabilité et du risque (espérance-variance), intégrer le risque au calcul de la VAN (deux modalités existent).

5.5.1. Le critère de l'espérance-variance

Le critère de Markovitz (ou espérance-variance) est l'indicateur le plus connu dans cette recherche de synthèse. Il consiste simplement à amputer le taux interne du montant de l'écart-type pondéré par l'importance à accorder au risque. Sa formulation est :

$$M = E(R) - \mu \cdot \sigma(R)$$

avec

R, $E(R)$, le TIR moyen (espérance mathématique) ;
μ, le coefficient d'aversion au risque,
σ, l'écart-type du TIR.

La difficulté réside dans la connaissance de μ, qui est propre à chaque agent. Pour des investisseurs prudents, μ est positif et pourrait être négatif pour ceux qui aiment le risque. La valeur absolue de ce coefficient exprime l'importance relative à accorder au risque dans l'indicateur. Ainsi un coefficient supérieur à 1 indique une grande aversion au risque (décideur prudent) et inférieur à 1 une plus faible aversion au risque.

Mais comme nous l'avons fait précédemment, il existe une manière de contourner cette difficulté lorsque deux projets sont comparés, c'est de calculer la valeur de μ qui rend les deux projets équivalents selon le critère de l'espérance-variance (voir *supra* l'exemple traité).

Pour bien comprendre ce critère, il est intéressant de le rattacher à notre approche précédente de profil de risque et de probabilité d'erreur. Pour simplifier, nous allons nous placer dans le cadre d'une loi normale qui fixera notre profil de risque. Ceci nous permettra de fixer pour chaque valeur de µ (correspondant au nombre d'écarts-types) la probabilité de se tromper [1] ; ce qui nous donne les valeurs suivantes :

pour $\mu = 3$ la probabilité d'erreur est	de 0,3 %
pour $\mu = 2$	de 5 %
pour $\mu = 1{,}5$	de 13 %
pour $\mu = 1{,}25$	de 21 %
pour $\mu = 1$	de 32 %
pour $\mu = 0{,}75$	de 45 %
pour $\mu = 0{,}5$	de 62 %.

Jusqu'à 2 écarts-types, le risque est faible (et le choix prudent). Le résultat obtenu exprime donc la rentabilité minimale atteinte en acceptant 5 % d'erreur (pour une loi normale). Nous sommes dans une approche voisine de celle du profil de risque, mais avec ici une incertitude sur la loi de probabilité effective suivie par le résultat. Notons qu'avec 1 écart-type, l'erreur est de 32 %. Cela correspond en fait à un risque de 16 %, puisque ce sont les rentabilités inférieures au minimum requis qui nous importent. C'est la valeur précédemment lue dans le tableau de répartition des rentabilités (probabilités cumulées).

- *Application à la comparaison de projets*

Si les projets ne sont pas équivalents (FNTA différents), il est possible de faire intervenir une prise en compte différente du risque pour rendre les projet équivalents :

$M = TIR_A - \mu.\sigma_A = TIR_B - \mu.\sigma_B$

$\mu(\sigma_B - \sigma_A) = TIR_B - TIR_A$

$\mu = (TIR_B - TIR_A)/(\sigma_B - \sigma_A) = \Delta TIR/\Delta\sigma$

µ exprime la prise en compte du risque qui inverse les choix (point d'intersection des probabilités cumulées, cf. *infra*)

- *Exemple*

Soit deux projets, *PA* avec $R = 10$ % et $\sigma = 1{,}5$;
PB avec $R = 13$ % et $\sigma = 4$.

Pour un décideur très prudent ($\mu = 2$), les critères de l'espérance-variance sont :

$M_A = 10 - 2 \times 1{,}5 = 7$ %

$M_B = 13 - 2 \times 4 = 5$ %, donc *A* est préférable.

1. La probabilité de se tromper correspond à « 1 » moins le pourcentage d'observations contenu dans l'intervalle de variation des taux ($\pm \mu \times s$).

Pour un décideur moins prudent ($\mu = 0{,}5$)
$M_A = 10 - 0{,}5 \times 1{,}5 = 9{,}25$ %
$M_B = 13 - 0{,}5 \times 4 = 11$ %, donc B est préférable.

Calculons la valeur de μ qui inverse le choix, elle est obtenue par :
$10 - 1{,}5\mu = 13 - 4\mu$
$\mu = 1{,}2.$

Par conséquent, le choix de B peut être fait avec une certaine prudence ($\mu > 1{,}25$ ou 20 % d'erreurs acceptées pour une loi normale).

En conclusion, le critère de l'espérance-variance est un raccourci utile de la notion de profil de risque. Le point fragile reste comme précédemment, celui de la détermination du niveau de risque à accepter.

5.5.2. *Le risque intégré au calcul du FNTA*

Deux principales méthodes sont utilisées [1] : le risque calculé peut être introduit au niveau du taux d'actualisation ou à celui des coûts calculés avant l'actualisation. Les résultats obtenus ne sont pas les mêmes.

– La méthode additive, dans laquelle est calculé un taux d'actualisation qui tient compte du risque, est celle que nous avons adoptée lors de la définition du contenu du taux d'actualisation. Le risque est alors « externalisé » par rapport aux coûts.

$$FNTA = \sum_{n=0} \frac{F_n}{(1+i)^n} \times \frac{1}{(1+t)^n}$$

avec i = le taux d'actualisation sans risque ;
t = la prime de risque ou taux de risque.

– La méthode multiplicative dans laquelle le seul facteur risque est intégré dans les flux financiers, les équivalents certains, est aussi utilisée. Le risque est internalisé par rapport aux coûts. L'actualisation est ensuite effectuée au taux normal sans risque. Pour cela, un facteur d'ajustement est utilisé :

$$EC(F_n) = a_n(F_n) \Rightarrow a_n = \frac{EC(F_n)}{F_n}$$

avec

$EC(F_n)$, les équivalents-certains des flux de trésorerie de l'année n ;
a_n, le facteur d'ajustement de l'année n.

$$FNTA = \sum_{n=0} \frac{a_n F_n}{(1+i)^n} = \sum_{n=0} \frac{F_n(1-t)}{(1+i)^n}$$

t étant le taux de risque (ou prime de risque), nous avons :

$$t = \frac{F_n - EC(F_n)}{F_n} = 1 - a_n$$

1. Cf. Hussan et Jordan (*op. cit.*).

Un facteur d'ajustement de 0,95 correspond à un taux de risque de 5 %.

Le facteur d'ajustement est donc un coefficient qui traduit le flux risqué en situation de certitude. Il y a donc élimination du risque. *A priori* c'est la meilleure méthode, correspondant à celle de l'assurance [1]. Mais ceci n'est valable que pour les risques calculés avec précision. Pour les autres risques, ceux qui sont jugés aléatoires, il semble au contraire opportun de les regrouper et de leur faire jouer un rôle spécifique comme dans la méthode de Monte-Carlo.

Un élément technique distingue les deux méthodes. La première intègre un risque constant, tandis que dans la seconde le risque est variable et diminue généralement avec le temps. C'est ce que nous allons voir dans un exemple.

- *Exemple* [2]

$I = 100$, sur 8 ans,
$C_n = 20$, (CAF annuelle constante),
prime de risque de 5 %,
taux d'actualisation sans risque de 10 %.

– Méthode 1

Le TIR est de 11,81 %. Il peut être comparé à la rentabilité minimale exigée (15%). De la même façon, le FNTA est négatif. Le projet ne convient donc pas.

– Méthode 2

Le facteur d'ajustement est de 1 – 5 % = 0,95 .Le FNTA est positif. Le TIR qui intègre cette fois le coût du risque est de 10,37 %, qui sera comparé à 10 %. Le projet convient.La première méthode prend donc davantage en considération le risque. Effectivement dans la deuxième méthode, la prime de risque est « actualisée » et donc diminue avec le temps. Il faudrait donc considérer pour chaque projet, l'évolution du risque avec le temps.

Conclusion : relation rentabilité, risque et information disponible, illustration

Prenons l'exemple d'un projet dont la rentabilité est de 10,5%. Le taux d'actualisation sans risque est de 4%. Pour avoir un projet juste acceptable financièrement (VAN nulle), le niveau de risque doit être de 6,5 %, ce qui correspond à un coefficient de variation de : 6,5/10,5 = 62 %. Ce coefficient peut être dénommé taux de risque (exprimé sur la rentabilité).

Un calcul de différents risques a été réalisé.

1) Les investissements ont été calculés par « dire d'expert » avec une incertitude sur le prix de 100 % (± 50 %).

---

1. Remplacer un risque par le coût de son assurance correspond à une décision, dans la mesure où le risque peut être jugé de moindre valeur que son coût.

2. Cet exemple est emprunté à l'ouvrage de Hussan et Jordan.

L'élasticité des investissements est de 0,9, ce qui induit un risque de rentabilité de $0{,}9 \times 50~\% = 45~\%$

Ce niveau de risque est donc acceptable, ce qui signifie que pour la décision (sans faire intervenir les autres risques) il est inutile de faire une étude plus poussée du prix de cet investissement.

2) Le prix de vente a été établi par une enquête par sondage aléatoire. Le résultat est un prix de vente de 100 avec un écart-type de 10.

L'élasticité du prix de vente est de 5, ce qui induit un taux de risque de 50%. *A priori*, le niveau de risque est acceptable. Mais c'est oublier le risque d'échantillonnage.

En effet, l'écart-type du prix qui nous sert de calcul de risque de rentabilité a un intervalle de confiance [1] dont on peut calculer la borne supérieure en fonction de la taille de l'échantillon (30 individus sondés) :

$$\sigma^2 = \frac{ns_n^2}{\chi^2_{n-1}} = \frac{30 \times 10^2}{16,05} = 186,9 \Rightarrow \sigma = 13,7$$

avec $$s_n^2 = \frac{n-1}{n}\sigma \quad \text{et} \quad \chi^2_{n-1} = \frac{[-1,96 + \sqrt{2n-3}]^2}{2}$$

Ce résultat correspond à un coefficient de variation du prix de 13,7 % et donc un taux de risque de rentabilité de $13{,}7 \times 5 = 68{,}5~\%$.

Cette fois, le risque est trop élevé. Il faudrait augmenter la taille de l'échantillon.

On voit donc ici la relation entre la rentabilité, le risque et le niveau d'information, débouchant sur une stratégie au niveau de la taille de l'échantillon. La même démarche pourrait être appliquée à d'autres variables. Mais pour les prendre en compte toutes ensembles, il faudrait utiliser la méthode de Monte-Carlo (cf. *infra*).

L'intégration du risque aux critères de décision permet de comparer des projets à risque équivalent, ce qui est obtenu avec les critères de la VAN (ou FNTA) et de l'espérance-variance, à condition de calculer un risque spécifique à chaque projet à comparer. Ces comparaisons nécessitent aussi une prise en considération du risque pris par le décideur, ce qui implique de faire référence à l'importance à accorder au risque et à l'erreur liée au système d'information.

5.6. Risque et marché financier : l'approche portefeuille

En évaluation, l'essor du marché financier a entraîné la mise au point de méthodes nouvelles (sélection d'actifs plus ou moins risqués), qui nous concernent directement (le choix d'un actif financier est proche de celui d'un projet) et indirectement (les investisseurs sont sur le marché financier). Nous faisons donc une place à cette approche portefeuille.

1. Voir V. Giard, *op. cit.*

L'idée générale de cette approche [1] reste la même. Les investisseurs sur le marché financier acceptent d'effectuer des placements risqués à condition de recevoir une rémunération compensatoire, par rapport à une opération sans risque. C'est la prime de risque d'un actif financier (cf. aussi la fixation du taux d'actualisation).

Notre objectif est ici de présenter les grandes lignes de la détermination de cette prime de risque. Nous avons déjà indiqué les raisons principales de cette présentation. Le choix d'un actif financier est par certains côtés semblable à celui d'un projet. Et surtout les investisseurs présents sur le marché financier peuvent aussi financer directement des projets. Nous sommes donc concernés par les méthodes utilisées sur ce marché, ainsi que par tout ce qui se passe sur ce marché dans la mesure où cela va influencer la décision de réalisation du projet ou ses stratégies financières.

Notre démarche va simplement consister à définir les modalités de calcul de cette prime de risque pour ensuite préciser l'estimation de ses différentes composantes.

5.6.1. Définition et estimation de la prime de risque d'un actif

« C'est l'écart positif qui existe entre la rentabilité espérée de l'investissement (ou placement) μ_i et la rentabilité d'un placement sans risque R_F » [2]. Nous avons :

$$\text{Prime de risque} = \mu_i - R_F$$

La rentabilité espérée est en fait la rentabilité minimale acceptable pour l'investisseur, elle est aussi égale au taux d'actualisation :

$$\text{Taux d'actualisation} = \mu_i = R_F + \text{prime de risque}$$

La prime de risque d'un titre ou par assimilation d'un projet correspond à la rentabilité supplémentaire exigée par les investisseurs pour qu'ils se lancent dans le projet (ou l'achat du titre) [3]. L'estimation est généralement réalisée en cherchant à apprécier le risque de l'actif en fonction de celui du marché ; ce qui peut être présenté de la façon suivante :

$$\mu_i - R_F = \beta_i \times (\mu_m - R_F)$$

avec $\mu_m - R_F$ = prime de risque du marché,
β_i = coefficient de volatilité du titre *i*.

La prime de risque du marché dont nous allons préciser la détermination pourrait être considérée à plusieurs étages, le marché en général et un portefeuille déterminé de titres représentatif de celui détenu par l'investisseur. Il y aurait lieu alors de considérer les deux risques (titre par rapport

1. Concernant cette question, voir – B. Husson et H. Jordan, *Le choix des investissements*, Delmas, 1988. – M. Glais, *Diagnostic financier de l'entreprise*, Économica, 1984. – M.A. Leutenegger, *Gestion de portefeuille et théorie des marchés financiers*, Economica, 1989. – B. Jacquillat, B. Solnik, *Les marchés financiers et la gestion de portefeuille*, Dunod, 1981.
2. B. Hussan et H. Jordan, *op. cit.*, page 118.
3. Ceci est donc conforme à notre approche du risque à partir du projet.

au portefeuille et portefeuille par rapport au marché). Là encore la situation de référence est importante.

Le coefficient de volatilité exprime le comportement du titre par rapport au marché. Il nous renseigne sur le fait que le titre est plus ou moins risqué par rapport au marché (c'est l'aspect qui sera le plus détaillé). Il faut estimer la prime de risque du marché et le coefficient ß.

5.6.2. *La prime de risque du marché*

Elle nous informe des variations générales des cours de marché par rapport à des valeurs jugées sans risque. Elle est estimée par :

$$\mu_m - R_F = \frac{1}{n} \cdot \sum_{t=1}^{n} (R_{m \cdot t} - R_{F \cdot t})$$

avec n, le nombre d'observations,
R_{mt}, la rentabilité du marché à la période t,
R_{Ft}, la rentabilité des bons du Trésor à la période t.

Cette estimation est généralement effectuée sur des valeurs historiques et à court terme. En faisant référence à un projet, il faudrait considérer des valeurs prévisionnelles et travailler sur la période d'étude du projet.

Comme nous l'avons indiqué précédemment, le calcul de la prime de risque pourrait concerner aussi un portefeuille spécifique de titres, afin d'apprécier le risque du portefeuille.

5.6.3. *Estimation du coefficient* ß

Il est nécessaire de faire d'abord référence au « modèle de marché » [1].

Un actif financier (ou un portefeuille de titres) est caractérisé par un risque dû aux fluctuations de sa valeur. Ce risque peut être estimé par l'écart-type de sa rentabilité sur une période donnée.

Ce risque (total) est décomposé en deux parties :
– une partie expliquée par le marché, c'est le risque systématique ou risque de marché ;
– l'autre partie qui a un caractère résiduel, expliquée par le titre lui-même, c'est le risque spécifique au titre.

Ceci peut être réalisé par un ajustement linéaire entre la rentabilité du titre (R_{it}) et celle du marché (R_{mt}) mesurée par un indicateur de synthèse ou pilote (le CAC 40 par exemple), sur une période donnée (graphique 39). L'équation de la droite de régression sera :

$$R_{it} = \alpha_{it} + \beta_i \cdot R_{mt} + \varepsilon_{it}$$

1. Cf. par exemple Jacquillat et Solnik, *op. cit.* p. 56 ou Leutenegger, *op. cit.*, p. 76.

– Le coefficient angulaire de la droite de régression (ß) correspond au coefficient de volatilité. Il est défini par : $\beta_i = \frac{\sigma_{im}}{\sigma_m^2}$.

Si ß > 1, l'action est dite volatile ; le coefficient angulaire signifie alors une variation plus que proportionnelle du titre par rapport au marché.

– L'ordonnée à l'origine de la droite indique les variations de cours en l'absence d'influence du marché.

– Le résidu (ε), qui est dû au fait que tous les points ne sont pas sur la droite de régression, témoigne du risque spécifique (non expliqué par le marché) mesuré par σ(ε).

– Le coefficient de corrélation[1] (*R*) permet d'exprimer le degré de dépendance du titre par rapport au marché. Il mesure la part du risque systématique dans le risque total. La valeur 1 (ou 100 %) indique une dépendance totale du titre par rapport au marché et donc un risque spécifique nul.

En France, ce risque de marché se situe en moyenne entre 30 et 35 % du risque total[2].

Le risque total de l'action *i* est alors décomposé de la façon suivante[3] :

$$\sigma_i^2 = \beta_i^2\sigma_m^2 + \sigma_{\varepsilon_i}^2$$

Graphique 39. – *La rentabilité d'un titre par rapport au marché*

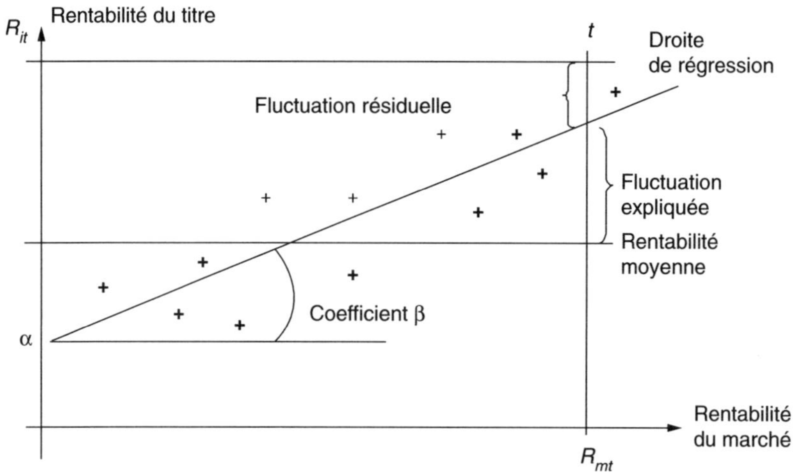

1. À ne pas confondre avec le coefficient de volatilité, le coefficient de corrélation est égal à : $R = \frac{\sigma_{im}}{\sigma_m \cdot \sigma_i}$.

2. Jacquillat, *op. cit.*, page 62.

3. Variance d'une somme de variables (cf. Équation de la droite de régression) : $\sigma^2(R_i) = \sigma^2(\alpha_i + \beta_i \cdot R_m + \varepsilon_i)$.

avec $\beta_i \sigma_m$ le risque systématique de *i*

σ_{ε_i}, le risque spécifique de *i*

σ_i, le risque total de *i*.

Dans l'expression $\beta_i \sigma_m$, en remplaçant β_i par sa valeur précédemment estimée à $\frac{\sigma_{im}}{\sigma_m^2}$, le risque systématique devient $\frac{\sigma_{im}}{\sigma_m}$.

Le risque systématique est souvent appelé risque non diversifiable, par opposition au risque spécifique qui peut être réduit par une bonne diversification des titres détenus. Cette réduction de risque est obtenue à partir de deux effets : un effet de nombre (loi des grands nombres) et un effet d'interdépendance entre les titres (il faut des titres à corrélation négative pour compenser les fluctuations).

En conclusion, en reprenant la formulation générale de la prime de risque d'un titre et en remplaçant β_i par sa valeur $\left(\frac{\sigma_{im}}{\sigma_m^2}\right)$, nous trouvons :

$$\mu - R_F = \frac{\sigma_{im}}{\sigma_m} \cdot \frac{\mu_m - R_F}{\sigma_m}$$

avec $\frac{\sigma_{im}}{\sigma_m}$, le risque non diversifiable du titre,

et $\frac{\mu_m - R_F}{\sigma_m}$, le prix de l'unité de risque sur le marché.

Par conséquent, la prime de risque d'un titre dépend du seul risque systématique de ce titre, valorisé par le prix du risque sur le marché financier. Ceci correspond à ce que nous avons écrit précédemment sur l'élimination du risque spécifique par une bonne diversification.

De ce fait, dans la détermination du taux d'actualisation seul doit être pris en considération le risque systématique, car lui seul ne peut être éliminé.

- *Conclusions principales de l'approche portefeuille*

– Le risque d'un titre ne peut s'apprécier que par rapport à un marché (ou un portefeuille spécifique dont il faudra aussi apprécier le risque par rapport au marché).

– Seule une partie du risque total du titre est rémunérée, le risque systématique, d'où la nécessité d'éliminer l'autre partie du risque total par une diversification.

– C'est le marché qui valorise l'unité de risque. Cela signifie que cette approche est aussi à considérer dans le cadre spécifique de l'évaluation des projets.

5.7. Application à l'étude de cas

Nous proposons la démarche suivante : calcul de la rentabilité selon les différentes hypothèses techniques, étude des risques d'exploitation et de rentabilité, définition des stratégies possibles de prix de vente en fonction du taux d'actualisation calculé.

5.7.1. La rentabilité

Le TIR varie de 10,9 à 18,7 et 15,7 selon les hypothèses (tableau 28 et graphique 40). La rentabilité est donc bonne et s'améliore très fortement lorsqu'on passe en 3×8. Mais ces résultats correspondent à des hypothèses techniques de fonctionnement de la machine (stade préfactibilité ou factibilité). Il importera donc d'analyser la cohérence économique de ces résultats.

5.7.2. Le risque d'exploitation

Après avoir classé les charges en variables et fixes, nous avons calculé le seuil de rentabilité (graphique 41) ainsi que l'élasticité du résultat par rapport au chiffre d'affaires (tableau 29 et graphique 42). La première année n'est pas significative en raison de la faible activité. Le seuil de rentabilité est atteint en année 3, point correspondant au niveau de risque d'exploitation le plus élevé (élasticité de 3,4).

5.7.3. Le risque de rentabilité

1) L'étude de sensibilité

Le tableau 30 contient les résultats de l'analyse de sensibilité (ou impact) en hypothèse de base. Nous avons en tête pour les produits, le prix de vente (élasticité globale de 3,5 dont 2,3 pour les ventes en supermarché). Au niveau des charges, le polystyrène arrive en tête avec 0,6 puis viennent les frais de personnel (direction, technicien et montage). Parmi les autres variables, nous avons relevé le matériel et le nombre de mois de panne qui va jouer un rôle important dans le risque de rentabilité.

2) Le calcul des risques par la méthode de Monte-Carlo

Les hypothèses de variation des variables :

- les pannes : loi uniforme de 1 à 2 mois ;
- le crédit client : loi uniforme de 55 à 65 jours ;
- le prix des matières premières : loi normale caractérisée par la moyenne (le prix de base prévu) et l'écart-type (tiré de séries historiques) ;
- la productivité : loi normale de 5,5 de moyenne et 0,5 d'écart-type (nombre d'injections par minute) ;
- le salaire du technicien : loi uniforme avec une variation de 180 000 à 200 000 F, en raison de la faiblesse de l'information.

Le risque obtenu est donc de 2,8 % de rentabilité. Le taux d'actualisation peut ainsi être fixé à : 5 % + 3 % = 8 %. Nous avons vérifié techniquement que le niveau de risque reste proche de ce montant dans les autres hypothèses.

Tableau 28. – *Calcul du TIR avant financement*

Taux interne de rentabilité : avant financement

Avant financement	Année 0	Année 1	Année 2	Année 3	Année 4	Année 5	Année 6	Année 7	Année 8
CAF		– 228 208	34 084	659 993	975 295	695 980	661 569	694 199	655 748
Variation BFR		871	122 487	115 579	80 888	– 858	858	– 858	858
Réintégration du BFR									319 825
Déduction variation très. de précaution									
Investissements	2 177 875	88 959	12 650		105 000	102 580	88 959	12 650	
Valeurs résiduelles									481 773
Flux nets de trésorerie	– 2 177 875	– 318 039	– 101 053	544 415	789 407	594 259	571 752	682 407	1 456 487

Taux d'actualisation sans risque	4 %
Taux de risque externalisé	2 %
Taux d'actualisation risqué	6 %

1,291	Avantages/Coûts actualisés

Taux interne de rentabilité	10,9 %

Flux net de trés. actualisé	729 321

7	Temps de récup. (années)

Source : Evalpro v3.0 – copyright LI2C-AILPE RIDO V3 scénario : base.

Graphique 40. – *Profil de rentabilité des hypothèses*

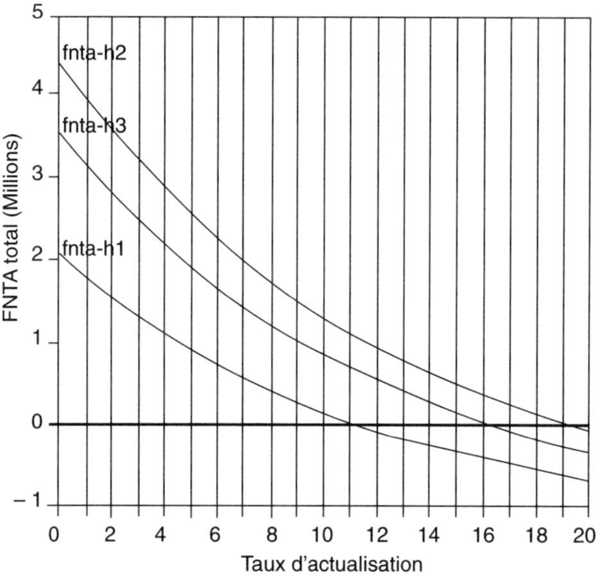

Graphique 41. – *Point mort (Evalpro V3)*

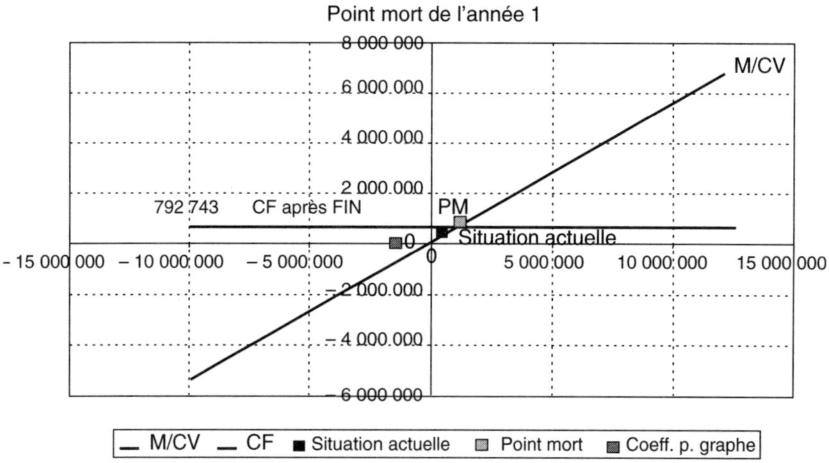

Tableau 29. – *Le seuil de rentabilité*

Risques d'exploitation

	Année 1	Année 2	Année 3	Année 4	Année 5	Année 6	Année 7	Année 8
Montant des coûts fixes avant financement	792 743	1 051 662	874 243	860 174	782 417	822 388	777 850	807 463
Montant des coûts variables	27 286	484 809	845 177	1 111 111	1 111 111	1 111 111	1 111 111	1 111 111
Levier d'exploitation	– 0,04	– 1,82	3,39	2,11	1,92	2,01	1,91	1,98
Seuil de rentabilité avant financement	1 456 841	1 802 262	1 470 039	1 445 511	1 314 843	1 382 014	1 307 168	1 356 931
Indice de sécurité (exploitation)	– 23,34	– 0,55	0,30	0,47	0,52	0,50	0,52	0,51

Graphique 42. – *Risque d'exploitation*

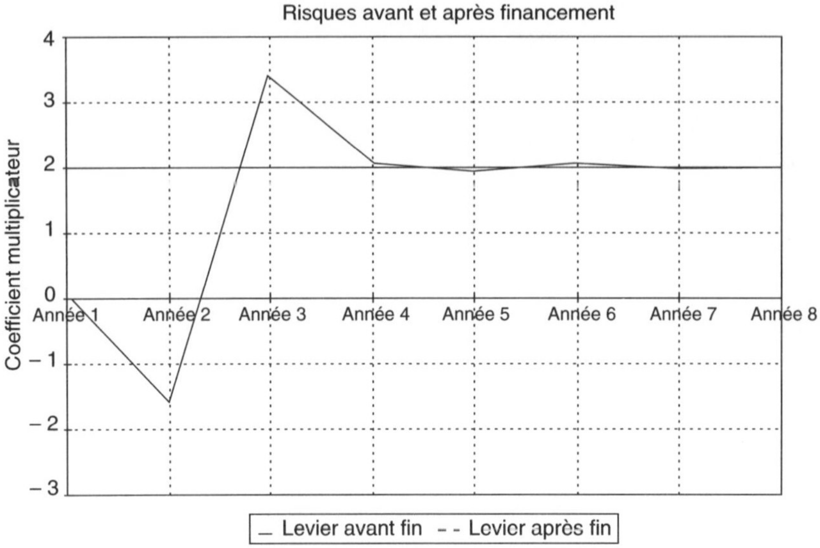

Tableau 30. – *Étude de sensibilité*

Sensibilité au prix des produits		Origine	Nouvelle	Tir	Élasti-cité	Dérivée 100
Ventes super-marchés	SM	62	63	0,11	2,31	0,405
Ventes gros clients	GC	78	79	0,11	1,45	0,203
Ventes petits clients	PC	110	111	0,11	0,68	0,068

Tableau 30. – *Étude de sensibilité (Suite)*

Sensibilité au coût des charges		Origine	Nouvelle	Tir	Élasticité	Dérivée 100
Polystyrène	Production en mètres	0	0	0,11	– 0,61	– 84,772
Part. direction	Vol. direction	300 000	303 000	0,11	– 0,40	0,000
Techniciens	Vol. perso. tech. et entr.	180 000	181 800	0,11	– 0,35	0,000
Personnel montage	Vol. ventes	4	4	0,11	– 0,23	– 0,691
Baguette	Vol. ventes	4	4	0,11	– 0,23	– 0,679
Personnel entretien	Vol. perso. tech. et entr.	80 000	80 800	0,11	– 0,16	0,000
Peigne métallique	Vol. ventes	3	3	0,11	– 0,16	– 0,679
Emballages	Vol. ventes	3	3	0,11	– 0,16	– 0,679
Commissions vendeurs	Vol. commission	20	20	0,11	– 0,13	– 0,069
Particip. secrétariat	Participation	108 000	109 080	0,11	– 0,12	0,000
Fil polyester	Production en mètres	0	0	0,11	– 0,11	– 84,138
Colorants	Production en mètres	0	0	0,11	– 0,08	– 84,135
Impôts et taxes	Vol. impôts	50 000	50 500	0,11	– 0,07	0,000
Publicité	Vol. publicité	50 000	50 500	0,11	– 0,06	0,000
Prime fixe électricité	Vol. structure	21 180	21 392	0,11	– 0,05	0,000
Honoraires	Participation	40 000	40 400	0,11	– 0,04	0,000
Électricité	Temps Consom. Électrique	14	14	0,11	– 0,04	– 0,033
Assurances	Vol. structure	15 000	15 150	0,11	– 0,04	0,000
Particip. Autres charges	Vol. structure	15 000	15 150	0,11	– 0,04	0,000
Bouchons fabrication	Vol. bouch. fabri.	1	1	0,11	– 0,03	– 0,604
Entretien réparation	Vol. structure 2	20 000	20 200	0,11	– 0,03	0,000
Lubrifiants	Temps de marche	6	6	0,11	– 0,03	– 0,054

Sensibilité personnalisée	Adresse	Origine	Nouvelle	Tir	Élasticité	Dérivée 100
Matériel	1 330 031	1 330 031	1 343 331	0,11	– 0,74	0,000
Nbre de mois de panne	1	1	1	0,11	– 0,27	– 2,898
Nbre jours clients	60	60	61	0,11	– 0,13	– 0,023

Tableau 31. – *Calcul des risques par la méthode de Monté-Carlo*

Adresse	Variable	Valeur initiale	Normal ou aléa	1er paramètre	2e paramètre
1	Pannes	1	aléa	1	2
60	Crédit client	60	aléa	55	65
0,0790	Polystyrène	0,079	normal	0,079	0,003
3,70	Baguette	3,700	normal	3,7	0,14
2,50	Emballage	2,500	normal	2,5	0,093
2,50	Peigne	2,500	normal	2,5	0,106
0,0140	Fil	0,014	normal	0,014	0,006
5,50	Productivité	5,500	normal	5,5	0,5
180 000	Salaire technicien	180 000	aléa	180 000	200 000

Tableau 32. – *Probabilités simples et cumulées*

Variable résultat (TIR)	Probabilités	Nbre obs.	Pb. cum.	No. Cum.
1 %	0	0	0 %	0
3 %	0,02	2	2 %	2
5 %	0,05	5	7 %	7
7 %	0,11	11	18 %	18
9 %	0,28	28	46 %	46
11 %	0,25	25	71 %	71
13 %	0,22	22	93 %	93
15 %	0,06	6	99 %	99
17 %	0,01	1	100 %	100
19 %	0	0	100 %	100
21 %	0	0	100 %	100
		100		

TIR cumulé	TIR Moyen	R2	Cumul	Écart-type
941,43 %	9,3 %	1,19 %	95,56 %	2,8 %

Graphique 43. – *Probabilités cumulées des rentabilités*

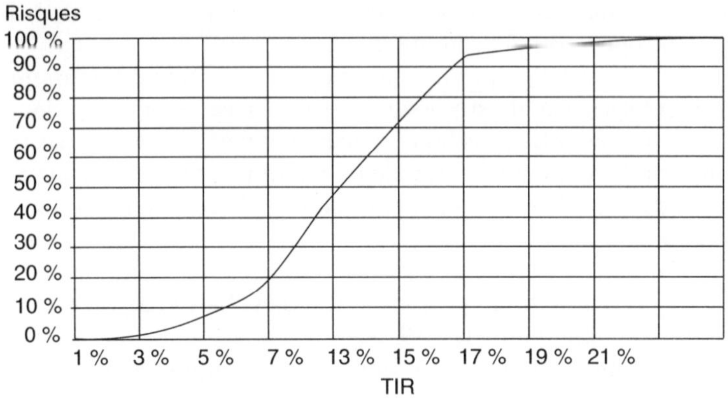

5.7.4. *Stratégie de prix*

Les phases précédentes et en règle générale la préfactibilité ou la factibilité reposent sur des bases essentiellement techniques, c'est-à-dire sur les capacités de la machine et du travail. Un seconde approche est nécessaire, elle est commerciale et consiste à analyser les capacités du marché (nature de la clientèle, mode de distribution, production, prix, concurrence…).

Nous allons dans un premier temps voir le positionnement du produit, puis les stratégies de prix que l'on peut envisager à partir de la rentabilité minimale à atteindre.

5.7.4.1. Le positionnement du produit

Un produit pour s'imposer doit apparaître comme le meilleur sur les points jugés essentiels par le consommateur. Trois variables sont très souvent importantes : la qualité (en tant qu'élément de synthèse d'un ensemble de facteurs), l'image ou la notoriété et le prix. Intervient alors sa différenciation des produits concurrents [1].

– Si un produit se différencie nettement (par l'ensemble de ses qualités), un avantage de prix lui assurera un succès presque certain. Mais l'entreprise garde une certaine marge de manœuvre pour assurer son succès.

– Si ce produit se différencie peu de ses concurrents, sa seule arme reste le prix qui devra apparaître nettement inférieur à celui de ses concurrents.

Pour le produit qui nous concerne (les rideaux), l'ambition du chef d'entreprise est de prendre le marché. Or l'image du nouveau produit ne sera certainement pas meilleure dans la mesure où c'est un produit standardisé alors que la concurrence offre encore des produits artisanaux. Reste donc une action sur les prix qui devra jouer un rôle déterminant.

5.7.4.2. Les stratégies de prix possibles

Il serait intéressant ici d'établir un modèle de la demande à l'entreprise en fonction du marché total, de la réaction des concurrents et de la politique de l'entreprise (prix, promotion,...).

À défaut d'une telle approche qui nécessiterait une étude de marché relativement sérieuse, il est possible d'inverser ce schéma. La démarche serait alors d'étudier les possibilités maximales d'action sur les prix à partir d'un objectif de rentabilité minimale (la rentabilité minimale compte tenu du niveau de risque calculé 8 %) et selon les différentes hypothèses techniques définies.

Le prix moyen actuel de l'entreprise est de 71,6 F, celui de la concurrence de 75 F (enquête de préfactibilité). Sans baisser le prix, il permet d'atteindre une rentabilité de 10,9 %.

Dans l'hypothèse de base, en diminuant sa rentabilité à 8 %, l'entreprise peut abaisser son prix de vente à 66,7 F à partir de l'année 4.

Dans l'hypothèse 2 toujours avec un objectif de rentabilité de 8 %, l'entreprise peut abaisser son prix de vente à 52,5 F en année 5.

Dans l'hypothèse 3, ce prix passe à 57,2 F.

Il faudra éventuellement tester ces résultats par une étude de marché (cohérence entre prix obtenu et part de marché).

---

1. Voir par exemple F. et H. Kelly, *Harvard Business School*, InterEditions, page 89. Voir aussi Y. Chirouze, *op. cit.*

Graphique 44. – *Stratégie de prix et coût de revient – 1*
Hypothèse de base sans baisse de prix

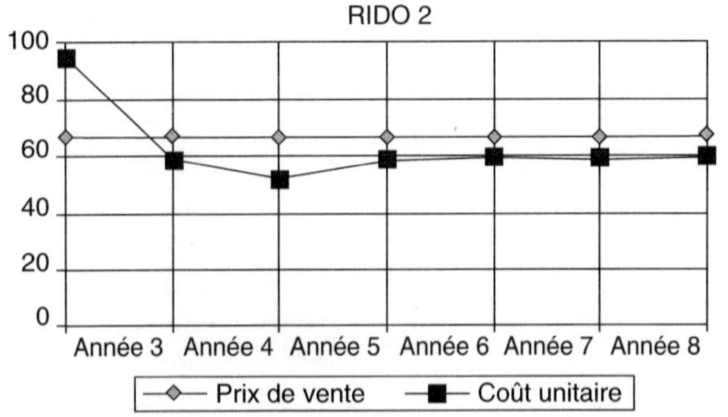

Graphique 45. – *Stratégie de prix et coût de revient – 2*
Hypothèse de base avec baisse de prix

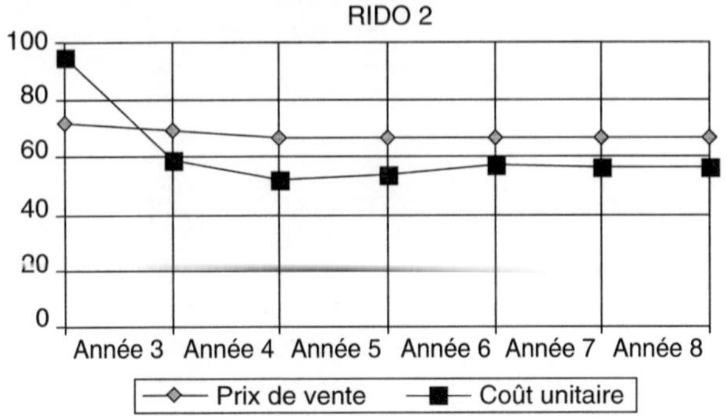

Graphique 46. – *Stratégie de prix et coût de revient – 3*
Hypothèse de base avec baisse de prix

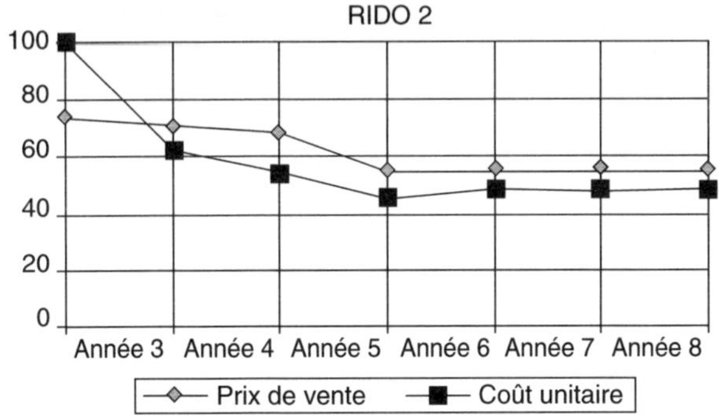

Chapitre 3

LE FINANCEMENT ET LA PRÉSENTATION DES RÉSULTATS

La première phase de l'évaluation était centrée sur la faisabilité économique [1]. Dans la seconde phase, il faut s'assurer de la réalisation financière ; ce qui représente la réalisation de plusieurs ambitions.

– Un équilibre dans l'utilisation des flux de trésorerie sera obtenu par le tableau de financement.

– Une nouvelle rentabilité sera recherchée (la rentabilité après financement), qu'il faudra s'efforcer de maximiser.

– Mais de nouveaux risques, financiers ou liés au financement, seront introduits. Nous rencontrerons alors de nouveaux conflits, entre sécurité et rentabilité financière.

Après la réalisation de cette nouvelle phase dont l'aboutissement est le montage financier du projet, nous examinerons les états définitifs après financement et la mise au point des stratégies de réalisation en fonction des risques encourus par le projet.

Avant cette dernière touche, il est souvent nécessaire d'étudier plus en détail le court terme : d'abord la première année de réalisation parce qu'elle est spécifique (investissements initiaux, problèmes de démarrage...), ensuite en période de croisière si le projet présente des activités saisonnières ou irrégulières.

Nous allons donc étudier comment déterminer les besoins de financement, recenser les ressources financières disponibles et trouver les solutions optimales, en utilisant notamment la programmation linéaire.

---

1. Économique est pris ici au sens large.

1. La détermination des besoins et sources de financement

Le tableau de financement est l'instrument privilégié de cette phase. Nous le présentons dans l'optique prévisionnelle, et non dans l'optique comptable qui est intéressante pour des études de situation de référence. Nous ferons aussi un état rapide des principales sources de financement.

1.1. Le tableau de financement dans l'optique prévisionnelle

Précisons son contenu, sa finalité et les méthodes utilisées, pour terminer par un exemple de réalisation.

1.1.1. Définition

Le tableau de financement [1] retrace l'ensemble des mouvements de trésorerie sur la durée totale d'étude du projet, année par année.

Il est donc basé sur des flux annuels. Les solutions de financement concernent le moyen et le long terme (durée supérieure à un an). C'est ce qui le distingue :

– du tableau de trésorerie toujours à court terme (mensuel) ;

– du tableau des flux nets de trésorerie (FNT), utilisé au calcul de rentabilité et qui retrace les mêmes flux mais dont la situation est appréciée à une date donnée, la fin de chaque année. De ce fait, le tableau de financement démarre en année 1 et non en année 0.

1.1.2. Objectif

L'objectif du tableau de financement est d'aboutir à un équilibre de trésorerie chaque année (soldes cumulés positifs ou nuls). Dans l'optique prévisionnelle, plusieurs phases peuvent être considérées :

– 1re phase, la détermination des besoins de financement ;

– 2e phase, le recensement des solutions ;

– 3e phase, la sélection du meilleur financement selon divers critères.

À la première phase, nous aurons un tableau de financement provisoire, faisant apparaître des soldes négatifs et qui sera progressivement complété, jusqu'au tableau de financement définitif. Chaque tableau provisoire est bâti à partir des informations disponibles.

Par exemple, la MBA est celle qui est calculée avant financement, donc sans intégration des charges financières. Au contraire quand le montage financier est achevé, dans les documents définitifs, il faudra recalculer la MBA à partir d'un compte de résultat qui contiendra les charges financières.

Par conséquent dans le tableau provisoire, il faudra anticiper et intégrer dans les calculs l'incidence fiscale du financement (cf. l'exemple suivant).

L'objectif d'équilibre annuel peut coexister avec des déséquilibres à l'intérieur de l'année. Cela signifie qu'à court terme, nous pourrons avoir

1. Il ne faut pas confondre le tableau de financement, le tableau de trésorerie et le tableau des FNT dont les finalités et les modalités de construction sont différentes.

des périodes déficitaires et excédentaires. Ces problèmes à court terme, nous l'avons vu, sont généralement résolus à part (existence de solutions spécifiques à court terme).

Dans certaines situations (cf. Activités saisonnières) où les déséquilibres à court terme sont importants, il peut être préférable d'étudier de manière conjointe les financements à court et à moyen terme. Dans ce cas, le tableau de financement ne sert plus au choix du financement, il n'a qu'un rôle de présentation.

1.1.3. Méthodes

Deux méthodes principales seront présentées.

Le tableau en cascade fournit un équilibre réalisé année par année à partir de l'année 1. Chaque année, la solution qui semble le mieux convenir est choisie. Cette méthode rapide aboutit souvent à un sur-financement en fin d'étude (cf. l'exemple).

La mise au point d'un programme linéaire permet d'étudier le financement directement sur la durée d'étude du projet. C'est la seule méthode qui peut définir les meilleures durées de financement ajustées aux capacités effectives de remboursement du projet. Elle permet ainsi de minimiser le coût du financement. Cette méthode est utilisable sur tous les tableurs.

1.1.4. Présentation générale du tableau de financement

Le tableau de financement se caractérise en termes de flux d'emplois et de ressources de chaque période (années). La différence entre ressources et emplois permet de calculer, à chaque période, un solde et un solde cumulé.

1) Les ressources

Nous avons d'abord les ressources procurées par le projet :

– la marge brute d'autofinancement (ou CAF) provisoire [1], calculée avant financement mais après impôt sur le résultat ;

– la revente d'actifs, à la suite du renouvellement des immobilisations non financières (si cette valeur de revente est significative) ou des immobilisations financières, titres de participation ou de placement (disponibilités) ;

– les variations négatives du BFR sauf si nous avons utilisé l'excédent de trésorerie d'exploitation (ETE) à la place de la MBA ;

– le remboursement de cautions ou avances (pour certaines solutions de financement comme le crédit-bail) ou prêts précédemment octroyés.

Il convient d'ajouter ensuite la partie du financement connu, représentée par : les augmentations de capitaux propres, les emprunts acquis, les subventions d'investissement [2] reçues.

1. Il est possible d'utiliser l'excédent de trésorerie d'exploitation qui a été créé à cette fin (cf. *infra* étude du BFR), mais dans ce cas il ne faut plus faire intervenir la variation de BFR en emploi. Le BFR est toutefois indispensable à d'autres tableaux.

2. Dont il faudra prendre en considération le mécanisme de réintégration au crédit du compte de résultat (cf. les moyens de financement).

Il faut aussi intégrer les incidences fiscales favorables (liées aux charges financières...).

2) Les emplois

Ils sont représentés par les besoins de financement du projet :

– les investissements ;

– les variations positives du BFR, sauf si nous avons utilisé l'excédent de trésorerie d'exploitation (ETE) à la place de la MBA ;

– les cautions ou prêts à accorder ;

– les dividendes versés sur le bénéfice de l'année précédente.

Il faut également intégrer les éléments d'emplois liés au financement connu : le remboursement des emprunts, les charges financières.

Il faut aussi intégrer les incidences fiscales défavorables (liées aux subventions...).

3) Le solde

4) Le solde cumulé

Le solde correspond au mouvement de trésorerie de l'année, le solde cumulé à la trésorerie possédée. Il ne faut donc pas obtenir de solde cumulé négatif (non-fonctionnement) et il faut éviter les soldes trop positifs (sur-financement).

1.1.5. Exemple

Le tableau 1 correspond à la première phase, il retrace le besoin de financement après les fonds propres utilisables. Globalement, il présente un solde cumulé de trésorerie positif qui correspond à la trésorerie disponible en fin de projet (à partir des flux pris en considération jusqu'à ce moment). Seul le solde de l'année 1 est négatif.

Il est envisagé pour cette année 1 un emprunt dont nous connaissons le taux d'intérêt (10 %) et les modalités de remboursement du principal (chaque année par 1/5). Le taux de l'impôt sur les résultats sera de 36,66 %.

Quel est le montant de l'emprunt nécessaire ?

Un emprunt de 645 ne sera pas suffisant puisqu'il faut rembourser le capital et payer les intérêts dès la première année. Il faut donc le calculer. Posons X le montant de l'emprunt recherché. Pour la première année, l'équation est la suivante.

– Solde + emprunt – remboursements emprunt – intérêts + économie d'IS

– $645 + X - X/5 - (1 - tx_{IS}) \times 0{,}1X = 0$

– $645 + X\,(1 - 0{,}2 - 0{,}06334) = 0$ avec un taux d'IS = 36,66 %

– $645 + 0{,}76334X = 0$

$X = 875{,}57$

Nous obtenons un emprunt de 875,57. Les éléments de ce financement permettent un recalcul de la CAF (tableau 2). Cela nous permet de construire la deuxième itération du tableau de financement et d'examiner les nouveaux soldes après l'année 1 (tableau 3).

Tableau 1. – *Financement provisoire*

Années	1	2	3	4	5	Total
Ressources	*1 455*	*270*	*330*	*330*	*330*	*2 715*
Capital MBA	1 200 255	 270	 330	 330	 330	1 200 1 515
Besoins	*2 100*	*20*	*180*	–	*120*	*2 420*
Investissement Variation BFR	1 820 280	 20	120 60		120	
Solde *Solde cumulé*	*– 645* *– 645*	*250* *– 395*	*150* *– 245*	*330* *85*	*210* *295*	*295*

Tableau 2. – *Caractéristiques de l'emprunt et recalcul de la MBA*

Années	1	2	3	4	5
Dette début de période	875,57	700,46	525,34	350,23	175,11
Remboursement période	175,11	175,11	175,11	175,11	175,11
Charges financières	87,56	70,05	52,53	35,02	17,51

Calcul de la nouvelle MBA

Ancien résultat avant fin.	375,75	399,43	492,26	492,26	492,26
Charges financières	87,56	70,05	52,53	35,02	17,51
Résultat avant IS	288,19	329,39	439,73	457,24	474,75
IS	105,65	120,75	161,20	167,62	174,04
Résultat net	182,54	208,63	278,52	289,62	300,71
Dotations aux amortissements	17	17	18,20	18,20	18,20
MBA nouvelle	199,54	225,63	296,72	307,82	318,91

Calcul direct

MBA ancienne	255	270	330	330	330
– (1 – tx IS) charges financières	55,46	44,37	33,28	22,18	11,09
MBA nouvelle	199,54	225,63	296,72	307,82	318,91

Calcul de l'ancien résultat à partir de la MBA :

(MBA – dotations)/(1 – taux IS)

Le calcul direct de la MBA, si le résultat après financement est négatif, ne sera pas exact pour des raisons d'incidence fiscale. Il sera alors nécessaire de calculer le différentiel d'impôt avant et après le financement nouveau.

Globalement, le projet continue de dégager un solde cumulé positif de 128,62 unités. Mais un nouveau solde cumulé annuel négatif s'est créé (27,87 en année 3). Effectivement l'emprunt mis en place génère des déficits ultérieurs. Le tableau n'est donc plus équilibré. Une nouvelle itération est nécessaire.

Tableau 3. – *Financement définitif – 1*

Années	1	2	3	4	5	Total
Ressources	*2 275,11*	*225,63*	*296,72*	*307,82*	*318,91*	*3 424,19*
Capital	1 200					1 200
MBA	199,54	225,63	296,72	307,82	318,91	1 348,62
Emprunt	875,57					875,57
Besoins	*2 275,11*	*195,11*	*355,11*	*175,11*	*295,11*	*3 295,57*
Investissement	1 820	–	120	–	120	2 060
Variation BFR	280	20	60			360
Remboursements	175,11	175,11	175,11	175,11	175,11	875,57
Solde	*– 0*	*30,52*	*– 58,39*	*132,70*	*23,79*	*128,62*
Solde cumulé	*– 0*	*30,52*	*– 27,87*	*104,83*	*128,62*	

Deux solutions sont possibles :

– soit calculer l'emprunt nécessaire l'année 3 ; c'est la méthode courante du tableau en cascade ; l'emprunt initial entraîne un refinancement (financement d'un emprunt par un autre emprunt) ; ce qui est en principe interdit en gestion publique ;

– soit recalculer l'emprunt initial de manière à ce qu'il n'y ait plus de solde cumulé négatif. Ceci va créer un sur-financement (endettement en année 1 avec un solde de trésorerie positif).

Avec la première solution, nous avons une deuxième équation à résoudre :

$-27{,}87 + X - X/5 - (1 - tx_{IS}) \cdot 0{,}1\,X = 0$

$-27{,}87 + X\,(1 - 0{,}2 - 0{,}06334) = 0$, avec un taux d'IS de 36,66 %

$X = 37{,}84$

Après la réalisation du tableau de l'emprunt et le calcul de la nouvelle MBA (tableau 4), le nouveau tableau de financement après intégration des deux nouveaux emprunts peut être construit (tableau 5).

Tableau 4. – *Calcul du nouvel emprunt et de la MBA*

Années	1	2	3	4	5
Dette début de période	–	–	37,84	30,27	22,70
Remboursement période			7,57	7,57	7,57
Charges financières	–	–	3,78	3,03	2,27

Calcul direct

MBA ancienne	199,54	225,63	296,72	307,82	318,91
– (1 – tx is) charges financières	–	–	2,40	1,92	1,44
MBA nouvelle	199,54	225,63	294,33	305,90	317,47

Tableau 5. – *Financement avec deux emprunts*

Années	1	2	3	4	5	Total
Ressources	*2 275,11*	*225,63*	*332,16*	*305,90*	*317,47*	*3 456,28*
Capital	1 200	–	–	–	–	1 200
MBA	199,54	225,63	294,33	305,90	317,47	1 342,87
Emprunt	875,57	–	37,84	–	–	913,41
Besoins	*2 275,11*	*195,11*	*362,68*	*182,68*	*302,68*	*3 318,27*
Investissement	1 820	–	120	–	120	2 060
Variation BFR	280	20	60	–	–	360
Remboursements	175,11	175,11	182,68	182,68	182,68	898,26
Solde	*– 0*	*30,52*	*– 30,52*	*123,22*	*14,79*	*138,01*
Solde cumulé	*– 0*	*30,52*	*– 0*	*123,22*	*138,01*	

Si la seconde solution est choisie (un seul emprunt en année 1) avec recalcul de l'emprunt, la nouvelle équation de détermination du montant de l'emprunt sera :

$$\begin{aligned} & -645 + X - X/5 - (1 - tx_{IS}) \,.\, 0{,}1\, X \\ & + 250 - X/5 - (1 - tx_{IS}) \,.\, 0{,}1(X - X/5) \\ & + 150 - X/5 - (1 - tx_{IS}) \,.\, 0{,}1(X - 2X/5) = 0 \end{aligned}$$

$$-245 + X\,(1 - 3/5 - 0{,}152016\,) = 0, \text{ avec un taux d'IS de } 36{,}66\ \%$$

Soit $X = 987{,}97$ unités.

Ceci permet de refaire un nouveau tableau de l'emprunt et du calcul des nouvelles MBA ainsi que le tableau définitif de financement (tableau 6).

Tableau 6. – *Financement définitif – 2*

Années	1	2	3	4	5
Dette début de période	987,97	790,37	592,78	395,19	197,59
Remboursement période	197,59	197,59	197,59	197,59	197,59
Charges financières	98,80	79,04	59,28	39,52	19,76

Calcul de la nouvelle MBA

Ancien résultat avant fin.	375,75	399,43	492,26	492,26	492,26
Charges financières	98,80	79,04	59,28	39,52	19,76
Résultat avant IS	276,95	320,39	432,99	452,75	472,50
IS	101,53	117,46	158,73	165,98	173,22
Résultat net	175,42	202,94	274,25	286,77	299,28
Dotations aux amortissements	17	17	18,20	18,20	18,20
MBA nouvelle	192,42	219,94	292,45	304,97	317,48

Tableau 6. – *Financement définitif – 2 (Suite)*

Calcul direct

MBA ancienne – (1 – tx is) charges financières	255 62,58	270 50,06	330 37,55	330 25,03	330 12,52
MBA nouvelle	192,42	219,94	292,45	304,97	317,48

Tableau de financement après financement 1

Années	**1**	**2**	**3**	**4**	**5**	**Total**
Ressources	*2 380,39*	*219,94*	*292,45*	*304,97*	*317,48*	*3 515,23*
Capital	1 200					1 200
MBA	192,42	219,94	292,45	304,97	317,48	1 327,27
Emprunt	987,97					987,97
Besoins	*2 297,59*	*217,59*	*377,59*	*197,59*	*317,59*	*3 407,97*
Investissement	1 820	–	120	–	120	2 060
Variation BFR	280	20	60	–	–	360
Remboursements	197,59	197,59	197,59	197,59	197,59	987,97
Solde	*82,80*	*2,34*	*– 85,14*	*107,38*	*– 0,11*	*107,27*
Solde cumulé	*82,80*	*85,14*	*0*	*107,38*	*107,27*	

• *Conclusion*

– Un équilibre année par année a été réalisé. Dans une phase préliminaire, ceci nous donne une idée des sommes nécessaires au fonctionnement du projet, et selon les années.

– Un problème de choix du mode de financement, que nous aborderons plus loin, se pose dans une phase plus avancée de l'évaluation.

– L'équilibre réalisé peut aussi être remis en cause par une étude du court terme si des besoins existent à ce niveau.

Le tableau de financement ainsi réalisé a une vocation spécifique, il prend un double aspect, selon qu'il est utilisé pour calculer des besoins ou qu'il se présente comme un tableau définitif. Il est important de signaler qu'il se distingue du tableau de financement du plan comptable [1]. D'ailleurs les analystes financiers ne manquent pas également de mettre en avant leur propre présentation en fonction des besoins ressentis.

1. Pour une étude du tableau de financement dans l'optique comptable, voir :
– C. et C. Raulet, *Analyse comptable et financière*, Dunod, 1986.
– J. Pilverdier-Latreyte, *Finance d'entreprise,* Economica, 1990.

1.2. Les sources de financement à long terme

Il existe de nombreux ouvrages [1] sur les sources de financement. Notre objectif est ici très simplement d'en présenter les grandes catégories avec leurs principales particularités. Nous allons faire état de quatre catégories traditionnelles : les fonds propres, les emprunts bancaires, les emprunts obligataires et les subventions d'investissement. Nous pouvons mentionner aussi le crédit-bail (ou prêt-bail) qui fait souvent l'objet d'un retraitement, le financement export, le crédit-acheteur, les protocoles financiers....

Le marché du financement des entreprises s'est profondément modifié ces quinze dernières années. Depuis 1985, nous constatons une forte expansion dans l'émission des actifs financiers, qui au départ s'est réalisée au détriment des banques. Depuis 1987, ces dernières ont retrouvé un certain dynamisme.

Actuellement les ressources des entreprises françaises sont constituées d'environ 40 % d'autofinancement, 30 % d'actifs financiers et 30 % de crédits bancaires. Il faut aussi remarquer le développement des actifs financiers détenus par les entreprises et le développement des investissements depuis 1985.

1.2.1. L'augmentation de capital

Les fonds propres [2] sont la première ressource financière de l'entreprise. Le coût des capitaux propres est représenté par le dividende annuel versé aux actionnaires. Ses particularités sont les suivantes.

– Le dividende, à la différence des charges financières des emprunts, n'est normalement pas déductible pour le calcul de l'impôt sur le résultat

– Pour une augmentation de capital donnée, le paiement d'un dividende se manifeste sur la durée de vie de l'entreprise. Le coût du dividende doit donc être calculé sur la période infinie, contrairement aux emprunts qui ont lieu sur une durée prévue à l'avance. Par exemple pour une augmentation de capital de 1 000, un dividende de 12 % du capital et un taux d'actualisation « i », le coût total sera de :

$$\sum_{n=1}^{\infty} \frac{120}{(1+i)^n} = \frac{120}{i}$$

La notion de fonds propres a aussi évolué. Il existe des catégories de titres intermédiaires entre les actions et les obligations, le quasi-capital [3].

---

1. Voir par exemple, le *Guide pratique du financement des entreprises*, Editions Francis Lefebvre. – I. Bénichou et D. Corchia, *Le financement de projets*, Editions Eska, 1996. – G. Charreaux, *Gestion financière*, Litec, 1993. – Y. Simon, *Finance internationale*, 2e éd., Economica, 1997.

2. Le terme de fonds propres est financier, celui de capitaux propres est comptable.

3. Voir les articles de C. Vetter, *Le Monde* du 28/29 octobre 1990 ou 14/15 avril 1991.

Certains de ces titres, s'ils ne représentent pas un droit de propriété, ressemblent financièrement à des actions (rémunération seulement en cas de bénéfice, caractère perpétuel...).

Il existe aussi des obligations transformables en actions, les obligations convertibles (OC) ou obligations remboursables en actions (ORA), qui sont donc potentiellement des fonds propres [1].

Les fonds propres sont aussi représentés par « l'apport en compte courant » des associés.

L'évolution se fait vers une plus grande souplesse des moyens de financement : grande variété de solutions, possibilités de modifier et d'échanger des financements. Mais il reste important de bien cerner financièrement la notion de fonds propres. Dans le cas contraire, bien des mécanismes déjà délicats à appliquer (comme l'effet de levier) seraient à réviser ou même peut-être à abandonner. La grande particularité des capitaux propres est de faire l'objet d'une politique spécifique de rémunération (la rentabilité des capitaux propres), en relation ou non avec des actions cotées en bourse.

1.2.2. Les emprunts

C'est la ressource extérieure classique qui joue encore un rôle important dans les entreprises, par l'intermédiaire du système bancaire. L'État intervient également à ce niveau avec les aides à certains secteurs (prêts bonifiés). Nous sommes concernés ici par les emprunts à moyen et à long terme (supérieurs à 7 ans). Nous avons déjà précisé la grande particularité due à la déductibilité des charges financières.

De nombreuses formules de calcul existent. Nous en présenterons deux : les annuités dégressives et constantes.

- *Annuités dégressives*

  En posant E, montant emprunté ;
  n, durée de l'emprunt ;
  t, période, ici l'année ;
  i, taux d'intérêt ;

le remboursement annuel du capital est égal à : E/n ;
les intérêts de l'année t seront de : $i \,.\, E \,.\, (\mathrm{n} - t + 1)/\mathrm{n}$.

- *Annuités constantes*

  L'annuité sera $A = E.\dfrac{i}{1-(1+i)^{-n}}$.

  Le remboursement du principal (capital) de l'année n : $\dfrac{A}{(1+i)^{n-t+1}}$.

1. Avantage pour l'entreprise : coût inférieur (rémunération servie) en raison du moindre risque. Avantage pour le souscripteur : rendement garanti avec possibilités de gains ultérieurs si l'entreprise se porte bien.

Ces formules peuvent être compliquées en faisant intervenir trois particularités :

– les modalités de calculs (au mois, au trimestre, à l'année) que nous avons mentionnées lors de l'étude du taux d'actualisation ;

– la possibilité de différer le remboursement au départ de plusieurs mois ou années (périodes de grâce qui ne dispensent pas du paiement des intérêts) ;

– le paiement des intérêts à termes échus (intérêts post comptés) ou à échoir (intérêts payés d'avance ou précomptés).

Par ailleurs, il existe des taux fixes, pour lesquels les montants et les modalités de paiements ne vont pas varier au cours de la période et des taux variables, qui seront périodiquement révisés selon des modalités prévues à l'avance. Dans le cas d'une étude en francs ou prix constants, le taux variable sera maintenu, ce qui suppose que le taux d'intérêt évolue comme l'inflation. Le taux fixe, au contraire, devra être diminué de la perte de valeur de la monnaie, selon la technique étudiée (cf. *infra* l'inflation). Dans le cas d'une étude à prix courants, le taux variable devra être majoré du taux d'inflation tandis que le taux fixe sera maintenu.

1.2.3. Les emprunts obligataires

Les emprunts obligataires sont un moyen de financement extérieur réservé aux sociétés anonymes sur le marché financier. Il existe beaucoup de particularités les concernant, obligations à lots, indexées, participantes, à taux révisable… Le taux d'intérêt qui les gouverne est le taux actuariel brut, défini comme le « taux de rendement annuel avant prélèvement fiscal ou retenue à la source, calculé au jour de l'émission sur la durée totale de l'emprunt, en actualisant tous les produits versés sous forme d'intérêts et de remboursements » (Commission des Opérations de Bourse).

Les emprunts obligataires se caractérisent encore par une prime d'émission et une prime de remboursement. Il y a prime d'émission [1] si l'obligation est revendue au-dessous de son nominal et prime de remboursement si l'obligation est remboursée à l'échéance à un prix supérieur au nominal.

1.2.4. Les subventions d'investissement

Les subventions d'investissement, à ne pas confondre avec les subventions d'exploitation et d'équilibre dont l'objet est de compenser une charge ou une perte dans le compte de résultat, sont accordées en contrepartie de l'acquisition d'un bien d'équipement. L'État utilise le mécanisme des subventions pour favoriser la réalisation de certains investissements (politique sélective), de certaines économies d'énergie ou innovations

1. La prime d'émission interviendra au passif (écart entre le nominal et le montant reçu), la prime de remboursement à l'actif (écart entre ce qui sera remboursé et qui a été reçu) sera amortie sur la durée de l'emprunt.

technologiques. Elles donnent lieu à un mécanisme de réintégration qu'il est indispensable de connaître et qui a été reproduit dans le schéma 1.

La subvention représente l'acquisition gratuite d'un actif qui va normalement figurer à l'actif comme n'importe quel investissement. La subvention est enregistrée au passif avec les autres ressources.

Comme cet actif donne lieu à une déduction de charges (les dotations aux amortissements) pour le calcul de l'impôt, le fisc (et le comptable) a voulu neutraliser cet avantage par un mécanisme de réintégration progressive de la subvention dans le compte de résultat, du montant de la dotation correspondant à la partie subventionnée de l'équipement [1]. La subvention finit donc par disparaître du bilan (en trois ans dans le schéma 1).

Il y a une incidence fiscale. La réintégration de la subvention donne lieu à un impôt supplémentaire sur le résultat dont il faudra tenir compte. Mais le mécanisme de réintégration est de type comptable (sans mouvement effectif de trésorerie). Ceci signifie que cette réintégration n'interviendra pas pour le calcul de la MBA (c'est un flux fictif comme les dotations).

Schéma 1. – *Le mécanisme des subventions d'investissement*

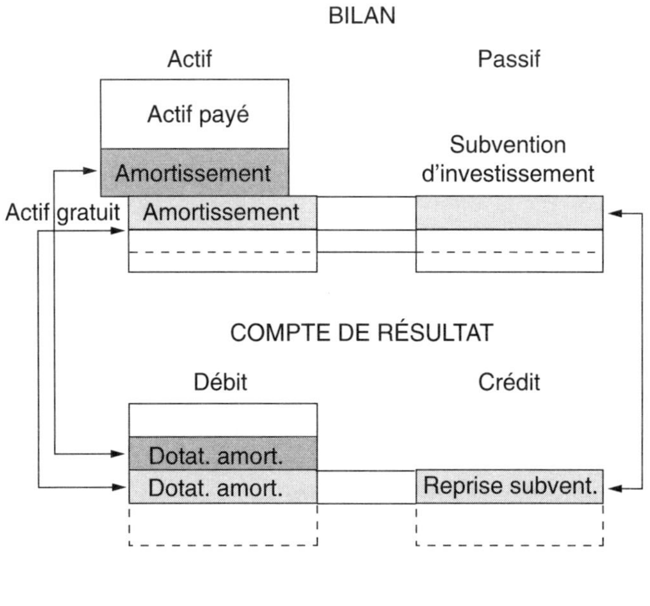

1.2.5. Le coût des capitaux

La mise en place du montage financier débouche sur la notion de coût du capital (ou coût moyen pondéré des capitaux) qui peut concerner l'ensemble des capitaux ou seulement les capitaux extérieurs.

1. Pour plus de détails voir Francis Lefebvre, *Plan comptable révisé*, p. 307 ou le mémento comptable.

1) Calcul ponctuel

– le coût du financement extérieur (emprunts)

taux ponctuel = $t_e = i(1 - 36{,}66\ \%)$ avec i = taux d'intérêt réel ;

– le coût moyen pondéré des capitaux (propres et empruntés)

$$t = \frac{C \times d + E \times i(1 - 36{,}66\ \%)}{C + E}$$

avec C = capitaux propres ;
E = capitaux empruntés ;
d = taux de dividendes ;
i = taux d'intérêt des emprunts.

2) Calcul sur une période (10 ans)

Ce calcul est semblable à celui d'un taux interne.

$$\sum_{n=0} \frac{E_n - R_n - T_n + A_n}{(1+i)^n} - \frac{D_{10}}{(1+i)^{10}} = 0$$

avec i = taux d'intérêt différentiel du financement extérieur [1] ;
E_n = emprunts et subventions d'investissement de l'année n ;
R_n = remboursements d'emprunts de l'année n ;
T_n = intérêts versés en année n ;
A_n = avantage fiscal net de l'année n lié aux subventions et intérêts ;
D_{10} = valeur résiduelle des emprunts et dettes fiscales latentes, en fin d'étude.

2. L'utilisation de la programmation linéaire à la réalisation d'un tableau de financement optimal

La méthode de détermination du financement en cascade conduit généralement, nous l'avons constaté, à un sur-financement. Par ailleurs, elle oblige à de nombreuses itérations qui sont à refaire à chaque nouvelle simulation. Il est donc intéressant de trouver une méthode autorisant une meilleure optimisation du montage financier.

Cette méthode permettra un choix des modes de financement adaptés aux capacités de remboursement des projets. Ceci va à l'encontre de certaines habitudes, la durée des emprunts étant liée à la durée de vie des équipements. Étant donné la hausse des taux d'intérêt réels, si le projet peut le faire, il a avantage à rembourser rapidement sa dette.

Cette méthode a aussi pour finalité de minimiser la charge financière effective, par combinaison d'emprunts différents et à différentes périodes. La programmation linéaire permet de résoudre assez facilement ce type de problème. C'est ce que nous allons voir. La difficulté majeure est de

1. Taux d'intérêt recalculé en tenant compte de la diminution d'impôt due aux charges financières.

bien poser le programme et de savoir interpréter les résultats. Le développement des fonctions d'optimisation dans les tableurs facilite considérablement le travail de formulation et peut rendre cette approche très commune [1].

En contrepartie, la finesse de ce travail peut faire penser qu'il n'est pas adapté à l'incertitude des prévisions. Effectivement il faut le réserver aux stades finaux. Le mécanisme proposé peut faire réaliser des économies au projet, même en cas d'erreur de prévision. Les changements de tendance par rapport aux prévisions pourront conduire à des renégociations d'emprunts. Lorsque qu'il y a combinaison de financements à court et long terme la méthode est nécessaire à la réalisation d'un bon équilibre dans la répartition des fonds. Par ailleurs, la création de nouveaux moyens financiers ne peut que permettre une meilleure adaptation aux besoins réels de financement et de trésorerie des projets. Nous allons voir en premier lieu la fonction à minimiser puis les contraintes, pour terminer par des exemples [2].

2.1. La fonction à minimiser

Trois possibilités seront considérées : les sommes empruntées, les charges financières ponctuelles et cumulées.

2.1.1. Le montant des emprunts

Posons X_1, X_2, X_3, les sommes empruntées en année 1, 2, 3.

La fonction objectif s'écrit :

$$\text{Min}(X_1 + X_2 + X_3)$$

Cette première formulation peut convenir pour la détermination de l'enveloppe et du profil du financement (encours de la dette) dans un projet complexe. Elle ne peut correspondre qu'à des conditions d'emprunt uniforme.

2.1.2. Les charges financières annuelles

Les emprunts sont dissociés uniquement par leur taux, leur durée n'intervenant pas. Il faut alors minimiser les charges financières. Mais le programme ne peut prendre en compte que le coût du financement ponctuel de chaque emprunt. Cette présentation permet néanmoins de dissocier les emprunts, avec une information encore partielle. Avec les données précédentes d'emprunt auxquelles sont ajoutés les taux différents de 10 %, 12 % et 15 %, nous avons :

$$\text{Min}(0{,}1\,X_1 + 0{,}12X_2 + 0{,}15X_3)$$

1. Il devient presque inutile de consulter des ouvrages de programmation linéaire.

2. Pour plus de détails, voir R. Houdayer, « L'apport de la programmation linéaire à l'établissement de plans de financement », *Revue Sciences de gestion*, Économie et Société, n° 12, 1987.

2.1.3. Les charges financières cumulées

Cette présentation permet de considérer chaque emprunt sur sa durée totale et donc de prendre en considération son coût effectif. Il est d'abord nécessaire de calculer le coût total de la charge financière de chaque emprunt. Nous prenons l'exemple déjà rencontré du remboursement du principal par tranches égales avec calcul des intérêts sur le capital dû. Chaque franc emprunté coûte globalement, avec *i* le taux d'intérêt pour 1 F et n la durée de l'emprunt :

$$i.\frac{n + (n-1) + \ldots + 2 + 1}{n} = \frac{i}{n}(1 + 2 + 3 + \ldots + n)$$

Avec actualisation la formule devient :

$$\frac{i}{n}\left(\frac{1}{(1+a)^n} + \frac{2}{(1+a)^{n-1}} + \frac{3}{(1+a)^{n-2}} + \ldots + \frac{n}{(1+a)^1}\right)$$

Comme ces flux financiers ne sont pas touchés par l'inflation, il est nécessaire de travailler soit à prix courants (donc avec un taux d'actualisation adapté), soit à francs constants avec des flux financiers déflatés de l'indice général des prix [1]. Dans ce cas, nous actualiserons avec un taux en francs constants.

2.2. Les contraintes

- *Les soldes de trésorerie*

Il suffit d'indiquer les mouvements annuels de trésorerie année par année avec les mouvements initiaux et ceux liés aux emprunts à rechercher. Le fait d'utiliser les soldes annuels de trésorerie a pour conséquence de ne pas tolérer de solde annuel négatif dans la solution. Reprenons l'exemple utilisé avec la méthode en cascade. Nous avions un emprunt X_1 en année 1 avec un taux de 10 %, un remboursement du principal sur 5 ans par 1/5. L'incidence fiscale [2] sera éliminée.

Année 1
$X1 - 0{,}2X1 - 0{,}1X1 - 64{,}5 \geq 0$

Année 2
$- 0{,}2X1 - 0{,}1(X1 - 0{,}2X1) + 25 \geq 0$

Année 3
$- 0{,}2X1 - 0{,}1(X1 - 0{,}4X1) + 15 \geq 0$

---

1. En pratique, nous prendrons le taux d'intérêt nominal diminué du taux d'inflation.

2. Avec incidence fiscale, il suffit de modifier les coefficients qui deviennent, $i(1 - \text{taux d'IS})$.

Ceci peut s'écrire aussi :

$0{,}7X1 \geq 64{,}5$
$-0{,}28X1 \geq -25$, soit $0{,}28X1 \leq 25$
$-0{,}26X1 \geq -15$, soit $0{,}26X1 \leq 15$

- *Les soldes cumulés de trésorerie*

Le fait de prendre des soldes cumulés assouplit les solutions, puisqu'il permet des soldes annuels négatifs à condition que la trésorerie reste positive (solde cumulé). Reprenons l'exemple précédent.

Année 1

$0{,}7X1 - 64{,}5 \geq 0$

Année 2

$0{,}7X1 - 64{,}5$
$-0{,}28X1 + 25 \geq 0$

soit $0{,}42X1 - 39{,}5 \geq 0$

Année 3

$0{,}42X1 - 39{,}5$
$-0{,}26X1 + 15 \geq 0$

soit $0{,}16X1 - 24{,}5 \geq 0$

D'autres contraintes sont utilisables, comme un endettement plafonné pour certains emprunts.

2.3. Utilisation d'un tableur avec solveur

Il faut construire un tableau de financement intégrant plusieurs emprunts. Un modèle préalable établit la relation entre le solde du tableau de financement et le montant des emprunts en intégrant les charges financières et leur incidence fiscale. Les paramètres du solveur correspondent à ce que nous avons indiqué.

La fonction à minimiser : somme des charges financières.

Les variables : les emprunts possibles.

Les contraintes : valeur positive ou nulle des variables et des soldes cumulés de trésorerie.

Les résultats : cinq emprunts sont nécessaires. Ici le sur-financement subsiste en année 4 et après l'année 5. Mais le montage financier a été obtenu en une seule fois et non par itérations comme dans la méthode précédente. Le total de la charge financière cumulée est de 64 634 F.

Tableau 7. – *Feuille de calcul et solveur*

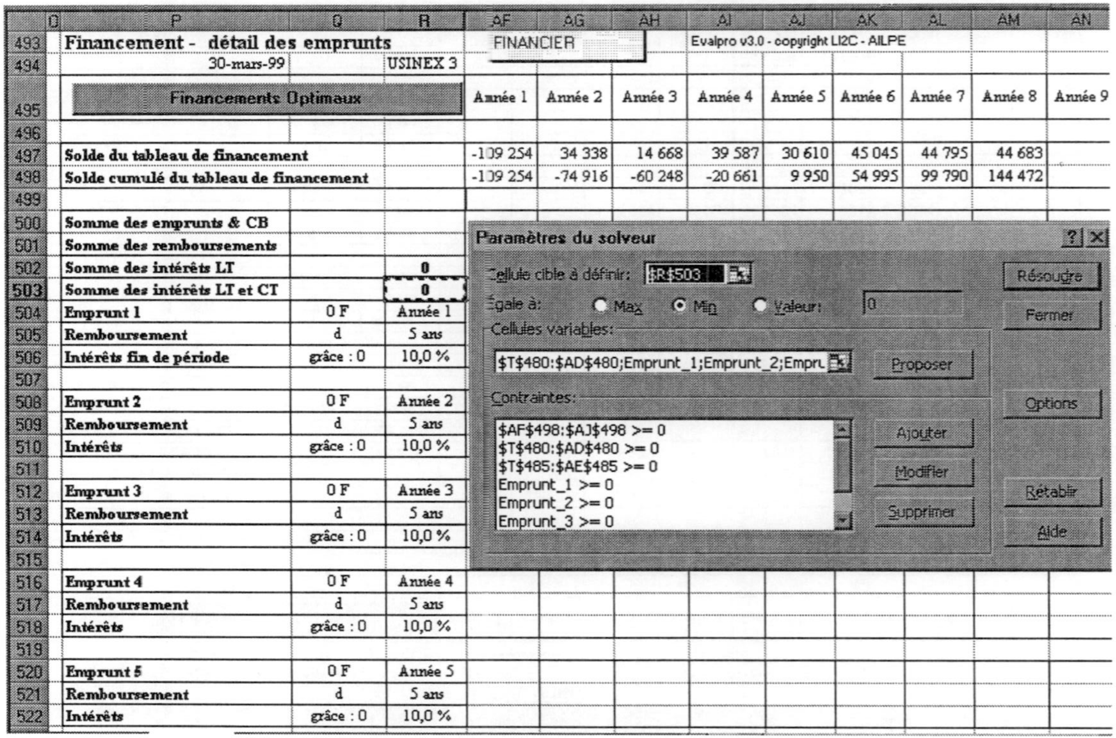

	P	Q	R	AF	AG	AH	AI	AJ	AK	AL	AM	AN
493	**Financement - détail des emprunts**			FINANCIER			Evalpro v3.0 - copyright LI2C - AILPE					
494	30-mars-99		USINEX 3									
495	Financements Optimaux			Année 1	Année 2	Année 3	Année 4	Année 5	Année 6	Année 7	Année 8	Année 9
496												
497	**Solde du tableau de financement**			-109 254	34 338	14 668	39 587	30 610	45 045	44 795	44 683	
498	**Solde cumulé du tableau de financement**			-109 254	-74 916	-60 248	-20 661	9 950	54 995	99 790	144 472	
499												
500	**Somme des emprunts & CB**											
501	**Somme des remboursements**											
502	**Somme des intérêts LT**		0									
503	**Somme des intérêts LT et CT**		0									
504	**Emprunt 1**	0 F	Année 1									
505	**Remboursement**	d	5 ans									
506	**Intérêts fin de période**	grâce : 0	10,0 %									
507												
508	**Emprunt 2**	0 F	Année 2									
509	**Remboursement**	d	5 ans									
510	**Intérêts**	grâce : 0	10,0 %									
511												
512	**Emprunt 3**	0 F	Année 3									
513	**Remboursement**	d	5 ans									
514	**Intérêts**	grâce : 0	10,0 %									
515												
516	**Emprunt 4**	0 F	Année 4									
517	**Remboursement**	d	5 ans									
518	**Intérêts**	grâce : 0	10,0 %									
519												
520	**Emprunt 5**	0 F	Année 5									
521	**Remboursement**	d	5 ans									
522	**Intérêts**	grâce : 0	10,0 %									

Tableau 8. – *Les résultats obtenus par le solveur*

P	Q	R	AF	AG	AH	AI	AJ	AK	AL	AM	AN
Financement - détail des emprunts			AIDE AU MONTAGE FINANCIER			Evalpro v3.0 - copyright LI2C - All					
30-mars-99		USINEX 3									
Financements Optimaux			**Année 1**	**Année 2**	**Année 3**	**Année 4**	**Année 5**	**Année 6**	**Année 7**	**Année 8**	**Année 9**
Solde du tableau de financement						587	-587	31 422	34 599	40 994	
Solde cumulé du tableau de financement						587	0	31 422	66 021	107 015	
Somme des emprunts & CB			156 078	138 239	133 969	94 154	70 710	27 621	15 747	6 548	3 274
Somme des remboursements			31 216	33 891	39 815	39 815	43 089	11 874	9 198	3 274	3 274
Somme des intérêts LT		**64 634**	15 608	13 824	13 397	9 415	7 071	2 762	1 575	655	327
Somme des intérêts LT et CT		**64 634**									
Emprunt 1	156 078 F	Année 1	156 078	124 862	93 647	62 431	31 216				
Remboursement	d	5 ans	31 216	31 216	31 216	31 216	31 216				
Intérêts fin de période	grâce : 0	10,0 %	15 608	12 486	9 365	6 243	3 122				
Emprunt 2	13 376 F	Année 2		13 376	10 701	8 026	5 351	2 675			
Remboursement	d	5 ans		2 675	2 675	2 675	2 675	2 675			
Intérêts	grâce : 0	10,0 %		1 338	1 070	803	535	268			
Emprunt 3	29 621 F	Année 3			29 621	23 697	17 773	11 849	5 924	-0	
Remboursement	d	5 ans			5 924	5 924	5 924	5 924	5 924	-0	
Intérêts	grâce : 0	10,0 %			2 962	2 370	1 777	1 185	592	-0	
Emprunt 4	0 F	Année 4									
Remboursement	d	5 ans									
Intérêts	grâce : 0	10,0 %									
Emprunt 5	16 371 F	Année 5					16 371	13 097	9 823	6 548	3 274
Remboursement	d	5 ans					3 274	3 274	3 274	3 274	3 274
Intérêts	grâce : 0	10,0 %					1 637	1 310	982	655	327

3. La rentabilité après financement

La rentabilité après financement est certainement l'un des critères financiers les plus intéressants mais aussi les plus délicats à interpréter. Ce niveau de rentabilité témoigne du fonctionnement effectif du projet, puisqu'il n'a pas de viabilité possible sans moyen de financement. C'est à ce niveau que nous pourrons voir les effets de toutes les stratégies financières qui rendront un projet plus attrayant, plus facile à réaliser. De ce fait, la décision finale devrait être beaucoup plus sensible à la rentabilité après financement qu'à celle qui est mesurée avant.

Mais la réalité est plus complexe, car la rentabilité après financement ne mesure plus forcément la rentabilité du projet et se place généralement au niveau des seuls capitaux propres, c'est-à-dire des agents (entreprises) qui réalisent le projet. Il y aurait lieu ici de distinguer le projet individuel du projet collectif qui regroupe plusieurs agents ainsi que l'État à travers le réseau des entreprises publiques et des collectivités territoriales. Notre approche restera centrée sur le projet de type individuel et nous n'entrerons pas dans le détail des mécanismes de concession d'un service public [1].

Après avoir examiné la signification et le mode de calcul de la rentabilité après financement d'un projet, nous présenterons l'effet de levier dans une perspective dynamique (rentabilité calculée par le TIR). Cette étude permettra de préciser le calcul de l'endettement optimal par réintroduction des risques.

3.1. Signification et calcul

L'entreprise a besoin, pour fonctionner, d'un ensemble de capitaux (cf. L'étude des besoins de financement). À partir de ces capitaux, il est possible de calculer la rentabilité financière qui indique ce que dégage le projet par rapport aux fonds qui lui sont nécessaires (mesure d'efficience selon différents points de vue, projet, propriétaires....).

Se pose ensuite aussi le problème de la rémunération de ces capitaux. Rémunération plus ou moins contractuelle pour les emprunts, politique de distribution pour les actionnaires ou associés. Il faudra ensuite réfléchir au partage entre capitaux propres et extérieurs. Quels sont les enjeux de ce partage ? La rentabilité en tant que création de richesse a été mesurée hors financement. Le partage entre capitaux propres et extérieurs est fondé sur une double appréciation.

En premier lieu, la rentabilité des capitaux propres et l'effet de levier qui tend à faire accroître les capitaux extérieurs. À l'encontre d'une croyance générale qui veut que le financement coûte et qu'en diminuant son endettement l'entreprise augmente ses bénéfices par diminution des frais financiers, nous allons voir que le financement rapporte. En second lieu, le risque qui tend à faire accroître les capitaux propres. Une entreprise sans capitaux propres tombe en faillite dès qu'une difficulté se présente (conjoncture défavorable par exemple) en raison de l'importance de ses dettes.

1. Voir par exemple : I. Bénichou et D. Corchia, *Le financement de projets*, *op. cit.*

Pour calculer la rentabilité après financement, différents points de vue et méthodes seront donc présentés. Mais d'une façon générale, cette rentabilité est calculée en ajoutant aux flux classiques (ceux que nous avons définis jusqu'à maintenant, donc avant financement), les flux induits par le financement. Dans la pratique, les situations avant et après financement sont souvent confondues ou mal précisées.

Les flux induits par le financement sont :

– le mouvement des capitaux extérieurs (emprunts, remboursements du principal) ;

– les subventions d'investissement ;

– les charges financières ;

– l'incidence fiscale (variation d'impôt engendrée par les opérations de financement à partir d'une situation de référence avant financement qui intégrait la fiscalité) ;

– pour les flux de capitaux propres, plusieurs possibilités seront examinées, la rentabilité du projet et d'une manière plus habituelle, la rentabilité des capitaux propres selon deux méthodes qui se distinguent par une situation de référence différente.

• *La rentabilité du projet après financement*

Cela signifie que nous nous plaçons du point de vue du projet, personne morale, comme nous l'avons fait avant financement, dans un aspect surtout technique et économique. C'est un aspect non habituel mais réel. Il indique si le financement améliore les résultats en fonction du critère choisi. Il sera possible de calculer la VAN après financement et de la comparer à celle obtenue avant financement à condition d'avoir défini le taux d'actualisation après financement. Par contre, le taux interne, s'il reste calculable, ne sera pas toujours défini. Effectivement, très souvent les flux de financement compensent intégralement l'investissement et il n'y a pas de flux négatif, par construction du financement. Le TIR ne présente donc généralement pas d'intérêt.

La VAN obtenue indique alors la valeur du projet, en fin d'étude à la suite des différents prélèvements opérés par le financement (frais financiers, dividendes...).

• *La rentabilité des capitaux propres*

C'est une démarche beaucoup plus classique. Dans ce cas, les mouvements de flux affectant les capitaux propres (y compris les dividendes) ne sont pas pris en considération dans le calcul de rentabilité, dans la mesure où ils sont internes. Tous les autres flux de financement sont intégrés.

C'est donc une rentabilité après financement extérieur. Elle exprime le point de vue des apporteurs de capitaux (leur rémunération théorique [1]). Elle dépend du coût et du niveau de l'endettement extérieur. Nous propo-

1. Théorique dans la mesure où la rémunération effective est dans l'immédiat, le dividende et à terme, la plus-value de revente de l'action, ce qui met en jeu aussi d'autres éléments.

sons de développer deux méthodes qui ne donnent pas toujours le même résultat, une méthode classique ou indirecte et une méthode directe.

3.1.1. Utilisation d'une méthode indirecte

C'est la méthode classique que l'on peut décrire en termes de situation de référence et de projet.

Situation de référence : je suis propriétaire de l'entreprise qui va réaliser le projet et je possède des fonds propres qui seront utilisés dans le projet.

Projet : il retrace les mouvements de fonds qui vont affecter mon patrimoine, décrit dans la situation de référence, c'est-à-dire les flux avant financement ainsi que les flux de financement extérieur. La VAN mesure la variation de mon patrimoine due au projet. Cela signifie qu'il faut exclure pour le calcul de cette rentabilité, tout dividende qui m'est versé, et qu'il faut inclure au contraire en fin d'étude la valeur finale de l'entreprise qui réalise le projet (valeur résiduelle). Dans l'exemple suivant, à partir des flux calculés avant financement, je fais intervenir un emprunt de 4 000 avec les remboursements et incidences fiscales.

Les résultats avant financement sont :
- TIR : 16,18 %
- FNTA 10% : 1 405,52
- FNTA 15 % : 246,09.

Les résultats après financement sont [1],
- TIRF : 21,95 %
- FNTAF 10 % : 2 173,39
- FNTAF 15 % : 1 906,37.

Le financement propre, *a priori* nécessaire en raison de la faiblesse de l'emprunt, n'intervient pas dans les calculs. Nous constatons qu'il y a enrichissement dû au financement (critères du taux interne et de la VAN à 10 % et 15 %).

3.1.2. Utilisation d'une méthode directe

Nous avons vu que la rentabilité des capitaux propres exprime le point de vue des propriétaires de l'entreprise qui réalise le projet. C'est la rentabilité de la mise de fonds initiale réalisée par ces propriétaires. Mais quelle est cette mise de fonds puisqu'elle n'apparaît pas dans la méthode indirecte ?

En calculant le flux de trésorerie après financement dans le tableau précédent, nous trouvons une sortie de 6 000 en année 0, puis les différentes entrées annuelles qui représentent la trésorerie maximale récupérable. Ce flux mesure donc bien aussi la rentabilité d'une opération de placement de fonds d'un montant de 6 000 avec récupération des flux de trésorerie apportés par le projet.

1. Le TIRF est le taux interne de rentabilité après financement ; le FNTAF, le flux net de trésorerie actualisé après financement.

Tableau 9. – *Calcul de la rentabilité après financement (emprunt 4 000)*

Années	1	2	3	4	5	Total
Investissement	10 000					10 000
MBA		3 382	3 508	3 697	3 886	14 473
FNT avt financem.	– 10 000	3 382	3 508	3 697	3 886	4 473
Emprunt	4 000					4 000
Remboursement		1 000	1 000	1 000	1 000	4 000
Intérêts 10 %		400	300	200	100	1 000
Incidence fiscale		148	111	74	37	370
FNTF Emprunts	4 000	– 1 252	– 1 189	– 1 126	– 1 063	– 630
FNTAF	– 6 000	2 130	2 319	2 571	2 823	3 843
CM C. empr.	6,30 %					
TIRF C. propre	21,95 %					

La situation de référence est ici de posséder des capitaux, le projet consiste à placer ses capitaux et à en récupérer entièrement les fruits en fonction des résultats apportés par l'entreprise, y compris la valeur de revente. Ceci suppose donc que le placement des fonds me donne aussi la propriété.

Les deux méthodes ne sont donc que deux interprétations de la même opération. Le seul point non abordé est celui du financement effectivement nécessaire pour réaliser le projet. Nous pouvons le réintroduire en réalisant un tableau de financement avec une trésorerie égale à zéro.

Les capitaux propres calculés en trésorerie zéro sont de 3 870. Nous pouvons alors calculer la rentabilité du placement de ces fonds dans le projet sachant que le solde du tableau de financement peut être récupéré tous les ans.

La rentabilité obtenue est meilleure car cette présentation comporte un calcul au plus juste de la trésorerie nécessaire [1]. Nous pouvons vérifier que le total des flux de trésorerie est le même pour les deux méthodes (3 843).

Une autre modalité de rémunération du placement des fonds peut être introduite, celle du dividende [2]. Nous allons considérer qu'un dividende maximum égal au bénéfice net est versé. La trésorerie résiduelle en fin de projet sera réintégrée.

1. Avec des capitaux propres de 6 000 et un emprunt de 4 000, nous avons un sur-financement qui induit une rentabilité encore plus élevée. Une autre solution consiste à recalculer l'emprunt pour une trésorerie zéro (900). Cela induit un TIR de 20 % alors que la méthode indirecte nous donne 17 %.

2. Calcul du dividende : MBA avant financement (3 382) – intérêts (400) + incidence fiscale (148) – dotations (2 500) = 630.

Tableau 10. – *Tableau de financement*

	1	2	3	4
Capitaux propres	3 870			
MBA avant financement	3 382	3 508	3 697	3 886
Emprunt	4 000			
Total des ressources	*11 252*	*3 508*	*3 697*	*3 886*
Investissement	10 000			
Remboursements	1 000	1 000	1 000	1 000
Intérêts	400	300	200	100
Incidence fiscale	– 148	– 111	– 74	– 37
Total des emplois	*11 252*	*1 189*	*1 126*	*1 063*
Solde	0	2 319	2 571	2 823

Tableau 11. – *Calcul de la rentabilité par la méthode directe*

	0	1	2	3	4
Capitaux propres	– 3 870				
Entrées		0	2 319	2 571	2 823
FNT	– 3 870	0	2 319	2 571	2 823
TIR	25,96 %				

En tenant compte du fait que le dividende est payé sur le résultat de l'année précédente, la rentabilité baisse de plus de 5 points. La rentabilité fournie par la distribution du dividende est donc inférieure. Le total distribué (3 843) est bien le même, mais la répartition de cette somme sur la durée d'étude est différente. Également, le dividende n'est qu'un aspect de la rentabilité de l'actionnaire puisque la valeur de l'action [1] intervient aussi. C'est souvent l'aspect essentiel et les réserves non distribuées jouent un rôle dans cette valeur de l'action.

La méthode indirecte est la plus logique dans l'approche projet. Mais elle reste une méthode de calcul relativement brute fondée sur une enveloppe financière qui correspond à un équilibre du financement sur l'année zéro. La méthode directe a l'avantage d'introduire les nuances du tableau de financement dans le calcul des fonds nécessaires au projet. On remarque néanmoins que l'équilibre est ici étudié sur l'année et non sur le mois ; il pourrait donc être encore plus précis, ce qui pourrait rapprocher les résultats obtenus par chaque méthode.

1. La rentabilité d'une action est égale à :
(dividende + variation du cours de l'action)/cours de l'action.

Tableau 12. – *Calcul de rentabilité par le dividende*

	0	1	2	3	4
Capitaux propres	– 3 870				
Entrées		630	819	1 071	5 193
FNT	– 3 870	630	819	1 071	5 193
TIR	23,28 %				

Avec décalage du paiement du dividende

	0	1	2	3	4
Capitaux propres	– 3 870				
Entrées		0	630	819	6 264
FNT	– 3 870	0	630	819	6 264
TIR	20,53 %				

3.1.3. Exemple comparatif

Reprenons l'exemple précédent avec les données suivantes :
capitaux propres 6 000, dividende 12 % de ces capitaux propres,
capitaux empruntés 4 000, taux d'intérêt 10 %.

Nous allons calculer le coût moyen pondéré des capitaux et la rentabilité après financement des capitaux propres et du projet.

FNT emprunts (8)

Nous l'avons déjà vu, ces flux retracent l'emprunt en entrée, les remboursements et les charges financières corrigées de l'incidence fiscale en sortie. Le coût différentiel est de 6,3 %.

FNTF capitaux propres (9)

Ce sont les flux de capitaux propres [1] avec leur entrée et leur sortie en fin d'étude ainsi que les dividendes. Le total exprime le coût des capitaux propres pour le projet sur la durée de l'étude, 12 %.

FNTF emprunts + capitaux propres (10)

C'est la somme des flux précédents. Elle exprime le coût du financement total : 10,27 %.

FNTAF capitaux propres (11)

C'est le flux servant au calcul de la rentabilité des capitaux propres. Il contient donc le FNT avant financement et le FNT des capitaux empruntés. La rentabilité de ces capitaux est de 21,95 %.

1. Nous avons vu précédemment une approche différente du coût des capitaux propres sur la période infinie.

Tableau 13. – *Calcul de la rentabilité des capitaux propres et du projet*

	Années	0	1	2	3	4	Total
	Investissement	10 000					10 000
	MBA		3 382	3 508	3 697	3 886	14 473
(1)	FNT avant fin.	– 10 000	3 382	3 508	3 697	3 886	4 473
(2)	Capitaux propres	6 000				– 6 000	
(3)	Dividendes 12 %		720	720	720	720	
(4)	Emprunt	4 000					4 000
(5)	Remboursements		1 000	1 000	1 000	1 000	1 000
(6)	Intérêts 10 %		400	300	200	100	1 000
(7)	Incidence fiscale		148	111	74	37	370
(8) = (4)...(7)	FNTF emprunt	4 000	– 1 252	– 1 189	– 1 126	– 1 063	– 630
(9) = (2) + (3)	FNTF Cp.	6 000	– 720	– 720	– 720	– 6 720	– 2 880
(10) = (8) + (9)	FNTF Emp. + C. p.	10 000	– 1 972	– 1 909	– 1 846	– 7 783	– 3 510
(11) = (1) + (8)	FNTAF C. prop.	– 6 000	2 130	2 319	2 571	2 823	3 843
(12) = (1) + (10)	FNTAF projet	–	1 410	1 599	1 851	– 3 897	963

TIR (1)	16,18 %	Taux de rentabilité du projet avant financement
CM CE (8)	6,30 %	Coût moyen pondéré des capitaux extérieurs
CM CP (9)	12 %	Coût moyen pondéré des capitaux propres
CMPC (10)	10,27 %	Coût moyen pondéré des capitaux
TIRF C. propr. (11)	21,95 %	Taux de rentabilité des capitaux propres
TIRF projet (12)	∞	Taux de rentabilité du projet après financement

FNTAF projet (12)

Il exprime la rentabilité du projet par intégration des FNT avant financement et de l'ensemble du financement. C'est ce qui n'a pas été donné à l'actionnaire (6 000 + 963). Les calculs font apparaître un TIRF infini, pour le projet. Le graphique 1 retrace le FNTAF du projet en fonction du taux d'actualisation.

Dans ce cas de figure, il n'y a normalement jamais de taux interne puisqu'il n'y a pas de flux négatif. Le FNTA du projet est donc ici pratiquement insensible au niveau du taux d'actualisation. Il exprime un résultat positif une fois tous les fournisseurs de fonds payés. Cette plus-value appartient bien sûr à l'actionnaire. C'est le second aspect de sa rétribution, l'augmentation de valeur de l'action.

Graphique 1. – *Rentabilité après financement*

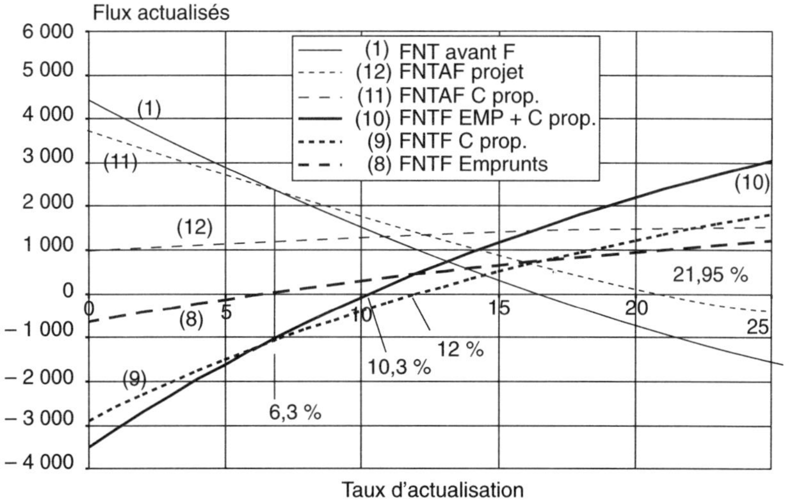

3.2. L'effet de levier

L'effet de levier est un mécanisme utilisé dans bien des domaines, sur lequel nous pourrions passer rapidement, s'il n'y avait pas ici une perspective dynamique originale (son déroulement sur la durée du projet), intéressante à présenter.

Nous allons faire varier dans un premier temps le coût de l'endettement et mesurer la rentabilité des capitaux propres ; dans un second temps, le niveau de l'endettement, toujours en mesurant la rentabilité des capitaux propres qui en résulte.

3.2.1. Variation des taux d'intérêt

Reprenons l'exemple précédent et faisons varier le coût de l'endettement. Nous obtenons les rentabilités suivantes (tableau 14). La rentabilité avant financement était de 16,18 %.

Tableau 14. – *Rentabilités en fonction des taux d'intérêt*

Taux d'intérêt nominal	**Taux d'intérêt différentiel**	**TIRF**
5 %	3,15 %	∞
10 %	6,3 %	∞
20 %	12,6 %	83 %
25 %	15,8 %	21 %
25,7 %	16,2 %	16,2 %
28,4 %	17,9 %	0 %

Ces résultats apparaissent dans le graphique 2. Nous pouvons en tirer les règles suivantes.

– Relations entre le taux d'intérêt et la rentabilité après financement

Quand le taux d'intérêt s'élève, la rentabilité après financement diminue. La droite du FNTA après financement (FNTAF) s'abaisse.

– Relations entre le taux d'intérêt et la rentabilité avant financement

La comparaison permet de voir si l'effet de levier est favorable ou non (cf. *supra*).

En prenant comme taux différentiel d'intérêt le TIR avant financement, le TIRF est égal au TIR. Autrement dit, la rentabilité après financement est égale à la rentabilité avant financement. Les courbes de FNTA (avant financement) et FNTAF (après financement) se coupent au point $i = 16{,}18$ % [1].

Il arrive un moment où la rentabilité après financement est égale à 0. Ce point correspond ici à 28,4 % de taux nominal, soit 17,9 % de taux d'intérêt différentiel. C'est le vrai [2] taux maximum supportable par le projet. Il correspond au taux d'intérêt pour lequel le FNT (non actualisé) après emprunt est nul.

Graphique 2. – *Variation des taux d'intérêt*

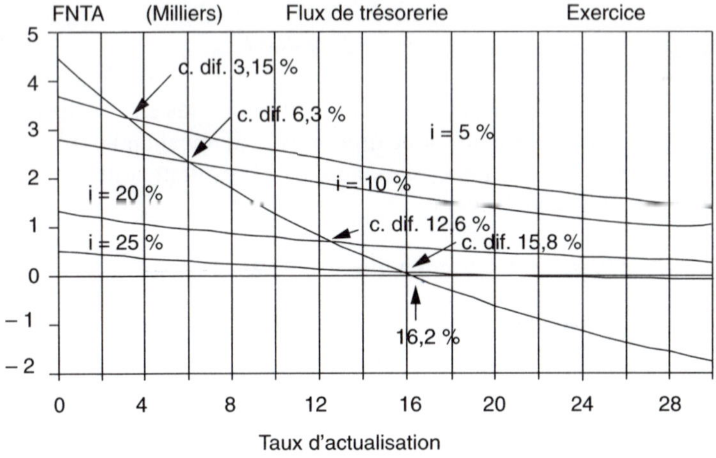

• *Relations entre le taux d'intérêt et le taux d'actualisation*

Si le taux différentiel d'intérêt est égal au taux d'actualisation, le financement n'a aucune incidence sur le FNTA. Nous avons : FNTA (avant financement) = FNTAF (après financement). Les charges financières compensent l'actualisation du remboursement.

1. Le taux différentiel d'intérêt correspond à un taux nominal de 16,18/(1 – 0,37) = 25,68 %, avec un IS à 37 %.

2. Vrai dans la mesure où ce point est souvent confondu avec le TIR avant financement.

Si le taux d'intérêt différentiel est inférieur au taux d'actualisation, nous aurons un FNTAF supérieur au FNTA avant financement.

Et si le taux d'intérêt différentiel est supérieur au taux d'actualisation, nous aurons un FNTAF inférieur au FNTA avant financement.

- *Conclusion*

– Le financement joue un rôle favorable ou défavorable sur le FNTA.

– Le coût du financement doit s'apprécier en terme différentiel.

– Ce coût différentiel du financement (TDF) est à comparer au taux d'actualisation (TA) et au TIR avant financement.

La première comparaison (TDF et TA) indique si le financement a un rôle favorable ou défavorable sur le résultat (FNTAF). La deuxième (TDF et TIR) précise si la rentabilité avant financement est suffisante pour que le financement par emprunt soit réalisable. Ce dernier élément fixe le cadre de l'effet de levier que nous allons maintenant développer.

3.2.2. Variation des capitaux empruntés

L'effet de levier est mis en valeur en faisant varier le niveau de l'endettement, pour un coût du financement extérieur donné, dont nous venons d'indiquer le rôle. Nous allons considérer la rentabilité des capitaux propres (approche dynamique de l'effet de levier).

Partant de l'exemple précédent (financement extérieur de 10 000 et taux d'intérêt de 10 %), nous allons introduire de plus en plus de capitaux propres dans le financement, donc diminuer le financement extérieur avec un total de 10 000 de capitaux permanents. Les résultats sont retracés dans le tableau 15 et le graphique 3.

Tableau 15. – *Rentabilités en fonction de l'endettement*

Capitaux propres	**Capitaux empruntés**	**TIRF**
0	10 000	∞
2 000	8 000	45 %
4 000	6 000	28,5 %
6 000	4 000	22,5 %
10 000	0	16,2 %

Quand le montant des capitaux empruntés diminue, la rentabilité après financement diminue également. Ceci est dû à la situation de rentabilité supérieure au coût de l'endettement. En finançant uniquement par des capitaux propres, le TIRF est égal au TIR (pas de mouvements dus au financement).

- *L'effet de levier*

Si le taux différentiel d'intérêt est inférieur au TIR, la rentabilité des capitaux propres croît avec l'endettement.

Graphique 3. – *Variation des capitaux empruntés*

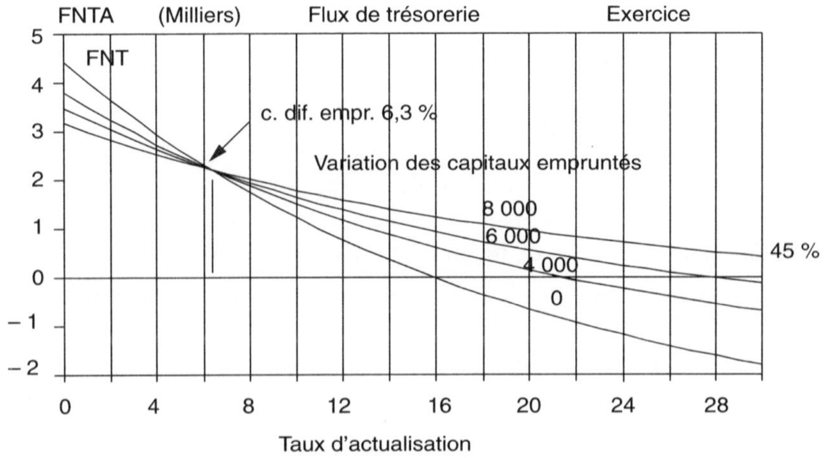

Si le taux différentiel d'intérêt est supérieur au TIR, la rentabilité des capitaux propres diminue avec l'endettement.

Le pivot (voir sur le graphique 3) correspond bien au coût différentiel du financement et non au taux d'intérêt (voir supra le détail de l'incidence de la fiscalité).

La rentabilité des capitaux propres est calculée par la méthode indirecte en intégrant le mouvement des emprunts aux flux avant financement. Reprenons l'exemple précédent en utilisant 6 000 de capitaux propres (voir tableau 13).

Pour terminer, nous pouvons rappeler la formule classique de l'effet de levier, qui exprime une mesure ponctuelle.

R, le taux ponctuel de rentabilité avant financement et avant impôt,
r, le taux ponctuel de rentabilité des capitaux propres après financement,
E, les capitaux empruntés,
C, les capitaux propres,
i, le taux d'intérêt des emprunts,

$$r = 0{,}63\,R + 0{,}63\,(\,R - i\,) \times E/C$$

Cette formule utilise un IS à 37 %, mais la rentabilité avant financement est calculée sans IS. En intégrant la fiscalité avant financement comme nous l'avons fait et en mettant en variable le taux de l'IS, la formule devient :

$$r = Ri + [R_i - (1 - t_i)i] \times E/C$$
$$r = R_i\,(1 + E/C\,) - (1 - t_i) \times i \times E/C$$

avec t_i, le taux de l'IS,
R_i, la rentabilité avant financement et après IS.

Dans cette dernière formule, le premier membre fait apparaître l'augmentation éventuelle de rentabilité due au financement. Le second membre exprime le coût différentiel du financement ramené aux capitaux propres.

3.2.3. L'incidence de la fiscalité

Nous avons vu que le pivot dans l'effet de levier correspond au taux différentiel d'intérêt, calculé à partir d'une situation de référence dans laquelle il n'y a pas de financement mais un impôt sur le résultat. Nous allons développer cet aspect en faisant varier le contenu de la fiscalité dans la situation de référence, de façon à bien voir son incidence.

1) S'il n'y a pas d'IS, ni avant ni après financement, le pivot correspond au taux d'intérêt réel.

2) Si, dans la situation de référence, il n'a pas été tenu compte de l'IS (en appliquant l'exemple précédent), nous trouvons une rentabilité plus élevée, 24,58 % contre 16,18 %.

La relation entre rentabilité avant et après financement devient plus complexe puisque interviennent deux facteurs : le coût du financement et l'impôt. Le pivot reste le même mais ce point n'est repérable que si l'on simule plusieurs hypothèses de financement (cf. graphique 4).

3) Le cas le plus difficile mais le plus courant est celui des résultats ponctuellement déficitaires. L'introduction des charges financières a pour effet de repousser encore le paiement de l'impôt. Il faut, en choisissant d'intégrer la fiscalité avant financement, déterminer l'incidence fiscale en calculant le différentiel d'imposition avant et après financement, chaque année.

Graphique 4. – *Fiscalité et effet de levier*

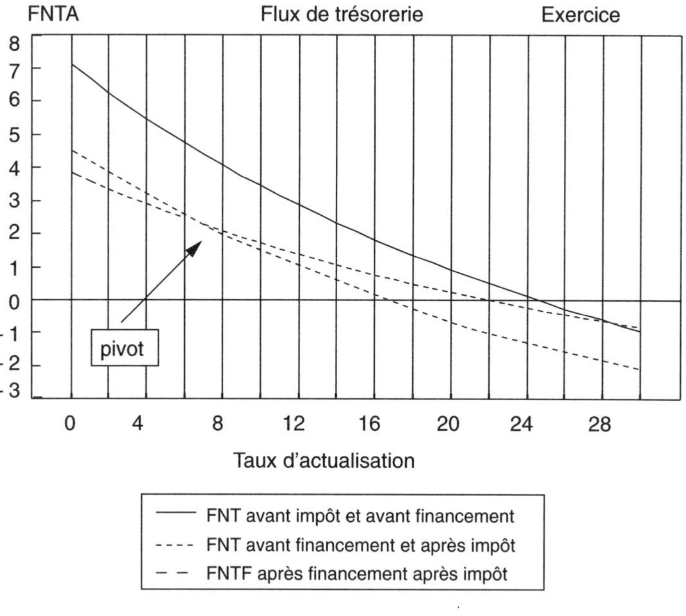

Nous sommes alors dans une situation intermédiaire dans laquelle l'effet négatif de l'impôt est repoussé dans le temps.

4) L'incidence du montant de l'impôt est aussi à remarquer. La baisse du taux de l'IS :

– augmente la rentabilité des projets ;

– favorise l'appel au marché financier (augmentation de capital), en réduisant l'avantage fiscal relatif lié aux emprunts.

3.2.4. Les profils de rentabilité après financement

Dans les quatre cas de figure suivants (graphique 5), nous partons d'un flux de trésorerie (FNT) avant financement et nous introduisons le financement extérieur pour mesurer la rentabilité des capitaux propres (FNTAF).

– Le cas n° 1 est le schéma classique que nous avons vu jusqu'à présent.

En introduisant le financement, la courbe du FNT après financement (le FNTAF) pivote autour du coût moyen pondéré différentiel des capitaux (CMP) correspondant au taux différentiel du financement (TDF). Le TIRF est supérieur au TIR. Si le coût du financement augmente (modification de la pondération des capitaux), le pivot se déplace légèrement et l'effet favorable de « l'effet de levier » diminue.

– Le cas n° 2 correspond à un coût moyen des capitaux empruntés négatif.

Cette situation n'est pas si rare qu'on pourrait le croire. Elle est due, par exemple, à la présence d'une subvention qui représente effectivement un intérêt négatif. Le TIRF reste supérieur au TIR. Généralement au fur et à mesure que le financement bancaire augmente, le CMP s'élève rapidement et finit par devenir positif.

Graphique 5. – *Profils de rentabilité après financement*

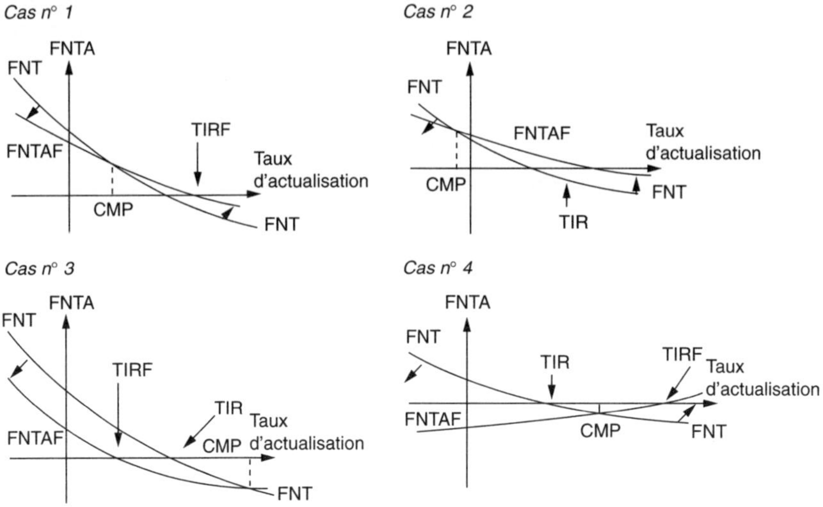

– Dans le cas n° 3, le CMP du financement est supérieur au TIR.

Si le coût du financement est supérieur au TIR, l'accroissement de l'endettement réduit la rentabilité des capitaux propres. Donc pour maximiser la rentabilité des capitaux propres, le projet n'a pas d'avantage à l'endettement. Le TIRF est inférieur au TIR.

Le cas n° 4 correspond aussi à un effet de levier négatif, l'augmentation de l'endettement diminue la rentabilité des capitaux propres. Mais le TIRF est supérieur au TIR. C'est une continuation du cas n° 3 avec un surfinancement qui entraîne un équilibre plus avantageux (cf. *supra*).

3.3. Le choix du niveau d'endettement : introduction du risque financier

À partir des éléments examinés jusqu'à maintenant et en supposant que l'effet de levier soit favorable, la structure optimale de l'endettement (avec un objectif de maximisation de la rentabilité des capitaux propres) correspond à un endettement maximum. La rentabilité de ces capitaux est alors infinie. Ce schéma connaît plusieurs limites.

– Le coût de l'endettement peut être croissant en fonction de l'élévation du montant des capitaux empruntés.

– En s'endettant, l'entreprise court un risque nouveau, qui est le risque financier pouvant conduire à l'insolvabilité et à la cessation de paiement. En cas de difficulté, l'effet de levier, qui a été vu sous son aspect favorable, se retourne contre l'entreprise. Ce sera le cas si le TIR avant financement devient inférieur au coût du financement. La difficulté est donc, comme précédemment, d'apprécier ce risque et de l'intégrer à la décision de financement (financement optimal).

Plusieurs réponses sont données.

1) Introduire des limites ou des seuils à certains ratios, en relation avec des données historiques sur les entreprises en difficulté dans le même secteur. Les limites les plus courantes sont [1] :

Capitaux empruntés/capitaux propres < 1,

ou 1/4 < (capitaux propres/capitaux permanents) < 1/2,

ou charges financières/EBE < 20 %.

Tout ceci conduit à limiter l'endettement en fonction des normes requises.

2) Augmenter la prime de risque avec l'endettement, ce qui modifie les seuils d'acceptation du projet en travaillant avec le TIRF, ou le taux d'actualisation pour le calcul du FNTAF [2]. C'est cette approche que nous allons développer. Il faut alors estimer cette nouvelle prime de risque puis déterminer le financement optimal.

1. Voir Lefebvre, *op. cit.*, p. 83.

2. Taux interne de rentabilité après financement et flux net de trésorerie après financement.

3.3.1. Le calcul de la prime de risque financier

Nous allons distinguer le cas de l'avenir simple et celui de l'avenir probabilisé.

3.3.1.1. En avenir simple

Nous partons du risque d'exploitation. Le levier de financement est utilisé comme élément amplificateur du risque. Pour cela, la formule classique de l'effet de levier est utilisée :

> Risque après financement :
> risque d'exploitation × (1 + Dettes/Fonds propres)
> ou (autre présentation à partir du ratio Dettes/Capitaux permanents) =
>
> $$\text{Risque d'exploitation} \times \left(1 + \frac{\text{Dettes/Capitaux permanents}}{1 - \text{Dettes/Capitaux permanents}}\right)$$

3.3.1.2. En avenir probabilisé

Le principe reste le même, le risque après financement se déduit du risque avant financement. Ce qui change, c'est la méthode de mesure du risque avant financement puisque nous avons dans ce cas soit un profil de risque, soit un simple écart-type retraçant la dispersion de la rentabilité.

En posant $\sigma(R)$, l'écart-type de la rentabilité avant financement, il est possible de calculer l'écart-type de la rentabilité après financement $\sigma(r)$, par la relation :

> $$\sigma(r) = \sigma(R) \times (1 + \text{Dettes/Fonds propres})$$
>
> ou
>
> $$\sigma(r) = \sigma(R) \times \left(1 + \frac{\text{Dettes/Capitaux permanents}}{1 - \text{Dettes/Capitaux permanents}}\right)$$

Le financement extérieur accroît la dispersion des résultats après financement. Nous aurons par exemple, avec E = emprunt et C = capitaux propres :

Pour $\sigma(R) = 10\ \%$ et $E/C = 1$, $\sigma(r) = 20\ \%$,
ou $E/C = 2$, $\sigma(r) = 30\ \%$.

Les différents écarts-types ainsi générés pourront servir à déterminer le financement le plus intéressant, à partir des risques acceptés.

3.3.1.3. Détail des calculs

Le risque est toujours calculé périodiquement et ponctuellement (appréciation marginale et non moyenne du risque), toutes les fins d'année par exemple. Par conséquent, les références de calcul sont les valeurs du bilan (et non les flux du tableau de financement).

Pour un projet réalisé dans une entreprise qui existe déjà, le risque est le risque de l'entreprise après projet et non celui du projet. Une entreprise très endettée va transférer son niveau de risque sur le projet. Également lorsque plusieurs projets sont réalisés par une même entreprise c'est le risque global qui compte.

Les dettes sont les dettes financières de fin d'exercice calculées tous les ans.

Les fonds propres sont composés :
- des capitaux propres ;
- des réserves et du bénéfice ;
- des subventions nettes diminuées de l'impôt latent [1] ;
- de la trésorerie de précaution [2].

3.3.2. Le financement optimal

À chaque niveau d'endettement, il est possible de faire correspondre une rentabilité financière (TIRF) et un niveau de risque (après financement).

3.3.2.1. L'optimum avec minimisation des capitaux permanents

La rentabilité financière et le risque s'accroissent avec l'endettement. Nous pouvons représenter ceci dans un graphique.

Les deux courbes se coupent en un point qui est le financement optimal. En effet à gauche de ce point, l'endettement entraîne un manque à gagner dans la rentabilité, avec un risque supportable. Au contraire à droite de ce point, le FNTA est négatif, ou le risque financier présente un caractère prohibitif, malgré le niveau de rentabilité atteint.

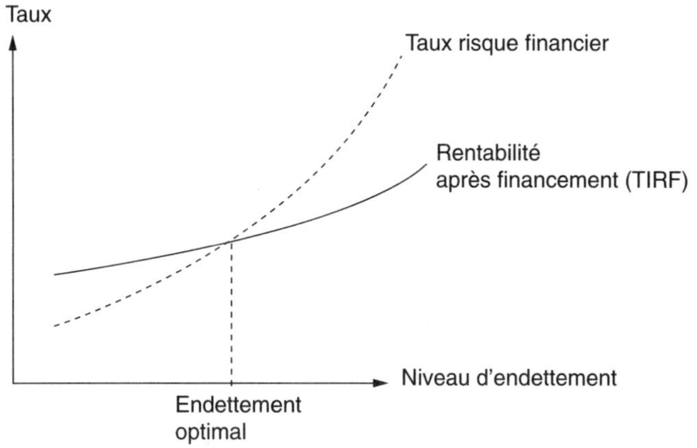

1. La subvention qui a servi à calculer la rentabilité après financement en tant qu'entrée de fonds est ici replacée en fonds propres après retraitement en raison de sa non exigibilité sauf en fin d'étude. Elle a donc un caractère hybride.

2. La trésorerie de précaution (cf. *infra* le risque de trésorerie) joue le même rôle que les capitaux propres.

Cette optimisation classique est réalisée avec une trésorerie zéro qui généralement permet de minimiser l'enveloppe financière (capitaux permanents). Elle est basée sur le mécanisme de l'effet de levier. Tout endettement supplémentaire augmente le risque et la rentabilité. À partir d'une situation quelconque dans laquelle le risque est supérieur à la rentabilité (VAN négative, cf. les droites de risque et de rentabilité sur le graphique), il faut diminuer l'endettement en renforçant les capitaux propres tout en conservant une trésorerie zéro [1]. La substitution se poursuit jusqu'à ce que la VAN soit nulle [2]. Nous sommes alors à l'optimum, la rentabilité compense le risque. En deçà (en diminuant le niveau d'endettement), la VAN est positive mais la rentabilité baisse.

Le choix de ce niveau « optimal » d'endettement suppose donc que les agents cherchent à maximiser leur rentabilité (chaque franc placé dans le projet). Si l'on intègre l'environnement du projet (autres opportunités de placement), les fonds disponibles se déplaceront vers les meilleures opportunités à risque équivalent. On en revient alors à la comparaison d'alternatives (cf. *infra* la rentabilité) mais au niveau des placements.

3.3.2.2. L'optimisation avec sur-financement et trésorerie de précaution

D'autres méthodes d'optimisation plus complexes sont utilisables en faisant jouer, d'une part, la trésorerie de précaution et, d'autre part, en acceptant un sur-financement à la place de la trésorerie zéro. Ces deux éléments agissent en sens contraire pour déterminer un optimum différent. En effet, le financement extérieur entraîne une augmentation de risque qui peut être plus ou moins compensée par de la trésorerie de précaution. De même, il provoque une croissance de la rentabilité plus ou moins ralentie par le fait que l'argent est conservé dans l'entreprise sous forme de trésorerie de précaution. Ces deux facteurs contraires vont entraîner soit une croissance du risque avec une baisse de rentabilité (ou une baisse de risque avec une augmentation de rentabilité), soit une croissance à la fois du risque et de la rentabilité mais avec une croissance plus forte de la rentabilité que du risque. Les cas de figure sont nombreux (cf. *supra* les cas particuliers).

Le sur-financement correspond à un endettement qui se transforme en liquidité disponible qui peut être prélevée (et non conservée à titre de trésorerie de précaution). La prise en compte de cette trésorerie dans le calcul de la rentabilité suppose évidemment son prélèvement, ce qui est avantageux si le levier est favorable [3]. Dans ce cas, le taux d'actualisation supérieur

---

1. Dans cette hypothèse, il n'y a pas de trésorerie de précaution qui gonflerait l'enveloppe financière.

2. Déplacement de droite à gauche sur le graphique jusqu'au point d'intersection des deux droites pour lequel la VAN est nulle.

3. C'est l'aspect parfois contesté de ce critère, la rentabilité résulte de flux que l'on reçoit en contrepartie de ce que l'on a donné. Ce que l'on fait de cet argent (le réemploi des fonds) qui pourrait aussi intervenir est une autre affaire (cf. *infra* le TRG).

au taux d'intérêt gonfle le FNTA, d'autant plus que le financement est important. Donc grâce au financement et à lui seul dans ce cas de sur-financement, la récupération est avantageuse compte tenu du risque (TA) [1].

Le graphique 7 illustre quelques cas cités d'évolution. Pour un niveau de capitaux propres de 80 000 F et une dette minimale, le taux d'actualisation est supérieur à la rentabilité. Il faudrait donc augmenter les capitaux propres (environ 100 000 F). Mais en créant au contraire un sur-financement avec de la trésorerie de précaution, d'autres points présentant les caractéristiques de l'optimum peuvent être atteints (les points allant de A à B). Différentes solutions existent donc, caractérisées par un niveau de rentabilité-risque différent. On passe donc d'un optimum imposé à un optimum choisi, avec éventuellement l'existence de contraintes (notamment un effet de levier plus ou moins favorable).

- *Résumé des différents points du graphique (nombres arrondis)*

  Optimum classique (sans sur-financement) : C. propres = 100 900, Emprunts = 94 400, C. permanents = 195 300, TA = TIRF = 12 %
  Optimum avec 80 000 de C. propres

1) Emprunt minimal = 178 900 (point en dessous du point C, sur la ligne TIR après financement classique), solution trop risquée (TA > TIRF)

2) Emprunt 190 900 (point B, TA = TIRF = 23 %), le sur-financement fait gagner en rentabilité et en risque.

3) Emprunt 199 950 (point A) avec 9 000 de trésorerie de précaution (TA = TIRF = 18 %), la trésorerie de précaution diminue le risque et la rentabilité.

3.3.3. *Cas particuliers de profils de risque-rentabilité en fonction de l'endettement*

Dans le graphique 8, nous retrouvons le profil précédent (n° 1) dans lequel le risque et la rentabilité sont croissants avec une situation de départ (peu d'endettement) dans laquelle la rentabilité est supérieure au taux d'actualisation. Nous avons vu qu'à droite du point d'intersection, la VAN est négative. La stratégie avec sur-financement et trésorerie de précaution est utile en permettant de trouver une solution avec VAN non négative et en recherchant les niveaux de risque et de rentabilité voulus. La partie à gauche du point d'intersection contient une VAN positive avec une sur-capitalisation propre et donc relativement peu de risque compte tenu de la rentabilité. Pour augmenter le niveau de rentabilité, il faut simplement jouer sur le levier financier classique.

Dans le n° 2, dans la première phase, à gauche du point d'intersection, la VAN est négative. Il faut donc un fort endettement pour que le montage financier soit intéressant. Ce qui nous conduit à la partie droite du graphi-

---

1. L'endettement est avantageux (coût négatif) si le taux d'actualisation est supérieur au taux d'intérêt de l'emprunt (cf. *infra* l'effet de levier).

Graphique 7. – *Optimisations multiples*

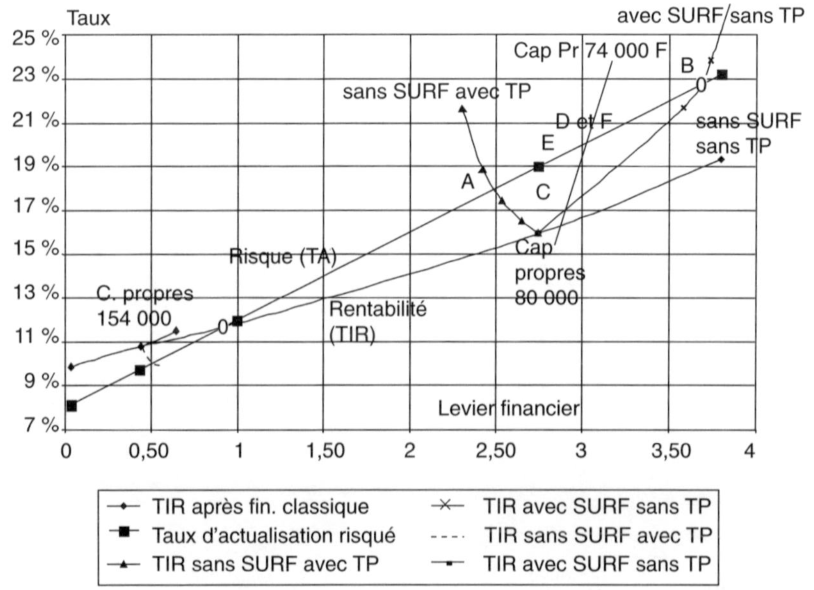

que pour laquelle la rentabilité est toujours supérieure au taux d'actualisation. Le sur-financement permet d'anticiper le processus. Il n'y a donc pas de limite à l'endettement.

Les cas n° 3 et 4 prévoient un taux d'actualisation et une rentabilité décroissants par rapport au levier financier. Il n'y a donc dans ce cas aucun avantage à l'endettement. Pour le n° 3, la seule motivation à l'endettement est l'insuffisance de fonds propres. Pour le n° 4, un minimum d'endettement correspondant au point d'intersection est nécessaire.

Les cas 5 et 6 ont la particularité d'avoir la rentabilité et le taux d'actualisation qui évoluent en sens opposé quand le levier financier s'élève. Si on compare le cas 1 au cas 5, les zones de droite sont semblables (VAN négative par insuffisance de fonds propres). Mais dans le cas 5, tout sur-financement augmentera le risque et diminuera la rentabilité, ce qui peut empêcher la réalisation d'un optimum plus à droite.

Pour le n° 5, le levier étant négatif, il n'y a pas d'avantage à l'endettement, sauf insuffisance de fonds propres. Pour le n° 6, le FNTA augmente avec l'endettement, il n'y a pas de limite à l'endettement.

Pour conclure, le risque après financement (financier) est calculé à partir du risque économique (avant financement) et du niveau de l'endettement.

En avenir simple, ceci détermine le financement et la rentabilité financière. En univers probabilisé, le même raisonnement peut être suivi. Mais une notion complémentaire est à faire intervenir, celle du risque accepté par le décideur. Dans ce cas à partir d'un niveau de risque après finance-

Graphique 8. – *Profils associés de risque et de rentabilité*

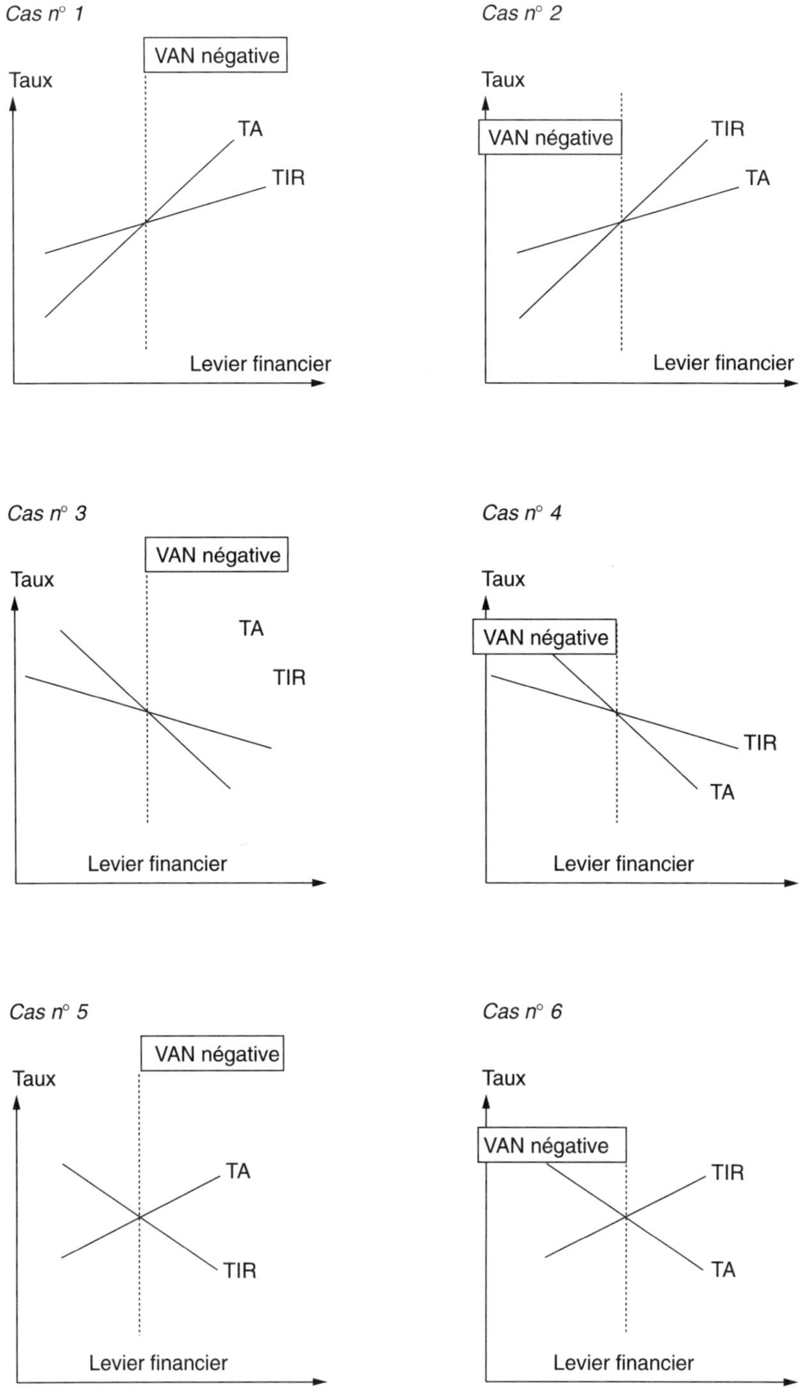

ment accepté, nous pouvons déduire le financement optimal et la rentabilité après financement [1].

La rentabilité et le risque sont des objectifs à la fois liés et indépendants dans un montage financier. Effectivement, il est souvent question de privilégier l'un ou l'autre ou de réaliser un compromis. L'égalité entre taux d'actualisation et rentabilité, après financement, garantit une solution optimale qui minimise l'enveloppe financière globale (capitaux permanents) en trésorerie zéro.

Les variables utilisées restent traditionnellement les capitaux propres et extérieurs. Mais deux autres variables leur sont liées :

– le sur-financement qui permet d'accroître la rentabilité lorsque les conditions sont favorables (levier et taux d'actualisation) ;

– la trésorerie de précaution qui agit sur le risque, tout en permettant un petit placement à court terme des fonds.

Le sur-financement et la trésorerie de précaution sont donc des variables à prendre en compte dans le montage financier d'un projet puisqu'elles autorisent une plus grande diversité de solutions, ce qui est un élément majeur dans les projets. Ces critères sont mesurables et doivent être intégrés au calcul de la rentabilité et du risque après financement.

3.3.4. Exemple

Cet exemple concernera l'avenir simple et ne fera pas intervenir le sur-financement et la trésorerie de précaution. Le tableau 16 reprend les éléments de rentabilité après financement et de risque financier (donc le taux d'actualisation), selon différents niveaux d'endettement. Le coût de l'endettement est croissant.

Dans un premier cas, nous considérons une prime de risque avant financement de 4 %.

Le graphique 9 indique un financement optimal de 7 800 de capitaux extérieurs, en considérant le point d'intersection.

Cet optimum théorique ne sera pas forcément choisi ici puisqu'il existe une rentabilité plus élevée (27,4 %), avec un endettement moindre (7 000). Ce second choix suppose néanmoins l'existence de capitaux propres suffisants.

Dans un deuxième cas (graphique 10), nous avons introduit une prime de risque avant financement de 6 % (tableau 17 et graphique 10).

Le financement optimal est alors de 6 800.

---

1. Une autre approche est cependant possible. Elle consiste à générer les soldes de trésorerie annuels en univers aléatoire et à déterminer pour chaque année un niveau probable de trésorerie avec un niveau de risque avant financement accepté. Le financement est ensuite étudié avec le même risque accepté mais calculé après financement ; ce qui peut conduire à quelques itérations. Nous retrouvons aussi toute la problématique (cf. *infra*) du conflit entre risque et rentabilité en univers probabilisable.

Tableau 16. – *Endettement optimal avec risque économique de 4 %*

Rentabilité sans risque : 8 % Prime rsique économique : 4 %

Emprunts	TIRF	E/C. propres	1 + E/CP	Prime de risque	Taux d'actualisation
4 000	infini	0,67	1,67	6,67 %	14,67 %
5 000	24,11 %	1	2	8 %	16 %
6 000	26,13 %	1,5	2,5	10 %	18 %
7 000	27,38 %	2,33	3,33	13,33 %	21,33 %
8 000	26,34 %	4	5	20 %	28 %

Graphique 9. – *Financement optimal – 1*

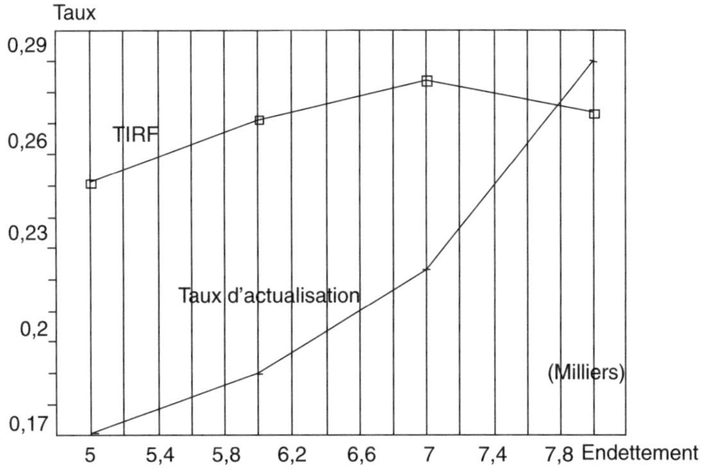

3.4. Application à l'étude de cas

Partant du financement initialement prévu, nous allons chercher à optimiser le montage financier en fonction de différents critères. Considérons l'hypothèse 1 avec une stratégie de baisse de prix et une rentabilité avant financement de 8 %. Le chef d'entreprise peut disposer *a priori* de 1 million de francs (tableau 18).

Pour équilibrer le tableau de financement, il faut emprunter 1,3 million en année 1 et 0,6 million en année 2. Nous voyons que dans cette solution le risque est trop élevé (TA non défini en années 2 et 3) et par conséquent la VAN est négative.

Il faut donc mettre davantage de fonds propres. Une recherche d'optimisation avec comme objectif la VAN nulle nous donne les résultats suivants (tableau 19).

Il faut mettre près de 1,4 million en année 1 et 0,5 million en année 2 pour avoir une solution satisfaisante. Un emprunt de 0,8 million en année 1 suffit.

Graphique 10. – *Financement optimal – 2*

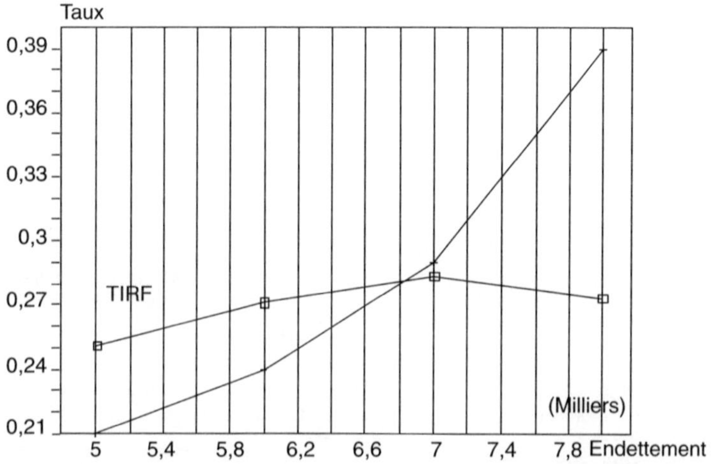

Tableau 17. – *Endettement optimal avec risque économique de 6 %*

Rentabilité sans risque : 8 % Prime rsique économique : 6%

Emprunts	TIRF	E/C. propres	1 + E/CP	Prime de risque	Taux d'actua-lisation
4 000	Infini	0,67	1,67	10 %	18%
5 000	24,11 %	1	2	12 %	20%
6 000	26,13 %	1,5	2,5	15 %	23%
7 000	27,38 %	2,33	3,33	20 %	28%
8 000	26,34 %	4	5	30 %	38%

La trésorerie est excédentaire dès l'année 2. La rentabilité est de 11,2 %. L'entreprise pourra financer la baisse de prix de l'année 5 (hypothèse 2). Nous avons donc réalisé la même optimisation mais pour l'hypothèse 2. Le tableau 20 permet de voir que la solution est légèrement plus intéressante avec un peu moins de capitaux et une rentabilité un peu supérieure.

Cette solution (tableau 20) suppose néanmoins une mise de fonds supérieure à celle qui était prévue au départ. Il est donc intéressant de rechercher une solution satisfaisante mais avec moins de capitaux propres. La simulation (tableau 21) est réalisée avec un objectif de 1,1 million de capitaux propres en année 1.

La solution obtenue est plus rentable (26,7 %). Elle fait intervenir de la trésorerie de précaution. Mais on peut remarquer que le risque financier s'est déplacé en année 3 et que nous sommes en sur-financement. Il est donc possible d'améliorer encore la simulation (tableau 22).

Tableau 18. – *Financement avec 1 MF de capitaux propres*

Financement	**RIDO V3**	**Scénario :**	**fin hl**		
	an 1	**an 2**	**an 3**	**an 4**	**an 5**
CAF après financement	– 401 693	– 209 337	374 842	612 723	698 075
Capitaux propres (variations)	1 000 000	0	0	0	0
Subvention d'investissement	350 000	0	0	0	0
Emprunt	1 343 420	639 885	0	0	0
Escompte	0	0	0	0	0
Crédits à court terme	0	0	0	0	0
Trésorerie de précaution	0	0	0	0	0
Trésorerie après financement	0	0	10 706	254 288	516 018
TIR après financement	12,3 %	TIR avant financement			8,1 %
Levier financier	indéfini	TA sans risque			5 %
TA après financement	non défini	Tx de risque avant financement			3 %
FNTA après financement	non défini	TA avant financement			8 %
Seuil de rentabilité après fin.	1 772 983	2 169 380	1 779 516	1 715 057	1 442 841
Levier d'exploitation après fin.	– 0	– 1,2	8,6	3	2,3
Levier financier	4,39	indéfini	indéfini	6,56	1,21
Valeur de l'incorporel	0	0	non défini	5 147 610	6 827 824

Tableau 19. – *Financement avec 1,4 MF de capitaux propres*

Financement	**RIDO V3**	**Scénario :**	**fin hl**		
	an 1	**an 2**	**an 3**	**an 4**	**an 5**
CAF après financement	– 330 706	– 58 606	505 605	722 502	678 899
Capitaux propres (variations)	1 385 351	500 000	0	0	0
Subvention d'investissement	350 000	0	0	0	0
Emprunt	839 784	0	0	0	0
Escompte	0	0	0	0	0
Crédits à court terme	0	0	0	0	0
Trésorerie de précaution	0	0	0	0	0
Trésorerie après financement	0	156 059	450 141	929 115	1 306 854
TIR après financement	11,2 %	TIR avant financement			8,1 %
Levier financier	1,5 %	TA sans risque			5 %
TA après financement	11,2 %	Tx de risque avant financement			3 %
FNTA après financement	0	TA avant financement			8 %
Seuil de rentabilité après fin.	1 642 529	1 911 069	1 554 458	1 521 518	1 288 336
Levier d'exploitation après fin.	– 0	– 1,6	4,40	2,50	2
Levier financier	1,05	0,89	0,59	0,33	0,19
Valeur de l'incorporel	0	0	2 088 836	5 528 659	5 421 636

Tableau 20. – *Financement avec 1,3 MF de capitaux propres (hypothèse 2)*

Financement	RIDO V3	Scénario :	fin h2		
	an 1	an 2	an 3	an 4	an 5
CAF après financement	– 339 481	– 66 363	498 763	716 701	706 982
Capitaux propres (variations)	1 337 715	500 000	0	0	0
Subvention d'investissement	350 000	0	0	0	0
Emprunt	902 043	0	0	0	0
Escompte	0	0	0	0	0
Crédits à court terme	0	0	0	0	0
Trésorerie de précaution	0	0	0	0	0
Trésorerie après financement	– 0	141 652	421 326	887 798	1 264 352
TIR après financement	11,7 %	TIR avant financement			8,4 %
Levier financier	1,22 %	TA sans risque			5 %
TA après financement	11,7 %	Tx de risque avant financement			3 %
FNTA après financement	0	TA avant financement			8 %
Seuil de rentabilité après fin.	1 658 656	1 924 362	1 566 234	1 531 746	1 599 266
Levier d'exploitation après fin.	– 0	– 1,5	4,5	2,5	2
Levier financier	1,22	1,04	0,68	0,38	0,21
Valeur de l'incorporel	0	0	2 074 320	5 530 238	5 805 229

Tableau 21. – *Financement avec 1,1 MF de capitaux propres (hypothèse 2) – 1*

Financement	RIDO V3	Scénario :	fin h2 cp don2		
	an 1	an 2	an 3	an 4	an 5
CAF après financement	– 383 502	– 174 317	313 221	479 654	516 021
Capitaux propres (variations)	1 100 000	655 190	300 000	0	0
Subvention d'investissement	350 000	0	0	0	0
Emprunt	1 214 840	511 237	582 379	574 777	725 137
Escompte	0	0	0	0	0
Crédits à court terme	0	0	0	0	0
Trésorerie de précaution	1 686	32 782	56 672	71 960	90 725
Trésorerie après financement	0	562 578	1 331 358	1 848 936	2 351 486
TIR après financement	16,3 %	TIR avant financement			8,4 %
Levier financier	2,78	TA sans risque			5 %
TA après financement	16,3 %	Tx de risquc avant financement			3 %
FNTA après financement	– 53	TA avant financement			8 %
Seuil de rentabilité après fin.	1 739 677	2 111 613	1 889 474	1 954 729	2 253 216
Levier d'exploitation après fin.	– 0	– 1,2	15,9	4,2	3,3
Levier financier	2,78	2,78	1,97	1,71	1,48
Valeur de l'incorporel	0	0	– 52 845	2 963 174	3 975 730

Tableau 22. – *Financement avec 1,1 MF de capitaux propres (hypothèse 2) – 2*

Financement	RIDO V3	Scénario :	fin h2 cp don		
	an 1	an 2	an 3	an 4	an 5
CAF après financement	– 383 490	– 200 432	250 729	394 378	402 046
Capitaux propres (variations)	1 100 000	500 000	0	0	0
Subvention d'investissement	350 000	0	0	0	0
Emprunt	1 214 732	700 770	832 695	803 724	1 029 755
Escompte	0	0	0	0	0
Crédits à court terme	0	0	0	0	0
Trésorerie de précaution	1 600	31 109	53 779	68 286	86 094
Trésorerie après financement	– 0	545 331	1 144 802	1 778 265	2 356 052

TIR après financement	26,7 %	TIR avant financement	8,4 %
Levier financier	6,23	TA sans risque	5 %
TA après financement	26,7 %	Tx de risque avant financement	3 %
FNTA après financement	– 106	TA avant financement	8 %

Seuil de rentabilité après fin.	1 739 649	2 156 251	1 996 831	2 104 810	2 500 677
Levier d'exploitation après fin.	– 0	– 1,2	104,6	5,6	4,4
Levier financier	2,78	4,79	6,23	4,35	3,60
Valeur de l'incorporel	0	0	– 257 319	2 428 983	3 187 564

Nous obtenons une solution moins risquée par simple capitalisation de bénéfice en année 3. Il est intéressant de comparer cette simulation à celle qui comporte davantage de capitaux propres (1,3 million, cf. tableau 20). Indépendamment de la question de la disposition et de l'emploi des fonds propres, nous pouvons choisir plus de rentabilité mais avec plus de risques et la même couverture. Dans chaque solution la rentabilité vaut le risque. C'est donc un choix personnel de niveau de risque accepté (cf. *infra*).

4. La présentation des résultats

Nous allons dans ce paragraphe faire le point des opérations finales. Il s'agit essentiellement d'une phase de récapitulation, de mise à jour et de présentation des différents états financiers, indicateurs d'analyse ainsi que des politiques et stratégies. Cette phase d'un contenu très vaste comporte de nombreuses spécificités[1] selon les projets. Elle sera essentiellement centrée sur les projets individuels et illustrée par l'étude de cas (projet RIDO).

1. Sur les projets collectifs, voir par exemple les Indicateurs Objectivement Vérifiables, *Manuel de gestion du cycle de projet*, Commission des communautés européennes, 1993.

4.1. États comptables définitifs et mensualisation

Les documents comptables précédents sont des documents de travail (calcul des risques et du financement). Le financement une fois définitif (ou éventuellement avec plusieurs options) sera intégré aux différents états comptables :

– le compte de résultat de comptabilité générale (avec si nécessaire une partie analytique) ;

– le bilan ;

– le tableau de financement qui, dans sa version comptable, intègre le BFR ;

– la trésorerie à court terme si elle a été étudiée.

Une mention spéciale doit être consacrée à l'étude à court terme et donc à la mensualisation des données annuelles. L'évaluation financière est basée sur des flux annuels, tout au moins pour des projets classiques. Cela signifie que le flux maîtrisable est l'année et non le mois comme dans une prévision budgétaire. Mais une étude ponctuelle à court terme (mensuelle) peut s'avérer nécessaire, dans plusieurs cas.

– L'année de démarrage doit être étudiée à court terme pour pouvoir intégrer toutes les opérations spécifiques de l'exploitation, des investissements, du financement. Des problèmes de trésorerie peuvent alors exister ; par exemple, un emprunt ne sera pas débloqué suffisamment tôt pour permettre de payer tel investissement qui ne bénéficie pas de crédit. Dans ce cas, il faudra prévoir des solutions de financement.

– Dans les activités non régulières (saisonnières ou simplement soumises à des fluctuations importantes), des problèmes ponctuels de trésorerie vont se manifester et devront être étudiés (cf. aussi l'étude du BFR). Voyons plus en détail les différentes rubriques touchées par la mensualisation. L'étude de cas en cours (projet RIDO) est ici écartée dans la mesure où la production de la première année est très réduite.

– Mensualisation des investissements

Il faut apprécier le mois de réalisation de l'investissement. Le plan d'investissement et les dotations aux amortissements seront modifiés en conséquence.

– Mensualisation de l'activité

Les différents volumes de vente, de production et des charges seront mensualisés. Certains de ces éléments, selon les cas d'espèce, se traduiront par une évolution, régulière (un mois = 1/12 de l'année) ou croissante, ou au contraire irrégulière (saisonnalité).

– Mensualisation du compte de résultat

La mensualisation des activités se traduit par un compte de résultat mensuel (tableau 23), selon une forme identique à l'annuel. Nous avons considéré ici une activité régulière.

– Mensualisation du BFR

L'essentiel de la mensualisation est souvent la trésorerie. Celle-ci peut être atteinte selon deux méthodes. La première méthode est habituelle aux prévisions de trésorerie en entreprise, elle consiste à passer des flux comptables aux flux de trésorerie en intégrant les durées de rétention des flux. Par exemple les ventes de juin ne vont apparaître que dans la trésorerie de juillet si le délai de paiement est de un mois. La seconde méthode, celle que nous adopterons, consiste à établir un tableau des BFR mensuels pour les flux d'exploitation.

Le tableau 24 correspond à celui de l'approche annuelle. La seule difficulté est de veiller à ce que le BFR de fin décembre corresponde à celui de l'année. Cette coïncidence n'est pas toujours évidente. En effet, la mensualisation peut ne pas correspondre à la prévision annuelle en raison du rôle des progressions d'activité ou des politiques d'achat [1]. La prise en compte du court terme entraîne ici une autre réflexion.

– La trésorerie (ou la mensualisation du tableau de financement)

Les calculs précédents (BFR) vont se traduire par des flux de trésorerie d'exploitation avant financement. Il faudra ajouter la mensualisation du financement long, l'arrivée des emprunts, des capitaux propres, des subventions. Il faudra aussi intégrer l'existence d'un crédit fournisseur des investissements.

L'ensemble de ces mouvements se traduira par des soldes de trésorerie positifs ou négatifs. Il faudra donc rechercher des équilibres mensuels à partir éventuellement de solutions à court terme ou en modifiant les solutions de financement à long terme. Cette étude de la trésorerie à court terme (tableau 25) peut modifier les équilibres calculés précédemment sur le long terme.

4.2. Performances et équilibre financier

Généralement, l'analyse des résultats de l'évaluation financière fera suite à la présentation du projet dans toutes ses composantes (produit, marché, porteur, environnement...), ainsi que de sa finalité.

> L'évaluation financière reprend et complète les différents indicateurs de performance, après financement, version simplifiée des ratios d'analyse financière. Dans la mesure où elles existent, ces informations pourront être comparées à celles de la branche.

1. Sur EVALPRO, ce problème est résolu par une fonction d'ajustement qui adapte le BFR annuel au BFR mensuel, le plus rigoureux.

Tableau 23. – *Compte de résultat analytique mensuel*

Produits	Activité	Prix	Mensuel	Jan.	Févr.	Mars	Avril	Mai	Juin	Juillet	Août	Sept.
Production vendue	Vol. ventes	200	Vol. ventes	23 333	23 333	23 333	23 333	23 333	23 333	23 333	23 333	23 333
Ventes de marchandises	Vol. ventes		Vol. ventes									
Production stockée	Var. vol. stock	140	Var. vol. stock	8 167								
Total des produits d'exploitation				31 500	23 333	23 333	23 333	23 333	23 333	23 333	23 333	23 333
Charges	**Activité**	**Prix**	**Mensuel**	**Jan.**	**Févr.**	**Mars**	**Avril**	**Mai**	**Juin**	**Juillet**	**Août**	**Sept.**
Cons. de mat. stockées	Vol. production	60	Vol. production	10 500	7 000	7 000	7 000	7 000	7 000	7 000	7 000	7 000
Main-d'œuvre productive	Vol. production	80	Vol. production	14 000	9 333	9 333	9 333	9 333	9 333	9 333	9 333	9 333
Personnel	Vol. structure	30 000	Vol. structure	2 500	2 500	2 500	2 500	2 500	2 500	2 500	2 500	2 500
Frais divers	Vol. structure	18 000	Vol. structure	1 500	1 500	1 500	1 500	1 500	1 500	1 500	1 500	1 500
Taxes	Vol. structure	2 000	7							2 000		
Subvention d'exploitation												
Dotation aux amortissements				3 667	3 667	3 667	3 667	3 667	3 667	3 667	3 667	3 667
Résultat avant impôt				– 667	– 667	– 667	– 667	– 667	– 667	– 2 667	– 667	– 667

Tableau 24. – *BFR mensuel*

		Nbre jours	Men-suel	Janv.	Févr.	Mars	Avril	Mai	Juin	Juillet	Août	Sept	Oct.	Nov.	Déc.
Stocks de produits finis		15	15	8 167	8 167	8 167	8 167	8 167	8 167	8 167	8 167	8 167	8 167	8 167	8 167
Stocks de marchandises		0	0												
Stocks de matières premières		36	36	12 600	8 400	8 400	8 400	8 400	8 400	8 400	8 400	8 400	8 400	8 400	8 400
Clients		67,5	67,5	28 140	56 280	63 315	63 315	63 315	63 315	63 315	63 315	63 315	63 315	63 315	63 315
TVA récupérable	Récup. 20,60 %	0													
Fournisseurs	120 j. maxi	45	45	27 859	17 306	10 130	12 663	12 663	12 663	12 663	12 663	12 663	12 663	12 633	12 663
TVA à décaisser	Collec. 20,60 %	30	30	– 261	3 921	3 056	3 056	3 056	3 056	3 056	3 056	3 056	3 056	3 056	3 056
Personnel	90 j. maxi	30	30	7 590	5 443	5 443	5 443	5 443	5 443	5 443	5 443	5 443	5 443	5 443	5 443
Trésorerie de précaution	en jours de vente	0	0	0	0	0	0	0	0	0	0	0	0	0	0
Besoin en fonds de roulement				13 719	46 176	61 252	58 720	58 720	58 720	58 720	58 720	58 720	58 720	58 720	58 720
Variations du BFR				13 719	32 457	15 076	– 2 533								

Écart de BFR : 1 465.

Tableau 25. – *La trésorerie*

Crédits de trésorerie		73 671	29 617	18 483										121 770,54
Intérêts C. terme	16 %	982	395	246										1 624
Remboursements													121 771	121 770,54
Nouveau solde				0	94 529	– 86	33 093	23 194	6 224	– 8 626	– 19 063	– 9 300	– 119 966	
Nouveau solde cumulé				0	94 529	94 443	127 536	150 730	156 954	148 328	129 266	119 966	– 0	

Financement – Détail des emprunts

01 janv. 95 USINEX

Financmeent			Mensuel	Janv.	Févr.	Mars	Avril	Mai	Juin	Juillet	Août	Sept.	Oct.	Nov.	Déc.	Année 1
Solde du tableau de financement				– 73 671	– 29 617	– 18 483	94 529	– 86	33 093	23 194	6 224	– 8 626	– 19 063	– 9 300	1 805	
Solde cumulé du tableau de financement			Financement	– 73 671	– 103 288	– 121 771	– 27 241	– 27 327	5 766	28 960	35 184	26 558	7 495	– 1 805	– 0	
			Trésorerie			0	94 529	94 443	127 536	150 730	156 954	148 328	129 266	119 966	– 0	
Somme des emprunts et CB							113 593	111 700	109 806	107 913	106 020	104 127	102 234	100 341	98 447	113 593
Somme des remboursements							1 893	1 893	1 893	1 893	1 893	1 893	1 893	1 893	1 893	17 039
Somme des intérêts LT		47 467	8 754				1 042	1 025	1 007	990	973	955	938	921	903	8 754
Somme des intérêts LT et CT		49 091														
Emprunt 1	113 593	Année 1	Mois 4				113 593	111 700	109 806	1 07 913	106 020	104 127	102 234	100 341	98 447	113 593
Remboursement	d	5 ans					1 893	1 893	1 893	1 893	1 893	1 893	1 893	1 893	1 893	17 039
Intérêts fin de période		10 %					1 042	1 025	1 007	990	973	955	938	921	903	8 754

Tableau 26. – *Les performances générales*

Rentabilité financière et globale

RIDO V3 scénario : fin h2 cp don2

Performances générales ratios-chaîne		Année 1	Année 2	Année 3	Année 4	Année 5	Année 6
Total des produits d'exploitation	1	59 858	1 164 073	2 012 363	2 555 213	3 221 571	3 221 571
Valeur ajoutée	2	– 22 704	650 267	1 241 145	1 520 213	1 705 214	1 655 214
Bénéfice avant financement	3	– 760 171	– 372 399	294 982	589 200	523 237	401 983
Frais financiers	4	155 361	209 712	278 091	317 418	363 804	293 612
Bénéfice net	5	– 914 010	– 551 601	73 668	343 486	448 908	454 890
Cap propres + rep. à nouv. (déb. pér.)	6	1 100 000	185 990	289 579	663 247	933 065	1 299 766
Subventions (déb. pér.)	7	350 000	348 545	319 346	264 836	196 010	85 886
Emprunts (déb. pér.)	8	1 214 840	1 625 171	2 020 561	2 307 288	2 644 247	2 132 140
Cap permanents et « (déb. pér.) »	9	2 664 840	2 159 705	2 629 486	3 235 371	3 773 323	3 517 792
Charges de personnel	10	205 504	616 183	627 100	676 020	779 018	779 018
Personnel (effectif)	11	1,50	1,50	2	2,50	2,50	2,50
Rentabilité financière	5/6	– 83,1 %	– 296,6 %	25,4 %	51,8 %	48,1 %	35 %
Rentabilité globale	3/9	– 28,5 %	– 17,2 %	11,2 %	18,2 %	13,9 %	11,4 %
Niveau endet. (C. perm.)	9/6	242,3 %	1 161,2 %	908 %	487,8 %	404,4 %	270,6 %
Coût endet. ramené aux CP	4/6	14,1 %	112,8 %	96 %	47,9 %	39 %	22,6 %
Coût de l'endettement	4/8	12,8 %	12,9 %	13,8 %	13,8 %	13,8 %	13,8 %
Niveau de l'endettement	8/6	110,4 %	873,8 %	697,8 %	347,9 %	283,4 %	164 %
Profitabilité	3/1	– 1 270 %	– 32 %	14,7 %	23,1 %	16,2 %	12,5 %
Rotations des capitaux	1/9	0,02	0,54	0,77	0,79	0,85	0,92
Intensité capitalistique	9/10	12,97	3,50	4,19	4,79	4,84	4,52
Productivité du travail	1/10	0,29	1,09	3,21	3,78	4,14	4,14
Productivité du travail	1/11	39 905	776 049	1 006 181	1 022 085	1 288 628	1 288 628

Source : Evalpro v3.0 – copyright LI2C-AILPE.

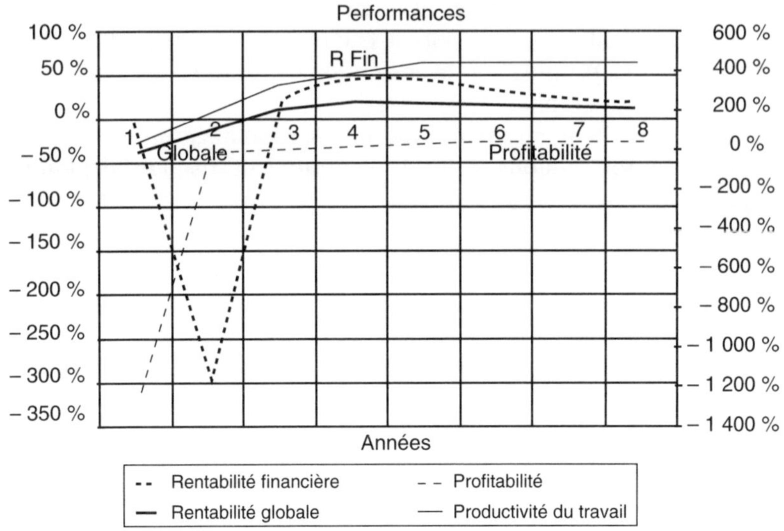

Les principales performances présentées seront :
– la rentabilité financière et la rentabilité globale ;
– la profitabilité qui pourra s'accompagner d'une présentation de l'évolution de l'activité, de la structure des charges et de la sensibilité ;
– la productivité pour les projets où cet aspect mérite un développement particulier ;
– l'équilibre financier représenté par le niveau d'endettement choisi et la couverture du service de la dette qui mettra en valeur les capacités de remboursement.

Un effort est entrepris vers la présentation de ratios de synthèse regroupant les principaux aspects financiers évoqués et des préoccupations non directement financières, souvent en relation avec le risque (cf. *supra*).

Nous pouvons nous inspirer des travaux réalisés en analyse financière où les spécialistes cherchent aussi à avoir un jugement global sur une entreprise ou une activité. Citons les fonctions scores [1] centrées sur les éléments financiers ou les approches plus larges comme celle des « créditmen » américains [2]. Néanmoins la recherche reste largement ouverte dans le domaine du prévisionnel pour lequel ces fonctions sont généralement peu adaptées.

Les performances selon la technique des ratios-chaînes (RIDO hypothèse 2 avec 1,1 M de capitaux propres)

Nous remarquons la progression puis la stagnation à partir de l'année 4 ou 5 des principaux indicateurs, rentabilité globale et financière, profitabilité..., périodes où la phase de croisière est atteinte.

4.3. Les indicateurs de risque

4.3.1. Le risque d'exploitation après financement

Nous présentons l'évolution du point mort et le levier d'exploitation (élasticité du résultat par rapport à l'activité) dans l'hypothèse 2 avec 1,1 M de capitaux propres puis avec l'option de renforcement de ces capitaux (tableau 27et graphique 11).

Dans le 2e cas du financement avec plus de capitaux propres (du graphique 11), nous remarquons la forte diminution de risque d'exploitation après financement.

4.3.2. Le risque financier

– Le risque projet après financement et l'autonomie financière

Nous avons vu que le financement amplifie les risques. Un compromis entre risque et rentabilité est recherché, avec la proposition d'un certain

1. E. Cohen, *Analyse financière*, 5e éd., Economica, 1997, p. 356.
2. J.L. Boulot, J.P. Crétal, J.P. Jolivet, *L'analyse financière*, Publi-Union, 1988, p. 342.

Tableau 27. – *Le point mort et les risques d'exploitation*

Risques d'exploitation	Année 1	Année 2	Année 3	Année 4	Année 5	Année 6	Année 7	Année 8
Montant des coûts fixes avt financement	792 743	1 051 662	874 243	860 174	782 417	822 388	777 850	807 463
Montant des coûts variables	27 286	484 809	843 138	1 105 840	1 740 194	1 740 194	1 740 194	1 740 194
Levier d'exploitation (M. sur cv/M. nette)	– 0,04	– 1,82	3,96	2,46	2,12	2,25	2,11	2,20
Seuil de rentabilité avant financement	1 456 841	1 802 262	1 504 667	1 516 467	1 701 534	1 788 460	1 691 602	1 756 001
Indice de sécurité (exploitation)	– 23,34	– 0,55	0,25	0,41	0,47	0,44	0,47	0,45
Levier d'exploitation après financement	– 0,04	– 1,23	15,87	4,22	3,30	3,26	3,04	2,80
Seuil de rentabilité après financement	1 739 677	2 111 613	1 889 474	1 954 729	2 253 216	2 240 207	2 171 009	2 077 464
Indice de sécurité	– 28,06	– 0,81	0,06	0,24	0,30	0,30	0,33	0,36

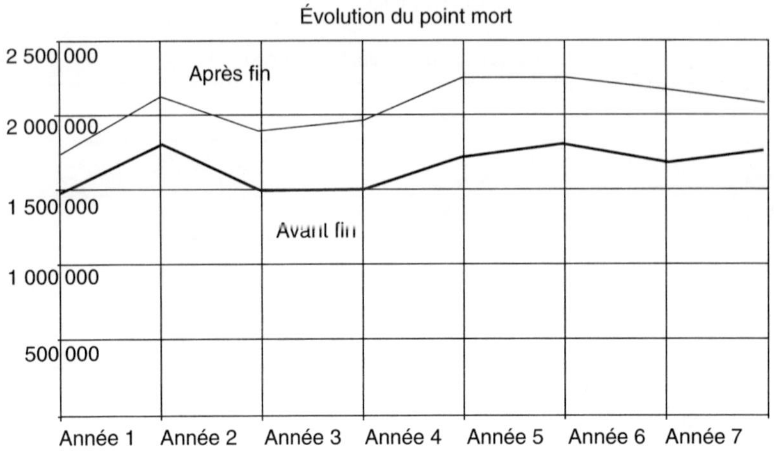

niveau de capitaux propres. Mais le montage financier peut toujours être sensiblement amélioré, surtout en prenant en compte le risque annuel d'exploitation après financement (cf. *infra*). Les éléments de réflexion seront le niveau des capitaux immobilisés chaque année, la rentabilité générale (utilisation de l'indicateur de rentabilité avec placement des liquidités) et les rentabilités annuelles, le niveau des liquidités à placer, les emprunts complémentaires que l'on pourra négocier. Il faudra prendre également en compte les ratios de bas de bilan (cf. *supra*). Les ratios suivants, de structure (ou autonomie) financière, utilisés au calcul du risque (taux d'actualisation) après financement seront mis en valeur.

Graphique 11. – *Les risques d'exploitation*

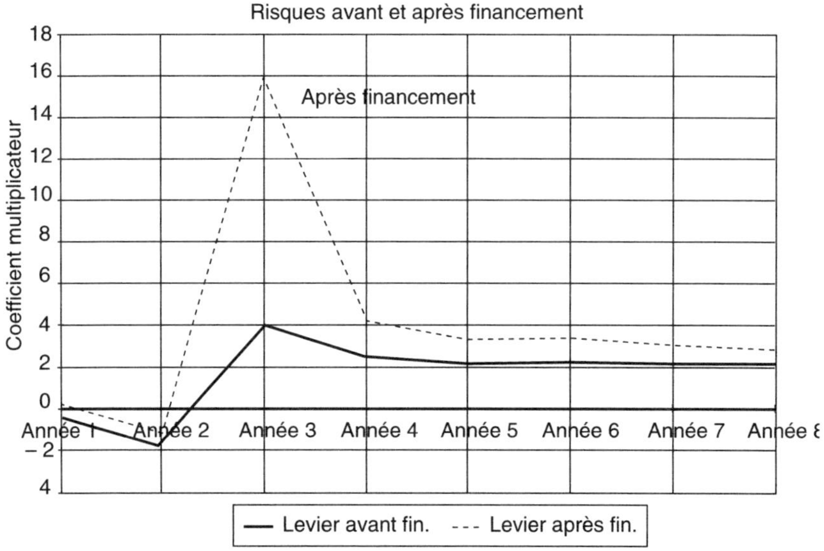

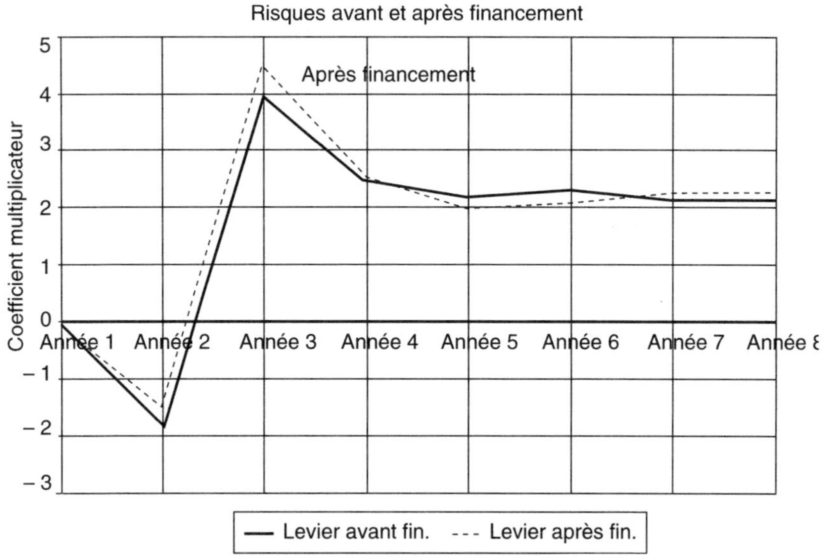

– Structure des capitaux :

dettes à moyen et long terme/capitaux propres ou capitaux propres/capitaux permanents.

– Niveau d'endettement :

total des dettes/total des ressources ou ressources propres.

– Capacité de remboursement : dettes/CAF.

– Les ratios d'équilibre financier pourront aussi être calculés pour un suivi des composantes du bas de bilan.

4.3.2.1. La sécurité financière

– Les ratios de fonds de roulement et besoins en fonds de roulement.

Capitaux permanents/actif immobilisé net
fonds de roulement/actif circulant
fonds de roulement/chiffre d'affaires
Ces ratios permettent des comparaisons ou un suivi d'évolution.

– Les ratios de contenu du BFR, exprimés en jours de vente par exemple utilisés en analyse financière (ex-post), présentent ici peu d'intérêt puisqu'ils résultent d'une construction *a priori*. Ils peuvent être donnés à titre illustratif.

4.3.2.2. La solvabilité ou crédibilité

La solvabilité (ou crédibilité) indique la surface financière de l'entreprise et sa capacité à s'endetter.

Le ratio Actif circulant/total des dettes traduit les possibilités de remboursement de toutes les dettes par des actifs cycliques (à court terme).

Le ratio Dettes/capitaux propres exprime le degré d'indépendance de l'entreprise vis-à-vis des ayants droit.

4.3.2.3. La liquidité

Liquidité générale : actifs circulants/dettes à court terme
Liquidité réduite : (actifs circulants – stocks)/dettes à court terme
Liquidité immédiate : disponible/dettes à court terme
Ces ratios traduisent la capacité de l'activité à court terme à couvrir les dettes à court terme, à différents niveaux.

L'analyse, en s'affinant, se rapproche de la gestion prévisionnelle, réalisée sur les données de l'évaluation. C'est aussi sa limite. Elle n'est valable que dans la phase finale de l'évaluation, proche de l'exécution.

Dans le cas suivant avec plus de capitaux propres, nous pouvons remarquer les différences importantes des ratios d'endettement, de solvabilité et de liquidité.

4.3.2.4. Les fonctions score

De la même façon, la fonction score [1] de Conan et Holder dont l'utilisation doit se limiter à l'étude de l'évolution du ratio plus qu'à sa valeur absolue, montre bien la différence de risque entre les deux simulations.

---

1. « Les travaux effectués sur des échantillons d'entreprises américaines et françaises ont montré qu'un indicateur synthétique composé d'une batterie de ratios permet une détection précoce des difficultés d'entreprises. Ces résultats sont très importants pour la gestion de l'entreprise parce qu'ils permettent de déclencher un traitement préventif dès les premiers signes de vulnérabilité.

Le principe de ces méthodes de « scoring » consiste à rechercher empiriquement les ratios qui sont les plus significatifs pour attribuer un score à l'entreprise. Ce score permet de la classer parmi les entreprises saines ou parmi celles qui, sauf amélioration, seront défaillantes » (J. Pilverdier-Latreyte, *op. cit.*).

Tableau 28. – *L'équilibre financier – 1*

Flux liés au financement	Réf.	Année 1	Année 2	Année 3	Année 4	Année 5	Année 6	Année 7	Année 8
Capitaux propres fin de période	1	185 990	289 579	663 247	933 065	1 299 766	1 672 449	1 943 551	2 184 475
Subvention nette	2	348 545	319 346	264 836	196 010	85 886	1	1	1
Fonds propres	3	534 535	608 925	928 083	1 129 075	1 385 652	1 672 450	1 943 552	2 184 476
Emprunts à LT	4	1 113 934	1 438 183	1 732 511	1 919 111	2 132 140	1 597 064	1 075 079	722 041
Dettes fin CT (au det. + CBC + remb. $n + 1$)	5	186 988	288 051	388 177	512 107	535 076	521 985	353 038	282 101
Effets esc. non échus	6	0	0	0	0	0	0	0	0
Stocks	7	0	0	0	0	0	0	0	0
Créances + crédit TVA	8	12 421	233 979	404 485	513 598	647 536	647 536	647 536	647 536
Trésor précaution (VMP)	9	1 686	32 782	56 672	71 960	90 725	90 725	90 725	90 725
Trésorerie débitrice	10	0	562 578	1 331 358	1 848 936	2 351 486	2 166 978	2 000 664	2 027 325

Ratios d'endettement, de solvabilité et de liquidité

Structure cap. permanents	3/(3 + 4)		32,4 %	29,7 %	34,9 %	37 %	39,4 %	51,2 %	64,4 %	75,2 %
Structure des capitaux	3/(3 + 4 + 5 + 6)		29,1 %	26,1 %	30,4 %	31,7 %	34,2 %	44,1 %	57,6 %	68,5 %
Niveau d'endettement	(4 + 5 + 6/passif)		78,4 %	80 %	74,7 %	74,2 %	69,1 %	58,7 %	42,5 %	30,9 %
Capacité remboursement	(4 + 5 + 6)/CAF		– 339,2 %	– 990,3 %	677,1 %	506,9 %	516,9 %	395,2 %	271,5 %	211,2 %
Poids des FF	FF/Chiffre d'affaires		259,6 %	18 %	13,8 %	12,4 %	11,3 %	9,1 %	6,8 %	4,6 %
Crédibilité	(7 + 8 + 9 + 10)/(4 + 5 + 6)		1,1 %	48 %	84,5 %	100,1 %	115,8 %	137,1 %	191,8 %	275,4 %
Solvabilité	(5 + 6)/3		35 %	47,3 %	41,8 %	45,4 %	38,6 %	31,2 %	18,2 %	12,9 %
Liquidité réduite	(7 + 8 + 9 + 10)/(5 + 6)		7,5 %	287,9 %	461,8 %	475,4 %	577,4 %	556,6 %	775,8 %	980,4 %
Liquidité immédiate	(9 + 10)/5 + 6		0,01	2,07	3,58	3,75	4,56	4,33	5,92	7,51

Tableau 29. – *L'équilibre financier – 2*

Flux liés au financement	Réf.	Année 1	Année 2	Année 3	Année 4	Année 5	Année 6	Année 7	Année 8
Capitaux propres fin de période	1	467 725	524 079	783 289	1 290 313	1 856 674	2 208 934	2 547 105	2 877 371
Subvention nette	2	348 545	319 346	264 836	196 010	85 886	1	1	1
Fonds propres	3	816 270	843 425	1 048 125	1 486 323	1 942 560	2 208 935	2 547 106	2 877 372
Emprunts à LT	4	830 513	749 974	645 764	528 766	397 372	249 773	122 956	101 451
Dettes fin CT (au det. + CBC + remb. $n + 1$)	5	80 539	104 210	116 999	131 393	147 600	126 816	21 505	23 602
Effets esc. non échus	6	0	0	0	0	0	0	0	0
Stocks	7	0	0	0	0	0	0	0	0
Créances + crédit TVA	8	12 421	233 979	404 485	513 598	647 536	647 536	647 536	647 536
Trésor précaution (VMP)	9	0	0	0	0	0	0	0	0
Trésorerie débitrice	10	0	141 652	421 326	887 798	1 264 352	1 446 898	1 742 822	2 190 358

Ratios d'endettement, de solvabilité et de liquidité

Ratio	Formule	Réf.	Année 1	Année 2	Année 3	Année 4	Année 5	Année 6	Année 7	Année 8
Structure cap. permanents	3/(3 + 4)		49,6 %	52,9 %	61,9 %	73,8 %	83 %	89,8 %	95,4 %	96,6 %
Structure des capitaux	3/(3 + 4 + 5 + 6)		47,3 %	49,7 %	57,9 %	69,2 %	78,1 %	85,4 %	94,6 %	95,8 %
Niveau d'endettement	(4 + 5 + 6/passif)		54,9 %	50,1 %	40,7 %	29,4 %	20,3 %	13,5 %	4,8 %	3,8 %
Capacité remboursement	(4 + 5 + 6)/CAF		– 268,4 %	– 1 287,1 %	152,9 %	92,1 %	77,1 %	74,3 %	24,7 %	22,5 %
Poids des FF	FF/Chiffre d'affaires		185,9 %	8,6 %	4,5 %	3 %	2 %	1,5 %	0,9 %	0,4 %
Crédibilité	(7 + 8 + 9 + 10)/(4 + 5 + 6)		1,4 %	44 %	108,3 %	212,3 %	350,8 %	556,2 %	1 654,7 %	2 269,4 %
Solvabilité	(5 + 6)/3		9,9 %	12,4 %	11,2 %	8,8 %	7,6 %	5,7 %	0,8 %	0,8 %
Liquidité réduite	(7 + 8 + 9 + 10)/(5 + 6)		15,4 %	360,5 %	705,8 %	1 066,6 %	1 295,3 %	1 651,5 %	11 115,4 %	12 024,1 %
Liquidité immédiate	(9 + 10)/5 + 6		0	1,36	3,60	6,76	8,57	11,41	81,04	92,81

4.3.3. Les comparaisons au secteur

Il est très utile de comparer, lorsque c'est possible, les principaux ratios du projet à ceux calculés sur l'ensemble du secteur. Nous présentons ici les ratios de la centrale de bilan de la Banque de France [1]. La validité de la comparaison dépend bien évidemment du caractère relativement homogène du secteur. Elle permet de mettre en valeur à la fois les anomalies et les spécificités du projet par rapport au secteur.

4.3.4. Stratégies de réalisation, politiques et suivi

La présentation des résultats pour être complète devra mettre en valeur les différentes politiques [2] ainsi que les différentes stratégies qui leur sont liées :
- la politique de produit ;
- la politique de prix, ;
- la politique de communication ;
- la politique de distribution ;
- la politique de laforce de vente.

Une réflexion est importante à signaler, elle concerne la valeur de l'incorporel. Toute entreprise qui se crée vaut au départ la valeur de son actif corporel. Puis au fur et à mesure que ses résultats s'améliorent, sa valeur est davantage fondée sur son rendement (cf. *infra* la définition des projets). Cette différence est attribuée à la valeur de l'incorporel qui n'apparaît pas au bilan. On peut néanmoins la chiffrer. L'incorporel apparaît donc comme l'écart entre la valeur d'actif et la valeur de rendement. La période où cette valeur est maximale correspond à la période la plus favorable de revente du projet (cf. Capital risque). Dans les tableaux suivants, nous remarquons encore les divergences d'appréciation selon les hypothèses.

Dans le même ordre d'idées, il est intéressant de vérifier qu'il existe bien une stratégie de développement de l'incorporel, même si sur le plan comptable, les écritures ne sont pas toujours passées [3] (politique de communication par exemple). Cet aspect s'intègre au plan marketing et est destiné à améliorer la cohérence du projet. De même, le suivi des résultats est à prévoir au départ. Ce suivi est déterminant pour une jeune entreprise. Il consiste à mettre en place tout un dispositif decontrôle.

---

1. Il est possible de récupérer par Minitel ces différents ratios, sur les trois dernières années, pour les différents secteurs de l'économie.

2. Cf. Y. Chirouze, *Le marketing stratégique*, *op. cit.*

3. Généralement, l'incorporel correspond au moins pour partie à une mobilisation de ressources internes à des fins d'investissement. Il est donc possible par le mécanisme de la production immobilisée de transférer des charges en immobilisations.

Tableau 30. – *Le score de Conan et Holder selon les deux cas de financement*

Flux liés au financement	Réf.	Année 1	Année 2	Année 3	Année 4	Année 5	Année 6	Année 7	Année 8
Frais financiers/Chiffre d'affaires		259,6 %	18 %	13,8 %	12,4 %	11,3 %	9,1 %	6,8 %	4,6 %
Réalisable et disponible/Total du bilan		0,7 %	36,9 %	61,1	72,1	77,7 %	78 %	78,8 %	82,4 %
Capitaux permanents/Total du bilan		99,3 %	94,9 %	93,7	93 %	91,1 %	90,6 %	89,8 %	89,5 /
EBE/Dettes		– 20,3 %	2,2 %	30,8 %	37 %	35,4 %	42,6 %	61,8 %	77,7 %
Personnel/VAj		– 905,1 %	94,8 %	50,5 %	44,5 %	45,7 %	47,1 %	45,7 %	47,1 %
SCORE		– 118,20	2,16	20,72	25,63	26,59	29,99	36,69	42,83

SCORE méthode Conan et Holder (entr. indust.)

Frais financiers/Chiffre d'affaires		185,9 %	8,6 %	4,5 %	3 %	2 %	1,5 %	0,9 %	0,4 %
Réalisable et disponible/Total du bilan		0,7 %	22 %	44,1 %	62,5 %	71,3 %	74,8 %	79,4 %	85,5 %
Capitaux permanents/Total du bilan		99,3 %	93,5 %	90,4 %	89,8 %	87,3 %	87,8 %	88,7 %	89,7 %
EBE/Dettes		– 27,1 %	4 %	71,4 %	104,9 %	118,6 %	139,9 %	188,6 %	186,8 %
Personnel/VAj		– 905,1 %	94,8 %	50,5 %	44,5 %	45,7 %	47,1 %	45,7 %	47,1 %
SCORE		– 55,75	8,07	35,14	47,85	52,78	58,89	72,12	73,22

Tableau 31. – *Les ratios de la Centrale de Bilan de la Banque de France*

	Ratios	Définitions	Secteur	Année 5
1	Taux variation chiffre d'affaires (%)	Variation chiffre d'affaires/ Chiffre d'affaire $n-1$	6,1 %	26,1 %
2	Taux variation valeur ajoutée (%)	Variation valeur ajoutée/ Valeur ajoutée $n-1$	7,3 %	12,2 %
3	Taux de marge brute exploitation (%)	EBE CDB/Volume d'affaires (HT)	7,2 %	27,2 %
4	Rentabilité brute capital exploit. (%)	EBE CDB/Capital d'expl. (immob. nettes + BFR)	17,6 %	220,9 %
5	Rentabilité nette capital exploit. (%)	EBE CDB (cad. résult. d'exploit)/Capital d'exploitation	8,7 %	0 %
6	Équipement par salaire	Équipement productif moyen/ Effectifs moyens	207 000	0
7	Rendement apparent de main-d'œuvre	Valeur ajoutée CDB/ Effectifs moyens	203 000	682 086
8	Rendement apparent de l'équipement (%)	Valeur ajoutée CDB/ Équipement productif moyen	118,4 %	0
9	Taux d'investissement productif (%)	Investissement productif/ Valeur ajoutée CDB	14,4 %	6,2 %
10	Taux d'exploitation (%)	Exportation/Chiffre d'affaires	0,009	
11	Taux de marge commerciale (%)	Marge commerciale/ Ventes de marchandises	24,8	0
12	Taux de valeur ajoutée (%)	Valeur ajoutée CDB/Production, ventes marchandises et subventions d'exploit.	27,9 %	52,9 %
13	Coefficient de capital	Capital d'exploitation moyen/ Valeur ajoutée CDB	0,014	0,23
14	Poids des BFR d'exploitation (jours)	BFR d'exploitation moyen Volume d'affaires HT	39	44
15	Délais de rotation clients (jours)	Clients + Créances cédées/Volume d'affaires TC	62	60
16	Délais rotation stock marchandises (jours)	Stocks moyens de marchandises/Achats de marchandises	40	0
17	Délais rotation stocks produits (J)	Stocks moyens produits/Production	17	0
18	Délais rotation stocks appro. (jours)	Stocks moyens mat. et appro./ Achats de mat. et appro.	49	0
19	Délais rotation fournisseurs (jours)	Fournisseurs-avances acomptes versés/ Achats et charges externes TC	73	82
20	Répartition VA globale : personnel (%)	Charges de personnel/Valeur ajoutée globale	72,1 %	45,7 %
21	Répartition VA globale-État (%)	Impôt sur les bénéfices/Valeur ajoutée globale	1,9 %	0 %
22	Répartition VA globale : GP et associé (%)	Intérêts aux associés et distribution/ Valeur ajoutée globale	0,3 %	4,8 %
23	Répartition VA globale : prêteurs (%)	Intérêts sur endettement/ Valeur ajoutée globale	6,9 %	21,3 %
24	Répartition VA globale : entreprise (%)	Valeur ajoutée globale	17,1 %	30,3 %
25	Poids des intérêts (%)	Intérêts/Excédent brut global	30,1 %	41,5 %
26	Intérêts/Chiffre d'affaires (%)	Intérêts/Chiffre d'affaires	2,2 %	11,3 %
27	Taux d'autofinancement (%)	Autofinancement/Emplois nets	64,7 %	0 %
28	Capacité d'endettement (%)	Capacité d'autofinancement/ Endettement moyen	22,5 %	20,9 %
29	Taux d'endettement (%)	Endettement + GP et associés créditeurs/Financement propre	77,1 %	178,5 %
30	Part des banques dans l'endettement (%)	Endettement bancaire/Endettement	99,1 %	86,2 %
31	Couverture des capitaux investis (%)	Financement stable/Capitaux investis	101,4 %	0 %
32	Financement courant des BFR (%)	Crédits bancaires courants/BFR	34,3 %	0 %

Tableau 32. – *RIDO hypothèse 2 avec 1,1 M de capitaux propres*

Valeur de l'entreprise

Valeur d'actif (immob. net + BFR + Trés.-dettes fin)		534 535	608 925	928 083	1 129 075	1 385 652	1 672 450	1 943 552	2 184 476
Valeur de rendement (bénéfice/tx actualisation risqué)				875 238	4 092 249	5 361 382	5 466 432	4 263 129	3 907 955
Taux d'actualisation après risque		16,3 %	16,3 %	13,9 %	13,1 %	12,4 %	10,7 %	9,6 %	9 %
Valeur de l'incorporel (val. rendement – val. actif)		0	0	– 52 845	2 963 174	3 975 730	3 793 982	2 319 577	1 723 480

Tableau 33. – *RIDO hypothèse 2 avec 1,337 M de capitaux propres*

Valeur de l'entreprise

Valeur d'actif (immob. net + BFR + Trés. – dettes fin)		816 270	843 425	1 048 125	1 486 323	1 942 560	2 208 935	2 547 106	2 877 372
Valeur de rendement (bénéfice/tx actualisation risqué)				3 122 445	7 016 562	7 747 789	5 160 722	4 993 481	4 898 292
Taux d'actualisation après risque		11,7 %	11,1 %	10,1 %	9,1 %	8,6 %	8,3 %	8,1 %	8,1 %
Valeur de l'incorporel (val. rendement – val. actif)		0	0	2 074 320	5 530 238	5 805 229	2 951 787	2 446 375	2 020 920

DEUXIÈME PARTIE

Exercices corrigés

Cette deuxième partie propose des exercices de synthèse présentant quelques particularités : tout d'abord le projet PCV, le plus ancien, avec élaboration classique sur tableur, le projet USINEX qui utilise la dernière version de notre logiciel d'évaluation permettant de passer directement à des analyses plus fines, enfin le projet PICO avec une fonction technique très élaborée.

À côté de ces cas relativement complets, différents exercices permettent de réfléchir sur les modalités du calcul différentiel des coûts et des avantages dans des contextes souvent différents : comparaison classique entre achat, location, crédit-bail et sous-traitance, renouvellement de matériel, investissement de productivité, avec ou sans intégration de l'inflation... Ces exercices veulent montrer à la fois les exigences et les limites du « calcul économique », fortement dépendant des situations de référence, des objectifs et des points de vue pris en considération par l'analyse.

Cas n° 1 – Société SAMAP

Thèmes abordés : comparaisons d'alternatives : achat, location, crédit-bail, sous-traitance, étude différentielle, actualisation annuelle et mensuelle, inflation, paiements d'avance.

1. Énoncé

La direction de la société SAMAP a décidé d'informatiser sa gestion. Plusieurs solutions sont envisagées :

– l'acquisition d'un ensemble de matériels par achat direct ou par crédit-bail ;

– la location de ces mêmes matériels ;

– la sous-traitance des services informatiques.

Une étude fournit les renseignements suivants pour chacune des solutions envisagées.

• *Achat direct*

– Prix d'acquisition de l'ensemble du matériel : 1 000 000 F.

– Durée d'amortissement : 5 ans en linéaire.

– Valeur de revente à la fin de la cinquième année : 100 000 F.

– Coût annuel de maintenance : 25 000 F avec paiement mensuel chaque fin de mois.

– Prime annuelle d'assurance : 0,5 % du prix d'achat avec paiement annuel au début de chaque année.

– Coût de fonctionnement du service informatique (personnel et frais divers) : 135 000 F par an, payables mensuellement à la fin de chaque mois.

Pour effectuer cet achat, l'entreprise qui ne dispose pas de fonds propres doit emprunter la valeur de l'équipement, sur 5 ans au taux de 8 % (remboursements du principal constants et intérêts calculés sur le capital dû, effectués à la fin de chaque année).

• *Location au constructeur*

– Prix annuel de la location : 285 600 F, avec paiement mensuel au début de chaque mois.

– Coût de fonctionnement du service informatique (personnel et frais divers) [1] : 84 000 F par an, payables mensuellement à la fin de chaque mois.

• *Crédit-bail*

– Prix annuel du crédit-bail 196 800 F, avec paiement mensuel au début de chaque mois. À la fin de la 5e année, l'utilisateur peut racheter l'équipement total à 5 % du prix d'achat.

---

1. Les frais de fonctionnement du service informatique sont plus réduits que dans le cas de l'achat, en raison d'une assistance technique apportée par le fournisseur.

– Coût annuel de maintenance : 25 000 F avec paiement mensuel à la fin de chaque mois.

– Prime annuelle d'assurance : 0,5 % du prix d'achat avec paiement annuel au début de chaque année.

– Coût de fonctionnement du service informatique (personnel et frais divers) : 135 000 F par an, payables mensuellement à la fin de chaque mois.

• *Sous-traitance*

L'entreprise peut faire appel à une société extérieure qui lui fournira des prestations équivalentes contre une redevance annuelle de 324 000 F payables mensuellement à la fin de chaque mois.

Un poste de correspondant informatique est à créer (coût annuel 34 000 F payables mensuellement à la fin de chaque mois).

• *Informations annexes*

– Durée de l'étude : 5 ans.
– Taux de l'impôt sur les bénéfices : 33,33 %.
– Taux d'actualisation sans risque : 7 %.
– Taux d'inflation (supposé uniforme) : 3 %.

• *Questions*

Déterminer la solution la plus intéressante selon différents critères.

Deux méthodes peuvent être utilisées pour le calcul des éléments de BFR : un bilan de fin de période et un bilan moyen.

Prendre en considération la fiscalité et les risques liés à chaque solution.

Les scénarios suivants seront simulés :
– *sans inflation avec bilan de fin de période ;*
– *sans inflation avec bilan moyen ;*
– *avec inflation et bilan moyen.*

2. Corrigé

2.1. *Méthodologie générale*

L'exercice est relatif au choix d'une modalité de réalisation d'un service et non d'une simple solution de financement. La détermination de ce choix suppose que les solutions techniques comparées sont voisines (même service rendu). Ce qui va changer c'est le coût et le risque. Il faudra rechercher la solution qui coûte le moins cher à risque équivalent, ou après intégration du risque aux coûts.

Les coûts seront calculés par rapport à une situation de référence, en fonction d'une finalité exprimée (s'il y a lieu). Nous calculerons donc des flux (ou coûts) différentiels nets actualisés.

– La situation de référence est la suivante : il n'y a pas d'informatique, l'entreprise paye un impôt sur le résultat et ne dispose pas de fonds propres pour réaliser l'opération.

– La finalité est la création de services informatiques.

L'informatique va modifier l'organisation, elle peut supprimer des coûts et en engendrer d'autres. Il est possible aussi que les services rendus par les diverses solutions ne soient pas exactement les mêmes. Ces éléments importants pour la décision, qui auraient pu être chiffrés, sont ici absents. Il manque une étude d'organisation qui compléterait l'étude des simples coûts directs.

2.2. *Corrigé sans inflation avec bilan de fin de période*

Les flux pris en considération par l'analyse sont normalement annuels, mais il est nécessaire, en raison de l'actualisation, de faire intervenir leurs modalités de paiement. Or ici, nous avons des mouvements de trésorerie qui sont soit mensuels, soit annuels. Pour avoir la précision maximale, il faudrait travailler au mois. Ce qui est très facilement faisable avec un ordinateur, mais plus fastidieux à la main. Nous allons donc rester dans un cadre annuel, en essayant simplement de tenir compte de la situation différente de certains flux qui donnent lieu à des paiements mensuels.

Trois solutions seront étudiées : l'une comptable se contente de faire référence au bilan de fin d'année, les deux autres plus financières intègrent un calcul de compensation de la mensualisation de certains paiements, compatible avec la méthode de l'actualisation annuelle. La première solution abordée ici, la solution « bilan (ou BFR) de fin de période », consiste à simplement intégrer les flux dans le tableau des FNT, en fonction de leur position respective à la fin de chaque année (charges payées d'avance). Cette méthode ignore donc la distribution des flux à l'intérieur de l'année. C'est la solution qui est traditionnellement donnée pour ce type de problème. Les cas particuliers sont représentés par les paiements d'avance qui sont comptabilisés au bilan en tant que tels. Ceci concerne :

– les frais d'assurance (un an d'avance) ;
– le loyer (un mois) pour le crédit-bail et la location.

Ces paiements sont des avances de trésorerie et non des charges. Par conséquent elles n'auront aucune incidence fiscale et, de plus devront être réintégrées en fin d'étude. Il en sera de même pour les emprunts et remboursements qui sont des mouvements de fonds ne touchant pas le compte de résultat. Par contre, les charges (dépenses de fonctionnement et dotations) donneront lieu à une économie d'impôt sur le résultat de 33,33 %. Les dotations qui entrent dans le calcul du résultat ne correspondent pas à un mouvement de trésorerie.

Le taux d'actualisation est de 7 % sans risque. En l'absence d'information sur le taux de risque, nous allons étudier les résultats avec plusieurs taux. Par ailleurs, les différents facteurs de risque et leurs effets sur chaque solution seront évoqués.

Les calculs sont les suivants (par convention, les sorties de fonds seront positives et les entrées négatives, les nombres sont exprimés en milliers de francs).

	Solution achat direct						
Périodes (fin an.)		**0**	**1**	**2**	**3**	**4**	**5**
Dotations aux amortissements			*200*	*200*	*200*	*200*	*200*
Achat ordinateur		1 000					
Remb. emprunt			200	200	200	200	200
Intérêts			80	64	48	32	16
Assurance			5	5	5	5	5
Avances		5					– 5
Personnel			135	135	135	135	135
Maintenance			25	25	25	25	25
Écon. IS : tx	33,33 %						
– sur ch. décaissables			– 81,66	– 76,33	– 70,99	– 65,66	– 60,33
– sur amont			– 66,66	– 66,66	– 66,66	– 66,66	– 66,66
Emprunt		– 1 000					
Revente							– 100
Impôt + V.							33,33
FNTn		5	296,68	286,01	275,35	264,68	182,34
FNT		1 310,07					
FNTA	7 %	1 088,78					
FNTA	10 %	1 011,96					

– Détail des économies d'impôt : 33,33 % (200 + 80 + 5 + 135 + 25) = 148,32.

– Détail des avances : 5 (assurances annuelles payées d'avance).

– Détail des économies d'impôt : 33,33 % (200) pour les dotations qui ne sont pas des charges décaissables et 33,33 % (80 + 5 + 135 + 25) pour les charges décaissables.

	Solution location						
Périodes (fin an.)		**0**	**1**	**2**	**3**	**4**	**5**
Avance		23,80	0	0	0	0	– 23,80
Location			285,60	285,60	285,60	285,60	285,60
Personnel			84	84	84	84	84
Écon. US : tx	33,33 %						
– sur ch. décaissables			– 123,19	– 123,19	– 123,19	– 123,19	– 123,19
FNTn		23,80	246,41	246,41	246,41	246,41	222,61
FNT		1 232,06					
FNTA	7 %	1 017,17					
FNTA	10 %	943,12					

– Détail des avances : 23,8 pour un mois de loyer.

– Détail des économies d'impôt : 33,33 % (285,6 + 84).

	Solution crédit-bail						
Périodes (fin an.)		**0**	**1**	**2**	**3**	**4**	**5**
Avance		21,40					– 21,40
Loyer de CB			196,80	196,80	196,80	196,80	196,80
Assurance			5	5	5	5	5
Personnel			135	135	135	135	135
Maintenance			25	25	25	25	25
Rachat							50
Revente							– 100
Impôt + V							16,67
Écon. IS : tx	33,33 %						
– sur ch. décaissables			– 120,59	– 120,59	– 120,59	– 120,59	– 120,59
FNTn		21,40	241,21	241,21	241,21	241,21	186,48
FNT		1 172,73					
FNTA	7 %	971,39					
FNTA	10 %	901,80					

– Détail des avances : (196,8/12) + 5.

– Détail des économies d'impôt : 33,33 % (196,8 + 5 + 135 + 25).

	Solution sous-traitance					
Périodes (fin an.)		0	1	2	3	4	5
Avance							
Ss-traitance			324	324	324	324	324
Personnel			34	34	34	34	34
Écon. IS : tx	33,33 %						
– sur ch. décaissables			– 119,32	– 119,32	– 119,32	– 119,32	– 119,32
FNTn		0	238,68	238,68	238,68	238,68	238,68
FNT		1 193,39					
FNTA	7 %	978,63					
FNTA	10 %	904,78					

– Détail des économies d'impôt : 33,33 % (324 + 34).

• *Analyse des résultats*

Sans actualisation, c'est le crédit-bail qui est le plus intéressant, suivi de la sous-traitance, le moins intéressant étant l'achat. Avec une actualisation de 7 %, les hiérarchies restent les mêmes. À environ 12 %, il y a équivalence entre le crédit-bail et la sous-traitance. Tout dépend donc, sur le plan des coûts pris en considération, du taux d'actualisation.

	Récapitulation				
		Achat	Location	Crédit bail	Sous-traitance
FNT		1 310,07	1 232,06	1 172,73	1 193,39
FNTA	7 %	1 088,78	1 017,17	971,39	978,63
FNTA	10 %	1 011,96	943,12	901,80	904,78

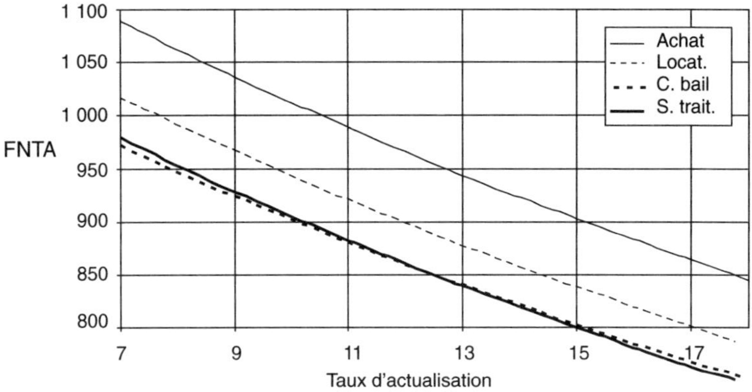

2.3. *Corrigé sans inflation avec bilan moyen*

Les résultats étant très proches, il est possible de rechercher à réaliser une analyse plus fine des mouvements de trésorerie, en raison de l'existence de charges payées mensuellement. Prenons le cas d'une dépense faite toutes les fins de mois comme le personnel, elle est considérée réalisée en fin d'année. Le calcul est donc trop optimiste. Si nous la plaçons l'année précédente, le calcul sera au contraire trop pessimiste. L'idée est donc d'établir une compensation sous la forme d'une avance de trésorerie calculée et placée en fin d'année zéro, comme la variation de BFR corrige la MBA.

Cette avance corrige donc le flux annuel qui la concerne. Pour un paiement mensuel, elle sera d'environ six mois. Plus précisément, il est possible de distinguer les paiements de début et de fin de mois. La méthode sera la suivante. Il faut calculer la somme moyenne qui est effectivement payée jusqu'à la sortie annuelle comptée dans le tableau des FNT. Le schéma suivant retrace ces flux.

Pour un paiement de fin de mois, cela fait,
- début janvier (ou fin décembre $n - 1$) : 0 mois payé sur le flux annuel ;
- début décembre (ou fin novembre) : 11 mois payés sur le flux annuel.

Soit une moyenne de 11/2 = 5,5 mois du flux concerné.

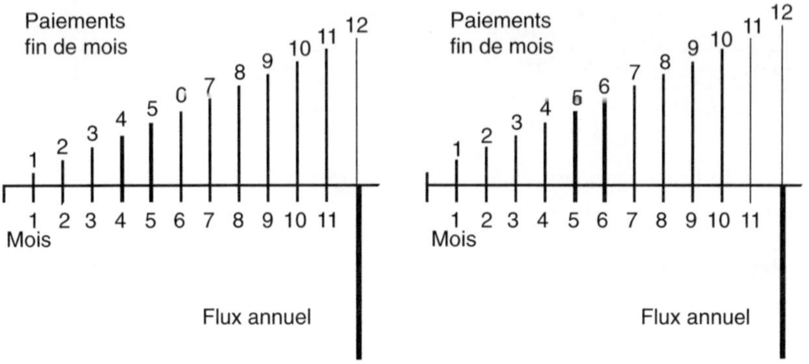

Pour un paiement de début de mois, cela fait,
- début janvier (ou fin décembre $n - 1$) : 1 mois payé sur le flux annuel ;
- début décembre (ou fin novembre) : 12 mois payés sur le flux annuel.

Soit une moyenne de 13/2 = 6,5 mois du flux concerné.

- *Les calculs*

Solution achat

Périodes (fin an.)		**0**	**1**	**2**	**3**	**4**	**5**
Dotations aux amortissements			*200*	*200*	*200*	*200*	*200*
Achat ordinateur		1 000					
Remb. emprunt			200	200	200	200	200
Intérêts			80	64	48	32	16
Assurance			5	5	5	5	5
Avances		78,33	0	0	0	0	– 78,33
Personnel			135	135	135	135	135
Maintenance			25	25	25	25	25
Écon. IS : tx	33,33 %						
– sur ch. décaissables			– 81,66	– 76,33	– 70,99	– 65,66	– 60,33
– sur amort.			– 66,66	– 66,66	– 66,66	– 66,66	– 66,66
Emprunt		– 1 000					
Revente							– 100
Impôt + V.							33,33
FNTn		78,33	296,68	286,01	275,35	264,68	109,01
FNT		1 310,07					
FNTA	7 %	1 109,83					
FNTA	10 %	1 039,76					

– Détail des avances : (5,5 × 135/12) + (5,5 × 25/12)+ 5.

	Solution location						
Périodes (fin an.)		**0**	**1**	**2**	**3**	**4**	**5**
Avance		193,20	0	0	0	0	– 193,20
Location			285,60	285,60	285,60	285,60	285,60
Personnel			84	84	84	84	84
Écon. IS : tx	33,33 %						
– sur ch. décaissables			– 123,19	– 123,19	– 123,19	– 123,19	– 123,19
FNTn		193,20	246,41	246,41	246,41	246,41	53,21
FNT		1 232,06					
FNTA	7 %	1 065,79					
FNTA	10 %	1 007,33					

– Détail des avances : (6,5 × 23,8) + (5,5 × 84/12).

	Solution crédit-bail						
Périodes (fin an.)		**0**	**1**	**2**	**3**	**4**	**5**
Avance		184,93	0	0	0	0	– 184,93
Loyer de CB			196,80	196,80	196,80	196,80	196,80
Assurance			5	5	5	5	5
Personnel			135	135	135	135	135
Maintenance			25	25	25	25	25
Rachat							50
Revente							– 100
Impôt + V.							16,67
Écon. IS : tx	33,33 %						
– sur ch. décaissables			– 120,59	– 120,59	– 120,59	– 120,59	– 120,59
FNTn		184,93	241,21	241,21	241,21	241,21	22,94
FNT		1 172,73					
FNTA	7 %	1 018,33					
FNTA	10 %	963,79					

– Détail des avances : (6,5 × 196,8/12) + (5,5 × 135/12) + (5,5 × 25/12)+ 5.

	Solution sous-traitance						
Périodes (fin an.)		**0**	**1**	**2**	**3**	**4**	**5**
Avance		164,08	0	0	0	0	– 164,08
Sous-traitance			324	324	324	324	324
Personnel			34	34	34	34	34
Écon. IS : tx	33,33 %						
– sur ch. décaissables			– 119,32	– 119,32	– 119,32	– 119,32	– 119,32
FNTn		164,08	238,68	238,68	238,68	238,68	74,60
FNT		1 193,39					
FNTA	7 %	1 025,72					
FNTA	10 %	966,98					

Détail des avances : 5,5 × (324+34)/12.

- *Analyse des résultats*

Les coûts augmentent de 7 % dans le cas d'une actualisation à 10 % sauf pour l'achat qui est moins touché (3 %). Comme précédemment, il y a concurrence entre le crédit-bail et la sous-traitance. Le taux d'équivalence entre les deux solutions est de 13 %.

	Récapitulation			
		Achat	Location	Crédit bail	Sous-traitance
FNT		1 310,07	1 232,06	1 172,73	1 193,39
FNTA	7 %	1 109,83	1 065,79	1 018,33	1 025,72
FNTA	10 %	1 039,76	1 007,33	963,79	966,98

- *Calcul du taux d'équivalence*

A 10 %			A 15 %
Sous-traitance	:	966,98	882,59
Crédit-bail	:	963,79	885
		3,19	– 2,41

Pour une variation de 5 % du taux, le flux varie de 5,6.

Le taux d'équivalence sera de : $10\ \% + \dfrac{5\ \% \times 3,19}{5,6} = 12,8\ \%$.

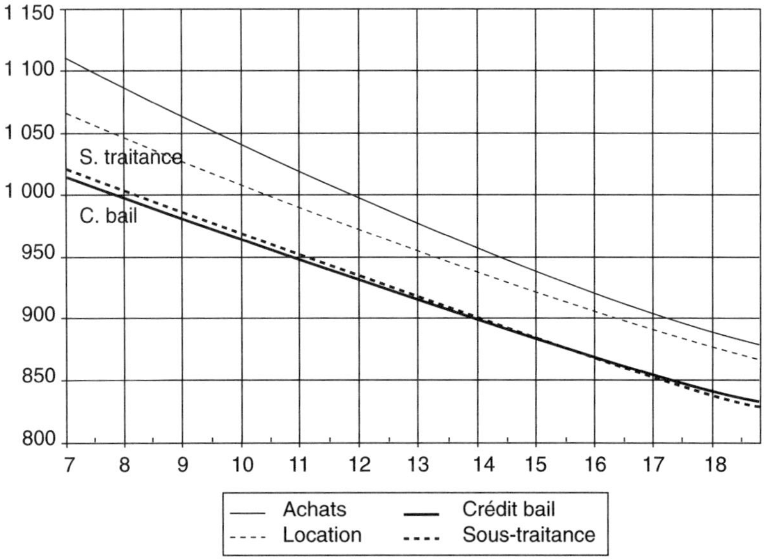

2.4. Corrigé sans inflation avec bilan moyen : solution avec taux équivalent mensuel

La conversion des flux mensuels en valeur future de fin d'année

Il est possible de convertir les différents flux mensuels en leur valeur future de fin d'année. Cette valeur pourra alors être actualisée comme un flux annuel de fin de période. Il est nécessaire de définir d'abord le taux mensuel équivalent au taux annuel. Il est défini par la formule :

$$(1 + i_m) = (1 + i)^{1/12} = (1 + 0,07)^{1/12}$$

$$i_m = 0{,}5654\ \%.$$

avec i = taux annuel et i_m = taux mensuel équivalent.

Pour effectuer la conversion, nous allons distinguer les paiements de fin de mois et de début de mois. Pour un paiement qui a lieu au début de chaque mois, la valeur future sera (avec C = le flux mensuel) :

$$\frac{C}{12}\sum_{t=0}^{11}(1 + i_m)^t = \frac{C}{12}\cdot\frac{1-(1 + i_m)^{12}}{-i_m} = \frac{C}{12}\cdot 12,38$$

$$\frac{C}{12}\sum_{t=1}^{12}(1 + i_m)^t = \frac{C}{12}\cdot\frac{1 + i_m-(1 + i_m)^{13}}{-i_m} = \frac{C}{12}\cdot 12,45$$

Ces calculs sont appliqués aux flux de personnel, de maintenance ainsi qu'aux loyers.

	Solution achat direct						
Périodes (fin an.)		**0**	**1**	**2**	**3**	**4**	**5**
Dotations aux amortissements			*200*	*200*	*200*	*200*	*200*
Achat ordinateur		1 000					
Remb. emprunt			200	200	200	200	200
Intérêts			80	64	48	32	16
Assurance			5	5	5	5	5
Avances		5					– 5
Personnel			139,28	139,28	139,28	139,28	139,28
Maintenance			25,79	25,79	25,79	25,79	25,79
Écon. IS : tx	33,33 %						
– sur charges décaissables			– 83,35	– 78,02	– 72,68	– 67,35	– 62,02
– sur amort.			– 66,66	– 66,66	– 66,66	– 66,66	– 66,66
Emprunt		– 1 000					
Revente							– 100,00
Impôt + V.							33,33
FNTn		5	300,06	289,39	278,73	268,06	185,72
FNT		1 326,97					
FNTA	7 %	1 102,65					
FNTA	10 %						

Remarquons que le calcul des incidences fiscales est resté lié aux flux mensuels, alors que cette incidence peut n'intervenir qu'en fin d'année (sauf prise en compte des tiers provisionnels).

	Solution location						
Périodes (fin an.)		**0**	**1**	**2**	**3**	**4**	**5**
Avance							
Location			296,3	296,3	296,3	296,3	296,3
Personnel			86,7	86,7	86,7	86,7	86,7
Écon. IS : tx	33,33 %						
– sur charges décaissables			– 127,65	– 127,65	– 127,65	– 127,65	– 127,65
FNTn		0	255,33	255,33	255,33	255,33	255,33
FNT		1 276,66					
FNTA	7 %	1 046,91					
FNTA	10 %						

	Solution crédit-bail						
Périodes (fin an.)		**0**	**1**	**2**	**3**	**4**	**5**
Avance		5					– 5
Location			204,2	204,2	204,2	204,2	204,2
Assurance			5	5	5	5	5
Personnel			139,3	139,3	139,3	139,3	139,3
Maintenance			25,8	25,8	25,8	25,8	25,8
Rachat							50,00
Revente							– 100,00
Impôt + V.							16,67
Écon. IS : tx	33,33 %						
– sur charges décaissables			– 124,74	– 124,74	– 124,74	– 124,74	– 124,74
FNTn		5	249,52	249,52	249,52	249,52	211,18
FNT		1 214,25					
FNTA	7 %	1 000,73					
FNTA	10 %						

	Solution sous-traitance						
Périodes (fin an.)		**0**	**1**	**2**	**3**	**4**	**5**
Avance							
Sous-traitance			334,3	334,3	334,3	334,3	334,3
Personnel			35,1	35,1	35,1	35,1	35,1
Écon. IS : tx	33,33 %						
– sur charges décaissables			– 123,10	– 123,10	– 123,10	– 123,10	– 123,10
FNTn		0	246,24	246,24	246,24	246,24	246,24
FNT		1 231,21					
FNTA	7 %	1 009,64					
FNTA	10 %						

	Récapitulation		**Flux mensuels**		
		Achat	**Location**	**Crédit-bail**	**Sous-traitance**
FNT		1 326,97	1 276,66	1 214,25	1 231,21
FNTA	7 %	1 102,65	1 046,91	1 000,73	1 009,64

Nous constatons que les résultats sont proches de la méthode précédente, surtout au niveau des écarts entre les solutions concurrentes. La méthode est plus précise que la précédente, mais elle a l'inconvénient de ne plus faire apparaître les FNT, notamment pour les vérifications.

2.5. Corrigé avec inflation et bilan moyen

Tous les flux de trésorerie sont soumis au même taux d'inflation de 3 %. Les projets seront donc influencés de la même manière, sauf l'achat qui comporte des éléments non soumis à hausse de prix (l'emprunt et l'investissement). Le calcul des avances devient plus complexe puisqu'elles ne sont plus constantes. Ceci n'aura néanmoins que peu d'impact sur le résultat. Les éléments de calcul sont les suivants :

- assurances : $5 \times 1{,}03^1 = 5{,}13$;
- personnel : $135 \times 1{,}03^1 = 139{,}05$;
- maintenance : $25 \times 1{,}03^1 = 25{,}75$.

$$\text{Avance année 1 : } 5,15 + 5,5\left(\frac{139,05}{12} + \frac{27,75}{12}\right) = 80,68$$

$$\text{Avance année 2 : } 5,3 + 5,5\left(\frac{143,22}{12} + \frac{26,52}{12}\right) - 80,68 = 2,42\,.$$

Le taux d'actualisation est également influencé par l'inflation. Le taux minimal deviendra : 7 % + 3 % + 3 % × 7 % = 10,21 %. Le taux de 10 % sera, après inflation, de : 10 % + 3 % + 3 % × 10 % = 13,30 %.

	Solution achat direct						
Périodes (fin an.)		**0**	**1**	**2**	**3**	**4**	**5**
Dotations amortissements			*200*	*200*	*200*	*200*	*200*
Achat ordinateur		1 000					
Remb. emprunt			200	200	200	200	200
Intérêts			80	64	48	32	16
Assurance			5,15	5,30	5,46	5,63	5,80
Avances		80,68	2,42	2,49	2,57	2,64	- 90,81
Personnel			139,28	143,22	147,52	151,94	156,50
Maintenance			25,75	26,52	27,32	28,14	28,98
Écon. IS : tx	33,33 %						
– sur charges décaissables			- 83,31	- 79,67	- 76,09	- 72,56	- 69,09
– sur amort.			- 66,66	- 66,66	- 66,66	- 66,66	- 66,66
Emprunt		- 1 000					
Revente							- 115,93
Impôt + V.							38,64
FNTn		80,68	302,40	295,21	288,12	281,13	103,44
FNT		1 350,97					
FNTA	10,21 %	1 067,52					
FNTA	13,30 %	1 001,66					

	Solution location						
Périodes (fin an.)		**0**	**1**	**2**	**3**	**4**	**5**
Avance		199,00	5,97	6,15	6,33	6,52	- 223,97
Location			294,17	302,99	312,08	321,45	331,09
Personnel			86,52	89,12	91,79	94,54	97,38
Écon. IS : tx	33,33 %						
– sur charges décaissables			- 126,88	- 130,69	- 134,61	- 138,65	- 142,81
FNTn		199,00	259,77	267,57	275,59	283,86	61,69
FNT		1 347,48					
FNTA	10,21 %	1 091,22					
FNTA	13,30 %	1 031,50					

	Solution crédit-bail						
Périodes (fin an.)		**0**	**1**	**2**	**3**	**4**	**5**
Avance		190,48	5,71	5,89	6,06	6,24	– 214,39
Location			202,70	208,79	215,05	221,50	228,15
Assurance			5,15	5,30	5,46	5,63	5,80
Personnel			139,05	143,22	147,52	151,94	156,50
Maintenance			25,75	26,52	27,32	28,14	28,98
Rachat							57,96
Revente							– 115,93
Impôt + V.							19,32
Écon. IS : tx	33,33 %						
– sur charges décaissables			– 124,21	– 127,93	– 131,77	– 135,72	– 139,79
FNTn		190,48	254,16	261,79	269,64	277,73	26,60
FNT		1 280,40					
FNTA	10,21 %	1 042,67					
FNTA	13,30 %	986,92					

	Solution sous-traitance						
Périodes (fin an.)		**0**	**1**	**2**	**3**	**4**	**5**
Avance		169,01	5,07	5,22	5,38	5,54	– 190,22
Sous-traitance			333,72	343,73	354,04	364,66	375,60
Personnel			35,02	36,07	37,15	38,27	39,42
Écon. IS : tx	33,33 %						
– sur charges décaissables			– 122,90	– 126,59	– 130,39	– 134,30	– 138,33
FNTn		169,01	250,91	258,44	266,19	274,18	86,48
FNT		1 305,19					
FNTA	10,21 %	1 047,32					
FNTA	13,30 %	987,51					

	Récapitulation				
		Achat	**Location**	**Crédit bail**	**Sous-traitance**
FNT		1 350,97	1 347,48	1 280,40	1 305,19
FNTA	10,21 %	1 067,52	1 091,22	1 042,67	1 047,32
	13,30 %	1 001,66	1 031,50	986,92	987,51

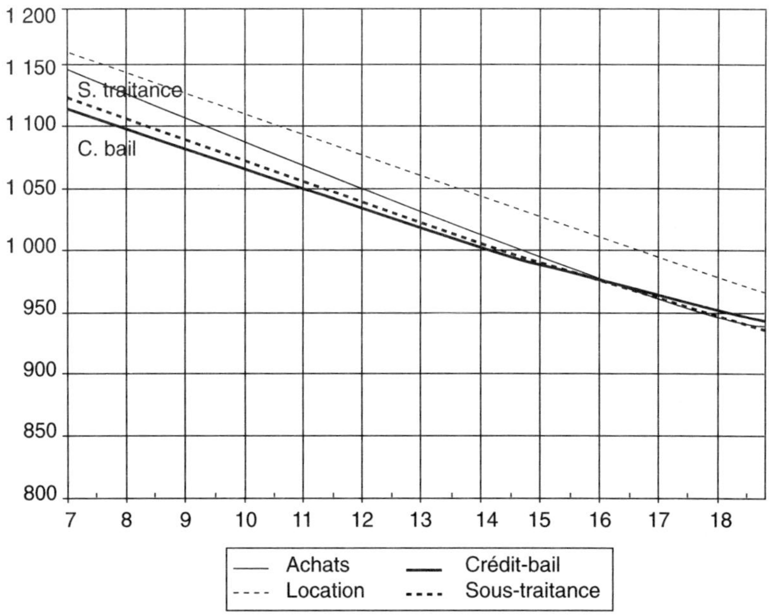

- *Analyse des résultats*

Les hiérarchies entre les solutions sont cette fois modifiées. L'achat n'est plus la solution la plus coûteuse, c'est la location. Mais on retrouve la concurrence entre le crédit-bail et la sous-traitance. Le taux d'équivalence est proche de 14 %. La légère préférence pour le crédit-bail diminue car le taux d'actualisation a changé.

Le taux d'actualisation sans risque est de 10,2 %. À ce taux, l'écart entre les deux solutions est de 4,65 contre 7,39 sans inflation.

- *Introduction des risques*

Le risque peut être un élément qui départage les deux solutions les plus proches. Si les risques sont différents, la comparaison ne pourra plus se faire au même taux d'actualisation. L'étude et l'intégration des différents taux d'actualisation permettront de faire une comparaison des FNTA à risque équivalent.

Quels sont ces risques et sont-ils différents ?

Les risques les plus évidents correspondent à une obsolescence ou une non adaptation du matériel. Ils vont très certainement davantage toucher le crédit-bail que la sous-traitance et se traduire par une remise prématurée de l'équipement à la société. Nous présentons ce point de vue sachant qu'une étude plus poussée serait nécessaire. Ce risque correspond à un coût difficile à estimer mais dont on peut facilement apprécier les conséquences pour la décision.

En effet, les solutions sont si proches qu'un différentiel de taux d'actualisation de 1 point (ou son équivalent certain sous forme de coût) suffit à donner la préférence à la sous-traitance :

$FNTA_{10,21\ \%}$ Crédit-bail = 1 042,7 ;

$FNTA_{10,44\ \%}$ Sous-traitance = 1 042,7.

La difficulté est d'interpréter correctement ces résultats. En effet, nous avons un profil inversé par rapport au profil traditionnel. Cela signifie qu'un taux d'actualisation élevé correspond à un coût plus faible. Donc pour traduire le moindre risque de la sous-traitance, il faut augmenter son taux d'actualisation. Ceci confirme le moindre coût de la sous-traitance après intégration du facteur risque. Or ici les résultats sont si proches qu'un point de risque suffit à assurer cette supériorité.

- *Conclusion*
  - Le calcul permet d'éliminer certaines solutions.
  - Il ne permet pas ici de choisir entre les deux meilleures solutions.
  - Un facteur non quantifié (le risque) permet de trancher.

Cette réflexion permet de considérer avec intérêt des formules nouvelles comme l'infogérance [1] (location avec services).

1. Voir article de G.J. Dezaize *in L'essentiel du management*, juillet 1996.

Cas n° 2 – Entreprise SECRET

Thèmes abordés : décisions d'achat et de renouvellement d'équipement, étude différentielle et globale, taux d'actualisation, inflation différentielle.

1. Énoncé

Dans un atelier de l'entreprise SECRET, un matériel déjà ancien est utilisé. Ses caractéristiques sont les suivantes :
- valeur actuelle de revente : 400 000 F ;
- valeur de revente à la fin de l'année 4 : 100 000 F ;
- coûts directs variables (% du chiffre d'affaires) : 70 %.

On envisage l'achat d'un matériel aux performances techniques sensiblement améliorées, dans les conditions suivantes :
- valeur d'achat de l'investissement : 940 000 F ;
- valeur de revente à la fin de l'année 4 : 500 000 F ;
- coûts directs variables (% du chiffre d'affaires) : 52 %.

Les prévisions de ventes à francs constants sont de :
- année 1 : 800 000 F ;
- année 2 : 600 000 F ;
- année 3 : 400 000 F ;
- année 4 : 250 000 F.

Par ailleurs, l'entreprise réalise des bénéfices sur l'ensemble de ses activités et l'amortissement fiscal correspond à l'amortissement économique constaté, avec la technique du linéaire (les valeurs de revente correspondent aux valeurs comptables nettes).

Le taux de l'impôt sur le résultat sera de : 34 %.

- *Première partie*

Présenter chacune des perspectives d'étude suivantes (sur 4 années, l[1]a situation actuelle étant la fin de l'année 0), en précisant bien dans chaque cas, le projet et la situation de référence.

1) La rentabilité séparée de projets réalisés à partir d'un matériel d'occasion et d'un matériel neuf (cas d'une entreprise nouvelle achetant du matériel neuf ou d'occasion).

2) Les décisions comparées de conservation et de remplacement du matériel (cas de l'entreprise SECRET qui utilise déjà le matériel ancien).

3) L'étude différentielle du remplacement du matériel (cas de l'entreprise SECRET).

1. Ceci n'aurait pas changé d'une manière fondamentale les remarques qui suivent. Le financement aurait sans doute un peu amélioré la rentabilité du projet avec du matériel neuf.

Étudier plusieurs taux d'actualisation et tracer sommairement les graphes de flux nets de trésorerie.

Conclure sur chaque perspective envisagée. Préciser les divergences et les convergences des trois approches.

- *Deuxième partie*

Les tendances actuelles du marché font craindre une baisse de prix de vente qui pourrait atteindre 5 % par an dès l'année 1 (calculée en francs constants). Cette baisse de prix sera intégrée au compte de résultat sous la forme d'une perte annuelle calculée par la formule : $P_n = 5\ \% \,.\, C_n \,.\, n$
avec C_n = chiffre d'affaires de l'année n,
P_n = perte de l'année n,
n = année de calcul.

Étudier les conséquences de cette possibilité sur la décision, ainsi que les autres facteurs de risque.

2. *Corrigé*

2.1. *Étude initiale : les trois perspectives*

1) Rentabilité séparée des projets

Cette perspective est celle du choix d'une technologie par un entrepreneur qui se lance dans cette activité avec du matériel neuf ou d'occasion. La situation de référence de chaque projet est ne rien faire et ne rien posséder. Les résultats sont les suivants.

Les dotations aux amortissements sont calculées par la différence entre les valeurs d'achat et de revente, étalée sur les quatre années. Le flux de sortie est représenté par l'achat du matériel en fin d'année zéro. Les rentrées sont les MBA annuelles de chaque solution et la revente du matériel (pas de plus-value).

11) Rentabilité du matériel ancien

Années	0	1	2	3	4
Matériel	– 400 000				100 000
Ventes		800 000	600 000	400 000	250 000
Charges décaissables		560 000	420 000	280 000	175 000
Dotations		75 000	75 000	75 000	75 000
Bénéfice avant IS		165 000	105 000	45 000	0
Bénéfice net		108 900	69 300	29 700	0
MBA		183 900	144 300	104 700	75 000
FNT	– 400 000	183 900	144 300	104 700	175 000
TIR	19,79 %				

12) Rentabilité du matériel nouveau					
Années	**0**	**1**	**2**	**3**	**4**
Matériel	– 940 000				500 000
Ventes		800 000	600 000	400 000	250 000
Charges décaissables		416 000	312 000	208 000	130 000
Dotations		110 000	110 000	110 000	110 000
Bénéfice avant IS		274 000	178 000	82 000	10 000
Bénéfice net		180 840	117 480	54 120	6 600
MBA		290 840	227 480	164 120	116 600
FNT	– 940 000	290 840	227 480	164 120	616 600
TIR	12,43 %				

La rentabilité paraît plus intéressante avec le matériel ancien. Comparons les profils de rentabilité. Les projets n'ont pas la même taille financière, le matériel d'occasion coûtant moins cher, mais ils offrent des services semblables. Par ailleurs, leur structure de marge est différente, ce qui va créer une divergence de profil. On peut donc les comparer. Il aurait été néanmoins intéressant pour cette comparaison d'introduire un financement. L'investissement le plus élevé est le moins rentable mais son FNT total est plus important.

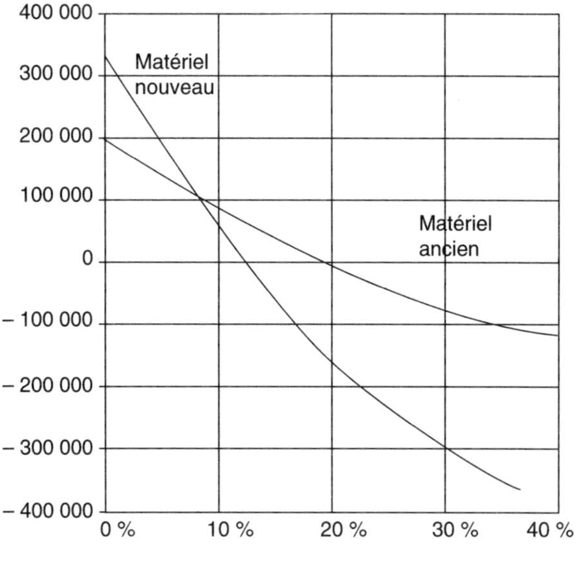

Le taux d'équivalence est de 8,3 %. En dessous de ce niveau, le matériel nouveau est plus intéressant. Au-dessus c'est le contraire. La rentabilité du matériel ancien est donc davantage fondée sur le présent, puisqu'un taux d'actualisation élevé l'avantage. Le choix dépend donc du niveau du taux d'actualisation et notamment de celui du niveau de risque. Les deux solutions comportent-elles les mêmes risques ?

2) Étude des décisions séparées de conservation et de remplacement du matériel

Dans ce cas de figure, il faut se situer dans une entreprise qui possède le matériel ancien et qui envisage de le changer. On étudie les conséquences financières de ce maintien du matériel et de son renouvellement. Cette perspective est destinée à mieux préparer la suivante (étude différentielle). La situation de référence consiste ici à posséder le matériel sans l'utiliser (ou le vendre et posséder le capital) ; ce qui est paradoxal mais nécessaire pour faire apparaître les résultats de l'entreprise.

21) Conservation du matériel

FNT		183 900	144 300	104 700	175 000
TIR	Infini				

Les rentrées de trésorerie sont celles du cas précédent avec du matériel ancien. Le taux de rentabilité de cette situation est infini puisqu'il n'y a aucune sortie de trésorerie.

Dans le cas du remplacement, je revends le matériel ancien pour acheter le nouveau, ce qui me diminue la sortie initiale. Les MBA sont plus élevées. En fin d'étude, je revends le matériel acheté.

22) Remplacement

FNT	– 540 000	290 840	227 480	164 120	616 600
TIR	40,46 %				

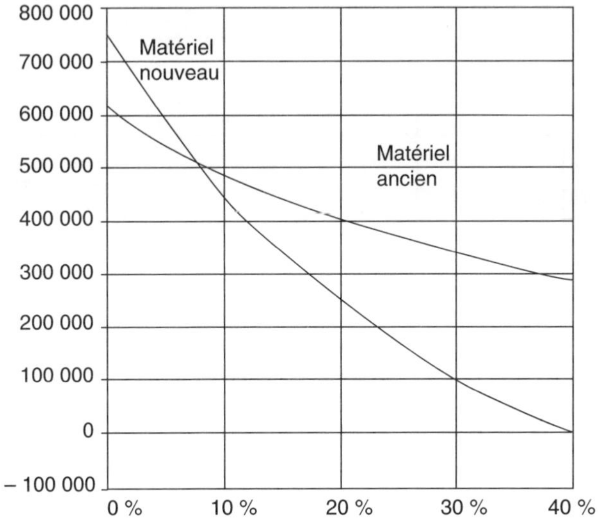

La rentabilité du remplacement apparaît très élevée (40 %). Ceci est dû à la situation de référence. Si nous comparons les profils de rentabilité, nous retrouvons le même taux d'équivalence et la même problématique de décision.

Le matériel nouveau est plus intéressant pour un taux d'actualisation inférieur à 8,13 %, si les projets ont le même risque.

3) Étude différentielle du remplacement de matériel

La situation de référence est de posséder le matériel et de continuer à l'utiliser. Ce qui correspond au calcul de l'option 1 de la question précédente. C'est donc « ne rien faire de différent ». L'objectif est d'utiliser le nouveau matériel, ce qui est l'option 2 de la question précédente. L'étude différentielle consiste donc à faire la différence des flux des deux options précédentes. La situation actuelle paraît simplement décalée (cf. le graphique). Les flux d'exploitation sont représentés par l'augmentation de MBA, ceux relatifs au matériel par le différentiel « achat – revente » et en fin de projet le différentiel de valeur résiduelle.

3) Étude différentielle					
FNT	– 540 000	106 940	83 180	59 420	441 600
TIR	8,13%				

Le taux interne est égal au taux différentiel de rentabilité des questions précédentes.

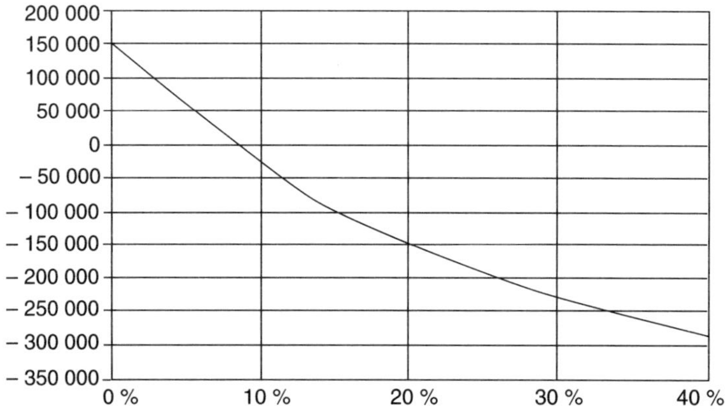

Les trois questions ne sont que trois manières différentes d'aborder le même problème, en changeant la situation de référence et la finalité.

2.2. *Étude avec inflation*

La baisse du prix de vente correspond à une perte de bénéfice. Elle est ici directement intégrée comme une charge, dans le cadre d'une internalisation du risque lié à l'inflation.

11) Rentabilité du matériel ancien					
Années	**0**	**1**	**2**	**3**	**4**
Matériel	– 400 000				100 000
Ventes		800 000	600 000	400 000	250 000
Charges décaissables		560 000	420 000	280 000	175 000
Dotations		75 000	75 000	75 000	75 000
Perte baisse prix		40 000	60 000	60 000	50 000
Bénéfice avant IS		125 000	45 000	– 15 000	– 50 000
Bénéfice net		82 500	29 700	– 9 900	– 33 000
MBA		157 500	104 700	65 100	42 000
FNT	– 400 000	157 500	104 700	65 100	142 000
TIR	7,01 %				

12) Rentabilité du matériel nouveau					
Années	**0**	**1**	**2**	**3**	**4**
Matériel	– 940 000				500 000
Ventes		800 000	600 000	400 000	250 000
Charges décaissables		416 000	312 000	208 000	130 000
Dotations		110 000	110 000	110 000	110 000
Perte baisse prix		40 000	60 000	60 000	50 000
Bénéfice avant IS		234 000	118 000	22 000	– 40 000
Bénéfice net		154 440	77 880	14 520	– 26 400
MBA		264 440	187 880	124 520	83 600
FNT	– 940 000	264 440	187 880	124 520	583 600
TIR	7,74 %				

Par rapport à la situation précédente, les rentabilités ont baissé de 12,78 points pour le matériel d'occasion et de 4,49 points pour le matériel neuf. Donc la perte, équivalente en valeur absolue, a beaucoup plus d'impact sur la solution d'occasion. La sensibilité à la baisse de prix est trois fois plus importante sur le matériel ancien.

La rentabilité du matériel neuf est maintenant légèrement meilleure. Le taux d'équivalence est toujours le même mais cette fois, sous réserve d'autres facteurs, le risque est inclus. Le taux d'actualisation peut donc être identique ou très proche pour les deux solutions.

Si le taux d'actualisation est inférieur à 8,13 %, c'est le matériel neuf qui est plus intéressant. S'il est supérieur à 7,01 %, le FNTA du projet « matériel ancien » est négatif. Si le taux d'actualisation est supérieur à 8,13 %, les deux projets ont des FNTA négatifs et sont à rejeter. Nous avons une comparaison de profil de rentabilité avec une solution évidente (sans conflit de critère).

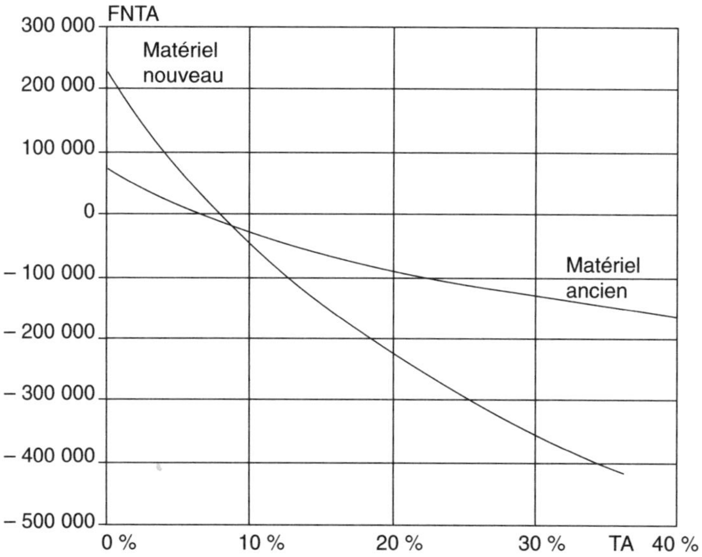

Les arguments de décision ont donc considérablement évolué. Le risque lié à l'inflation a été décisif. La rentabilité du matériel neuf est fondée sur une meilleure marge, même s'il en coûte en investissement. Sa rentabilité fondée sur le futur est plus payante et même la seule possible. Le tableau de l'étude différentielle confirme ces résultats.

L'intégration du financement irait dans le sens du projet de matériel neuf en procurant un effet de levier favorable, à condition que son coût différentiel net soit inférieur au TIR (c'est-à-dire le coût avec intégration de l'incidence fiscale de la déductibilité des frais financiers).

3) Étude différentielle					
FNT	– 540 000	106 940	83 180	59 420	441 600
TIR	8,13 %				

• *Conclusion*

Cet exercice permet de mieux comprendre le cas de remplacement du matériel ancien en parfait état de marche, par un matériel neuf plus « performant » et plus coûteux.

Cas n° 3 – Entreprise AMS

Thèmes abordés : étude différentielle, impôt négatif, rentabilité, actualisation, inflation, financement et situation après financement selon les méthodes directe et indirecte.

1. Énoncé

L'entreprise AMS étudie, à la demande de l'un de ses principaux clients, un projet d'investissement pour modifier un produit fabriqué. Les éléments de l'étude sont les suivants (les prix de base étant ceux du début de la première année) :

– investissement (année 0) : 250 000 F, amortissable fiscalement sur 5 ans [1] ;

– frais d'implantation (année 1, non amortissable) : 100 000 F ;

– outillage (année 1, non amortissable, payable par le client de l'entreprise qui réalise l'investissement) : 100 000 F ;

– charges supplémentaires : le coût des matières passera de 23 F à 24,20 F par unité produite ; celui de la main-d'œuvre de 7 F à 7,70 F ; les autres charges ne sont pas touchées par l'opération ;

– recettes additionnelles : le prix de vente au client qui était de 30,20 F augmentera de 3 F par unité vendue ;

– prévision des ventes (quantités) : les prévisions des ventes pour les années 1 à 5 sont de 100 000, 100 000, 80 000, 60 000, 40 000 ;

– taux d'actualisation : 10 %, (7 % + 3 % de risques) ;

– fiscalité : le taux de l'impôt sur le résultat est de 33,33 %.

On considérera dans la situation de référence que l'entreprise dégage, pour l'ensemble de ses activités, des résultats toujours bénéficiaires.

- *Questions*

1) *Calculer le flux net de trésorerie actualisé et le taux interne de rentabilité du projet de modification.*
   Indiquer brièvement la signification de ces critères dans le cas présent.
   Le projet est-il intéressant ?
2) *Le client a proposé une hausse contractuelle du prix de vente de 4 % par an, applicable dès la première année.*
   L'étude prévoit sur la période une hausse du coût des matières et de la main-d'œuvre de 3 % par an ; l'évolution du coût des autres charges peut être négligée.
   Quelles sont les conséquences sur le projet étudié ?
3) *Si la rentabilité de l'opération vous paraît insuffisante, indiquer l'augmentation du prix de vente à négocier. Justifier votre choix.*

1. Coefficient multiplicateur légal : 2.

4) *Étudier le financement de l'opération dans le cas de la question 2), avec un prêt bonifié de 7 % (durée de 5 ans, remboursement du principal par annuités constantes), l'entreprise disposant de 30 000 F de capitaux propres dans l'opération.*
Examiner la situation après financement. Conclure sur l'opportunité de l'opération.

2. Corrigé

Le sujet concerne une étude en vue d'une négociation de contrat. C'est une étude différentielle qui est menée avant et après financement. Le système fiscal utilisé est l'impôt négatif.

2.1. *Calcul de la rentabilité du projet avant financement et avant hausse de prix*

Il est possible ici de faire une analyse globale ou différentielle de la situation. L'approche globale correspond à la situation après projet avec un prix de vente de 33,2, un niveau de charges variables de 31,9. Il faudra calculer les dotations aux amortissements. Les frais d'implantation n'étant pas amortissables, ils seront intégrés dans les charges. L'outillage est payé par le client, il ne sera donc pas pris en considération dans notre analyse.

		0	**An. 1**	**An. 2**	**An. 3**	**An. 4**	**An. 5**	**Total**
	Anc. prix	**Nouv. prix**						
Quantité			100 000	100 000	80 000	60 000	40 000	
Prix de vente	30,20	33,20	33,20					
1 + tx infl. ventes			1					
Prix charges variables	30	31,90	31,90					
1 + tx infl. charges			1					
Chiffre d'affaires			3 320 000	3 320 000	2 656 000	1 992 000	1 328 000	
Charges décaissables			3 290 000	3 190 000	2 552 000	1 914 000	1 276 000	
Dotations aux amortissements			100 000	60 000	36 000	27 000	27 000	
Bénéfice brut			– 70 000	70 000	68 000	51 000	25 000	
Impôt/Résultat		33,33 %	– 23 331	23 331	22 664	16 998	8 333	
Bénéfice net			– 46 669	46 669	45 336	34 002	16 668	96 005
Autofinancement	(MBA)		53 331	106 669	81 336	61 002	43 668	
TA	7 + 3	10 %						
FNT avant financement		– 250 000	53 331	106 669	81 336	61 002	43 668	96 005
FNTA		16 527						
TIR		12,69 %						

L'approche globale nous indique une rentabilité de 12,69 %, ce qui semble favorable compte tenu du taux d'actualisation (10 %). Néanmoins les charges sont sous-estimées car elles sont limitées aux coûts directs. Mais c'est l'approche différentielle qui nous intéresse particulièrement, c'est-à-dire la rentabilité du projet d'investissement mesurée par l'écart entre la situation après et avant le projet.

La rentabilité du projet d'investissement peut directement être appréhendée en prenant les variations de prix et de charges. Le tableau suivant fait apparaître les résultats obtenus.

		0	**An. 1**	**An. 2**	**An. 3**	**An. 4**	**An. 5**	**Total**
	Anc. prix	**Nouv. prix**						
Quantité			100 000	100 000	80 000	60 000	40 000	
Prix de vente	30,20	33,20	3					
1 + tx infl. ventes			1					
Prix charges variables	30	31,90	1,90					
1 + tx infl. charges			1					
Chiffre d'affaires			300 000	300 000	240 000	180 000	120 000	
Charges décaissables			290 000	190 000	152 000	114 000	76 000	
Dotations amortissements			100 000	60 000	36 000	27 000	27 000	
Bénéfice brut			– 90 000	50 000	52 000	39 000	17 000	
Impôt/Résultat		33,33 %	– 29 997	16 665	17 332	12 999	5 666	
Bénéfice net			– 60 003	33 335	34 668	26 001	11 334	45 336
Autofinancement			39 997	93 335	70 668	53 001	38 334	
TA	7 + 3	10 %						
FNT avant financement		– 250 000	39 997	93 335	70 668	53 001	38 334	45 336
FNTA		– 23 406						
TIR		6,12 %						

L'opération ne paraît pas très intéressante puisque la rentabilité est inférieure au taux d'actualisation. La décision peut néanmoins être favorable dans la mesure où après projet la rentabilité est acceptable (sous les réserves émises précédemment).

2.2. *Étude après inflation*

Nous supposerons que, dans la situation sans projet, le prix de vente évolue en fonction du taux d'inflation. Dans ce cas, le projet ne prendra en compte que l'inflation sur la différence de prix de vente.

La prise en compte de l'inflation sera favorable en raison d'une inflation subie inférieure à la croissance du prix. Les recettes différentielles augmentent de 4 % contre 3 % pour les charges. Le tableau suivant intègre ces nouvelles données.

La rentabilité a augmenté (11,37 %). Elle est supérieure au taux d'actualisation précédent mais la situation a changé, les flux sont calculés après inflation. Les francs n'ont plus la même valeur, il faut donc modifier le taux d'actualisation en conséquence. Celui-ci devient : 10 % + 3 % + 3 % × 10 % = 13,30 %.

À ce taux d'actualisation, l'opération n'est toujours pas intéressante. Le FNTA est négatif (ou le TIR est inférieur au TA). Il est possible de calculer la hausse de prix qui rendrait l'opération juste acceptable. Ce calcul peut être facilement réalisé sur tableur avec la valeur cible ou simplement avec une règle de trois.

Pour une variation de 4 % du prix, le TIR varie de 11,37 – 6,12 = 5,25

Nous devons augmenter le TIR de 13,3 – 6,12 = 7,18 pour que l'opération soit juste intéressante. Il faut donc une augmentation de prix de :

$$\frac{4\ \% \times 7,18}{5,25} = 5,47\ \%.$$

Avec le solveur, le résultat (plus précis) est de 4,8 %. Il faudrait ici travailler avec des bornes plus proches du résultat final.

	0		**An. 1**	**An. 2**	**An. 3**	**An. 4**	**An. 5**	**Total**
	Anc. prix	**Nouv. prix**						
Quantité			100 000	100 000	80 000	60 000	40 000	
Prix de vente	30,20	33,20	3					
1 + tx infl. ventes			1,04					
Prix charges variables	30	31,90	1,90					
1 + tx infl. charges			1,03					
Chiffre d'affaires			312 000	324 480	269 967	210 575	145 998	
Charges décaissables			295 700	201 571	166 095	128 308	88 105	
Dotations amortissements			100 000	60 000	36 000	27 000	27 000	
Bénéfice brut			– 83 700	62 909	67 873	55 267	30 894	
Impôt/Résultat		33,33 %	– 27 897	20 968	22 622	18 420	10 297	
Bénéfice net			– 55 803	41 941	45 251	36 846	20 597	88 832
Autofinancement			44 197	101 941	81 251	63 846	47 597	
TA		13,30 %						
FNT avt financement		– 250 000	44 197	101 941	81 251	63 846	47 597	88 832
FNTA		– 11 475						
TIR		11,37 %						

2.3. *Étude après financement*

Le financement étant relativement favorable, il faut l'introduire dans les calculs de rentabilité. Pour cela, il est d'abord préférable de calculer l'emprunt nécessaire en construisant un tableau de financement.

	An. 1	An. 2	An. 3	An. 4	An. 5
Investissement	– 250 000				
MBA	44 197	101 941	81 251	63 846	47 597
Solde avant financement	– 205 803	101 941	81 251	63 846	47 597
Capitaux propres	30 000				
Emprunt	0				
Remboursement	0	0	0	0	0
Intérêts 7 %	0	0	0	0	0
Économie IS 33,33 %	0	0	0	0	0
Solde après financement	– 175 803	101 941	81 251	63 846	47 597

L'emprunt doit permettre de couvrir le solde négatif de la première année. Il s'élève à 233 367 unités (résultat obtenu par la commande valeur cible). Le tableau de financement après emprunt est alors le suivant.

	An. 1	An. 2	An. 3	An. 4	An. 5
Investissement	– 250 000				
MBA	44 197	101 941	81 251	63 846	47 597
Solde avant financement	– 205 803	101 941	81 251	63 846	47 597
Capitaux propres	30 000				
Emprunt	233 367				
Remboursement	– 46 673	– 46 673	– 46 673	– 46 673	– 46 673
Intérêts 7 %	– 16 336	– 13 069	– 9 801	– 6 534	– 3 267
Économie IS 33,33 %	5 445	4 356	3 267	2 178	1 089
Solde après financement	0	46 555	28 043	12 816	– 1 255

Le calcul manuel de l'emprunt est le suivant (X étant le montant de l'emprunt).

$$X - X/5 - 0{,}07\,X + 0{,}3333\,(0{,}07X) - 250\,000 + 30\,000 + 44\,197 = 0$$

Pour apprécier ce résultat, il faut calculer la rentabilité et le taux d'actualisation après emprunt.

Calcul du nouveau risque (après financement)

Il est égal à : risque avant financement × (1 + E/C), avec E = l'emprunt et C = les capitaux propres. Ce qui nous donne en début de période :

$$3\ \%\ (1 + 233\,367/30\,000) = 3\ \%\ (1 + 7{,}78) = 26{,}34\ \%.$$

Ce nouveau risque doit être ajouté au taux d'actualisation sans risque. L'inflation sera ensuite réintroduite comme précédemment. Les calculs sont les suivants.

$$7\ \% + 26{,}34\ \% + 3\ \% + 3\ \%\ (7\ \% + 26\ \%) = 37{,}34\ \%$$

Calcul de la rentabilité après financement

Plusieurs méthodes peuvent être utilisées pour calculer la rentabilité après financement. La méthode classique (ou indirecte) intègre le financement extérieur aux flux avant financement.

La méthode directe part des capitaux propres et intègre en entrée les soldes du tableau de financement. Les résultats sont un peu différents puisque, dans le premier cas, l'opération est favorable alors qu'elle ne l'est pas dans le deuxième.

Méthode indirecte

	An. 0	An. 1	An. 2	An. 3	An. 4	An. 5
FNT avant financement	- 250 000	44 197	101 941	81 251	63 846	47 597
Emprunt	233 367					
Remboursements		- 46 673	- 46 673	- 46 673	- 46 673	- 46 673
Intérêts 7 %		- 16 336	- 13 069	- 9 801	- 6 534	- 3 267
Économie IS		5 445	4 356	3 267	2 178	1 089
FNTF	- 16 633	- 13 367	46 555	28 043	12 816	- 1 255
FNTAF TA : 37,34 %	12 488					
TIRF	65,76 %					

Méthode indirecte

FNTF	- 30 000	0	46 555	28 043	12 816	- 1 255
FNTAF TA : 37,34 %	8 854					
TIRF	52,80 %					

Pour conclure, l'opération est donc intéressante après financement, le montage financier convient et pourrait même être plus risqué. Mais il faudrait considérer le risque en intégrant la situation de référence (niveau global d'endettement de l'entreprise).

Cet exercice permet de comprendre le rôle de l'information dans une négociation, ainsi que son utilisation multiple.

Cas n° 4 – HYDROGEL

Thèmes abordés : points de vue public et privé, étude différentielle, projet agricole, étude de sensibilité-impact, rentabilité avant et après financement.

1. *Énoncé*

Une entreprise a mis au point un produit, l'hydrogel (voir annexe), permettant d'économiser de l'eau dans les cultures irriguées. Le produit sera vendu à des exploitants de ce secteur. Les premiers essais font apparaître une économie d'eau d'environ 50 % (pourcentage retenu ici comme solution de prudence) de la consommation annuelle. Les autres facteurs sont, à ce stade de l'étude, considérés comme négligeables. Les éléments suivants ont pu être mis en valeur.

– Prix de l'hydrogel : 60 F le kg.

– Quantité d'hydrogel utilisée par hectare : 300 kg.

– Consommation moyenne d'eau sans hydrogel (cultures maraîchères) : 15 000 m^3 par hectare.

– Prix de l'eau : 0,90 F le m^3.

L'achat d'hydrogel sera considéré comme une dépense initiale amortissable en 5 ans (technique du linéaire). L'impôt sur les bénéfices sera de 33,33 %. La technique de l'impôt négatif sera éventuellement utilisée.

Le secteur bancaire distribue des prêts à 8 % sur 5 ans couvrant 80 % de la valeur des investissements. Le taux est calculé en francs constants, les remboursements du principal sont constants et réalisés chaque fin d'année dès la première année, le calcul des intérêts annuels est fait sur le capital dû selon la même périodicité.

• *Questions*

1) *Calculer la rentabilité du produit du point de vue de l'exploitant (avant et après financement), à partir des informations disponibles et après avoir précisé et justifié la (ou les) méthode (s) adoptée (s).*
2) *Faire une analyse d'impact des variables sur la rentabilité. En tirer des conséquences sur les stratégies de promotion du produit.*
3) *Le produit pouvant être vendu à une collectivité territoriale, étudier la rentabilité du point de vue de cette collectivité, en considérant que,*
   – l'utilisation de l'hydrogel, en réduisant la consommation d'eau, éviterait la construction d'unités de dessalement, (coût marginal de l'eau 1,40 F le m^3) ;
   – 40 % de l'eau économisée par le produit irait dans la nappe phréatique (et ne serait donc pas perdue) si l'hydrogel n'était pas utilisé.
4) *Le risque du projet ayant été estimé à 11 %, le rendement sans risque à 3 %, calculer le montage financier optimal dans le cas des questions 1 et 3. Conclure sur les recommandations à formuler aux autorités concernées.*

Annexe : L'HYDROGEL

De tout temps en zone méditerranéenne, le manque d'eau a été l'un des principaux facteurs limitants de l'extension des cultures irriguées et a occasionné des aléas parfois dramatiques pour la régularité des rendements des cultures pluviales.

Pour économiser l'eau d'irrigation ou retenir l'eau de pluie dans le sol, quelques puissants groupes chimiques (aux États-Unis, au Japon, en Allemagne, en Espagne) ont mis au point un polyacrilamide hydroabsorbant, l'hydrogel.

Enfoui entre 5 et 40 cm selon la profondeur du système racinaire des plantes, l'hydrogel fonctionne comme une éponge, en absorbant puis en fixant l'eau et les engrais dissous qui s'infiltrent dans le sol. L'hydrogel hydraté constitue alors une réserve d'eau et, au fur et à mesure du dessèchement du sol, restitue progressivement une partie de celle-ci à la plante, en fonction de ses nécessités.

Les propriétés hydrorétentrices de l'hydrogel sont surtout mises en évidence sur des sols poreux (sable, calcaire, cailloutis,...) et dans les régions à déficit hydrique permanent ou temporaire.

Dans des conditions extrêmes, l'hydrogel permet d'économiser durant 5 ans plus de 60 % d'eau, sans porter atteinte à la croissance normale des plantes.

Source : J. Lartigue, IAM 1990.

2. *Corrigé*

1) Calcul de la rentabilité du produit du point de vue de l'exploitant

– Avant financement

L'hydrogel est un investissement de départ de 18 000 F compensé par une économie d'eau de 50 % sur toute la période soit un total annuel de :

$$0{,}9 \times 15\ 000 \times 50\ \% = 6\ 750.$$

Il faudra retrancher l'impôt supplémentaire dû à cet avantage et rajouter la diminution d'impôt due à la déductibilité des dotations aux amortissements.

Ceci permet de calculer le FNT de chaque année et le taux interne de l'opération.

	An. 0	An. 1	An. 2	An. 3	An. 4	An. 5	Total
Économie d'eau		6 750,00	6 750,00	6 750,00	6 750,00	6 750,00	33 750,00
Incid. fiscale dotations		1 199,88	1 199,88	1 199,88	1 199,88	1 199,88	5 999,40
Incid. fiscale écon. eau		– 2 249,78	– 2 249,78	– 2 249,78	– 2 249,78	– 2 249,78	
FNTA	– 18 000	5 700,11	5 700,11	5 700,11	5 700,11	5 700,11	10 500,53
TIR	17,57 %	TA	14 %	FNTA	1 569		

Le projet a un TIR de 17,57 %, ce qui semble favorable (TA de 14 %, question 4).

– Après financement

	An. 0	An. 1	An. 2	An. 3	An. 4	An. 5	Total
Économie d'eau		6 750,00	6 750,00	6 750,00	6 750,00	6 750,00	33 750,00
Incid. fiscale dotations		1 199,88	1 199,88	1 199,88	1 199,88	1 199,88	5 999,40
Incid. fiscale écon. eau		– 2 249,78	– 2 249,78	– 2 249,78	– 2 249,78	– 2 249,78	
Emprunt	14 400	– 2 880	– 2 880,00	– 2 880,00	– 2 880,00	– 2 880,00	0
Intérêts		– 1 152	– 921,60	– 691,20	– 460,80	– 230,40	
Incid. fiscale intérêts		383,60	307,17	230,38	153,58	76,79	
FNTA	– 3 600	2 052,07	2 205,67	2 359,28	2 512,89	2 665,50	8 196,41
TIR	55,77 %	TA	58 %	FNTA	– 146,00		

Le résultat est plus élevé (TIR de 55,17 %) mais pour l'apprécier, il faut intégrer le calcul des risques après financement.

Calcul des risques après financement (après lecture de la question 4)

Le levier financier qui correspond au montage financier proposé est (en excluant toute construction d'un tableau de financement) :

$$E/C = 14\,400/3\,600 = 4$$

Risque après financement : 3 % + 11 % (1 + 4) = 3 % +55 % = 58 %.

À ce niveau de risque le FNTA est négatif, le montage financier doit être moins risqué (cf. question 4).

2) Étude de l'impact (sensibilité) des variables sur la rentabilité

Chaque variable est examinée sur le plan de son impact sur l'objectif, ce qui correspond à la mesure de l'élasticité définie par la variation relative de l'objectif (ici le TIR) engendrée par une variation de 1 % de chaque variable, ce qui est réalisé avant et après financement dans les tableaux suivants.

Rentabilité de base **17,57 %**

	Prix de base	Nouveau prix	Nouvelle rentabilité	Élasticité
Prix/kg hydrogel	60,00	60,60	17,23 %	– 1,955
Qu. hydr. kg/ha/5 ans	300,00	303,00	17,23 %	– 1,955
Économie eau	0,500	0,505	17,92 %	1,969
Prix eau/m^3	0,900	0,909	17,92 %	1,969
Consom. eau/ha	15 000	15 150	17,92 %	1,969

Commentaire des résultats avant financement

Les élasticités sont voisines et proches de 2. L'économie d'eau a autant d'importance que le prix de l'hydrogel.

Impact après financement

Rentabilité de base **55,17 %**

	Prix de base	Nouveau prix	Nouvelle rentabilité	Élasticité
Prix/kg hydrogel	60	60,60	52,28 %	- 5,237
Qu. hydr. kg/ha/5 ans	300	303	52,28 %	- 5,237
Économie eau	0,500	0,505	56,53 %	2,464
Prix eau/m^3	0,900	0,909	56,53 %	2,464
Consom. eau/ha	15 000	15 150	56,53 %	2,464

Commentaire des résultats après financement

– Les élasticités sont plus élevées (de 2,4 à 5,2).

– L'hydrogel, par son prix et la quantité utilisée, est l'élément le plus sensible. On pourra en déduire la nécessité de bien étudier son prix de vente et de veiller au bon dosage lors de son utilisation.

– L'économie d'eau a un impact d'environ la moitié du précédent tout en restant assez élevé. Il est donc important de connaître les fourchettes effectives d'économie d'eau.

3) Calcul de la rentabilité du produit du point de vue de la collectivité

Dans la mesure où 40 % de l'eau va dans la nappe phréatique, l'économie d'eau n'est plus que de 30 % de la consommation. Le prix (économique) de l'eau passe à 1,40 F par m^3. Par ailleurs, le financement et la fiscalité sont des opérations de transferts entre agents qui doivent être neutralisées dans l'approche économique. Ceci nous donne les résultats suivants.

	An. 0	An. 1	An. 2	An. 3	An. 4	An. 5
Économie d'eau		6 300	6 300	6 300	6 300	6 300
FNTA	- 18 000	6 300	6 300	6 300	6 300	6 300
TIR :	22,12 %					

La rentabilité économique est donc plus élevée que la rentabilité financière.

4) Optimisation du montage financier

– Au niveau de l'exploitation (Q1)

Pour que le montage financier soit satisfaisant, il faut que le taux d'actualisation après financement soit égal au TIR après financement. En partant de notre solution de départ, il faut diminuer le montant de l'emprunt, ce qui équivaut à augmenter les capitaux propres. La solution ne peut être trouvée que par itérations successives car les équations ne sont pas linéaires. La solution optimale correspond à un emprunt de 13 344 et à une rentabilité de 45,53 %.

	An. 0	**An. 1**	**An. 2**	**An. 3**	**An. 4**	**An. 5**	**Total**
Économie d'eau		6 750,00	6 750,00	6 750,00	6 750,00	6 750,00	33 750,00
Incid. fiscale dotations		1 199,88	1 199,88	1 199,88	1 199,88	1 199,88	5 999,40
Incid. fiscale écon. eau		– 2 249,78	– 2 249,78	– 2 249,78	– 2 249,78	– 2 249,78	
Emprunt	13 344,2	– 2 668,84	– 2 668,84	– 2 668,84	– 2 668,84	– 2 668,84	0
Intérêts		– 1 067,54	– 854,03	– 640,52	– 427,01	– 213,51	
Incid. fiscale intérêts		355,81	284,65	213,49	142,32	71,16	
FNTA	– 4 655,80	2 319,54	2 461,88	2 604,23	2 746,57	2 888,92	8 365,35
TA	3 %	+	11 % =	14 %			
TIR :	45,53 %		TA :	45,53 %		FNTA :	0

Cette solution, si elle convient selon les règles de la théorie économique, serait à reconsidérer si l'on refusait de conserver un tel niveau de risque ; ce qui est le cas pour le type d'opération concerné. Il faudrait donc étudier un montage moins risqué.

– Au niveau de la collectivité

La rentabilité économique étant intéressante, il est possible de subventionner le projet pour diminuer le risque au cas où l'on voudrait maintenir un faible niveau de fonds propres en raison par exemple de la faiblesse des revenus. Mais toute subvention fera baisser la rentabilité de l'opération, en supposant que la subvention est une ressource prélevée. Le problème est alors de savoir jusqu'où abaisser la rentabilité économique.

On pourrait prendre par exemple comme cible, le taux d'actualisation avant financement (14 %). Il est possible alors de calculer le montant de la subvention qui fera tomber le TIR économique à 14 %.

	An. 0	**An. 1**	**An. 2**	**An. 3**	**An. 4**	**An. 5**
Hydrogel	– 18 000					
Économie d'eau		6 300	6 300	6 300	6 300,00	6 300
Subvention calculée	– 3 634					
FNTA	– 21 634	6 300	6 300	6 300	6 300,00	6 300
TIR :	14 %					

Il ne reste plus qu'à examiner les conséquences au niveau de l'exploitant.

Calcul de la rentabilité après financement

	An. 0	An. 1	An. 2	An. 3	An. 4	An. 5
Hydrogel	– 18 000	Solution avec subvention				
Économie d'eau		6 750	6 750	6 750	6 750	6 750
Subvention	3 634					
Incid. fiscale subvention		– 242,24	– 242,24	– 242,24	– 242,24	– 242,24
Incid. fiscale dotations		1 199,88	1 199,88	1 199,88	1 199,88	1 199,88
Incid. fiscale écon. eau		– 2 249,78	– 2 249,78	– 249,78	– 2 249,78	– 2 249,78
Emprunt	10 766	– 2 153,20	– 2 153,20	– 2 153,20	– 2 153,20	– 2 153,20
Intérêts		– 861,28	– 689,02	– 516,77	– 344,51	– 172,26
Incid. fiscale intérêts		287,06	229,65	172,24	114,83	57,41
FNTA	– 3 600	2 730,45	2 845,29	2 960,13	3 074,98	3 189,82
TA	3 %	+	11 % =	14 %		
TIR :	74,15 %		TA :	33,66 %	FNTA	2 986

Calcul des risques

$$3\ \% + 11\ \%\left(1 + \frac{14\ 000\ - 3\ 634}{3\ 600 + 3\ 634 \times 0,6667}\right) = 3\ \% + 11\ \%\left(1 + \frac{10766}{6\ 022,79}\right) = 0,3366$$

La solution est donc plus intéressante mais n'est pas optimisée.

	An. 0	An. 1	An. 2	An. 3	An. 4	An. 5
Hydrogel	– 18 000	Solution sans subvention				
Économie d'eau		6 750,00	6 750,00	6 750,00	6 750,00	6 750,00
Subvention	0					
Incid. fiscale		0	0	0	0	0
Incid. fiscale dotations		1 199,88	1 199,88	1 199,88	1 199,88	1 199,88
Incid. fiscale écon. eau		– 2 249,78	– 2 249,78	– 249,78	– 2 249,78	– 2 249,78
Emprunt	10 766	– 2 153,20	– 2 153,20	– 2 153,20	– 2 153,20	– 2 153,20
Intérêts		– 861,28	– 689,02	– 516,77	– 344,51	– 172,26
Incid. fiscale intérêts		287,06	229,65	172,24	114,83	57,41
FNTA	– 7 234	2 972,69	3 087,53	3 202,38	3 317,22	3 432,06
TA	3 %	+	11 % =	14 %		
TIR	32,95 %		TA :	30,37 %	FNTA	368

Cette solution est proche de l'optimum mais demande un effort personnel plus important de l'exploitant.

Solution avec étude du tableau de financement

	An. 1
Investissement	– 18 000
Capitaux propres	1 548
Emprunt	14 400
Remboursements	– 2 880
Intérêts	– 1 152
Incidence fiscale	384
MBA avant financement	5 700
Solde	0

Le levier financier qui lui correspond est :

$$E/C = 14\,400/1\,548 = 9{,}3$$

Risque après financement :

$$3\ \% + 11\ \%\ (1+9{,}3) = 3\ \% + 113{,}3\ \% = 116{,}3\ \%$$

Avec cette méthode, le risque est encore plus élevé.

Pour que le montage financier soit optimum, il faut que le taux d'actualisation après financement soit égal au TIR. Ce qui nous conduira à des résultats proches des précédents.

Conclusion : les approches financière et économique [1] se complètent pour définir des stratégies de réalisation.

1. Au sens des économistes et non des financiers.

Cas n° 5 – Entreprise FINANCEM

Thèmes abordés : rentabilité, besoin en fonds de roulement négatif, actualisation, financement avec subvention d'investissement, rentabilité des capitaux propres, risques, appréciation d'un montage financier (point de vue du projet et de l'entreprise).

1. Énoncé

L'entreprise FINANCEM qui a accumulé une série de mauvais résultats envisage la réalisation d'un investissement productif dont les données résumées sont les suivantes.

– Investissement : 38 400 kF, supposé réalisé en début d'année 1, amorti en linéaire sur 4 années.

– Bénéfices nets annuels prévus de la fin de l'année 1 à la fin de l'année 4 (en KF) : 1100, 2500, 3500, 3500.

Ces bénéfices ont été calculés avec un impôt sur le résultat de 34 % qui sera conservé pour la durée de l'étude (4 ans).

– Le besoin en fonds de roulement de l'année 1 est négatif et a été estimé à 750 KF, il restera constant sur la durée de l'étude.

– La prime de risque est de 3 % et la rentabilité sans risque de 6 %.

- *Première question*

  Calculer la rentabilité de cet investissement. Commenter.

  Le financement de ce projet a également été étudié :
  – capitaux propres : 10 000 KF ;
  – subvention d'investissement : 2 400 KF (reprise sur 4 ans) ;
  – emprunt bancaire au taux de 12 %, avec remboursements du principal par 4 tranches constantes et intérêts calculés sur le capital dû, à partir de la fin de la première année.

- *Deuxième question*

  – Calculer l'emprunt minimum nécessaire et présenter le tableau de financement définitif de l'année 1.
  – Calculer également le coût moyen (taux) du financement extérieur.
  – Commenter ces résultats.

- *Troisième question*

  – Calculer la rentabilité après financement du projet, du point de vue des capitaux propres, ainsi que le niveau de risque atteint. Commenter ces résultats et faire éventuellement de nouvelles propositions de financement.
  Vous apprenez que les capitaux propres de l'entreprise (avant projet) sont de 35 000 KF pour un montant de 46 000 KF de capitaux permanents et qu'il est prévu de verser un dividende annuel de 9 % du capital.

- *Quatrième question*

  Préciser les conséquences de ces nouvelles informations sur le projet.

2. Corrigé

1) Calcul de la rentabilité de l'investissement

Le tableau suivant regroupe les flux nécessaires au calcul du TIR et du FNTA, le taux d'actualisation avant financement étant de 3 % + 6 % = 9 %.

Années	0	1	2	3	4	Total
INV	38 400					38 400
MBA		10 700	12 100	13 100	13 100	49 000
Variation de BFR		– 750			750	0
FNT	– 38 400	11 450	12 100	13 100	12 350	10 600
TIR avant financement		10,34 %				
FNTA	9 %	1 154				

On remarque que le BFR négatif augmente le FNT.

Le TIR est supérieur au TA, ce qui entraîne un FNTA positif.

2) Calcul de l'emprunt

Il faut construire un tableau de financement provisoire qui indiquera les soldes restant à financer.

Années	1	2	3	4	Total
Capitaux propres	10 000				10 000
Emprunts	0				0
Subvention	2 400				2 400
Incid. fiscale sub. (– = défav.)	– 204	– 204	– 204	– 204	– 816
MBA avant fin	10 700	12 100	13 100	13 100	49 000
Investissement	38 400				38 400
Variation BFR	– 750				– 750
Solde	– 14 754	11 896	12 896	12 896	22 934

La subvention de 2 400 doit être reprise au crédit du compte de résultat tous les ans pour une valeur de 2 400 /4 = 600.

Cette reprise est un flux fictif (produit calculé) qui ne donne pas lieu à un encaissement mais qui a une incidence fiscale défavorable de 6 000 × 0,34 = 204.

L'emprunt X doit répondre à l'égalité suivante :

$$X - X/4 - 0{,}66 \times 0{,}12 \times X - 14\,754 = 0 \Rightarrow X = 21\,994{,}63$$

Nous pouvons alors recalculer la MBA après financement, sachant que le bénéfice avant financement de l'année 1 est de : 1 100/0,66 = 1 666,7.

Années		1	2	3	4	Total
Bénéfices avant IS et avt fin		1 666,67	3 787,88	5 303,03	5 303,03	16 060,61
Intérêts		2 639,36	1 979,52	1 319,68	659,84	6 598,39
Reprise subvention		600,00	600,00	600,00	600,00	2 400,00
Bénéfice avant IS		– 372,69	2 408,36	4 583,35	5 243,19	11 862,22
IS	34 %	0	692,13	1 558,34	1 782,69	4 033,15
Bénéfice net		– 372,69	1 716,23	3 025,01	3 460,51	7 829,06

Le résultat négatif de l'année 1 et les mauvais résultats globaux de l'entreprise, indiquent que l'incidence fiscale prévue sera, au moins en partie, reportée sur l'année suivante. Il faut donc recalculer l'emprunt en tenant compte de cette donnée.

Méthode : l'avantage fiscal est fixe et au maximum égal à 34 % du bénéfice avant financement, soit : $2\,266{,}67 \times 0{,}34 = 770{,}67$.

La nouvelle équation devient :
$X - X/4 - 0{,}12\,X + 2\,266{,}67 \times 0{,}34 = 14\,754 \Rightarrow X = 22\,196$

Tableau de financement provisoire

Années		1	2	3	4	Total
Capitaux propres		10 000,00				10 000,00
Emprunts		22 195,77				22 195,77
Subvention		2 400,00				2 400,00
MBA avant fin		10 700,00	12 100	13 100,00	13 100	49 000,00
Investissement		38 400,00				38 400,00
Variation BFR		– 750,00				– 750,00
Remboursements		5 548,94	5 548,94	5 548,94	5 548,94	22 195,77
Intérêts	12 %	2 663,49	1 997,62	1 331,75	665,87	6 658,73
Incidence fiscale intérêts et sub. (– = fav.)		– 566,67	– 610,11	– 248,79	– 22,40	– 1 447,97
Solde		0	5 163,55	6 468,11	6 907,58	18 539,24

Calcul de la MBA et construction du tableau de financement définitif.

Années		1	2	3	4	Total
Bénéfices avant IS et avt fin		1 666,67	3 787,88	5 303,03	5 303,03	16 060,61
Intérêts		2 663,49	1 997,62	1 331,75	665,87	6 658,73
Reprise subvention		600,00	600,00	600,00	600,00	2 400,00
Bénéfice avant IS		– 396,83	2 390,26	4 571,28	5 237,16	11 801,88
IS	34 %	0	677,77	1 554,24	1 780,63	4 012,64
Bénéfice net		– 396,83	1 712,49	3 017,05	3 456,52	7 789,24
MBA après financement (bénéfice + dot.-rep. sub.)		8 603,17	10 712,49	12 017,05	12 456,52	43 789,24

Tableau de financement

Années	1	2	3	4	Total
Capitaux propres	10 000,00				10 000,00
Emprunts	22 195,77				22 195,77
Subvention	2 400,00				2 400,00
MBA avant fin	8 603,17	10 712,49	12 017,05	12 456,58	43 789,24
Investissement	38 400,00				38 400,00
Variation BFR	– 750,00	0	0	0	– 750,00
Remboursements	5 548,94	5 548,94	5 548,94	5 548,94	22 195,77
Solde	0	5 163,55	6 468,11	6 907,58	18 539,24

Calcul du coût moyen pondéré du financement extérieur

Le financement extérieur est constitué de l'emprunt et de la subvention. Pour calculer le coût de ce financement (en termes de taux), il faut année par année isoler les flux de financement en intégrant leur incidence fiscale.

Le coût moyen pondéré du financement extérieur sera alors le taux d'actualisation qui annule l'ensemble de ces flux.

Années	0	1	2	3	4	Total
Emprunts	22 195,77					22 195,77
Subvention	2 400,00					2 400,00
Remboursements		5 548,94	5 548,94	5 548,94	5 548,94	22 195,77
Intérêts		2 663,49	1 997,62	1 331,75	665,87	6 658,73
Incidence fiscale réelle, Intérêts et subvention (– = favorable)		– 566,67	– 610,11	– 248,79	– 22,40	– 1 447,97

Coût du financement

FNTF	24 595,77	7 645,76	6 936,45	6 631,9	6 192,41	– 2 811
CMPF	4,64 %					

Le calcul de l'incidence fiscale est ici complexe en raison du report de déficit. La méthode la plus simple consiste à la calculer par le différentiel d'impôt avant et après financement (cf. Les comptes de résultat avant et après financement).

Années	1	2	3	4
IS avant financement	– 566,67	– 1 287,88	– 1 803,03	– 1 803,03
IS après financement	0	677,07	1 554,24	1 780,63
Incidence fiscale totale (– = favorable)	– 566,67	– 610,11	– 248,79	– 22,40

Une autre méthode est utilisable. Elle consiste à calculer l'incidence fiscale théorique correspondant à 34 % des flux concernés en négligeant les reports de déficit. Le résultat sera moins rigoureux mais sans doute acceptable.

3) Rentabilité après financement

Deux méthodes sont utilisables : la méthode indirecte et la méthode directe. Dans la méthode indirecte, il suffit d'intégrer les flux de financement aux flux ayant servi à calculer la rentabilité avant financement.

Années	0	1	2	3	4	Total
Investissement	38 400,00					38 400,00
Variation BFR		– 750,00			750,00	0
MBA après financement		8 603,17	10 712,49	12 017,05	12 456,52	43 789,24
Emprunts	22 195,77					22 195,77
Subvention	2 400,00					2 400,00
Remboursements		5 548,94	5 548,94	5 548,94	5 548,94	22 195,77
FNTAF	– 13 804,23	3 804,23	5 163,55	6 468,11	6 157,58	7 789,24
TIRF	18,82 %					

Dans la méthode directe, en sortie, nous avons le montant des capitaux propres et en entrées, les soldes du tableau de financement après financement.

Années	0	1	2	3	4	Total
FNT après investissement	– 10 000	0	5 163,55	6 468,11	6 157,58	7 789,24
Rentabilité Cap. prop.	21,21 %					

Selon les méthodes, la rentabilité varie de 18,82 % à 21,21 %.

Pour apprécier ces résultats, il faut calculer les risques après financement. Deux situations sont envisagées pour apprécier ces risques : le projet lui-même et l'entreprise qui le réalise.

Calcul de la prime de risque par l'approche projet.

	Début An. 1	Fin An. 1
Emprunt	22 196	16 647
Subvention nette[a]	2 400	1 800
Cap. propres	10 000	9 603
E/(C + S) =	1,79	1,46

a. Impôt latent non déduit qui est de 2 400 × 0,66 = 1 584.

Rentabilité sans risque		6,00 %
Risque avant financement		3,00 %
Risque après financement	$3 \times (1 + 1{,}79) =$	8,37 %
TA		14,37 %

Calcul de la prime de risque par l'approche globale

	Début an. 1
Emprunt	33 196
Subvention nette	2 400
Cap. propres	45 000
E/(C + S) =	0,70

Rentabilité sans risque	6,00 %
Risque avant financement	3,00 %
Risque après financement	5,10 %
TA	11,10 %

Les deux approches indiquent que le montage financier n'est pas trop risqué. Par conséquent, l'entreprise peut augmenter l'emprunt et diminuer les capitaux propres. Si l'entreprise emprunte la totalité, nous aurons le taux d'actualisation suivant :

$$6\ \% + 3\ \%\left(1 + \frac{38\ 000 + 11\ 000}{35\ 000 + 1\ 584}\right) = 13\ \%$$

Ce qui convient également, d'autant que le changement augmente aussi le taux interne.

Conclusion : cet exercice permet de montrer la plus grande complexité des calculs dans une approche qui intègre le financement.

Cas n° 6 – PCV

Thèmes abordés : projet vivrier, construction d'une fonction technique d'investissement à partir d'un tableur, projet agricole, projet de développement.

1. Énoncé

Dans un pays en développement, on prévoit la création d'un projet de promotion des cultures vivrières. Deux actions sont envisagées : une simple commercialisation des surplus du secteur traditionnel et la mise en place d'un secteur moderne à plus fort rendement. Vous êtes chargés de réaliser l'évaluation financière à partir des informations en annexe.

Superficies encadrées et production

Production (tonnes)	An. 1	An. 2	An. 3	An. 4	An. 5
Secteur traditionnel	1 200	1 900	2 600	3 300	3 500
Secteur moderne	0	500	1 600	2 800	3 900
Total	1 200	2 400	4 200	6 100	7 400
Superficies encadrées (ha)	60	100	240	310	360

- *Investissements*

– Un terrain de 2 millions de F.

– Un bâtiment administratif de 8 millions de F.

– Un camion pour 600 tonnes à 4 800 000 F amortissable en 4 ans.

– Un hangar de brousse de 10 tonnes de capacité (voir *supra*, l'organisation de la commercialisation) ; leur nombre est à calculer en fonction du stock maximum estimé à 10 % de la production annuelle. Prix unitaire : 140 000 F amortissable en 5 ans.

– Un hangar central. 2 modèles sont prévus (amortissables en 20 ans) ; l'un d'une capacité de 1 300 tonnes à 24 millions de F ; l'autre d'une capacité de 800 tonnes à 16 millions de F.

– Un équipement de manutention : on prévoit un coût de 600 000 F par tranche de 60 tonnes commercialisées ; amortissement en 5 ans.

Prix moyens

	Secteur moderne	Secteur traditionnel
Achat aux exploitants	27 F/kg	20 F/kg
Vente aux intermédiaires	58 F/kg	41 f/kg

- *Fonctionnement*

Les charges variables :

– Transport : personnel de conduite 6 F/kg ; carburant 1 F/kg ; entretien des véhicules 3 F/kg.

– Manutention magasin : 2 F/kg.

– Vente : personnel 10,80 F/kg ; pertes 0,20 F/Kg.

Les charges fixes de commercialisation :

– Entretien des locaux : 2 millions de francs.

– Personnel d'encadrement et de surveillance : 8 millions de francs.

Coûts d'encadrement et de structure générale :

– Encadrement du secteur moderne : 30 000 F par ha.

– Personnel administratif : 9 millions de francs.

– Frais divers : 2 millions de francs.

– Impôts et taxes : 1 million de francs.

Besoins en fonds de roulement

– Les ventes et achats de produits vivriers sont effectués avec un crédit moyen de 36 jours pour les ventes et 15 jours pour les achats. Le taux de TVA est de 18,6 %.

– Les charges sociales sont de 50 % pour les patronales et de 12 % pour les salariales.

– Stocks (cf. les investissements).

– Taux d'actualisation : 6 % + 2 % de risque.

Financement

Dotation en capital : elle correspond au besoin en fonds de roulement maximal du projet et sera versée en début de projet.

Emprunt d'une Banque de Développement :

– Taux d'intérêt annuel de 4 %.

– Durée : 10 ans.

– Modalité : annuités constantes.

Emprunt d'une banque locale :

– Taux d'intérêt annuel de 12 %.

– Durée : 5 à 8 ans.

– Modalité : remboursements constants, intérêts calculés sur le capital dû.

Système de commercialisation

Tous les prix de cet exercice sont exprimés en francs belges.

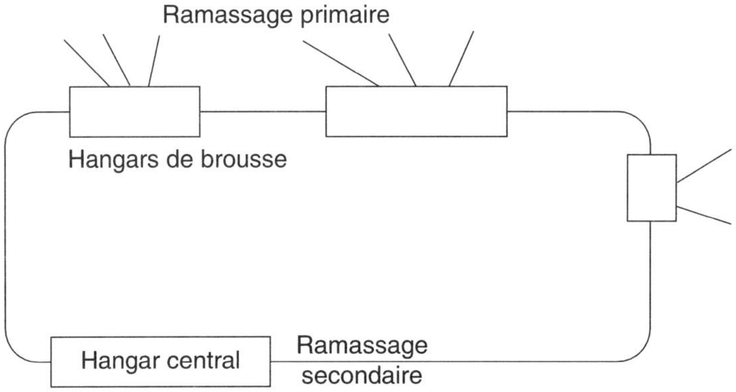

• *Questions*

1) *Présenter le tableau et le plan des investissements sur 10 ans. On commencera par établir la liste des besoins d'investissements en volume, année par année, puis en valeur. Les investissements nécessaires à chaque exercice sont supposés réalisés au début de chaque année.*
2) *Construire le tableau des activités (calcul des volumes).*
3) *Construire le compte de résultat avant financement des cinq premières années. Calculer la marge brute d'autofinancement, les ratios de profitabilité les plus significatifs.*
4) *Établir le besoin en fonds de roulement. Préciser son utilisation et la relation avec le résultat d'exploitation.*
5) *Calculer le taux interne de rentabilité.*
6) *Déterminer le financement nécessaire à la réalisation de ce projet, à partir des solutions proposées en annexe. Construire le tableau de financement et commenter le montage financier obtenu.*
7) *Calculer le taux interne de rentabilité après financement et le coût global de financement. En déduire les relations entre TIR avant et après financement.*
8) *Améliorer le montage financier.*

2. Corrigé

2.1. *Investissements*

La première difficulté de l'étude des investissements sera la prise en compte automatique du renouvellement de certaines immobilisations.

• *Traitement informatique sur tableur*

Le tableau des immobilisations reprend les besoins de notre projet. Les hangars de brousse, l'outillage ainsi que les matériels de transports sont déterminés à partir des capacités de stockage ou de traitement qu'ils permettent. La formule est une division arrondie à l'unité supérieure.

	A	B	C	D	E	F	G	H	I	J	K	L
1	**Volume de production**		**1**	**2**	**3**	**4**	**5**	**6**	**7**	**8**	**9**	**10**
3	Secteur traditionnel		1 200	1 900	2 600	3 300	3 500	3 500	3 500	3 500	3 500	3 500
4	Secteur moderne		0	500	1 600	2 800	3 900	3 900	3 900	3 900	3 900	3 900
5	Production totale		1 200	2 400	4 200	6 100	7 400	7 400	7 400	7 400	7 400	7 400
6	Superficies encadrées (ha)		60	100	240	310	360	360	360	360	360	360
7												
8	**Nature des investissements**		**Durée**	**P.U.**	**Inflat.**							
10	Terrain		0	2 000	1							
11	Bâtiment administratif		20	8 000	1							
12	Hangar central		20	16 000	1							
13	Hangars de brousse		5	140	1							
14	Outillage		5	600	1							
15	Matériel transport		4	4 800	1							
16												
17	**Volume des immobilisations**		**1**	**2**	**3**	**4**	**5**	**6**	**7**	**8**	**9**	**10**
19	Terrain		1	1	1	1	1	1	1	1	1	1
20	Bâtiment administratif		1	1	1	1	1	1	1	1	1	1
21	Hangar central		1	1	1	1	1	1	1	1	1	1
22	Hangars de brousse		12	24	42	61	74	74	74	74	74	74
23	Outillage		15	30	53	77	93	93	93	93	93	93
24	Matériel transport		2	4	7	11	13	13	13	13	13	13
25												
26	**Volume des Investissements**		**1**	**2**	**3**	**4**	**5**	**6**	**7**	**8**	**9**	**10**
28	Terrain		1									
29	Bâtiment administratif		1	0	0	0	0	0	0	0	0	0
30	Hangar central		0	0	0	0	0	0	0	0	0	0
31	Hangars de brousse		12	12	18	19	13	12	12	18	19	13
32	Outillage		15	15	23	24	16	15	15	23	24	16
33	Matériel transport		2	2	3	4	4	2	3	4	4	2

Suite tableau

	A	B	C	D	E	F	G	H	I	J	K	L
34												
35	**Valeur des investissements**		**1**	**2**	**3**	**4**	**5**	**6**	**7**	**8**	**9**	**10**
37	Terrain		2 000	0	0	0	0	0	0	0	0	0
38	Bâtiment administratif		8 000	0	0	0	0	0	0	0	0	0
39	Hangar central		16 000	0	0	0	0	0	0	0	0	0
40	Hangars de brousse		1 680	1 680	2 520	2 660	1 820	1 680	1 680	2 520	2 660	1 820
41	Outillage		9 000	9 000	13 800	14 400	9 600	9 000	9 000	13 800	14 400	9 600
42	Matériel transport		9 600	9 600	14 400	19 200	19 200	9 600	14 400	19 200	19 200	9 600
44	Totaux annuels des investissements		46 280	20 280	30 720	36 260	30 620	20 280	25 080	35 520	36 260	21 020
45	Totaux annuels cumulés		46 280	66 560	97 280	133 540	164 160	184 440	209 520	245 040	281 300	302 320
46												
47	**Amortissements**		**1**	**2**	**3**	**4**	**5**	**6**	**7**	**8**	**9**	**10**
49	Bâtiment administratif		400	400	400	400	400	400	400	400	400	400
50	Hangar central		800	800	800	800	800	800	800	800	800	800
51	Hangars de brousse		336	672	1 176	1 708	2 072	2 072	2 072	2 072	2 072	2 072
52	Outillage		1 800	3 600	6 360	9 240	11 160	11 160	11 160	11 160	11 160	11 160
53	Matériel transport		2 400	4 800	8 400	13 200	15 600	15 600	15 600	15 600	15 600	15 600
55	Totaux annuels des amortissements		5 736	10 272	17 136	25 348	30 032	30 032	30 032	30 032	30 032	30 032
56	Totaux annuels cumulés		5 736	16 008	33 144	58 492	88 524	118 556	148 588	178 620	208 652	238 684
57												

Le tableau des investissements reprend ces données et affiche, en fonction des différentes durées de vies des immobilisations, le nombre et la nature des investissements à réaliser chaque année. Les formules sont plus complexes. Nous avons choisi d'utiliser la fonction *Index* pour déterminer le renouvellement des immobilisations. Cette fonction renvoie la valeur d'un élément d'un tableau, sélectionné à partir des indices de numéro de ligne et de colonne. La syntaxe est la suivante : INDEX (tableau, ligne, colonne)[1].

La cellule D31 reprend la formule suivante :

• = D22 – C22 + SI(D$17 < $C13+1 ; 0 ; INDEX($C31 : $L31 ; 1 ; D$26 – $C13))

Le test D$17 < $C13 évite de faire référence à une colonne du tableau qui n'existerait pas (exemple : – 3 pour la cellule D31).

Les résultats obtenus (plan des investissements) sont les suivants.

Ce profil très particulier se caractérise par une certaine permanence de l'investissement.

Nous avons aussi calculé les dotations aux amortissements, ce qui ne présente aucune difficulté, la technique utilisée étant le linéaire.

2.2. Compte de résultat

Il est établi à partir d'un tableau de données de prix et de volumes, destiné à faciliter les simulations.

Produits et charges	Prix	Unité
Prix vente sur le secteur traditionnel	41	F/kg
Prix vente sur le secteur moderne	58	F/kg
Coûts variables		
Prix achat s. traditionnel	20	F/kg
Prix achat s. moderne	27	F/kg
Transport		
Personnel de conduite	6	F/kg
Carburants, lubrifiants	1	F/kg
Frais d'entretien	3	F/kg
Personnel manutention	2	F/kg
Personnel vente	0,8	F/kg
Pertes	0,2	F/kg
Coûts fixes de commercialisation		
Frais d'entretien hangars	2 000	milliers de F
Personnel encadrement et surveillance	8 000	milliers de F

1. *Tableau* est une plage de cellules entrée sous forme de tableau ou matrice. Ligne sélectionne la ligne de la matrice dont une valeur doit être renvoyée. *Colonne* sélectionne la colonne de la matrice dont une valeur doit être renvoyée.

Suite tableau

Produits et charges	**Prix Unité**
Personnel encadrement s. moderne	30 milliers de F/ha
Frais généraux	
Personnel administratif	9 000 milliers de F
Frais divers	2 000 milliers de F
Impôts et taxes	1 000 milliers de F

Volumes de production

Années	**1**	**2**	**3**	**4**	**5**	**6**	**7**	**8**	**9**	**10**
Achats au secteur traditionnel	1 200	1 900	2 600	3 300	3 500	3 500	3 500	3 500	3 500	3 500
Variation stocks (SI-SF)	– 120	– 70	– 70	– 70	– 20	0	0	0	0	0
Production commercialisée	1 080	1 830	2 530	3 230	3 480	3 500	3 500	3 500	3 500	3 500
Achats au secteur moderne	0	500	1 600	2 800	3 900	3 900	3 900	3 900	3 900	3 900
Variation stocks	0	– 50	– 110	– 120	– 110	0	0	0	0	0
Production commercialisée	0	450	1 490	2 680	3 790	3 900	3 900	3 900	3 900	3 900
Prod. totale commercialisée	1 080	2 280	4 020	5 910	7 270	7 400	7 400	7 400	7 400	7 400

Le compte de résultat construit est analytique. La classification des charges est la suivante :

- les charges variables ;
- les charges fixes de commercialisation ;
- les charges de structure.

La marge nette est négative les trois premières années tandis que la CAF (ou marge brute d'autofinancement) est positive dès l'année 3.

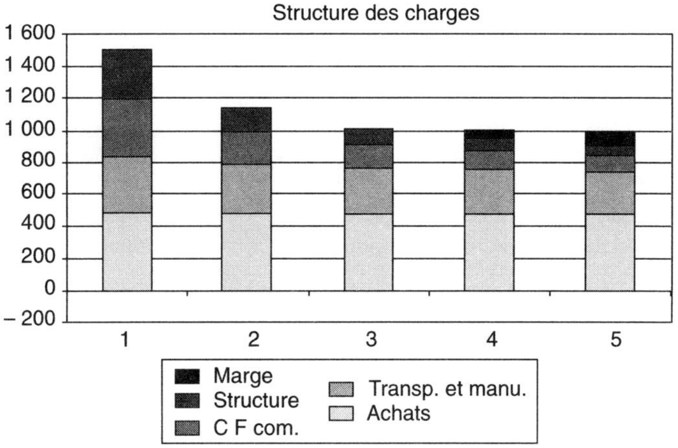

Années	1	2	3	4	5	6	7	8	9	10
Ventes secteur traditionnel	44 280	75 030	103 730	132 430	142 680	143 500	143 500	143 500	143 500	143 500
Ventes secteur moderne	0	26 100	86 420	155 440	219 820	226 200	226 200	226 200	226 200	226 200
Total des ventes	44 280	101 130	190 150	287 870	362 500	369 700	369 700	369 700	369 700	369 700
Achats secteur traditionnel	24 000	38 000	52 000	66 000	70 000	70 000	70 000	70 000	70 000	70 000
Achats secteur moderne	0	13 500	43 200	75 600	105 300	105 300	105 300	105 300	105 300	105 300
Total des achats	24 000	51 500	95 200	141 600	175 300	175 300	175 300	175 300	175 300	175 300
Var. stocks s. traditionnel	– 2 400	– 1 400	– 1 400	– 1 400	– 400	0	0	0	0	0
Var. stocks s. moderne	0	– 1 350	– 2 970	– 3 240	– 2 970	0	0	0	0	0
Marge brute s. traditionnel	22 680	38 430	53 130	67 830	73 080	73 500	73 500	73 500	73 500	73 500
Marge brute s. moderne	0	13 950	46 190	83 080	117 490	120 900	120 900	120 900	120 900	120 900
Marge brute totale	22 680	52 380	99 320	150 910	190 570	194 400	194 400	194 400	194 400	194 400
% du chiffre d'affaires	51,2 %	51,8 %	52,2 %	52,4 %	52,6 %	52,6 %	52,6 %	52,6 %	52,65 %	52,6 %
Person. de conduite	7 200	14 400	25 200	36 600	44 400	44 400	44 400	44 400	44 400	44 400
Carburants, lubrifiants	1 200	2 400	4 200	6 100	7 400	7 400	7 400	7 400	7 400	7 400
Entretien véhicules	3 600	7 200	12 600	18 300	22 200	22 200	22 200	22 200	22 200	22 200
Personnel manutention	2 400	4 800	8 400	12 200	14 800	14 800	14 800	14 800	14 800	14 800
Personnel vente	960	1 920	3 360	4 880	5 920	5 920	5 920	5 920	5 920	5 920
Pertes	240	480	840	1 220	1 480	1 480	1 480	1 480	1 480	1 480
Total coût variable	37 200	79 950	145 430	216 260	268 130	271 500	271 500	271 500	271 500	271 500
Marge/Coût variable	7 080	21 180	44 720	71 610	94 370	98 200	98 200	98 200	98 200	98 200
% du chiffre d'affaires	16 %	20,9 %	23,5 %	24,9 %	26 %	26,6 %	26,6 %	26,6 %	26,6 %	26,6 %

Suite tableau

Années	**1**	**2**	**3**	**4**	**5**	**6**	**7**	**8**	**9**	**10**
Dotations amortissements	5 736	10 272	17 136	25 348	30 032	30 032	30 032	30 032	30 032	30 032
Entretien hangars	2 000	2 000	2 000	2 000	2 000	2 000	2 000	2 000	2 000	2 000
Personnel com. fixe	8 000	8 000	8 000	8 000	8 000	8 000	8 000	8 000	8 000	8 000
Total commercialisations	52 936	100 222	172 566	251 608	308 162	311 532	311 532	311 532	311 532	311 532
Marge/Coût commercial	− 8 656	908	17 584	36 262	54 338	58 168	58 168	58 168	58 168	58 168
%	− 19,5 %	0,9 %	9,2 %	12,6 %	15 %	15,7 %	15,7 %	15,7 %	15,7 %	15,7 %
Personnel encadr. SM	1 800	3 000	7 200	9 300	10 800	10 800	10 800	10 800	10 800	10 800
Personnel administratif	9 000	9 000	9 000	9 000	9 000	9 000	9 000	9 000	9 000	9 000
Frais divers	2 000	2 000	2 000	2 000	2 000	2 000	2 000	2 000	2 000	2 000
Impôts et taxes	1 000	1 000	1 000	1 000	1 000	1 000	1 000	1 000	1 000	1 000
Total des charges	66 736	115 222	191 766	272 908	330 962	334 332	334 332	334 332	334 332	334 332
Marge avant impôt	− 22 456	− 14 092	− 1 616	14 962	31 538	35 368	35 368	35 368	35 368	35 368
%	− 50,7 %	− 13,9 %	− 0,8 %	5,2 %	8,7 %	9,6 %	9,6 %	9,6 %	9,6 %	9,6 %
Impôt sur les bénéfices										
Marge nette	− 22 456	− 14 092	− 1 616	14 962	31 538	35 368	35 368	35 368	35 368	35 368
%	− 50,7 %	− 13,9 %	− 0,8 %	5,2 %	8,7 %	9,6 %	9,6 %	9,6 %	9,6 %	9,6 %
Marge nette cumulée	− 22 456	− 36 548	− 38 164	− 23 202	8 336	43 704	79 072	114 440	149 808	185 176
Marge brute autofinancement	− 16 720	− 3 820	15 520	40 310	61 570	65 400	65 400	65 400	65 400	65 400

2.3. *Besoin en fonds de roulement*

Le tableau de BFR est obtenu à partir des différents jours de rétention des flux concernés [1].

BFR	1	2	3	4	5	6	7	8	9	10
Stocks (j)	36	36	36	36	36	36	36	36	36	36
Clients (j)	36	36	36	36	36	36	36	36	36	36
TVA récupérable (j)	30	30	30	30	30	30	30	30	30	30
Fournisseurs (j)	15	15	15	15	15	15	15	15	15	15
TVA à décaisser (j)	35	35	35	35	35	35	35	35	35	35
Personnel (j)	30	30	30	30	30	30	30	30	30	30
Taux de TVA collectée moyen	0	0	0	0	0	0	0	0	0	0
Taux TVA récupérable moyen	0	0	0	0	0	0	0	0	0	0
Stock final (F)	2 400	5 150	9 520	14 160	17 530	17 530	17 530	17 530	17 530	17 530
Clients (F)	5 252	11 994	22 552	34 141	42 993	43 846	43 846	43 846	43 846	43 846
Autres créances (TVA récupérée) (F)	512	1 016	1 811	2 654	3 261	3 261	3 261	3 261	3 261	3 261
Fournisseurs (F)	1 186	2 545	4 704	6 997	8 663	8 663	8 663	8 663	8 663	8 663
TVA à décaisser (F)	203	643	1 326	2 109	2 751	2881	2 881	2 881	2 881	2 881
Personnel (F)	1 011	1 416	2 107	2 755	3 201	3 201	3 201	3 201	3 201	3 201
BFR	5 763	13 556	25 746	39 094	49 169	49 893	49 893	49 893	49 893	49 893
Variation du BFR	5 763	7 793	12 190	13 348	10 076	724	0	0	0	0

2.4. *Taux interne de rentabilité avant financement*

Le taux interne obtenu est supérieur au taux d'actualisation fixé à 8 %.

2.5. *Tableau de financement*

Le calcul des emprunts est effectué avec la méthode en cascade à partir des informations connues, la dotation en capital correspondant au BFR maximal. L'emprunt de la première année sera complété les années suivantes, si c'est nécessaire, par des solutions moins avantageuses (12% sur 8 ans contre 4% sur 10 ans). Nous limitons néanmoins les emprunts à l'année 4.

Il est donc nécessaire d'emprunter jusqu'à l'année 4 pour satisfaire un équilibre en année 5.

1. Il est à noter que nous avons conservé l'ancienne règle du décalage de la TVA.

Tableau de calcul du taux interne de rentabilité

Années	**0**	**1**	**2**	**3**	**4**	**5**	**6**	**7**	**8**	**9**	**10**
Investissements	46 280	20 280	30 720	36 260	30 620	20 280	25 080	35 520	36 260	21 020	0
Var. BFR		5 763	7 793	12 190	13 348	10 076	724	0	0	0	– 49 893
Valeurs résiduelles											63 636
MBA		– 16 720	– 3 820	15 520	40 310	61 570	65 400	65 400	65 400	65 400	65 400
FNT	– 46 200	– 42 763	– 42 333	– 32 930	– 3 658	31 214	39 596	29 880	29 140	44 380	178 929 185 176
TIR		11,16									

Tableau de financement

Années	**1**	**2**	**3**	**4**	**5**	**6**	**7**	**8**	**9**	**10**
Besoins										
Investissements	46 280	20 280	30 720	36 260	30 620	20 280	25 080	35 520	36 260	21 020
Variation de BFR	5 763	7 793	12 190	13 348	10 076	724	0	0	0	0
Ressources										
Excédent N. Exploit.	– 16 720	– 3 820	15 520	40 310	61 570	65 400	65 400	65 400	65 400	65 400
Capital	49 893				0					
Subventions										
Solde 1	– 18 870	– 31 893	– 27 390	– 9 298	20 874	44 396	40 320	29 880	29 140	44 380
Solde 1 cumulé	– 18 870	– 50 763	– 78 153	– 87 451	– 66 576	– 22 180	18 140	48 020	77 160	121 540

Emprunts obtenus										
Emprunt 1	21 524									
Remboursement 10 ans	1 793	1 864	1 939	2 017	2 097	2 181	2 268	2 359	2 454	2 552
Intérêts 4 %	861	789	715	637	556	473	385	295	200	102

Années	1	2	3	4	5	6	7	8	9	10
Emprunt 2		45 757								
Remboursement 8 ans		5 720	5 720	5 720	5 720	5 720	5 720	5 720	5 720	
Intérêts 12%		5 491	4 804	4 118	3 432	2 742	2 059	1 373	686	
Emprunt 3			53 732							
Remboursement 8 ans			6 717	6 717	6 717	6 717	6 717	6 717	6 717	6 717
Intérêts 12 %			6 448	5 642	4 836	4 030	3 224	2 418	1 612	806
Emprunt 4				69 773						
Remboursement 8 ans				8 722	8 722	8 722	8 722	8 722	8 722	8 722
Intérêts 12 %				8 373	7 326	6 280	5 233	4 186	3 140	2 093
Total remboursements	1 793	7 584	14 375	23 174	23 255	23 339	23 426	23 517	23 611	17 990
Total intérêts	861	6 280	11 967	18 770	16 150	13 527	10 901	8 272	5 638	3 001
Mouvement net emp.	18 870	31 893	27 390	27 828	– 39 405	– 36 866	– 34 327	– 31 788	– 29 249	– 20 991
Incidence fiscale										
M. net emp. avec incid. fiscale	18 870	31 893	27 390	27 828	– 39 405	– 36 866	– 34 327	– 31 788	– 29 249	– 20 991
Nouveau solde	0	0	0	18 531	– 18 531	7 530	5 993	– 1 908	– 109	23 389
Nouveau solde cumulé	0	0	0	18 531	0	7 530	13 523	11 614	11 505	34 894

2.6. Résultats après financement

Le taux interne après financement ne s'améliore que légèrement, en raison de la faiblesse de l'effet de levier (taux d'intérêt élevé, proche du taux interne avant financement et pas d'impôt sur les bénéfices). Par contre, le risque est infini en raison de la faiblesse des capitaux propres (voir les bilans et compte de résultat après financement).

Le graphe des SIG (Soldes Intermédiaires de Gestion) montre la faiblesse des résultats, malgré la forte croissance de l'activité.

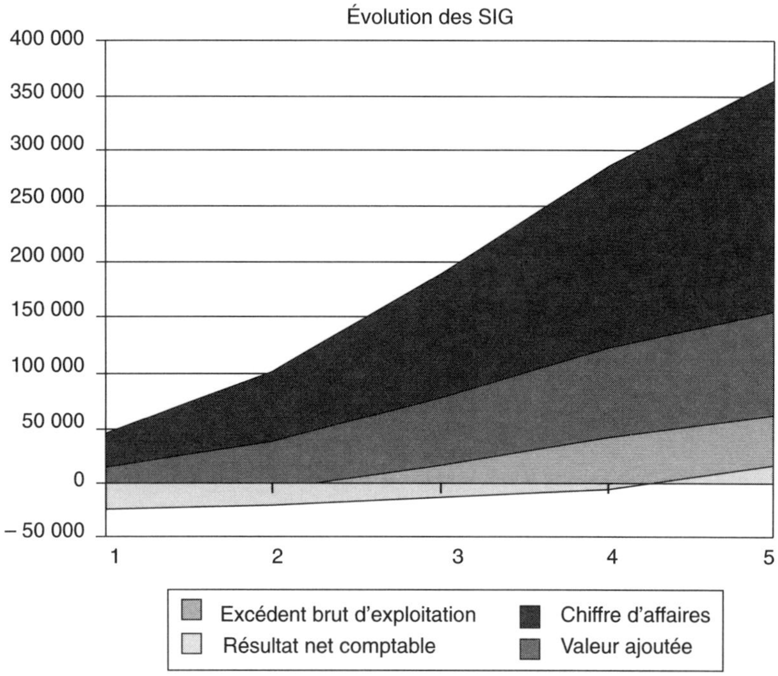

Compte de résultat	**1**	**2**	**3**	**4**	**5**
Prod. vendue	44 280	101 130	190 150	287 870	362 500
Achats	24 000	51 500	95 200	141 600	175 300
Variation stocks	– 2 400	– 2 750	– 4 370	– 4 640	– 3 370
Coût des marchandises vendues	21 600	48 750	90 830	136 960	171 930
Marge brute	22 680	52 380	99 320	150 910	190 570
	0	0	0	0	0
Chiffre d'affaires	44 280	101 130	190 150	287 870	362 500
Autres charges externes	9 040	14 080	21 640	29 620	35 080
Valeur ajoutée	13 640	38 300	77 680	121 290	155 490
Charges de personnel	29 360	41 120	61 160	79 980	92 920
Subventions	0	0	0	0	0
Impôts et taxes	1 000	1 000	1 000	1 000	1 000
Excédent brut d'exploitation	– 16 720	– 3 820	15 520	40 310	61 570
Dotations aux amort.	5 736	10 272	17 136	25 348	30 032
Frais financiers	861	6 280	11 967	18 770	16 150
Résultat net comptable	– 23 317	– 20 372	– 13 583	– 3 808	15 388
Rés. net comptable cumulé	– 23 317	– 43 689	– 57 272	– 61 080	– 45 692
CAF	– 17 581	– 10 100	3 553	21 540	45 420

Bilans prévisionnels					
	1	**2**	**3**	**4**	**5**
Immobilisations brutes	46 280	66 560	97 280	133 540	164 160
Amortissements	5 736	16 008	33 144	58 492	88 524
Immobilisations nettes	40 544	50 552	64 136	75 048	75 636
Stocks	2 400	5 150	9 520	14 160	17 530
Créances clients	5 252	11 994	22 552	34 141	42 993
Autres créances	512	1 016	1 811	2 654	3 261
Disponibilités	0	0	0	18 531	0
Total actif	48 708	68 713	98 019	144 534	139 419
Capital	49 893	49 893	49 893	49 893	49 893
Réserve légale	0	0	0	0	0
Report à nouveau	0	– 23 317	– 43 689	– 57 272	– 61 080
Résultat net	– 23 317	– 20 372	– 13 583	– 3 808	15 388
Subventions d'investis.	0	0	0	0	0
Emprunts LMT	19 731	57 904	97 261	143 859	120 604
Fournisseurs	1 186	2 545	4 704	6 997	8 663
Dettes fiscales et sociales	1 215	2 059	3 432	4 864	5 951
Découvert	0	0	0	0	0
Total passif	48 708	68 713	98 019	144 534	139 419

Tableau de calcul de la rentabilité après financement (solution initiale)

Rentabilité après fin.	**Années**										
	0	**1**	**2**	**3**	**4**	**5**	**6**	**7**	**8**	**9**	**10**
Investissements	46 280	20 280	30 720	36 260	30 620	20 280	25 080	35 520	36 260	21 020	0
Valeur résiduelle des immob.											63 636
Variation BFR		5 763	7 793	12 190	13 348	10 076	724	0	0	0	– 49 893
M. subv. et emprunts	21 524	45 757	53 732	45 228	0	0	0	0	0	0	0
Remboursements		1 793	7 584	14 375	20 106	20 187	20 271	20 358	20 449	20 543	14 922
CAF		– 17 581	– 10 100	3 553	24 486	47 997	54 082	56 340	58 601	60 866	63 135
Valeur résiduelle des emprunts											– 5 654
FNTAF	– 24 756	340	– 2 465	– 14 044	– 39 588	– 2 546	8 007	462	1 892	19 303	156 089

Coût moyen pondéré emprunts	10,56 %	TA sans unique	6 %
		Taux de risque	2 %
TIR avant financement	11,16 %	TA avant financ.	8 %
		TA après financ.	non défini
TIR après financement	11,81 %	FNTAF	non défini

2.7 *Amélioration du montage financier*

La simulation suivante améliore le montage financier en augmentant le financement propre et en diminuant l'endettement.

Années	**1**	**2**	**3**	**4**	**5**	**6**	**7**	**8**	**9**	**10**
Besoins										
Investissements	46 280	20 280	30 720	36 260	30 620	20 280	25 080	35 520	36 260	21 020
Variation de BFR	5 763	7 793	12 190	13 348	10 076	724	0	0	0	0
Ressources										
Excédent N. Exploit.	– 16 720	– 3 820	15 520	40 310	61 570	65 400	65 400	65 400	65 400	65 400
Capital	49 893	14 494	16 000	3 600	0					
Solde 1	– 18 870	– 17 399	– 11 390	– 5 698	20 874	44 396	40 320	29 880	29 140	44 380
Solde 1 cumulé	– 18 870	– 36 269	– 47 659	– 53 357	– 32 482	11 914	52 234	82 114	111 254	155 634

Emprunts obtenus										
Emprunt 1	21 524									
Rembours. 10 ans	1 793	1 864	1 939	2 017	2 097	2 181	2 268	2 359	2 454	2 552
Intérêts 4 %	861	789	715	637	556	473	385	295	200	102
Emprunt 2		26 560								
8 ans		3 320	3 320	3 320	3 320	3 320	3 320	3 320	3 320	
12 %		3 187	2 789	2 390	1 992	1 594	1 195	797	398	
Emprunt 3			26 692							
8 ans			3 337	3 337	3 337	3 337	3 337	3 337	3 337	3 337
12 %			3 203	2 803	2 402	2 002	1 602	1 201	801	400
Emprunt 4				26 756						
8 ans				3 345	3 345	3 345	3 345	3 345	3 345	3 345
12 %				3 211	2 809	2 408	2 007	1 605	1 204	803
Total emprunts	21 524	26 560	26 692	26 756	0	0	0	0	0	0
Total rembours.	1 793	5 184	8 596	12 018	12 098	12 182	12 269	12 360	12 455	9 233
Total intérêts	861	3 976	6 707	9 041	7 760	6 476	5 189	3 898	2 603	1 305
Mouvem. net emp.	18 870	17 399	11 390	5 698	– 19 858	– 18 658	– 17 458	– 16 258	– 15 058	– 10 538
Incidence fiscale										
M. net emp. avec incid. fiscale	18 870	17 399	11 390	5 698	– 19 858	– 18 658	– 17 458	– 16 258	– 15 058	– 10 538
Nouveau solde	0	0	0	0	1 016	25 738	22 862	13 622	14 082	33 842
Nouveau solde cumulé	0	0	0	0	1 016	26 754	49 616	63 238	77 320	111 162

Tableau de calcul de la rentabilité après financement (solution améliorée)

Années	**0**	**1**	**2**	**3**	**4**	**5**	**6**	**7**	**8**	**9**	**10**
Investissements	46 280	20 280	30 720	36 260	30 620	20 280	25 080	35 520	36 260	21 020	0
Valeur résiduelle des immob.											63 636
Variation BFR	0	5 763	7 793	12 190	13 348	10 076	724	0	0	0	– 49 893
M. subv. et emprunts	21 524	26 560	26 692	26 756	0	0	0	0	0	0	0
Remboursements		1 793	5 184	8 596	12 018	12 098	12 182	12 269	12 360	12 455	9 233
CAF		– 17 581	– 7 796	8 813	31 269	53 810	58 924	60 211	61 502	62 797	64 095
Valeur résiduelle des emprunts											– 3 345
FNTAF	– 24 756	– 18 857	– 24 802	– 21 476	– 24 716	11 356	20 938	12 422	12 882	29 322	165 047

Coût moyen pondéré emprunts	9,74 %	TA sans unique	6 %
		Taux de risque	2 %
TIR avant financement	11,16 %	TA avant financ.	8 %
		TA après financ.	11,9 %
TIR après financement	11,78 %	FNTAF	36,31

Une autre solution évidente consiste à réaliser un sur-financement en année 1 (si c'est possible) en profitant davantage de l'emprunt à 4%. Cette solution fait baisser le CMP du financement et améliore l'effet de levier, mais son risque reste trop élevé.

Conclusion : ce projet a un profil spécifique d'investissement très lié à l'évolution de la production. Cette caractéristique marque le montage financier par un besoin constant de financement qui entraîne un risque financier élevé alors que le projet manque de fonds propres.

Cas n° 7 – Projet PICO[1]

Thèmes abordés : projet d'élevage en Tunisie, construction d'une fonction technique de production, projet de développement, projet agricole.

1. Objectif de l'étude

Le projet Pico est un projet d'intensification de l'élevage caprin dans les oasis du sud tunisien. L'objectif est de dynamiser l'élevage caprin en procédant à une amélioration génétique (croisement entre chèvre locale et chèvre de race laitière) et en organisant la collecte et la transformation du lait en fromage.

Ce projet s'est déjà développé dans plusieurs oasis du sud et les responsables voudraient l'implanter dans l'oasis de Gabès. Cette oasis est originale par rapport aux autres palmeraies car le climat y est plus doux (en raison de la proximité de la mer), et parce qu'elle est bordée par une ville importante : la ville de Gabès. Ces raisons, ainsi qu'une politique de soutien de l'élevage de vaches, ont permis le développement d'un nombre important d'exploitations spécialisées dans l'élevage bovin laitier.

Nous sommes donc en présence d'un élevage concurrent et avant de chercher à implanter le projet il semble intéressant d'évaluer :

– les résultats de ces exploitations spécialisées dans l'élevage de vaches laitières ;

– la sensibilité de ces exploitations aux contraintes techniques et économiques. En effet, les vaches sont placées dans des conditions difficiles et la filière est fortement soutenue par des mesures politiques (prix d'achat du lait et de vente du concentré).

Les résultats obtenus permettront de cerner les atouts et les inconvénients de cet élevage bovin. Pour réaliser cette analyse, nous allons étudier le cas réel d'un exploitant qui se lance dans l'élevage de vache.

1.1. Le projet

Il s'agit d'un jeune exploitant, dont le frère travaille en dehors de l'exploitation, et qui obtient l'accord de la chambre d'agriculture tunisienne pour acheter 4 vaches laitières de race Holstein importées de France. Cette autorisation lui permet de plus de bénéficier d'un prêt bancaire avantageux s'élevant à 80 % de la valeur initiale du troupeau, remboursable sur 5 ans avec un taux d'intérêt nul. Le reste du financement est apporté par le frère de l'exploitant. Outre les 4 vaches, l'exploitant achète un taureau et fait construire une étable.

1. *Source* : P. Bourgeois, R. Houdayer, Étude IAM Montpellier. Ce projet ne correspond pas ici à un exercice classique, car il ne comporte pas d'énoncé. Il correspond néanmoins à un cas réalisé en salle informatique à partir d'un cadre prédéterminé. Par ailleurs, il faut le considérer comme un cas d'école (modélisation dans une très petite exploitation).

Avant d'aller plus en avant dans la réalisation de ce projet, il convient de faire le point sur l'évolution annuelle d'un troupeau de vaches laitières et sur sa production.

1.2. Principe de la production laitière

Pour produire du lait, une vache doit avoir un veau. Quelques jours après la naissance du veau, la traite peut commencer. La production laitière dure 10 mois. Les deux mois suivants, la vache est au repos et termine la gestation du nouveau veau (gestation de 9 mois) qui naîtra à la fin de ces 2 mois, soit 12 mois après le précédent. Les vaches de races laitières sélectionnées (Pie noire, Holstein) produisent, lorsque les conditions optimales sont réunies, de 5 000 à 6 000 litres par lactation.

L'espace de temps qui sépare la naissance entre 2 veaux est appelé intervalle entre vêlages. Si la conduite du troupeau est bonne, cet intervalle est de 12 mois ; la vache rentre alors en lactation tous les ans et la production laitière annuelle est égale à la production par lactation. Mais cet intervalle entre vêlages peut s'allonger lorsque la reproduction est mal maîtrisée. Il naît dans ce cas moins d'un veau par an. On définit le taux de naissance annuel qui est égal à 12 mois divisés par l'intervalle entre vêlages. La production laitière annuelle est égale à ce taux de naissance que multiplie la production par lactation.

Une vache commence à pouvoir produire à partir de 3 ans. Auparavant, on parle de génisses. Il y a des génisses de 0-1 an, de 1-2 ans et de 2-3 ans. La jeune vache de 3-4 ans qui met bas pour la première fois est appelée vache primipare, par opposition aux vaches multipares qui ont déjà eu au moins deux petits. La vache est productive pendant 4 ans, sauf accidents et/ou maladies. Après cette période, elle est en général trop vieille et elle est vendue : c'est la réforme. Les veaux sont souvent vendus en tant que veaux de boucherie, plus au moins jeunes, selon leur poids et les conditions du marché.

Dans les pays où il y a une importante amélioration génétique, le taureau est généralement acheté pour sa valeur génétique (valeur laitière ou valeur pour la viande) et reste plusieurs années sur l'exploitation. De plus en plus, les exploitants font appel à l'insémination artificielle, mais ce n'est pas encore le cas dans le sud tunisien. Dans notre cas, le taureau représente une charge importante sur l'exploitation, aussi une fois que toutes les vaches sont pleines, il est vendu et remplacé par un veau de 1 an l'année suivante.

1.3. Gestion d'un troupeau de vaches laitières

De façon générale, la gestion d'un troupeau de vaches laitières se fait en renouvelant chaque année une partie du troupeau avec les génisses de 3 ans qui naissent sur l'exploitation. Ces génisses remplacent les vaches mortes dans l'année et les vaches vendues en raison de leur âge, de leur faible production, ou touchées par une maladie affectant la production (maladie des mamelles).

L'évolution du troupeau est donc gérée de façon à garder un nombre suffisant de génisses pour renouveler le troupeau en tenant compte de la mortalité qui chaque année touche le troupeau. Dans notre cas, étant donné que le troupeau est de petite taille et que la mortalité est élevée, toutes les génisses seront gardées pour renouveler, et si possible augmenter, la taille du troupeau. Les vaches sont vendues après leur 7e année de production, soit à l'âge de 8 ans.

2. Présentation de l'exploitation

Nous nous plaçons donc dans le cas d'un exploitant qui se lance dans l'élevage bovin.

2.1. Les investissements

L'exploitant achète 4 vaches, pleines, de 3 ans, d'une valeur unitaire de 1 500 dinars. Il achète un taureau qu'il revendra l'année suivante, d'une valeur unitaire de 1 000 dinars. Il fait construire une étable en palmier d'une valeur de 200 dinars à renouveler tous les trois ans. Il faut de plus prévoir de racheter une vache au cas où du fait de la mortalité importante, la taille du troupeau deviendrait trop faible. Cette taille minimum est fixée à 2 vaches. Pour donner de la souplesse à cette modélisation, on se donne aussi la possibilité d'acheter des génisses de 2-3 ans d'une valeur de 750 dinars.

2.2. La gestion du troupeau

On considérera, dans un premier temps, que l'intervalle entre vêlages est de 15 mois. Les taux de mortalité sont de :
- 10 % pour les jeunes ;
- 10 % pour les génisses et les vaches.

L'exploitant vend tous ses veaux sauf un qu'il garde pour la reproduction de l'année suivante. Chaque année, il vend le taureau de l'année précédente. Les vaches sont toutes vendues après leur 4e année de production, sauf si elles sont mortes avant. Toutes les génisses sont gardées sur l'exploitation pour le renouvellement et l'accroissement du troupeau.

2.3. La production

On considère que, en raison des conditions difficiles du milieu, la production laitière moyenne par lactation et par vache est de 4 500 litres. La production annuelle sera donc de 4 500 que multiplie le taux de naissance. Le litre de lait est vendu 0,35 dinar à la coopérative.

La deuxième source de revenu de l'exploitation est la vente des animaux. Les veaux sont vendus pour 250 dinars l'unité. Les vaches de réforme ont une valeur de 1 000 dinar l'unité. Le taureau est vendu pour 1 500 dinars.

La troisième ressource de l'exploitation est la vente de fumier. Une vache produit en moyenne 250 paniers de fumier par an dont la valeur unitaire est de 0,8 dinar.

2.4. Les charges

La charge principale est l'alimentation. Les calculs des besoins alimentaires passent par le calcul des besoins énergétiques des animaux, exprimés en UF (unités fourragères). Les besoins d'une vache productive se divisent en deux :

– les besoins nécessaires à son maintien en état, soit 4,4 UF par jour ;

– les besoins nécessaires à la production du lait, soit 0,4 UF par litre de lait.

Les besoins pour le reste du troupeau sont les suivants.

Pour les jeunes de 0-1 an, il faut 3,96 UF par jour ; ils commencent à être alimentés à partir du second mois, auparavant ils tètent leur mère. Ainsi les veaux vendus à 1 mois ne coûtent rien à l'exploitant du point de vue alimentaire. Les génisses de 1-3 ans consomment 5 UF par jour et le taureau de plus de 1 an, 4,7 UF par jour.

Une fois que les besoins alimentaires en UF sont connus sur l'année, on établit la ration alimentaire annuelle du troupeau. Cette ration se calcule à partir des proportions suivantes (en valeur énergétique) :

– 20 % d'apport en luzerne qui est produite sur l'exploitation. La valeur énergétique de la luzerne est de 0,14 UF/kg de matières vertes. On en déduit donc le nombre de kg de luzerne apporté dans l'année. La valeur du kg de luzerne est de 0,016 dinar ;

– 50 % d'apport en aliment concentré, d'une valeur énergétique de 0,84 UF/kg. Le prix de cet aliment est de 0,24 dinar/kg ;

– 15 % d'apport en son de blé, d'une valeur énergétique de 0,73 UF/kg. Son prix est de 0,15 dinar le kg ;

– 15 % d'apport de paille d'une valeur énergétique de 0,24 UF/kg. Le prix est de 0,08 dinar/kg.

• *Autres charges*

En guise de litière, l'exploitant achète du sable, à raison de 6 camionnettes par vache et par an. Une camionnette vaut 10 dinars, et les frais vétérinaires sont en moyenne de 75 dinars par vache et par an.

Enfin, il prend une assurance contre le risque de la tuberculose (éradication complète du troupeau par les services vétérinaires) d'une valeur de 100 dinars par vache et par an.

Pour débuter, on fixera le salaire de l'exploitant à 60 dinars par mois (c'est-à-dire la moitié du salaire minimum tunisien).

2.5. Le BFR

Le lait est vendu à la coopérative mais le paiement est effectué 15 jours plus tard. Par contre, les autres produits de l'exploitation sont vendus au comptant.

Pour les charges, seule l'alimentation fait l'objet d'un stockage : le son, la paille et le concentré sont achetés pour une période de 15 jours. La luzerne et le sable sont utilisés au jour le jour.

Toutes les charges sont payées au comptant.

3. Élaboration et évaluation générale [1]

La durée de l'étude se fera sur 12 ans. Les charges sociales et les impôts sont nuls. Le taux de risque est évalué à 2 %. Le taux d'actualisation est de 8 %.

3.1. Construction de la fonction technique

On peut donc débuter le tableau d'activité. Il faut prévoir 90 lignes. La première opération à réaliser est de construire sur 12 ans un tableau représentant année par année la constitution du troupeau. Pour simplifier les calculs on raisonnera en valeurs décimales (on aura donc des 1,36 veau et des quarts de vache). On s'aidera pour cela du diagramme d'évolution du troupeau. Il est conseillé de séparer les classes d'âges. Ce tableau de « volume d'animaux » une fois construit permettra de calculer les tableaux de volume des produits et de volume des charges.

- *Les variables de départ*

Il s'agit des hypothèses techniques de base qui serviront dans les calculs et sur lesquelles portera l'analyse de sensibilité. Il est conseillé de les isoler très clairement dans la feuille de calcul (encadrement en gras). Il s'agit du taux de mortalité des jeunes avant sevrage, du taux de mortalité en génisses et vaches adultes, et de l'intervalle entre vêlages auquel on associera le taux de naissance. Au cours des calculs suivants, toutes les formules devront faire référence à ces cellules.

L'autre point important est d'isoler l'achat de vaches primipares qui se fait bien sûr en année 1, mais qui doit aussi pouvoir être intégré en cours d'évolution du projet, si le nombre de vache devient inférieur à 2. Pour cela, on isolera une ligne achat primipare avant de commencer la réalisation proprement dite du tableau « volume d'animaux ».

- *Les variables de calcul*

Il s'agit des variables techniques qui serviront pour calculer les volumes des productions et les volumes des charges. Elles apparaîtront au cours de la réalisation de la fonction technique. Il est aussi conseillé de les isoler pour pouvoir les modifier facilement. Il s'agit essentiellement des productions en lait et en fumier moyennes par vache, des besoins énergétiques moyens par animaux et de la valeur énergétique par kg d'aliment.

Le tableau intermédiaire de calcul du volume d'animaux.

En année 1, le troupeau se constituera des vaches achetées, du taureau et des jeunes nés dans l'année. La cellule « primipare 3-4 ans » en année 1 fera référence à la cellule « achat vache » de l'année 1. Pour calculer le nombre de veaux et de génisse de moins de 1 an, il faut tenir compte du nombre de vaches totales, du taux de naissance et de la mortalité des jeunes avant sevrage.

---

1. Travail réalisé sous Evalpro 2.

Schéma – *Conduite du troupeau dans l'oasis de Gabès*

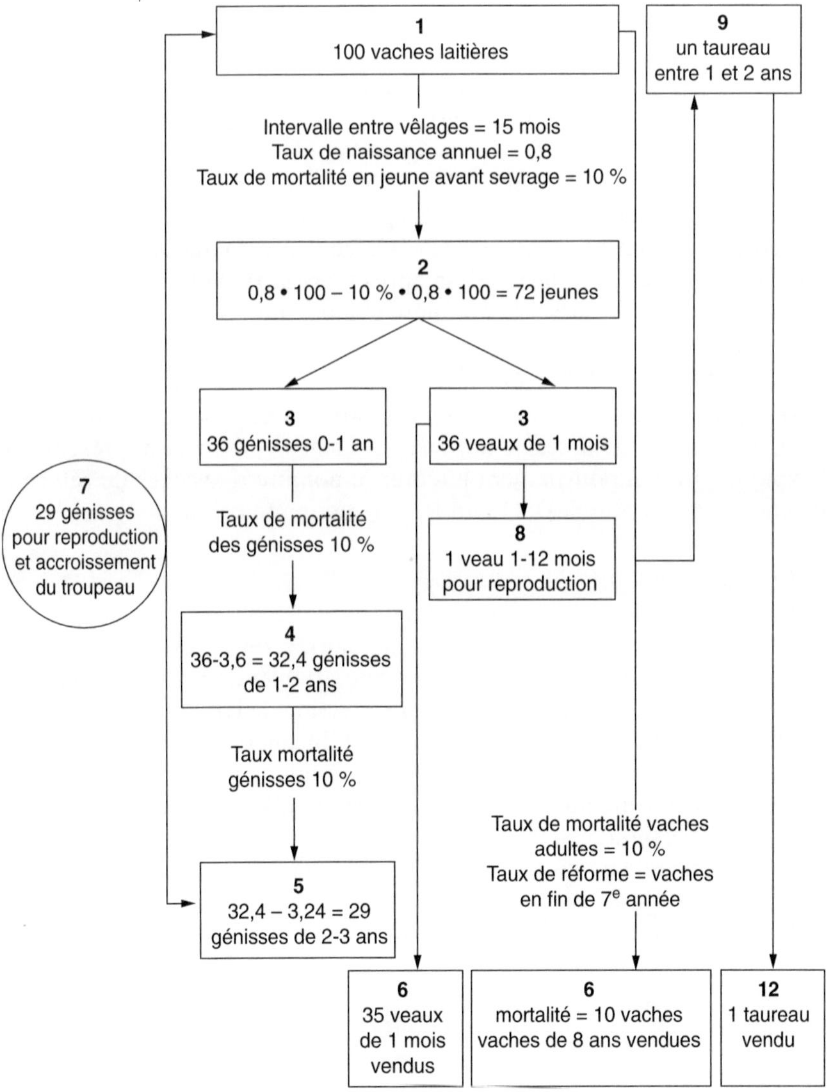

L'année suivante, le troupeau sera donc le troupeau de l'année précédente plus vieux d'une année, moins les animaux morts plus les nouvelles naissances et plus l'achat éventuel d'une nouvelle primipare. Il est conseillé d'établir dès cette année 2 des formules valables pour toutes les années. Pour comptabiliser la mortalité des vaches adultes, on fera d'abord mourir les vaches les plus âgées (utiliser la fonction SI du tableur). Il est conseillé de réaliser des lignes intermédiaires calculant le nombre de génisses et le nombre de vaches mortes dans l'année.

On pourra par exemple partir du nombre de vaches âgées de 6-7 ans en année 2. Si l'année précédente il y avait X vaches de 5-6 ans, alors en année 2 le nombre de vaches de 6-7 ans sera égal à X moins les vaches mortes, sinon ce nombre sera nul. Puis pour les vaches de 5-6 ans de l'année 2, on fera le même raisonnement en ajoutant une condition qui intégrera le fait d'avoir déjà compté ou non la mortalité et ainsi de suite jusqu'aux vaches de 4-5 ans.

Pour les génisses de 2-3 ans et les vaches primipares de 3-4 ans, on réalisera le même raisonnement. Pour les primipares, on ajoutera aussi la cellule correspondant à l'achat de vache. On considérera que le taux de mortalité des génisses de moins de 1 an après sevrage est nul.

Il est conseillé de laisser la première colonne libre.

- *Le tableau des animaux en volume*

Il s'agit simplement de récapituler le nombre de jeunes de moins de 1 an, le nombre de génisses, le nombre de vaches et le taureau présent sur l'exploitation. On pourra aussi intégrer le nombre de vaches de réforme (vaches de 8 ans vendues). On utilisera la première colonne.

- *Évolution du troupeau*

Les tableaux de volume des productions et de volume des charges

À la suite du tableau « volume d'animaux », on réalisera un tableau « volume des productions ». On isolera les variables de calcul : production moyenne de lait et de fumier. Pour la production de lait, on n'oubliera pas d'intégrer le taux de naissance. Suite à ce tableau, on réalisera le tableau des charges, en calculant d'abord les besoins alimentaires puis les autres charges. On terminera en créant une ligne salaire qui correspond au salaire que l'exploitant va s'octroyer chaque année.

On a ainsi réalisé tous les tableaux techniques nécessaires.

- *Volume des productions et volume des charges*

Activités			Année 1	Année 2	Année 3	Année 4	Année 5	Année 6	Année 7	Année 8	Année 9	Année 10
Taux de mortalité en jeune avant sevrage		10 %										
Taux de mortalité vachet et génisse		10 %										
Intervalle entre vélage		15										
Taux de naissance annuel		0,80										
	Achat primipare		4	0	0	0	0	0	0	0	0	0
	Primipare 3-4 ans		4	0	0	1,3	0,9	0,9	1,1	0,6	0,7	0,9
	Multipare 4-5 ans		0	3,6	0	0	1,2	0,9	0,8	1,0	0,5	0,7
	Multipare 5-6 ans		0	0	3,2	0	0	1,1	0,8	0,7	0,9	0,5
	Multipare 6-7 ans		0	0	0	2,9	0	0	1,0	0,7	0,6	0,8
	Veaux < 1 an		1,8	1,3	1,2	1,5	0,8	1,0	1,3	1,1	1,0	1,0
	Génisses < 1 an		1,8	1,3	1,2	1,5	0,8	1,0	1,3	1,1	1,0	1,0
	Génisses 1-2 ans		0	1,6	1,2	1,0	1,4	0,7	0,9	1,2	1,0	0,9
	Génisses 2-3 ans		0	0	1,5	1,0	0,9	1,2	0,6	0,8	1,0	0,9
	Taureau		1,0	1,0	1,0	1,0	1,0	0	0	1,0	1,0	0
	Bilan											
Veaux			1,8	1,3	1,2	1,5	0,8	1,0	1,3	1,1	1,0	1,0
Génisses < 1 an			1,8	1,3	1,2	1,5	0,8	1,0	1,3	1,1	1,0	1,0
Génisses 1-3 ans			0	1,6	2,6	2,1	2,3	1,9	1,5	2,0	2,0	1,7
Vaches			4,0	3,6	3,2	4,2	2,1	2,8	3,6	2,9	2,7	2,9
Réforme			0	0	0	0	2,9	0	0	1,0	0,7	0,6
Taureau			1,0	1,0	1,0	1,0	1,0	0	0	1,0	1,0	0

	Bilan des productions en volume											
Production laitière par lactation en litre		4 500										
Production laitière/vache/an en l.		3 600										
Production fumier en panier/vache/an		250										
Lait			14 400,0	12 960,0	11 664,2	15 221,5	7 652,8	9 948,6	12 948,5	10 562,6	9 885,7	10 287,0
Veaux vendus			0,8	0,3	0,2	0,5	0,8	1,0	0,3	0,1	1,0	0,0
Vaches de réforme			0,0	0,0	0,0	0,0	2,9	0,0	0,0	1,0	0,7	0,6
Taureau vendu			1,0	1,0	1,0	1,0	1,0	0,0	0,0	1,0	1,0	0,0
Volume de fumier produit			1 000,0	900,0	810,0	1 057,1	531,4	690,9	899,2	733,5	686,5	714,4
	Calcul des charges en volume											
	Alimentation											
	Besoins du troupeau en UF/J											
		Entretien										
	Les vaches	4,40	0,4									
	Les jeunes 0-1 an	3,96										
	Les génisses 1-3 ans	5										
	Le taureau > 1 an	4,70										
	Besoins vaches		12 184,0	10 965,6	9 869,0	12 879,1	6 475,1	8 417,6	10 955,8	8 937,2	8 364,4	8 703,9
	Besoins veaux 3-12 mois		1 445,4	1 445,4	1 445,4	1 445,4	0,0	0,0	1 445,4	1 445,4	0,0	1 445,4
	Besoins génisses 3-12 mois		2 601,7	1 873,2	1 685,9	2 200,1	1 106,1	1 438,0	1 871,6	1 526,7	1 428,9	1 486,9
	Besoins génisses 1-3 ans		0,0	2 956,5	4 789,5	3 831,6	4 224,4	3 507,1	2 765,3	3 597,4	3 649,0	3 185,2
	Besoins taureau 12-18 mois		857,8	857,8	857,8	857,8	857,8	0,0	0,0	857,8	857,8	0,0
	Apport alimentaire UF		17 088,9	18 098,5	18 647,6	21 214,0	12 663,3	13 362,7	17 038,1	16 364,5	14 300,1	14 821,3

	Valeur énergétique	Concentré	Luzerne	Son	Paille							
	UF/kg	0,84	0,14	0,73	0,24							
	% dans alimentation	50 %	20 %	15 %	15 %							
	Apport UF	Concentré	8 544	9 049	9 324	10 607	6 332	6 681	8 519	8 182	7 150	7 411
		Luzerne	3 417,8	3 619,7	3 729,5	4 242,8	2 532,7	2 672,5	3 407,6	3 272,9	2 860	2 964,3
		Son	2 563,3	2 714,8	2 797,1	3 182,1	1 899,5	2 004,4	2 555,7	2 454,7	2 145	2 223,2
		Paille	2 563,3	2 714,8	2 797,1	3 182,1	1 899,5	2 004,4	2 555,7	2 454,7	2 145	2 223,2
	Bilan des apports en kg./an											
Luzerne			24 412,7	25 855	26 639,5	30 305,7	18 090,5	19 089,5	24 340,2	23 377,8	20 428,7	21 173,3
Concentré			10 171,9	10 772,9	11 099,8	12 627,4	7 5437,69	7 953,96	10 141,7	9 740,75	8 511,95	8 822,228
Son			3 511,41	3 718,87	3 831,71	4 359,04	2 602,05	2 745,75	3 500,98	3 362,56	2 938,37	3 045,481
Paille			10 680,5	11 311,6	11 654,8	13 258,7	7 914,6	8 351,7	10 648,8	10 227,8	8 937,5	9 263,3
Sable	6	Camio-nettes/v.	24	21,6	19,4	25,4	12,8	16,6	21,6	17,6	16,5	17,1
Salaire			1	1	1	1	1	1	1	1	1	1

• *Investissements*

Tableau des investissements

Libéllé	**Valeur brute (HT)**	**Durée**	**Mode**	**Renou-velable**	**An. mise en service**	**Coef. mult. légal**
Vaches	6 000	4	1	N	Année 1	1
2 an < génisses < 3 an	0	0	1	N	Année 1	1
Taureau	1 000	1	1	N	Année 1	1
Bâtiment	200	3	1	0	Année 1	1
Achat nouvelles vaches	0	4	1	N	Année 1	1
			d	O	Année 1	1
			d	O	Année 1	1
			d	O	Année 1	1
			d	O	Année 1	1
			d	O	Année 1	1

Remarque : Les vaches n'étant pas renouvelées, les immobilisations en valeurs nettes vont s'annuler. D'un point de vue comptable, ce raisonnement est faux, car le matériel de production « vaches » est remplacé régulièrement par les génisses nées sur l'exploitation. L'entretien des génisses pour les conduire à l'âge adulte correspond donc à un investissement dont il faudrait tenir compte ici. De plus, les génisses apparaîtraient alors comme une production immobilisée qu'il faudrait réintégrer dans la suite des tableaux. D'un point de vue financier, les résultats ne sont pas modifiés puisque les flux d'argent restent les mêmes.

3.2. L'analyse financière

3.2.1. L'étude avant financement

• *Compte de résultat* (cf. tableau)

Résultat analytique

Produits	Activité	Prix	Année 1	Année 2	Année 3	Année 4	Année 5	Année 6	Année 7	Année 8	Année 9	Année 10
Vente de lait	Lait	0,35	5 040	4 536	4 082	5 328	2 678	3 482	4 532	3 697	3 460	3 600
Vente de veaux	Veaux vendus	250	200	74	42	131	191	249	74	14	247	7
Vente de vaches	Vaches de réforme	1 000					2 916			957	689	620
Vente du taureau	Taureau vendu	1 500	1 500	1 500	1 500	1 500	1 500			1 500	1 500	
Vente de fumier	Volume de fumier produit	0,80	800	720	648	846	425	553	719	587	549	571
Total des produits d'exploitation			7 540	6 830	6 272	7 804	7 711	4 283	5 325	6 754	6 445	4 799

Charges	Activité	Prix	Année 1	Année 2	Année 3	Année 4	Année 5	Année 6	Année 7	Année 8	Année 9	Année 10
Consom. de matières	Luzerne	0,02	391	414	426	485	289	305	389	374	327	339
Consom. de matières	Sable	10	240	216	194	254	128	166	216	176	165	171
Cons. de mat. stockées	Concentré	0,24	2 441	2 585	2 664	3 031	1 809	1 909	2 434	2 338	2 043	2 117
Cons. de mat. stockées	Son	0,15	527	558	575	654	390	412	525	504	441	457
Cons. de mat. stockées	Paille	0,08	854	905	932	1 061	633	668	852	818	715	741
Primes d'assurance	Vaches	100	400	360	324	423	213	276	360	293	275	286
Frais vétérinaire	Vaches	75	300	270	243	317	159	207	270	220	206	214
Salaire	Salaire	720	720	720	720	720	720	720	720	720	720	720

		Année 1	Année 2	Année 3	Année 4	Année 5	Année 6	Année 7	Année 8	Année 9	Année 10
Subvention d'exploitation											
Dotation aux amortissements		2 567	1 567	1 567	1 567	67	67	67	67	67	67
Résultat avant impôt		– 900	– 765	– 1 375	– 707	3 303	– 447	– 507	1 244	1 488	– 313
Assiette de l'impôt		100 %	100 %	100 %	100 %	100 %	100 %	100 %	100 %	100 %	100 %
Impôt sur le résultat	0 %										
Bénéfice net		– 900	– 765	– 1 373	– 707	3 303	– 447	– 507	1 244	1 488	– 313
% du total des produits		– 11,9 %	– 11,2 %	– 21,9 %	– 9,1 %	42,8 %	– 10,4 %	– 9,5 %	18,4 %	23,1 %	– 6,5 %

- *BFR* (cf. tableau)
- *TIR avant financement*

Le TIR est faible : 5,7 %. Ce taux très inférieur au taux d'actualisation caractérise un projet qui n'est pas rentable financièrement. Il est même peu attractif. Par ailleurs, il faudra étudier avec soin le financement. Où trouver des capitaux propres ? Le FNTA étant négatif, le projet n'est pas viable sous sa version actuelle.

Il est donc d'autant plus important de réaliser une analyse de sensibilité et des risques pour ce projet.

- *L'analyse de sensibilité*

Sensibilité

TIR 5,67 %

Sensibilité des produits	Origine	Nouvelle	TIR	Élasticité
Vente de lait	0,35	0,35	6,57 %	15,90
Vente du taureau	1 500	1 515	5,91 %	4,25
Vente de vaches	1 000	1 010	5,78 %	1,99
Vente de veaux	250	253	5,70 %	0,56
Vente de fumier		0	5,67 %	0

Sensibilité des charges	Origine	Nouvelle	TIR	Élasticité
Cons. de mat. stockées	0	0	5,14 %	- 9,30
Cons. de mat. stockées	0,08	0	5,49 %	- 3,24
Salaire	720	727	5,51 %	- 2,89
Cons. de mat. stockées	0	0	5,56 %	- 2
Consom. de matières	0,02	0	5,59 %	- 1,48
Primes d'assurance	100	101	5,60 %	- 1,28
Frais vétérinaire	75	76	5,62 %	- 0,96
Consom. de matières	10	10	5,63 %	- 0,77

De façon générale, toute sensibilité supérieure à 1 est à considérer. Cependant dans notre cas, étant donné les très fortes sensibilités de certains paramètres, nous ne nous intéresserons qu'à ces derniers. Il s'agit du prix de vente du lait (élasticité de 15,9), de l'intervalle entre vêlage et de la production laitière par lactation [1] (élasticité 11 pour les deux) et du prix du concentré (élasticité 9,3).

La première réaction à la vue de ces élasticités très élevées est de remettre en cause les résultats de cette évaluation. En effet, toute modification de ces éléments dans les années à venir modifiera de façon importante ces résultats. De plus, toute erreur réalisée dans l'évaluation de ces paramètres se répercutera fortement sur les résultats.

1. Calculs non présentés.

Besoin en fonds de roulement

		Nbre jrs	An. 1	An. 2	An. 3	An. 4	An. 5	An. 6	An. 7	An. 8	An. 9	An. 10
Stocks de produits finis		180										
Stocks de marchandises		0										
Stocks de matières premières		15	159	169	174	198	118	125	159	153	133	138
Clients		15	249	224	202	263	132	172	224	183	171	178
TVA récupérable		0										
Fournisseurs		0										
TVA à décaisser	Tx coll. : 18,60 %	0										
Personnel		30										
Besoin en fonds de roulement			408	393	376	461	250	297	383	335	304	316
Variations du BFR			408	– 15	– 17	85	– 211	46	86	– 48	– 31	12

Taux de rendement interne : avant financement

Avant financement	An. 0	An. 1	An. 2	An. 3	An. 4	An. 5	An. 6	An. 7	An. 8	An. 9	An. 10
CAF		1 667	802	193	860	3 369	– 380	– 441	1 310	1 554	– 247
Variation BFR		408	– 15	– 17	85	– 211	46	86	– 48	– 31	12
Réintégration du BFR											
Investissements	7 200			200			200			200	
Valeurs résiduelles											
Flux nets de trésorerie	– 7 200	1 259	818	11	775	3 580	– 627	– 527	1 358	1 358	– 258

Taux rendement interne	5,7 %
Taux d'actualisation	10 %
Flux net de trés. actualisé	– 1 376

Pour ce qui est du prix du lait et du concentré, ces prix sont contrôlés par l'État. Il n'y a pas d'erreur possible sur leurs valeurs. Par contre avec des sensibilités aussi élevées, ces 2 éléments seront des points d'intervention efficaces pour la politique agricole. D'après les perspectives actuelles, le prix du lait restera à ce niveau pendant les prochaines années. Le prix du concentré est quant à lui en train de subir un réajustement suite à la suppression des subventions sur les aliments du bétail. Cependant la hausse qui en découle a déjà été grandement répercutée. On peut donc envisager une évolution stable de ces paramètres pour le projet.

Pour les variables techniques, il faut souligner que c'est la production laitière annuelle qui présente la plus forte sensibilité. Or cette production laitière est très variable d'une exploitation à l'autre. Les chiffres que nous avons utilisés ne sont que des valeurs moyennes qui circulent. Notre évaluation est donc fortement à remettre en cause, non pas en totalité mais dans la valeur de ces résultats. Il faut surtout chercher à sortir des tendances et des éléments importants pour la réussite du projet mais se méfier du résultat en valeur absolue. Un autre point important est à replacer dans le contexte de politique agricole. Il apparaît nettement, en raison de ces fortes sensibilités techniques qu'investir dans une meilleure formation des éleveurs pour augmenter la production laitière sera aussi favorable (si ce n'est plus) que de soutenir la filière économiquement.

Pour finir cette analyse, on peut évaluer la prise de risque du projet. Sur ces quatre points de forte sensibilité, il faut regarder celui qui peut changer dans les années à venir et se répercuter fortement sur les résultats. Pour les deux sensibilités-prix, les évolutions sont contrôlées par l'État et évolueront peu. Pour la production annuelle par lactation, à moins d'une réelle formation des éleveurs, ce qui ne semble pas envisagé, elle restera ce qu'elle est actuellement. Par contre, d'une année sur l'autre l'intervalle entre vêlages d'une vache est très variable. Il peut fluctuer de ± 2 mois. Cette variation de 2 mois fait varier de 10 points le TIR. Nous sommes donc en présence d'un projet très risqué et le taux de risque de 2 % fixé initialement est à réviser. On peut considérer un risque de 5 %.

3.2.2. Le financement et le TIR après financement.

• *Tableau de financement sans capitaux propres*

Au regard du solde cumulé du tableau de financement, il manque 4 339 dinars (en 4e année) pour que le projet puisse se réaliser. On constate que l'emprunt couvre 56 % des besoins totaux. D'une façon ou d'une autre, l'exploitant devra trouver cet argent soit auprès de son frère, soit en travaillant ailleurs. Le TIR après financement est de 8,8 %, soit un meilleur résultat qu'avant financement, mais cela reste faible. Le FNTA reste négatif.

Dans les conditions actuelles, le projet n'est pas intéressant. Si l'on consulte le graphe des SIG (cf. *supra*), on constate une tendance à la diminution générale de la production de l'exercice. Il apparaît donc intéressant de réaliser des investissements en cours de projet pour la stabiliser.

Tableau de financement

Après financement		An. 1	An. 2	An. 3	An. 4	An. 5	An. 6	An. 7	An. 8	An. 9	An. 10
Ressources		7 267	802	193	860	3 369	– 380	– 441	1 310	1 554	– 247
Capacité d'autofinancement		1 667	802	193	860	3 369	– 380	– 441	1 310	1 554	– 247
Capitaux propres (variations)											
Cession d'immob. (PV nette sur biens amortis)											
Subventions d'investissement											
Emprunts		5 600									
Besoins		9 008	1 385	1 385	1 685	– 211	46	286	– 48	– 31	212
Investissements		7 200			200			200			200
Besoin en fonds de roulement		408	– 15	– 17	85	– 211	46	86	– 48	– 31	12
Distribution de bénéfices	Tx : 4 %										
Remboursements des emprunts		1 400	1 400	1 400	1 400						
Solde		– 1 741	– 582	– 1 189	– 825	3 580	– 427	– 727	1 358	1 585	– 458
Solde cumulé		– 1 741	– 2 324	– 3 513	– 4 339	– 759	– 1 185	– 1 912	– 554	1 031	573

- *Tableau de financement avec capitaux propres*

Tableau de financement

Après financement		**An. 1**	**An. 2**	**An. 3**	**An. 4**	**An. 5**	**An. 6**	**An. 7**	**An. 8**	**An. 9**	**An. 10**
Ressources		11 606	802	193	860	3 369	– 380	– 441	1 310	1 554	– 247
Capacité d'autofinancement		1 667	802	193	860	3 369	– 380	– 441	1 310	1 554	– 247
Capitaux propres (variations)		4 339									
Cession d'immob. (PV nette sur biens amortis)											
Subventions d'investissement											
Emprunts		5 600									
Besoins		9 008	1 385	1 383	1 685	– 211	220	286	– 48	143	385
Investissements		7 200			200			200			200
Besoin en fonds de roulement		408	– 15	– 17	85	– 211	46	86	– 48	– 31	12
Distribution de bénéfices	Tx : 4 %						174			174	174
Remboursements des emprunts		1 400	1 400	1 400	1 400						
Solde		2 598	– 582	– 1 189	– 825	3 580	– 600	– 727	1 358	1 412	– 632
Solde cumulé		2 598	2 015	826	0	3 580	2 980	2 253	3 611	5 023	4 391

- *TIR après financement*

Taux rendement interne : après financement

Après financement	An. 0	An. 1	An. 2	An. 3	An. 4	An. 5	An. 6	An. 7	An. 8	An. 9	An. 10
CAF		1 667	802	193	860	3 369	– 380	– 441	1 310	1 554	– 247
Variation BFR											
Capacité d'autofinancement		408	– 15	– 17	85	– 211	46	86	– 48	– 31	12
Réintégration du BFR											
Investissements	7 200			200			200			200	
Valeurs résiduelles et cessions											
Financement	5 600	– 1 400	– 1 400	– 1 400	– 1 400						
Flux nets de trésorerie	– 1 600	– 141	– 582	– 1 389	– 625	3 580	– 627	– 527	1 358	1 385	– 258

Taux rendement interne	8,8 %

Taux d'actualisation	12,4 %

Flux net de trésorerie actualisé	– 587

• *Rachat d'une vache*

Si l'on observe l'évolution du troupeau, on constate qu'en année 5 la taille du troupeau n'est plus que de 2 vaches productives. Par contre, le nombre de génisses est de 3. La production de l'exploitation est devenue trop faible par rapport à ces charges. Il faut donc racheter une vache primipare en année 5 si l'on veut relancer la production. En consultant le tableau de financement, on constate que les ressources sont suffisantes pour réaliser cet achat.

Le TIR avant financement est de 9,3 % et celui après financement de 13,4 %. Le tableau des SIG après financement montre bien la stabilisation de la production. Le FNTA avant financement reste négatif. Celui après financement est proche de 0.

Cet investissement est donc une solution qui améliore sensiblement les résultats du projet. On peut essayer de répéter cet achat les années suivantes, ou d'acheter 2 vaches au lieu d'une seule en année 5. Mais cela ne modifie plus de façon significative les résultats.

Graphique des résultats en situation initiale et après rachat d'une vache en année 5.

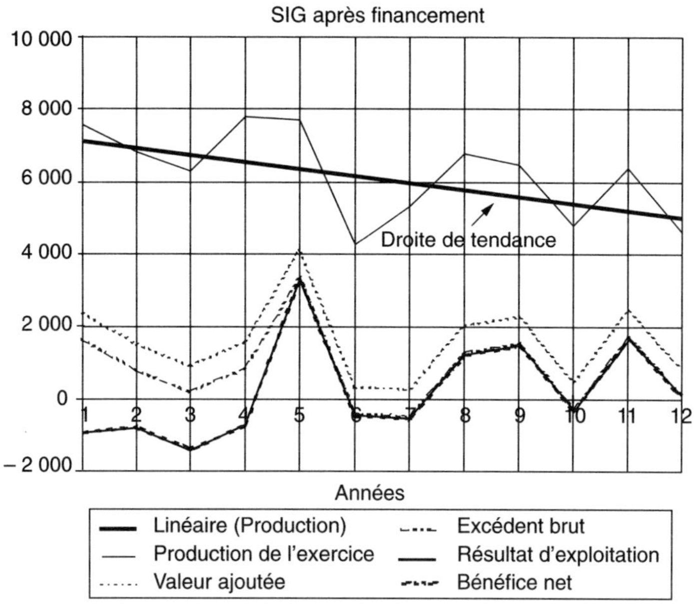

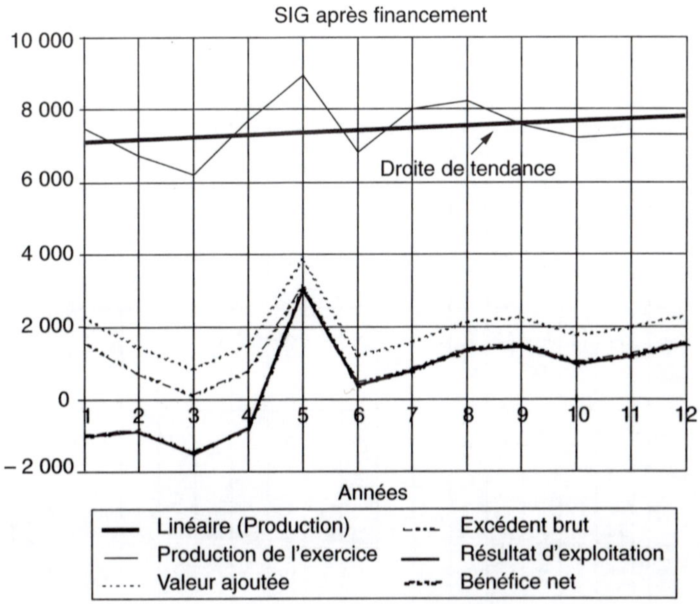

Conclusion : ce cas d'école met en valeur la fonction technique et l'intérêt de la modélisation dans l'élaboration et l'évaluation d'un projet.

Les soldes intermédiaires de gestion (après rachat de deux vaches)

Après financement	**An. 1**	**An. 2**	**An. 3**	**An. 4**	**An. 5**	**An. 6**	**An. 7**	**An. 8**	**An. 9**	**An. 10**
Production vendue	7 540	6 830	6 272	7 804	9 011	6 928	8 081	8 291	7 656	7 287
Achat de matières	4 612	4 687	4 797	5 508	4 512	5 036	5 673	5 369	4 719	4 838
Variation du stock de matières	159	9	5	24	– 33	17	22	– 9	– 22	3
Consommation de matières	4 453	4 678	4 792	5 484	4 545	5 019	5 651	5 378	4 741	4 835
Autres consommations externes	700	630	567	740	547	641	771	687	563	612
Valeur ajoutée	2 387	1 522	913	1 580	3 919	1 268	1 658	2 226	2 352	1 841
Impôts et taxes										
Charges de personnel	720	720	720	720	720	720	720	720	720	720
Autres charges										
Excédent brut d'exploitation	1 667	802	193	860	3 199	548	938	1 506	1 632	1 121
Dotations amortissements	2 567	1 567	1 567	1 567	67	67	67	67	67	67
Résultat d'exploitation	– 900	– 765	– 1 373	– 707	3 132	482	872	1 440	1 565	1 054
Reprise subvention d'investissement										
Produits financiers										
Charges financières (intérêt des emprunts)										
Résultat courant avant impôt	– 900	– 765	– 1 373	– 707	3 132	482	872	1 440	1 565	1 054
Impôt sur le résultat 0 %										
Bénéfice net	– 900	– 765	– 1 373	– 707	3 132	482	872	1 440	1 565	1 054
CAF	1 667	802	193	860	3 199	548	938	1 506	1 632	1 121

Cas n° 8 – Entreprise USINEX

Thèmes abordés : exercice général simplifié sur la construction des différents états nécessaires à l'évaluation : investissements, dotations aux amortissements, BFR, taux interne de rentabilité du projet et des capitaux propres, financement, ratios d'analyse.

1. Énoncé

Présenter l'évaluation financière, sur 8 ans, du projet USINEX, à partir des informations en annexe. On sait par ailleurs que l'entrepreneur désirant réaliser le projet peut disposer de :

– 96 millions de fonds propres la première année, qu'il faudra rémunérer à 4 % ;

– d'une subvention d'investissement de 24 millions couvrant 20 % du matériel d'exploitation de l'année 1, de prêts annuels à 10 % sur 5 ans (remboursements du principal par 1/5, intérêts calculés sur le capital dû, payés dès la première année).

Plan de travail proposé

Phase 1 : l'étude avant financement (documents à établir) :

– investissements ;
– amortissements ;
– compte de résultat prévisionnel ;
– besoins en fonds de roulement ;
– rentabilité ;
– étude de sensibilité.

Phase 2 : le financement et la présentation des résultats (documents à établir) :

– besoins et solutions de financement ;
– comptes définitifs (résultat, bilan, tableau de financement) ;
– rentabilité des fonds propres.

Optimisation du montage financier en fonction des risques : rechercher la meilleure répartition entre fonds propres et capitaux empruntés.

Annexe

Investissements pour une capacité de production annuelle de 1 500 tonnes, en francs :

– bâtiment : 40 millions (amortissable en 20 ans) ;
– matériel d'exploitation : 120 millions (amortissable en 8 ans) ;
– véhicules commerciaux : 12 millions (amortissables en 4 ans) ;
– terrain : 10 millions.

Il pourra être fait appel selon l'usage à la technique de l'amortissement dégressif. La production peut être augmentée de 500 tonnes avec un investissement supplémentaire en matériel d'exploitation de 16 millions de francs.

L'entrepreneur a établi les prévisions de vente suivantes :
Année 1 : 1 400 tonnes ;
Année 2 : 1 500 tonnes ;
Année 3 : 1 800 tonnes ;
Année 4 : 1 900 tonnes ;
Année 5 et suivantes : 2 000 tonnes.

Le produit peut être vendu 200 F le kg, les charges de structure à prévoir sont pour chacune des deux premières années de 50 millions : la répartition de ces charges est la suivante :

- personnel : 30 ;
- autres charges externes : 18 ;
- impôts et taxes : 2.

Il est envisagé une augmentation ponctuelle de ces charges de 12 % en année 3. Les charges variables proportionnelles sont de 140 F le kg, dont matières premières (60), main-d'œuvre (80).

Il est nécessaire de prévoir un besoin en fonds de roulement que l'on peut estimer à partir des informations suivantes :

- 3/4 des ventes sont réalisées avec un crédit de 3 mois, le reste intervenant au comptant ;
- les matières sont payées avec un crédit moyen de 1,5 mois, les autres paiements se faisant au comptant ;
- les stocks de matières premières sont estimés à 10 % des consommations annuelles ;
- les stocks de produits finis sont de 15 jours de production vendue ;
- le taux de TVA est de 20,6 % ;
- les charges sociales sont payées le 15 de chaque mois, le taux des charges patronales est de 50 %, celui des charges salariales est de 19 %.

L'entreprise sera passible de l'impôt sur les bénéfices. On utilisera le mécanisme classique du report des déficits.

Le taux d'actualisation est estimé à 12 % (dont 4 % de prime de risque).

2. Corrigé

2.1. *Le tableau des activités*

Activités

Activités	Année 1	Année 2	Année 3	Année 4	Année 5	Année 6	Année 7	Année 8
Vol. structure	1,0	1,0	1,12	1,12	1,12	1,12	1,12	1,12
Vol. ventes	1 400	1 500	1 800	1 900	2 000	2 000	2 000	2 000
Var. vol. stock	58,3	4,2	12,5	4,2	4,2	0	0	0
Vol. production	1 458,3	1 504,2	1 812,5	1 904,2	2 004,2	2 000	2 000	2 000
Vol. investissement	0	0	1	0	0	0	0	0
Vol. immobilisation sup.	0	0	1	1	1	1	1	1

Le volume des ventes étant donné, la production est calculée en ajoutant la variation du volume des stocks de produits finis qui correspond pour l'année *n* à :

$$15 \text{ j}/360 \times (\text{vol. ventes}_n - \text{vol. ventes}_{n-1})$$

Il est possible aussi de calculer le volume des investissements supplémentaires en fonction de la production, afin de pouvoir réaliser des simulations avec des niveaux de production différents. Nous avons :

Vol. immob.$_n$ = SI(vol. production$_n \geq 1\,500$; 1 ; 0) ;

Vol. investis. $_n$ = vol. immob$_n$ – vol. immob$_{n-1}$ + vol. invest. $_{n-k}$.

Avec k = durée d'amortissement de l'immobilisation, pour tenir compte du renouvellement (pour une formulation plus élaborée du renouvellement, voir le cas PCV).

2.2. *Plan d'investissement et dotations aux amortissements*

Plan d'investissement

Libellé	Année 1	Année 2	Année 3	Année 4	Année 5	Année 6	Année 7	Année 8
Terrain	10 000							
Construction	40 000							
Matériel d'exploit.	120 000							
Matériel d'exploit.			16 000					
Matériel de transport	12 000				12 000			
Total investissements	182 000		16 000		12 000			
Total cumulé	182 000	182 000	198 000	198 000	210 000	210 000	210 000	210 000

Plan des amortissements

Libellé	Année 1	Année 2	Année 3	Année 4	Année 5	Année 6	Année 7	Année 8
Terrain								
Construction	2 000	2 000	2 000	2 000	2 000	2 000	2 000	2 000
Matériel d'exploit.	37 500	25 781	17 725	12 186	8 378	6 144	6 144	6 144
Matériel d'exploit.			5 000	3 438	2 363	1 625	1 117	819
Matériel de transport	4 500	2 813	2 344	2 344	4 500	2 813	2 344	2 344
Total dotations	44 000	30 594	27 068	19 967	17 241	12 581	11 604	11 307
Total cumulé	44 000	74 594	101 662	121 629	138 870	151 451	163 055	174 362

2.3. Le compte de résultat analytique

La production vendue et la production stockée sont calculées à partir des volumes et des prix ou coûts unitaires. Le coût unitaire de la production stockée est de 140 (60 de matières et 80 de main-d'œuvre).

Les charges variables sont celles précédemment indiquées (matières et main-d'œuvre).

Les charges fixes sont le reste du personnel, les autres charges externes et les taxes. Il faudra intégrer les dotations aux amortissements.

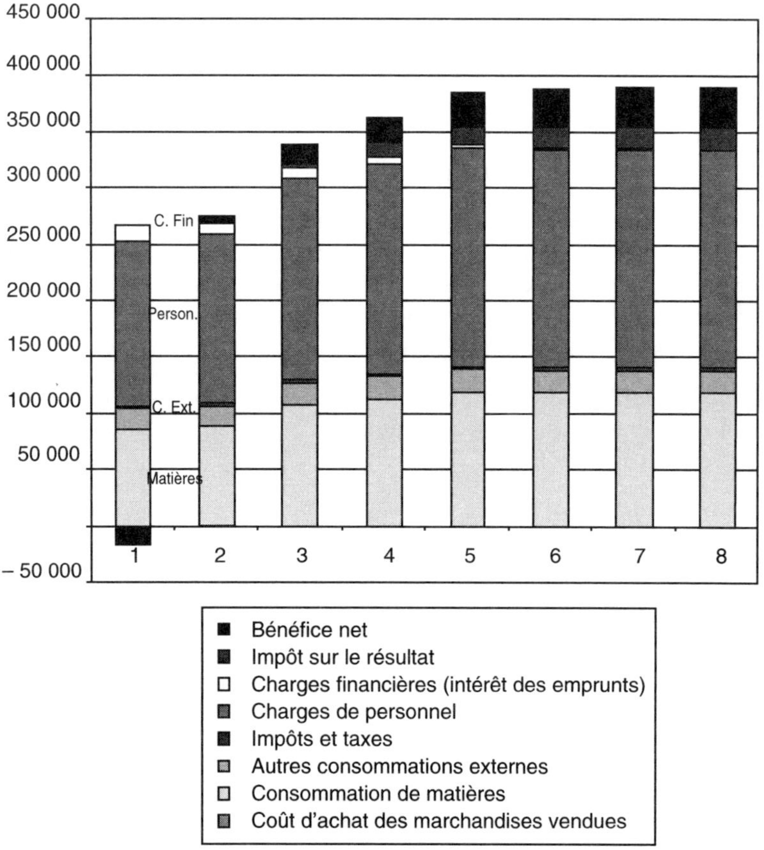

Résultat analytique

Produits	Activité	Prix	Année 1	Année 2	Année 3	Année 4	Année 5	Année 6	Année 7	Année 8
Production vendue	Vol. ventes	200	280 000	300 000	360 000	380 000	400 000	400 000	400 000	400 000
Ventes marchandises	Vol. ventes									
Production stockée	Var. vol. stock	140	8 167	583	1 750	583	583			
Total des produits d'exploitation			288 167	300 583	361 750	380 583	400 583	400 000	400 000	400 000

Charges	Activité	Prix	Année 1	Année 2	Année 3	Année 4	Année 5	Année 6	Année 7	Année 8
Cons. mat. stockée	Vol. production	60	87 500	90 250	108 750	114 250	120 250	120 000	120 000	120 000
Main-d'œuvre productive	Vol. production	80	116 667	120 333	145 000	152 333	160 333	160 000	160 000	160 000
Personnel	Vol. structure	30 000	30 000	30 000	33 600	33 600	33 600	33 600	33 600	33 600
Frais divers	Vol. structure	18 000	18 000	18 000	20 160	20 160	20 160	20 160	20 160	20 160
Taxses	Vol. structure	2 000	2 000	2 000	2 240	2 240	2 240	2 240	2 240	2 240
Subvention d'exploitation										
Dotation aux amortissements			44 000	30 594	27 068	19 967	17 241	12 581	11 604	11 307
Résultat avant impôt			– 10 000	9 406	24 932	38 033	46 759	51 419	52 396	52 693
Modification de l'assiette de l'impôt			0	0	0	0	0	0	0	0
Impôt sur le résultat	R	36,66 %			8 922	13 943	17 142	18 850	19 208	19 317
Bénéfice net			– 10 000	9 406	16 009	24 090	29 617	32 569	33 187	33 376
% du total des produits			– 3,5 %	3,1 %	4,4 %	6,3 %	7,4 %	8,1 %	8,3 %	8,3 %
CAF avant financement et après retraitement			34 000	40 000	43 078	44 057	46 858	45 150	44 792	44 683

2.4. Le BFR

Calcul des jours :
crédit client = (90 × 3 + 0 × 1)/4 = 67,5 j
crédit fournisseur = 45 j. pour les matières
stocks matières = 360/rotation = 360/10 = 36 j.
stocks de produits finis = 15 j.
charges sociales = 30 j.
dettes envers le personnel = 0 pour un BFR de fin de période.
TVA à décaisser = 30 j. pour un BFR de fin de période.

Pour le calcul des flux, voir la première partie. Nous obtenons le tableau suivant.

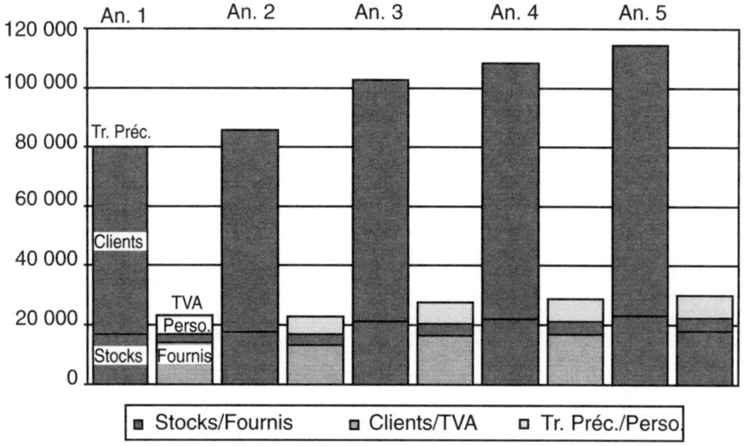

Besoin en fonds de roulement

		Nbre jours	Année 1	Année 2	Année 3	Année 4	Année 5	Année 6	Année 7	Année 8
Stocks de produits finis		15	8 167	8 750	10 500	11 083	11 667	11 667	11 667	11 667
Stocks de marchandises		0								
Stocks de matières premières		36	8 750	9 025	10 875	11 425	12 025	12 000	12 000	12 000
Clients		67,5	63 315	67 838	81 405	85 928	90 450	90 450	90 450	90 450
TVA récupérable	Récup. 20,60 %	0								
Fournisseurs	120 j. maxi	45	14 510	13 647	16 673	17 306	18 218	18 086	18 090	18 090
TVA à décaisser	Collec. 20,60 %	30	2 845	3 287	3 935	4 207	4 446	4 461	4 461	4 461
Personnel	90 j. maxi	30	5 622	5 763	6 846	7 127	7 434	7 421	7 421	7 421
Trésorerie de précaut. en jours de vente		0								
Besoin en fonds de roulement			57 254	62 916	75 325	79 796	84 043	84 148	84 145	84 145
Variation du BFR			57 254	5 662	12 409	4 470	4 248	105	– 3	

Taux interne de rentabilité : avant financement

Avant financement	Année 0	Année 1	Année 2	Année 3	Année 4	Année 5	Année 6	Année 7	Année 8
CAF		34 000	40 000	43 078	44 057	46 858	45 150	44 792	44 683
Variation BFR		57 254	5 662	12 409	4 470	4 248	105	– 3	
Réintégration du BFR									84 145
Investissements	182 000		16 000		12 000				
Valeurs résiduelles									35 638
Flux net de trésorerie	– 182 000	– 23 254	18 338	30 668	27 587	42 610	45 045	44 795	164 466

Taux interne de rentabilité	10,5 %
Taux d'actualisation	12 %
Flux net de trésor. actualisé	– 15 095

2.5. *La rentabilité*

Le tableau des flux annuels de trésorerie fait apparaître le calcul du TIR et de la VAN (ou FNTA) qui est négative. À ce stade de l'analyse, le projet ne vaut pas le risque encouru. La création de richesse est trop risquée pour être réalisée.

2.6. *L'étude de sensibilité*

Sensibilité

		TIR	Variable objectif (TIR ou FNTA)			
Sensibilité au prix des produits		**Origine**	**Nouvelle**	**TIR**	**Élasticité**	**Dérivée × 100**
Production vendue	Vol. ventes	200	202	0,12	10,28	0,540
Production stockée	Var. vol. stock	140	141	0,11	0,02	0,001
Ventes de marchandises	Vol. ventes		0	0,11	0,00	0,000

Sensibilité au coût des charges		**Origine**	**Nouvelle**	**TIR**	**Élasticité**	**Dérivée 100**
Main-d'œuvre	Vol. production	80	81	0,10	– 4,32	– 0,568
Cons. de mat. stockées	Vol. production	60	61	0,10	– 3,24	– 0,568
Personnel	Vol. structure	30 000	30 300	0,10	– 0,98	0,000
Frais divers	Vol. structure	18 000	18 180	0,10	– 0,59	0,000
Taxes	Vol. structure	2 000	2 020	0,11	– 0,07	0,000

Sensibilité au coût des charges	**Adresse**	**Origine**	**Nouvelle**	**TIR**	**Élasticité**	**Dérivée × 100**
Matériel d'exploitation	120 000	120 000	121 200	0,10	0,80	0,000
Vol. ventes an. 1	1 400	1 400	1 414	0,11	0,42	0,003
Vol. ventes an. 2	1 500	1 500	1 515	0,11	0,39	0,003
Clients	68	68	68	0,10	0,32	0,050
Vol. ventes an. 8	2 000	2 000	2 020	0,11	0,31	0,002
Charges de personnel an. 1	146 667	146 667	148 133	0,11	0,00	0,000

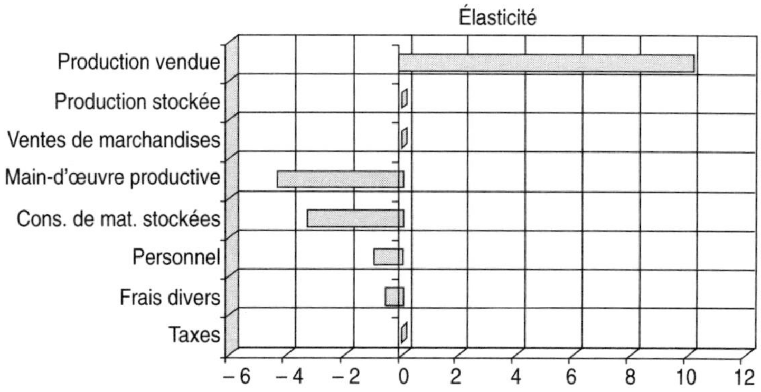

2.7. *Le financement*

Nous pouvons faire apparaître les besoins de financement. Ils concernent essentiellement la première année.

Tableau de financement avant financement

	Année 1	Année 2	Année 3	Année 4	Année 5	Année 6	Année 7	Année 8
Solde avant financement	– 205 254	34 338	14 668	39 587	30 610	45 045	44 795	44 683
Solde cumulé	– 205 254	– 170 916	– 156 248	– 116 661	– 86 050	– 41 005	3 790	48 472

Il est possible de faire ensuite intervenir les capitaux propres et la subvention d'investissement, ainsi que sa reprise en raison de l'incidence fiscale. Ces solutions n'étant pas suffisantes, il faut faire intervenir les emprunts bancaires. Nous optons pour une solution en cascade (cf. *infra* la première partie).

Tableau de financement

Après financement	Année 1	Année 2	Année 3	Année 4	Année 5	Année 6	Année 7	Année 8
Ressources	263 613	30 257	55 785	39 254	44 083	44 287	44 135	44 232
Capacité d'autofinancement	21 821	30 257	39 516	39 254	44 083	44 287	44 135	44 232
Capitaux propres (variations)	96 000							
Cession d'immob. (PV nette sur biens)								
Subventions d'investissement	24 000							
Escompte permanent (variations)								
Emprunts	121 792		16 269					
Besoins	263 613	30 020	56 021	32 082	43 860	3 358	3 250	
Investissements	182 000		16 000		12 000			
Var. besoin en fonds de roulement	57 254	5 662	12 409	4 470	4 248	105	– 3	
Distribution de bénéfices								
Remboursements des emprunts	24 358	24 358	27 612	27 612	27 612	3 254	3 254	
Solde		237	– 237	7 171	223	40 929	40 885	44 232
Solde cumulé		237	– 0	7 171	7 394	48 323	89 207	133 440

Deux emprunts sont nécessaires, l'un en année 1, l'autre en année 3. Il est alors possible de calculer la rentabilité des capitaux propres qui en résulte.

Financement – Détail des emprunts

Financement			Année 1	Année 2	Année 3	Année 4	Année 5	Année 6	Année 7	Année 8
Solde du tableau de financement				237	– 237	7 171	223	40 929	40 885	44 232
Solde cumulé du tableau de financement				237	– 0	7 171	7 394	48 323	89 207	133 440
Somme des emprunts & CB			121 792	97 434	89 344	61 732	34 120	6 508	3 254	
Somme des remboursements			24 358	24 358	27 612	27 612	27 612	3 254	3 254	
Somme des intérêts LT		41 418	12 179	9 743	8 934	6 173	3 412	651	325	
Somme des intérêts LT et CT		41 418								
Emprunt 1	121 792 F	Année 1	121 792	97 434	73 075	48 717	24 358			
Remboursement	d	5 ans	24 358	24 358	24 358	24 358	24 358			
Intérêts fin de période	grâce : 0	10 %	12 179	9 743	7 308	4 872	2 436			
Emprunt 2	0 F	Année 2								
Remboursement	d	5 ans								
Intérêts	grâce : 0	10 %								
Emprunt 3	16 269 F	Année 3			16 269	13 015	9 761	6 508	3 254	
Remboursement	d	5 ans			3 254	3 254	3 254	3 254	3 254	
Intérêts	grâce : 0	10 %			1 627	1 302	976	651	325	

2.8. La rentabilité des capitaux propres

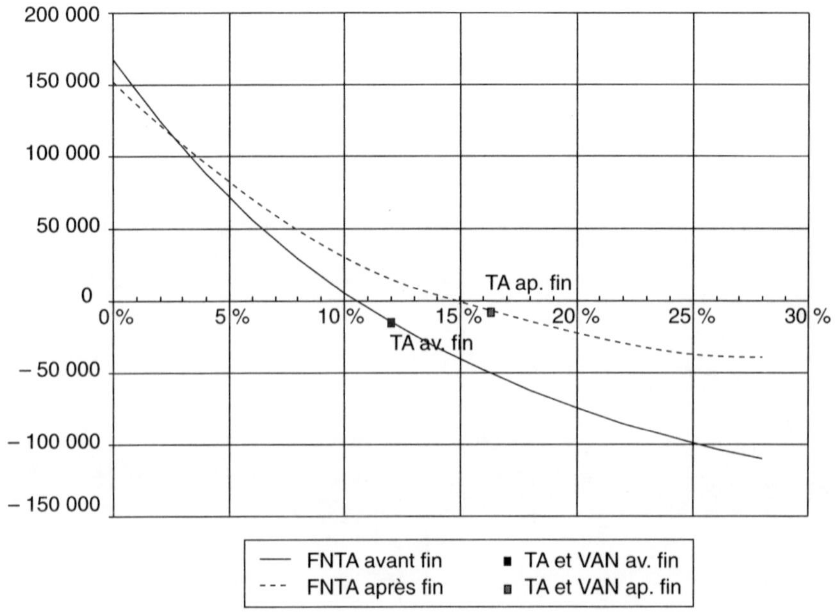

La rentabilité des capitaux propres (voir calcul dans le tableau suivant) est supérieure à la rentabilité avant financement, en raison d'un effet de levier favorable. On peut noter un coût moyen pondéré du financement extérieur très faible en raison de la présence de la subvention d'investissement. Le taux d'actualisation est passé de 12 % à 16,2 %. La rentabilité après financement étant inférieure à ce taux, le FNTA est négatif. La rentabilité n'est pas suffisante pour s'engager financièrement dans le projet.

2.9. Analyse des différents ratios

Nous pouvons établir :
- les soldes intermédiaires de gestion ;
- les différents ratios-chaîne ;
- le seuil de rentabilité et le levier d'exploitation ;
- les ratios d'équilibre financier.

Taux interne de rentabilité : après financement

Après financement	**Année 0**	**Année 1**	**Année 2**	**Année 3**	**Année 4**	**Année 5**	**Année 6**	**Année 7**	**Année 8**
CAF retraitée		21 821	30 257	39 516	39 254	44 083	44 287	44 135	44 232
Variation BFR		57 254	5 662	12 409	4 470	4 248	105	– 3	
Réintégration du BFR									84 145
Effets escomptés non échus échus (var.)									
Investissements	182 000		16 000		12 000				
Valeurs résiduelles et cessions									35 638
Mouvement des emprunts	145 792	– 24 358	– 8 090	– 27 612	– 27 612	– 27 612	– 3 254	– 3 254	
Flux nets de trésorerie	– 36 208	– 59 792	505	– 505	– 4 829	12 223	40 929	40 885	164 015

Flux différentiel du fin.	145 792	– 36 538	– 17 833	– 31 174	– 32 416	– 30 388	– 4 116	– 3 910	– 450

Taux diff. fin extérieur	2,3 %	4 %	Tx plac. liquidités
Taux interne rentabilité	15,4 %	13,2 %	Tx int. global
Taux d'actual. après fin	16,2 %	1,06	Levier financier
F. net trés. actualisé	– 4 453	8,2 %	Tx risque ap. financement

Les soldes intermédiaires de gestion

Après financement	**Année 1**	**Année 2**	**Année 3**	**Année 4**	**Année 5**	**Année 6**	**Année 7**	**Année 8**
Production vendue	280 000	300 000	360 000	380 000	400 000	400 000	400 000	400 000
Prestation de services et produits annexes								
Production stockée	8 167	583	1 750	583	583			
Production immobilisée								
Production de l'exercice	288 167	300 583	361 750	380 583	400 583	400 000	400 000	400 000
Ventes de marchandises								
Achat de marchandises								
– Variation du stock de marchandises								
Coût d'achat des marchandises vendues								
Marge commerciale								
Achat de matières	96 250	90 525	110 600	114 800	120 850	119 975	120 000	120 000
– Variation du stock de marchandises	8 750	275	1 850	550	600	– 25		
Consommation de matières	87 500	90 250	108 750	114 250	120 250	120 000	120 000	120 000
Autres consommations externes	18 000	18 000	20 160	20 160	20 160	20 160	20 160	20 160
Valeur ajoutée	182 667	192 333	232 840	246 173	260 173	259 840	259 840	259 840
Impôts et taxes	2 000	2 000	2 240	2 240	2 240	2 240	2 240	2 240
Charges de personnel	146 667	150 333	178 600	185 933	193 933	193 600	193 600	193 600
Autres charges								
Produits divers d'exploitation								
Subventions d'exploitation								
Excédent brut d'exploitation	34 000	40 000	52 000	58 000	64 000	64 000	64 000	64 000
Dotations aux amortissements	44 000	30 594	27 068	19 967	17 241	12 581	11 604	11 307

Résultat d'exploitation	– 10 000	9 406	24 932	38 033	46 759	51 419	52 396	52 693
Reprise subvention d'investissement	7 500	5 156	3 545	2 437	1 676	1 229	1 229	1 229
Produits financiers								
Charges financières (intérêt des emprunts)	12 179	9 743	8 934	6 173	3 412	651	325	
Autres charges financières								
Résultat net exceptionnel sur cessions								
Résultat courant avant impôt	– 14 679	4 819	19 542	34 297	45 023	51 997	53 299	53 922
Impôt sur le résultat 36,66 %			3 549	12 573	16 505	19 062	19 539	19 768
Bénéfice net	– 14 679	4 819	15 993	21 724	28 517	32 935	33 760	34 154
CAF après retraitements	21 821	30 257	39 516	39 254	44 083	44 287	44 135	44 232

Rentabilité financière et globale

Performances générales ratios-chaîne		**Année 1**	**Année 2**	**Année 3**	**Année 4**	**Année 5**	**Année 6**	**Année 7**	**Année 8**
Total des produits	1	288 167	300 583	361 750	380 583	400 583	400 000	400 000	400 000
Valeur ajoutée	2	182 667	192 333	232 840	246 173	260 173	259 840	259 840	259 840
Bénéfice avant financement	3	– 10 000	9 406	16 009	24 090	29 617	32 569	33 187	33 376
Frais financiers	4	12 179	9 743	8 934	6 173	3 412	651	325	
Bénéfice net	5	– 14 679	4 819	15 993	21 724	28 518	32 935	33 760	34 155
Cap. propres + rep. à nouv. (déb. pér.)	6	96 000	81 321	86 140	102 133	123 856	152 374	185 309	219 069
Subventions (déb. pér.)	7	24 000	16 500	11 344	7 799	5 362	3 686	2 457	1 228
Emprunts (déb. pér.)	8	121 792	97 434	89 344	61 732	34 120	6 507	3 254	0
Cap. permanents (déb. pér.)	9	241 792	195 254	186 828	171 663	163 338	162 567	191 020	220 297
Charges de personnel	10	146 667	150 333	178 600	185 933	193 933	193 600	193 600	193 600
Personnel (effectif)	11	1,50	1,50	2,00	2,50	2,50	2,50	2,50	2,50
Rentabilité financière	5/6	– 15,3 %	5,9 %	18,6 %	21,3 %	23,0 %	21,6 %	18,2 %	15,6 %

Rentabilité financière et globale (suite)

Performances générales ratios-chaîne		**Année 1**	**Année 2**	**Année 3**	**Année 4**	**Année 5**	**Année 6**	**Année 7**	**Année 8**
Rentabilité globale	3/9	– 4,1 %	4,8 %	8,6 %	14,0 %	18,1 %	20,0 %	17,4 %	15,2 %
Niveau de l'endettement (C. perm.)	9/6	251,9 %	240,1 %	216,9 %	168,1 %	131,9 %	106,7 %	103,1 %	100,6 %
Coût de l'endettement ramené aux CP	4/6	12,7 %	12,0 %	10,4 %	6,0 %	2,8 %	0,4 %	0,2 %	0,0 %
Coût de l'endettement	4/8	10,0 %	10,0 %	10,0 %	10,0 %	10,0 %	10,0 %	10,0 %	0,0 %
Niveau de l'endettement	8/6	126,9 %	119,8 %	103,7 %	60,4 %	27,5 %	4,3 %	1,8 %	0,0 %
Profitabilité	3/1	– 3,5 %	3,1 %	4,4 %	6,3 %	7,4 %	8,1 %	8,3 %	8,3 %
Rotation des capitaux	1/9	1,19	1,54	1,94	2,22	2,45	2,46	2,09	1,82
Intensité capitalistique	9/10	1,65	1,30	1,05	0,92	0,84	0,84	0,99	1,14
Productivité du travail	1/10	1,96	2,00	2,03	2,05	2,07	2,07	2,07	2,07
Productivité du travail	1/11	192 111	200 389	180 875	152 233	160 233	160 000	160 000	160 000

Risques d'exploitation	**Année 1**	**Année 2**	**Année 3**	**Année 4**	**Année 5**	**Année 6**	**Année 7**	**Année 8**
Montant des coûts avant financement	94 000	80 594	83 068	75 967	73 241	68 581	67 604	67 307
Montant des coûts variables	204 167	210 583	253 750	266 583	280 583	280 000	280 000	280 000
Levier d'exploitation (CA/MN) marge sur cv p.	– 8,40	9,57	4,33	3,00	2,57	2,33	2,29	2,28
Seuil de rentabilité avant financement	313 333	268 646	276 895	253 223	244 136	228 603	225 348	224 355
Indice de sécurité (exploitation)	– 0,12	0,10	0,23	0,33	0,39	0,43	0,44	0,44
Levier d'exploitation après financement	– 5,72	18,68	5,53	3,32	2,67	2,31	2,25	2,23
Seuil de rentabilité après financement	328 931	283 936	294 859	265 677	249 925	226 676	222 337	220 259
Indice de sécurité	– 0,17	0,05	0,18	0,30	0,38	0,43	0,44	0,45

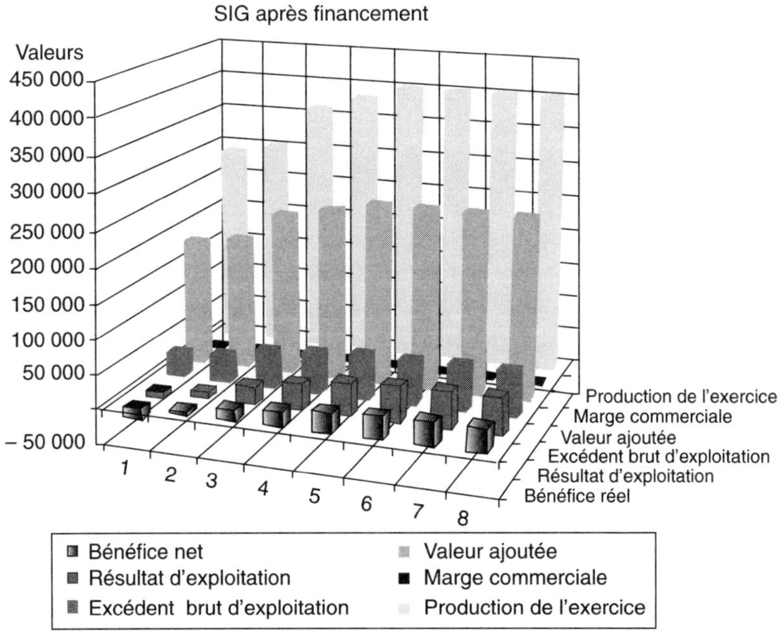
SIG après financement
Valeurs
450 000
400 000
350 000
300 000
250 000
200 000
150 000
100 000
50 000
– 50 000
1
2
3
4
5
6
7
8
Production de l'exercice
Marge commerciale
Valeur ajoutée
Excédent brut d'exploitation
Résultat d'exploitation
Bénéfice réel
Bénéfice net
Résultat d'exploitation
Excédent brut d'exploitation
Valeur ajoutée
Marge commerciale
Production de l'exercice

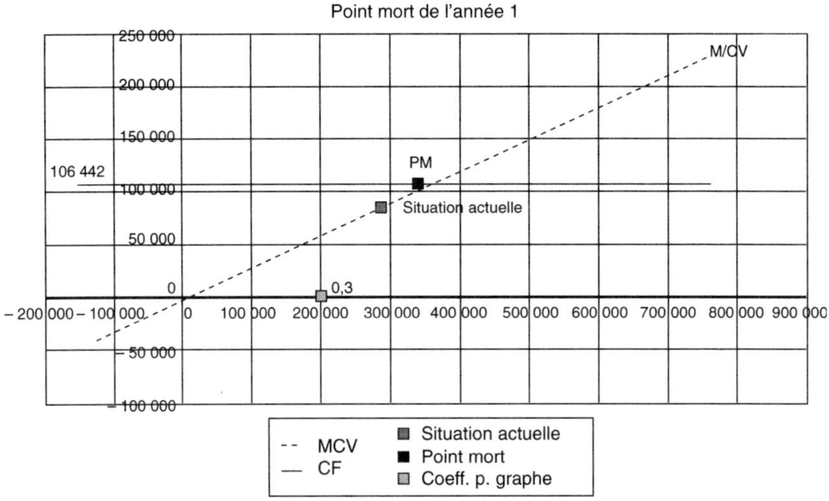
Point mort de l'année 1
250 000
200 000
150 000
106 442
100 000
50 000
0
– 50 000
– 100 000
– 200 000
– 100 000
0
100 000
200 000
300 000
400 000
500 000
600 000
700 000
800 000
900 000
M/CV
PM
Situation actuelle
0,3
MCV
CF
Situation actuelle
Point mort
Coeff. p. graphe

Équilibre financier

Flux liés au financement		Réf.	Année 1	Année 2	Année 3	Année 4	Année 5	Année 6	Année 7	Année 8
Capitaux pr fin de période	1		81 321	86 140	102 133	123 856	152 374	185 309	219 068	253 223
Subvention nette	2		16 500	11 344	7 799	5 362	3 686	2 457	1 229	0
Fonds propres	3		97 821	97 484	109 931	129 218	156 060	187 766	220 297	253 223
Emprunts à LT	4		97 434	73 075	61 732	34 120	6 508	3 254	0	0
Dettes fin CT (au det. + CBC + remb. $n + 1$)	5		24 358	27 612	27 612	27 612	3 254	3 254	0	0
Effets esc. non échus	6		0	0	0	0	0	0	0	0
Stocks	7		16 917	17 775	21 375	22 508	23 692	23 667	23 667	23 667
Créances + crédit TVA	8		63 315	67 838	81 405	85 928	90 450	90 450	90 450	90 450
Trésor précaution (VMP)	9		0	0	0	0	0	0	0	0
Trésorerie débitrice	10		0	237	0	7 171	7 394	48 323	89 207	133 440

Ratios d'endettement, de solvabilité et de liquidité

Structure cap. permanents	3/(3 + 4)		50,1 %	57,2 %	64 %	79,1 %	96 %	98,3 %	100 %	100 %
Structure des capitaux	3/(3 + 4 + 5 + 6)		44,5 %	49,2 %	55,2 %	67,7 %	94,1 %	96,7 %	100 %	100 %
Niveau d'endettement	(4 + 5 + 6)/passif		55,8 %	52,1 %	44,9 %	32,2 %	5,1 %	2,9 %	0 %	0 %
Capacité remboursement	(4 + 5 + 6)/CAF		558,1 %	332,8 %	226,1 %	157,3 %	22,1 %	14,7 %	0 %	0 %
Poids de FF	FF/Chiffre d'affaires		4,2 %	3,2 %	2,5 %	1,6 %	0,9 %	0,2 %	0,1 %	0 %
Crédibilité	(7 + 8 + 9 + 10)/(4 + 5 + 6)		65,9 %	85,3 %	115 %	187,3 %	1 245,1 %	2 496,2 %	0 %	0 %
Solvabilité	(5 + 6)/3		24,9 %	28,3 %	25,1 %	21,4 %	2,1 %	1,7 %	0 %	0 %
Liquidité réduite	(7 + 8 + 9 + 10)/(5 + 6)		329,4 %	310,9 %	372,2 %	418,7 %	3 735,2 %	4 992,4 %	0 %	0 %
Liquidité immédiate	(9 + 10)/(5 + 6)		0	0,01	0	0,26	2,27	14,85	0	0

Valeur de l'entreprise

Valeur d'actif (Immob. net + BFR + Trés.-dettes fin)		97 82[illegible]	97 484	109 931	129 218	156 060	187 766	220 297	253 223
Valeur de rendement (bénéfice/tx actualisation risqué)			38 231	127 206	173 472	228 381	263 843	270 509	273 673
Taux d'actualisation après risque		16,2 %	15,1 %	14,3 %	13,1 %	12,2 %	12,1 %	12 %	12 %
Valeur de l'incorporel (val. rendement–val. actif)		0	– 59 253	17 275	44 254	72 321	76 077	50 212	20 450

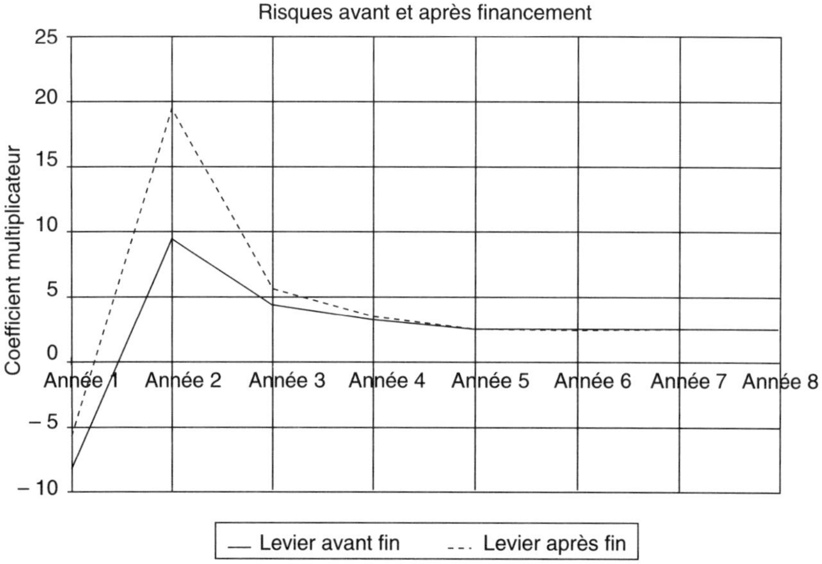
Risques avant et après financement
25
20
15
10
5
0
– 5
– 10
Coefficient multiplicateur
Année 1 Année 2 Année 3 Année 4 Année 5 Année 6 Année 7 Année 8
Levier avant fin
Levier après fin

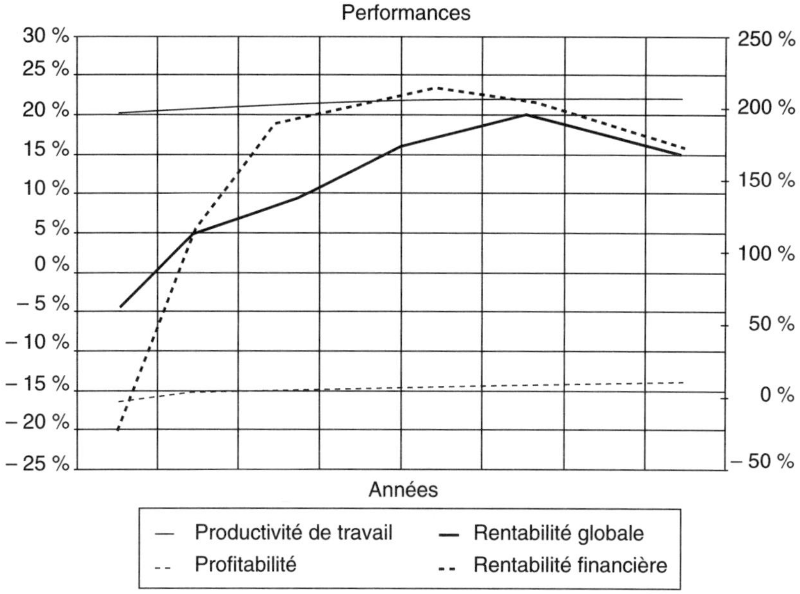
Performances
30 %
25 %
20 %
15 %
10 %
5 %
0 %
– 5 %
– 10 %
– 15 %
– 20 %
– 25 %
250 %
200 %
150 %
100 %
50 %
0 %
– 50 %
Années
Productivité de travail
Rentabilité globale
Profitabilité
Rentabilité financière

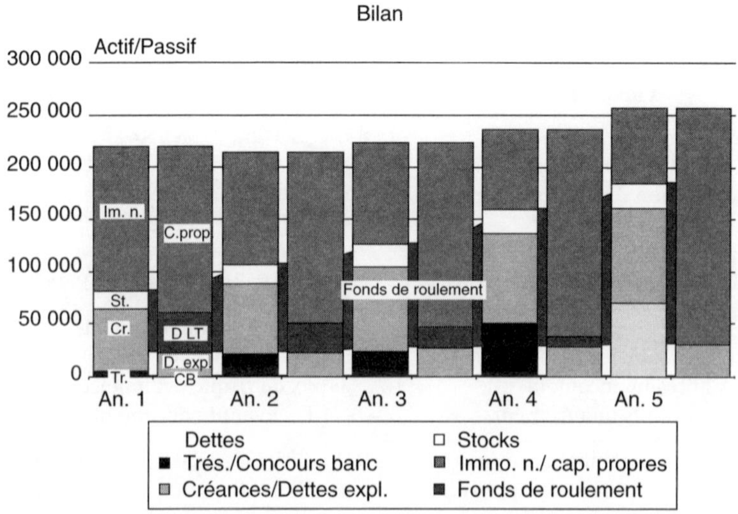

2.10. *Optimisation du montage financier*

Partant de la solution de départ, nous allons en premier lieu rechercher une optimisation avec le même montant de capitaux propres, en jouant sur le sur-financement qui améliorera la rentabilité sans toucher au risque. En second lieu, nous trouverons une solution moins risquée, grâce à des capitaux propres plus importants. Enfin nous donnons une solution encore moins risquée grâce notamment a de la trésorerie de précaution.

1) Solution de départ

Financement	**An. 1**	**An. 2**	**An. 3**	**An. 4**	**An. 5**
CAF après financement	21 821	30 257	39 516	39 254	44 083
Capitaux propres (variations)	96 000	0	0	0	0
Subvention d'investissement	24 000	0	0	0	0
Emprunt	121 792	0	16 269	0	0
Trésorerie de précaution	0	0	0	0	0
Trésorerie après financement	0	237	– 0	7 171	7 394

TIR après financement	15,4 %	TIR avant financement	8 %
Levier financier	1,06	TA sans risque	4 %
TA après financement	16,2 %	Tx de risque avt financement	12 %
FNTA après financement	– 4 453	TA avant financement	– 15 095

Seuil de rentabilité après fin	328 931	283 936	294 859	265 677	249 925
Levier d'exploitation après fin	– 6	19	6	3	3
Levier financier	1	1	1	0	0
Valeur de l'incorporel	0	– 59 253	17 275	44 254	72 321

2) Solution optimisée avec sur-financement avec les mêmes capitaux propres

Financement	An. 1	An. 2	An. 3	An. 4	An. 5
CAF après financement	21 821	29 868	38 640	37 974	42 715
Capitaux propres (variations)	96 000	0	0	0	0
Subvention d'investissement	24 000	0	0	0	0
Emprunt	121 792	3 886	29 238	7 490	6 267
Trésorerie de précaution	0	0	0	0	0
Trésorerie après financement	0	2 957	11 442	19 955	18 955
TIR après financement	16,2 %	TIR avant financement			8 %
Levier financier	1,06	TA sans risque			4 %
TA après financement	16,2 %	Tx de risque avt financement			12 %
FNTA après financement	– 0	TA avant financement			– 15 095
Seuil de rentabilité après fin	328 931	285 232	300 219	272 409	257 123
Levier d'exploitation après fin	– 6	20	6	4	3
Levier financier	1	1	1	0	0
Valeur de l'incorporel	0	– 61 963	11 378	36 315	64 990

3) Solution avec plus de capitaux propres

Financement	An. 1	An. 2	An. 3	An. 4	An. 5
CAF après financement	28 224	34 769	39 365	41 700	45 512
Capitaux propres (variations)	140 824	0	0	0	0
Subvention d'investissement	24 000	0	0	0	0
Emprunt	57 757	0	0	0	0
Trésorerie de précaution	0	0	0	0	0
Trésorerie après financement	0	17 555	16 960	42 639	60 352
TIR après financement	13,3 %	TIR avant financement			8 %
Levier financier	0,32	TA sans risque			4 %
TA après financement	13,3 %	Tx de risque avt financement			12 %
FNTA après financement	– 0	TA avant financement			– 15 095
Seuil de rentabilité après fin	307 586	266 860	276 630	252 800	242 402
Levier d'exploitation après fin	– 10	9	4	3	3
Levier financier	0	0	0	0	0
Valeur de l'incorporel	0	– 78 677	– 38 812	6 265	24 433

4) Solution moins risquée

Financement	**An. 1**	**An. 2**	**An. 3**	**An. 4**	**An. 5**
CAF après financement	29 251	34 924	39 739	41 961	45 668
Capitaux propres (variations)	149 310	0	0	0	0
Subvention d'investissement	24 000	0	0	0	0
Emprunt	48 258	22	768	102	21
Trésorerie de précaution	1 913	2 050	2 460	2 596	2 733
Trésorerie après financement	0	19 492	21 370	48 995	68 464
TIR après financement	13 %	TIR avant financement			8 %
Levier financier	0,25	TA sans risque			4 %
TA après financement	13 %	Tx de risque avt financement			12 %
FNTA après financement	0	TA avant financement			– 15 095
Seuil de rentabilité après fin	304 419	264 334	274 991	251 777	241 959
Levier d'exploitation après fin	– 12	8	4	3	3
Levier financier	0	0	0	0	0
Valeur de l'incorporel	0	– 87 052	– 45 818	– 1 926	15 201

Ce cas a permis de récapituler, dans un cadre simplifié, une grande partie de la démarche de l'évaluation ainsi que l'intérêt des différentes simulations que l'on peut réaliser.

BIBLIOGRAPHIE

ALBOUY M., *Financement et coût du capital*, Eyrolles, 1994.

BABEAU A., *Calcul économique appliqué*, Dunod, 1984.

BANCEL F. et RICHARD A., *Les choix d'investissement*, Economica, 1995.

BANQUE DE FRANCE, *Méthode d'analyse financière*, Centrale de bilans, 1988.

BATTEAU P., *Probabilité et décision dans l'incertain*, PUF, 1976.

BELLALAH M., *Gestion financière : diagnostic, évaluation et choix des investissements*, Economica, 1998.

BÉNICHOU I., CORCHIA D., *Le financement de projets*, ESKA 1996.

BIED-CHARRETON F., RAFFEGEAU J., *Financement des entreprises*, F. Lefebvre, 1995.

BIERMAN H., *Stratégie et gestion financière*, Economica, 1982.

BLANQUIER A., *Sélection des investissements aux niveaux national et régional*, Dunod, 1984.

BONNEAU P., *Mathématiques financières*, Dunod, 1988.

BOUCHUT Y, COCHET F., *Robotique industrielle et choix des investissements*, PUF, Lyon, 1984.

BOUKHEZAR O., *Équilibre financier des entreprises*, PUF, Lyon, 1983.

BOULOT J.L., CRÉTAL JP., JOLIVET J. et KOSKAS S., *Analyse et contrôle des coûts*, Publi-Union, 1986.

BOULOT J.L., CRÉTAL J.P., JOLIVET J. et KOSKAS S., *L'analyse financière,* Publi-Union, 1988.

Brealey R.A., Myers S.C., *Principes de gestion financière des entreprises*, Ediscience international/McGraw-Hill, 1997.

Bourdieu J., Coeuré B., Sédillot B., « Investissement, incertitude et irréversibilité », *Revue économique*, janvier 1997, *Problèmes économiques*, n° 2534.

Bridier M., Michailof S., *Guide pratique d'analyse de projets*, Economica, 1995.

Buissart C., *Analyse financière*, 2 tomes, Foucher, 1996.

Caspar P., Afriat C., *L'investissement intellectuel,* Economica, 1989.

Causse G., Chevalier A. et Hirsch G., *Management financier, analyse décision et contrôle,* Sirey, 1979.

Cavalier B., *Évaluation et financement des entreprises*, LGDJ Montchrestien, 1995.

Charreaux G., *Gestion financière*, Litec, 1993.

Charreaux G., *Fonction financière de l'entreprise*, Litec, 1996.

Charzat R., *La prévision économique dans l'entreprise*, Éditions d'Organisation, 1989.

Charzat R., *Gestion économique et financière,* Éditions d'Organisation, 1984.

Chekroun E., *Aides à la décision*, Sirey, 1985.

Chervel M., *Évaluation économique des projets,* Publisud, 1995.

Chervel M. et Legal Y., *Manuel d'évaluation économique des projets,* Ministère de la coopération et du développement, 1989.

Chevalier A., Hirsch G., *Le risk management*, Entreprise Moderne d'Edition, 1982.

Chirouze Y., *Le Marketing*, 2 tomes, Chotard, 1993.

Chirouze Y., *Le Marketing stratégique,* 2 tomes, Ellipses, 1993 et 1995.

COFACE, *Risque pays*, Le Moci, 1998.

Cohen E., *Gestion financière de l'entreprise*, PUF, 1985.

Cohen E., *Analyse financière,* 4e éd., Economica, 1997.

Colasse B., *La rentabilité de l'entreprise, analyse prévision et contrôle*, Dunod, 1987.

Colasse B., *Gestion financière de l'entreprise*, PUF, 1993.

Collectif, *Manuel de gestion du cycle de projet*, Commission des communautés européennes, 1993.

Conso P., Lavaud R., *Fonds de roulement et politique financière*, Dunod, 1982.

Courtot H., *La gestion des risques dans les projets,* Economica, 1998.

Couvreur J.P., *La décision d'investir et la politique de l'entreprise*, Entreprise Moderne d'Edition, 1982.

Danon A. et Demaux S., *Le guide pratique des études de marché*, Editions Clet, 1988.

DEPALLENS G., *Initiation aux problèmes financiers*, Entreprise Moderne d'Edition, 1990.

DEPALLENS G., *Gestion financière de l'entreprise,* Sirey, 1997.

DOUHANE A., ROCCHI J.M., *Techniques d'ingénierie financière*, SEFI, 1997.

DURUFFLE G., FABRE R., *Effets sociaux et économiques des projets de développement rural,* Min. Coop., 1988.

ECOSIP, *Cohérence pertinence et évaluation*, Economica, 1996.

EGLEM J.Y., MIKOL A., *Mécanismes financiers de l'entreprise*, Montchrestien, 1991.

ENGEL F., FIXARI D. et PALLEZ F., « Logique des choix d'investissement dans les grands groupes industriels », *La Documentation Française*, 1985.

EPINGARD P., *Investir face aux enjeux technologiques et informationnels*, Ellipses, 1991.

FORGET J.P. et GRYMBERG G., *Financement et rentabilité des investissements*, Editions d'Organisation, 1980.

FRAISSE H., *Manuel de l'ingénieur d'affaires,* Dunod, 1996.

GALESNE A., *Les décisions financières de l'entreprise, l'investissement*, Dunod, 1981.

GARRABÉ M., « Méthode d'évaluation de la pertinence d'un projet », *Revue Tiers Monde,* janvier 1992.

GARRABÉ M., *Ingénierie de l'évaluation économique*, Ellipses, 1994.

GAUTHIER G., THIBAULT M., *L'analyse coûts-avantages*, Economica, 1993.

GERVAIS M., *Contrôle de gestion*, 6e éd., Economica, 1997.

GHESQUIÈRE S., MICHA B., *L'analyse des défaillances d'entreprise*, Banque de France, 1984.

GIARD V., *Statistique appliquée à la gestion*, 7e éd., Economica, 1997.

GLAIS M., *Diagnostic financier de l'entreprise,* Economica, 1986.

GORMAND Cl., *Pour investir plus rationnellement*, Afnor, 1986.

GRÉMILLET A., *Sélection et contrôle des investissements*, Éditions d'Organisation, 1979.

GRIFFITHS S., *Gestion financière*, Éditions d'Organisation, 1997.

GUYON C., *Guide des tableaux de financement*, Masson, 1987.

HÉLINE R., POUPART-LAFARGE O., *Principes et techniques des investissements*, Delmas, 1975.

d'HOERAENE et CHEVALIER, *Introduction à la Gestion prévisionnelle*, PUF, Lyon, 1985.

HOUDAYER R., « Le calcul et la prise en considération des risques dans l'évaluation financière des projets », *Banque et marchés*, n° 7 – mai-juin 1993.

HOUDAYER R., « La mesure de la rentabilité des capitaux propres dans le cas d'un sur-financement, arbitrage entre risque et sécurité », *Banque et marchés*, n° 10, 1993.

HOUDAYER R., « La fonction d'élasticité comme indicateur de risque d'exploitation », *Direction et gestion*, n° 169/170, 1998.

HUSSON B. et JORDAN H., *Le choix des investissements,* Delmas, 1988.

INGHAM M., *Gestion stratégique de l'entreprise nouvelle*, Académia, 1988.

JACOB N., *La gestion des risques accidentels*, Entreprise Moderne d'Édition, 1987.

JACQUILLAT B., SOLNIK B., *Les marchés financiers et la gestion de portefeuille*, Dunod, 1989.

JOLY X., *La décision d'investir*, Éditions d'Organisation, 1988.

LAMBERT G., « Choix d'investissement, un nouvel outil de décision », *Revue Française de Gestion*, mars 1988.

LAVAUD R., *Comment mener une analyse financière*, Dunod, 1988.

LEMAITRE P., *La décision*, Éditions d'Organisation, 1981.

LEUTENEGGER M.A., *Gestion de portefeuille et théorie des marchés financiers,* Economica, 1989.

LEVASSEUR M. et QUINTART M., *Finance*, 3e éd., Economica, 1998.

Levy A., *Management financier*, Economica, 1993.

LOMBARD F., « Le financement de projet », *Le MOCI,* février 1984.

LOMBARD F., « Les co-financements, bilan et perspectives », *Revue Banque*, avril 1985.

LORINO Ph., *Le contrôle de gestion stratégique*, Dunod, 1996.

MARCHESNAY M., *La stratégie, du diagnostic à la décision industrielle,* Chotard, 1986.

MARION A., « La place de l'investissement immatériel dans l'évaluation des entreprises », *Revue Française de Gestion*, janvier 1988.

MAROIS B., *Le risque pays*, Que sais-je ?, PUF, 1990.

MARMUSE C., *Les aides à la décision*, Nathan, 1992.

MARTIN M., « Fiabilité et prix de l'information », *Économie et Société*, décembre 1986.

MARTINET B. et RIBAULT J.M., *Veille technologique concurrentielle et commerciale*, Editions d'Organisation, 1989.

MARTINET B., *Diagnostic stratégique*, Vuibert, 1988.

MAYNIE P.L., *Guide du financement des projets de développement*, L'Harmattan, 1988.

MAZARS G. et RUDELLI P., *Gestion financière*, Delmas, 1992.

MENTRÉ P., *Les durées d'amortissement*, La Documentation Française, 1987.

MONTGOLFIER J. et BERTIER P., *Approche multicritère des problèmes de décision,* Hommes et Techniques, 1978.

MORIN E., *Science avec conscience*, Le Seuil, 1990.

MOURGUES N., *Le choix des investissements dans l'entreprise*, Economica, 1994.

MOURGUES N., *L'évaluation des investissements*, Economica, 1995.

NADEAU R. et LANDRY M., *L'aide à la décision,* Presses Universitaires de Laval, 1986.

NAVARRE Ch. et SCHAAN J.L., « Techniques et méthodes spécifiques de la gestion de projets », *Revue Française de Gestion*, n° 68.

NEUMAN H., *Traité d'économie financière*, PUF, 1980.

NUSSENBAUM M., *La décision d'investissement dans l'entreprise*, Economica, 1978.

O'SHAUGHNESSY W., *La faisabilité de projet, une démarche vers l'efficience et l'efficacité,* SMG, Sciences appliquées, 1992.

PETITDEMANGE C., *Créer et développer vos produits*, Association Française de Normalisation, 1988.

PILVERDIER-LATREYTE J., *Finance d'entreprise*, 5e éd., Economica, 1993.

PONTHIEUX S., CHASSARD Y., *Les ressources financières des entreprises,* CERC Notes et Graphiques, 1990.

QUINTART A. et ZISSWILLER R., *Investissement et désinvestissement dans l'entreprise*, Dalloz, 1982.

QUINTART A. et ZISSWILLER R., *Théorie de la finance,* PUF, 1990.

RAFFEGEAU J., DUFILS P. et CORRE J., *Plan comptable révisé*, Francis Lefebvre, 1980.

RAK I., TEIXIDO C., *La démarche de projet industriel*, Éditions Foucher, 1993.

RAMEAU C., *La prise de décision acte de management*, Éditions d'Organisation, 1974.

RAULET C. et C., *Analyse comptable et financière*, Dunod, 1986.

RICHARD A., « Éléments de synthèse entre valeur actualisée et délai de récupération l'effet d'irréversibilité », *Revue d'Économie Politique*, n° 1, 1982.

RICHARD J., *L'audit des performances de l'entreprise*, La Villeguérin, 1989.

RIEBOLD G., *Cash flow et tableau de financement intégral,* 1984.

ROSENBERG C., *Analyse des coûts, rentabilité et productivité*, Entreprise Moderne d'Edition, 1990.

ROY B., *Méthodologie multicritère d'aide à la décision,* Economica, 1985.

SIMON Y., *Finance internationale*, 2e éd., Economica, 1997.

SOLNIK B., *Gestion financière*, Nathan, 1997.

STENGEL J., *Le choix des investissements dans une économie incertaine,* Entreprise Moderne d'Edition, 1987.

STOLÉRU L. et MOUSTACHI, *L'entreprise face à la décision d'investir*, La documentation française, 1968.

STRATEGOR, *Stratégie, structure, décision, identité*, InterEditions, 1990.

SULZER J.R., « Critères de choix des investissements », *Encyclopédie de gestion*, Economica, 1997.

SULZER J.R., ADÉLÉKÉ S., *Finance à long terme*, Economica, 1993.

TEULIÉ J., *Analyse financière de l'entreprise*, Sirey, 1996.

THIBAUT J.P., *L'analyse financière de la PME*, Editions Liaisons, 1994.

TIANO A., *A bas le dogmatisme,* Economica, 1991.

VALANTIN J.C., *Le tableau de financement*, Economica, 1985.

VAN HORNE J.C., *Gestion et politique financière*, Dunod, 1982.

VÉDRINE JP., *TQG*, Vuibert, 1991.

VERNIMMEN P., *Finance d'entreprise*, Dalloz, 1996.

VIZZAVONA P., *Gestion financière*, Atol Editions, 1994.

WESTNEY R., *Gestion de petits projets : techniques et planification d'estimation…,* Afnor, 1991.

ZOLLER H.G., BEGUIN H., *Aide à la décision : l'évaluation des projets d'aménagement*, Economica, 1992.

Nous proposons en supplément, au format MS Excel 5 :

– l'ensemble des exercices corrigés, au prix de 250 F HT ;

– le progiciel EVALPRO 3 (voir fonctionnalités page suivante) [1], au prix préférentiel de 1 500 F HT.

Pour commander :
AILPE – 29 ter rue Lakanal - 34 090 Montpellier
Tél. : 04.99.58.34.04 – Fax. : 04.99.58.34.01
www.ailpe.com/evalpro – ailpe@mnet.fr

Pour correspondre et s'informer :
R. HOUDAYER
Faculté de Sciences Économiques
Avenue de la Mer
B.P. 9606
34054 MONTPELLIER Cédex 1
Tél. : 04.67.15.83.99
www.sceco.univ-montpt1.fr
houdayer@sceco.univ-montpt1.fr

1. Une version 4 est en développement pour octobre 1999, avec des modules supplémentaires (aide à la décision, économie) et des fonctionnalités nouvelles.

Évalpro 3.0

Progiciel d'évaluation de projets & décisions d'investissement

Évalpro est muni d'un double accès, direct par les variables et indirect par les phases d'étude, permettant l'entrée sélective des données nécessaires à l'évaluation d'un projet, sans conssaissence approfondie de la comptabilité.

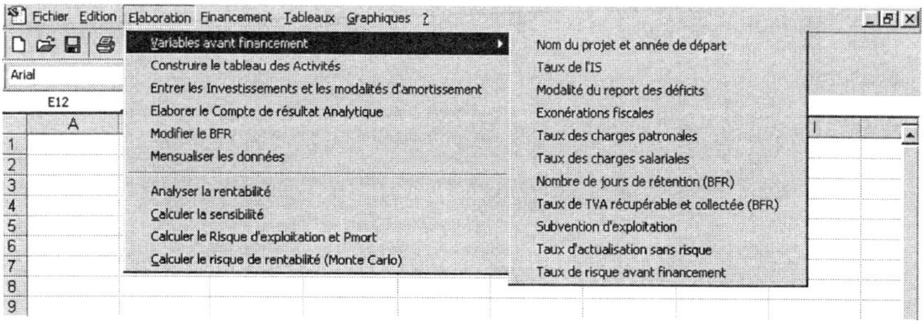

Fondé sur le concept d'activité, Évalpro permet une construction rapide du compte de résultat analytique et du plan d'investissement, à partir des volumes et prix issues des études techniques et commerciales.

Les saisies réalisées, Évalpro calcule les soldes intermédiaires de gestion, la capacité d'autofinancement, les flux nets de trésorerie, le taux interne de rentabilité, et permet l'édition de tous les états comptables nécessaires à votre banquier.

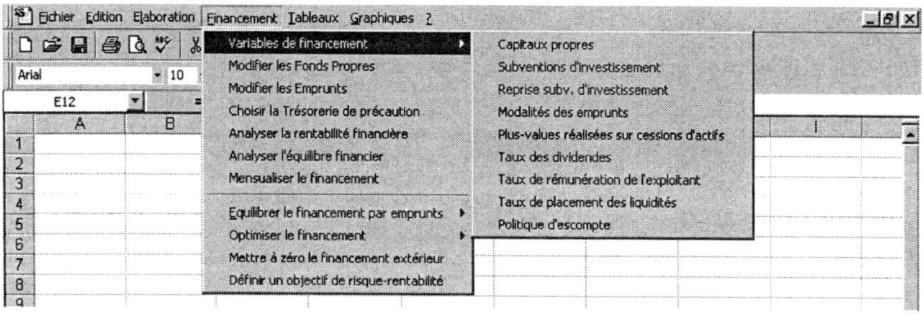

Évalpro 3 vous permet aussi une analyse de sensibilité précise et rapide de vos variables, ainsi que la détermination du risque projet par la méthode de Monte-Carlo.

Évalpro 3 facilite également la visibilité des résultats grâce à de nombreux graphiques : plan d'investissement et d'amortissement, profils de rentabilité et de risque, bilan et fonds de roulement, indices de performance, etc.

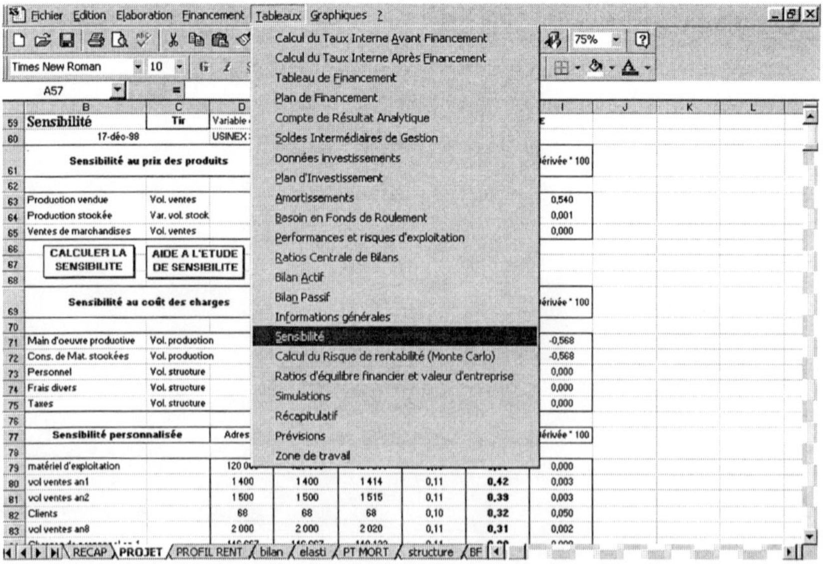

Évalpro 3 est ouvert sur la simulation et l'optimisation de solutions de financement. Plusieurs niveaux d'optimisation du montage financier sont disponibles : de la recherche d'un simple équilibre du tableau de financement, à une réflexion sur l'optimisation du financement (trésorerie de précaution, répartition des capitaux, surfinancement).

Évalpro 3 permet aussi la gestion de multiples scénarios dans un même classeur projet. Un modèle simulation autorise la création d'un véritable tableau de bord contrôlant l'ensemble des variables d'entrée et de sortie.

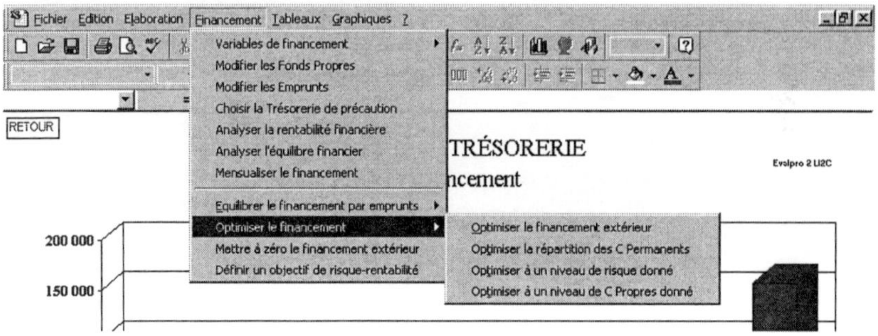

INDEX

M

O

P

R

S

TABLE DES MATIÈRES

DEUXIÈME PARTIE
EXERCICES CORRIGÉS

Dans la même collection

BARTHE R., *La statistique descriptive en 10 leçons.*

BENOUN M., *Marketing, savoirs et savoir-faire*, 2e éd.

BERTONÈCHE M. et JACQUET D., *Risque de taux d'intérêt et choix des instruments financiers.*

BONNET F., *Comptabilité générale pour la gestion.*

CHA G. et PIGET P., *Comptabilité analytique*, 2e éd.

DEBEAUVAIS M. et SINNAH Y., *La gestion globale du risque de change : nouveaux enjeux et nouveaux risques*, 2e éd.

DESBARRIÈRES N., *La bourse et ses back-offices*, 2e éd.

DESCLOS D., *Analyse-crédit des PME.*

DUPONT C. et AUDEBERT-LASROCHAS P., *Prévisions financières et tableau de variation d'encaisse.*

ERRERA J., *La gestion de l'entreprise et les échanges compensés.*

GARREC F., *Commerce international et finance : l'anglais des affaires – International Trade and Finance : a Language Text-book.*

GILLET P., *L'efficience des marchés financiers.*

HOUDAYER R., *Evaluation financière des projets*, 2e éd.

JAFFEUX C., *Le second marché – Mythes et réalités.*

LA BAUME Ch. (de), *Gestion du risque de taux d'intérêt*, 2e éd.

LABADIE A. et ROUSSEAU O., *Credit management - Gérer le risque client.*

LACHMANN J., *Le financement des stratégies de l'innovation.*

LACHMANN J., *Le seed capital : une nouvelle forme de capital-risque.*

LANGOT J., *Comptabilité anglo-saxonne*, 3e éd.

LENOIR R. et SARAVAS L., *La langue des affaires. Dictionnaire économique et commercial bilingue.*

LEUTENEGGER M.A., *Les tableaux d'analyse des flux.*

MAHÉ de BOISLANDELLE H., *Gestion des ressources humaines dans les PME*, 2e éd.

MAHÉ de BOISLANDELLE H., *Dictionnaire de gestion.*

MATHÉ J.C., *Politique générale de l'entreprise : analyse et management stratégiques.*

MONTIER J. et SCOGNAMIGLIO G., *Techniques de consolidation.*
ORÉAL S., *Management stratégique de l'entreprise.*
PIGET P., *Gestion financière de l'entreprise.*
PILVERDIER-LATREYTE J., *Le marché financier français*, 3e éd.
THIEL D., *Management industriel.*
VALLIN P., *La logistique.*
ZOPOUNIDIS C., *Evaluation du risque de défaillance de l'entreprise.*

Réalisé en P.A.O. par STDI - Z. A. Route de Couterne - 53110 LASSAY-LES-CHÂTEAUX
Imprimé en France. - JOUVE, 18, rue saint-Denis, 75001 PARIS
N° 270627K. - Dépôt légal : septembre 1999